N-POWER Medical Consulting Group

덴트웹 고수 실장님이 알려주는

고수의 덴트웹 매뉴얼

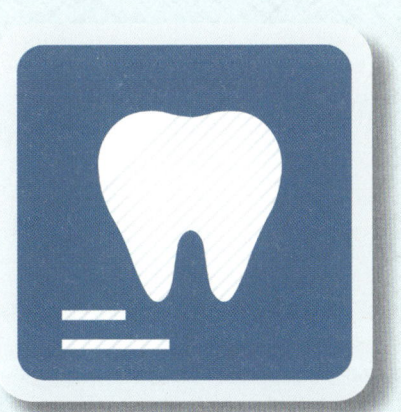

제작

인파워 병원컨설팅 그룹

IN-POWER병원교육컨설팅
IN-POWER Development Education Consulting

인쇄 2026년 1월 12일
발행 2026년 1월 15일

지은이 박진서 김서연 송현주 정보라 김은지 류솔지

펴낸 곳 인파워 병원컨설팅 그룹
      (출판등록 제2021-000154호)
주소 서울특별시 서초구 방배동 477-8 태우빌딩 301호
전화 0507-1367-8565
홈페이지 https://www.in-power.co.kr
e-mail in-power-99@naver.com
제작 대경북스(02-485-1988)
ISBN 979-11-996594-0-7 93000

집/필/진

박진서

인파워 병원컨설팅 그룹 컨설팅사업부 부장
현) 한림성심대학교 치위생과 외래교수

우리의 경험을 나누며

단순한 기능 설명서가 아닌 실질적인 문제를 해결하는 실전가이드를 만들고 싶었습니다.
실제 치과 현장에서 직접 경험하고 터득한 활용 노하우를 담아 스마트한 현장 중심 사용법을 만들었습니다. 현실적인 손안의 도우미로 저희 책이 실무를 마스터하는 데 도움이 되길 바랍니다.

김서연

인파워 병원컨설팅 그룹 학술기획부 차장
경희대 경영대학원 의료경영 MBA 재학 중

우리의 경험을 나누며

매일 반복되는 업무 속에서 덴트웹 전자차트를 더 정확하고 효율적으로 활용하여 자신감 있고 즐겁게 일하시길 바라는 마음으로 현장 실무자이자 강사의 시선을 담아 이 책을 만들었습니다.
자신의 일을 사랑하는 선생님들의 성장을 진심으로 응원합니다.

송현주

인파워 병원컨설팅 그룹 학술기획부 차장
치과보험청구사 1급

우리의 경험을 나누며

덴트웹 치과청구 프로그램을 처음 사용했을 때 모든 것이 낯설고 어렵게 느껴졌던 순간이 아직도 선명하게 기억납니다. 그때의 기억을 떠올리며 같은 자리에 서 있는 분들에게 조금이나마 힘이 되고 싶다는 마음으로 이 책을 쓰게 되었습니다. 이 책이 단순한 지식 전달을 넘어서 실무에 도움이 되고, 스스로 익히고 활용해 나가는 데 따뜻한 동행자가 되었으면 합니다. 그 여정 속에 이 책이 작은 이정표가 되어 조금 더 수월하고 자신감 있게 길을 걸어가실 수 있기를 바랍니다.

정보라

인파워 병원컨설팅 그룹 강사
치과보험청구사 2급 실기 수석, 1급

우리의 경험을 나누며

덴트웹을 처음 접하며 막막했던 기억, 사용하면서 더 나은 방법은 없을지 고민했던 시간을 겪으며 저와 같은 고민을 한 분들에게 조금이라도 도움이 되고 싶어 이 책을 쓰게 되었습니다.
처음 시작하는 분들이 쉽게 이해하고 바로 적용하실 수 있도록, 익숙한 분들께는 더 나은 활용법을 실무에 바로 적용하실 수 있도록 현장에서의 경험과 고민을 진심으로 담았습니다.
이 책과 인파워가 여러분들의 든든한 동반자가 되어 도움이 되기를 진심으로 바랍니다.

김은지

인파워 병원컨설팅 그룹 강사
치과보험청구사 1급

우리의 경험을 나누며

익숙하지 않은 화면과 생소한 프로그램인 덴트웹을 처음 마주하는 누구에게나 낯설고 어려운 순간에 작은 도움이 될 수 있는 책이 되길 바라면서 이 책을 쓰게 되었습니다. 이 책을 통해서 덴트웹이라는 프로그램이 친숙하게 느껴지고 프로그램 사용에 대한 두려움이 한층 덜어지기를 바랍니다, 그리고 언제든 궁금증이 생겼을 때 항상 곁에 있는 단비 같은 안내서가 될 수 있기를 진심으로 소망합니다.

류솔지

인파워 병원컨설팅 그룹 강사
경복대학교 치위생과 겸임교수

우리의 경험을 나누며

덴트웹을 처음 접했을 때, 모든 게 낯설고 어색했습니다. 기능은 많은데 뭐부터 눌러야 할지 몰라 헤맨 기억이 아직도 생생합니다. 그래서 이 책에는 제가 직접 사용하며 익힌 실전 팁들을 하나하나 담았습니다. 누구나 쉽게 따라올 수 있도록 꼭 필요한 기능만 쏙쏙 정리했습니다.
이 책이 여러분에게 '처음의 낯섦'을 넘는 든든한 길잡이가 되어주길 바랍니다.

머리말

    덴트웹 치과 청구 프로그램은 전국 다수의 치과에서 사용되고 있는 실무 중심의 보험 청구 소프트웨어입니다. 하지만 프로그램의 기능이 아무리 정교하고 체계적이라 하더라도, 어떻게 활용하느냐에 따라 업무의 효율성은 큰 차이가 발생합니다. 특히 처음 사용하는 분들에게는 모든 것이 낯설고 복잡하게 느껴질 수밖에 없습니다.

    이 책은 덴트웹 프로그램을 실무 현장에서 바로 활용할 수 있도록 구성하였습니다. 복잡한 이론 설명보다는 실제 치과 업무 흐름에 맞춰, 현장에서 꼭 필요한 기능들을 중심으로 집필하였습니다. 또한 단순한 사용법에 그치지 않고, 덴트웹 전반에 대한 이해와 실무 감각을 자연스럽게 익힐 수 있도록 내용을 구성하였습니다.

    따라서 이 책을 통해 덴트웹의 기능은 물론 청구 업무의 전반적인 맥락을 이해하고, 실제 상황에서 유연하게 대응할 수 있는 실질적인 실무 역량을 키울 수 있을 것입니다.

업무의 완성도는 결국 탄탄한 기초에서 시작됩니다. 이 교재가 여러분의 안정적인 출발을 위한 든든한 기반이 되어주기를 바랍니다. 처음은 누구에게나 어렵지만 올바른 방향으로 체계적으로 배우기 시작한다면 더 빠르고 효율적인 성장이 가능합니다.

이 책이 여러분의 실무 적응에 실질적인 도움이 되기를 기대하며 치과 행정 업무의 전문성을 높이는 데 있어 작은 디딤돌이 되기를 진심으로 바랍니다.

끝으로 본서를 출간할 수 있도록 아낌없는 지원과 조언을 보내주신 인파워 병원컨설팅 그룹 신인순 대표님께 깊이 감사드립니다.

인파워는 치과 종사자 여러분의 성장과 성공을 언제나 응원합니다. 감사합니다.

2025년 12월

저자 일동

덴트웹 고수 실장님이 알려주는

고수의
덴트웹
매뉴얼

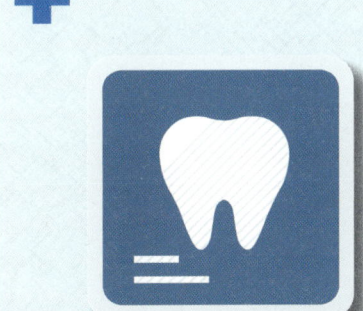

제작
인파워 병원컨설팅 그룹

1. 병원 기본 정보 등록 방법

☑ [환경설정] - [병원 기본 정보]

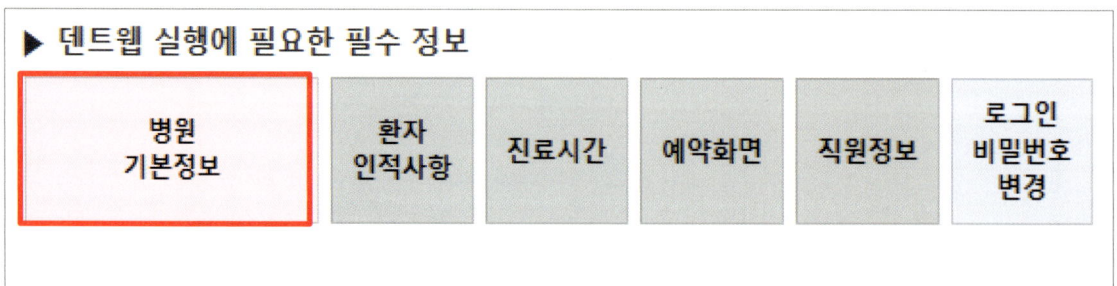

Point ⭐

덴트웹을 처음 설치하고 가장 먼저 해야 할 일은 환경 설정의 병원 기본 정보에 우리 치과의 기본 정보를 등록해야 하며 덴트웹을 이용하기 위해서 꼭 확인해야 하는 설정 내용입니다. 각 설정 값을 주의 깊게 확인하시기 바랍니다.

사업자등록번호부터 원장님의 정보, 우리 치과의 주소, 전화번호 등 치과의 기본적인 정보를 입력한 후 모두 입력을 한 후에는 기본 정보가 잘 입력되었는지 꼭 확인하세요!

1. 병원 기본 정보 등록 방법

① 산재기관코드나 대행청구 사용 등은 특별한 경우가 아니라면 거의 사용되지 않습니다.

② 병원 인증서가 등록이 안 되어 있다면 병원 인증서 암호 입력을 눌러 병원 인증서를 등록해야 합니다.

③ 규모가 큰 치과에서 따로 지정해 둔 경우가 아니라면 개인정보 보호 책임자는 보통은 대표 원장님 입니다.

④ 개인정보 처리방침의 "제정 일"과 "공고 일자"는, "시행 일자"보다 적어도 7일 이전 이어야 합니다.

1. 진료시간 설정

☑ [환경설정] – [덴트웹 실행에 필요한 필수 정보] – [진료시간]

▶ 덴트웹 실행에 필요한 필수 정보

병원 기본정보	환자 인적사항	진료시간	예약화면	직원정보	로그인 비밀번호 변경

진료시간 설정 ×

▶ **진료시간 설정** (이곳에서 시간을 조정하면 아래의 요일별 진료시간 전체가 수정됩니다.)

일반적인 진료시간   09시 30분 ~ 19시 00분
일반적인 점심시간   12시 30분 ~ 14시 00분

▶ **요일별 진료시간 설정**

요일	진료시간	점심시간	저녁시간
일요일	휴무	점심시간 없음	저녁시간 없음
월요일	09시30분 ~ 19시00분	12시30분 ~ 14시00분	저녁시간 없음
화요일	09시30분 ~ 19시00분	12시30분 ~ 14시00분	저녁시간 없음
수요일	09시30분 ~ 19시00분	12시30분 ~ 14시00분	저녁시간 없음
목요일	09시30분 ~ 20시30분	12시30분 ~ 14시00분	저녁시간 없음
금요일	09시30분 ~ 19시00분	12시30분 ~ 14시00분	저녁시간 없음
토요일	09시30분 ~ 13시00분	점심시간 없음	저녁시간 없음

▶ **월별 정기 휴무일 설정**

매월 =선택= ▼ 일 ▼ 요일

추가   수정   삭제

▶ **정기 휴무일 예외일**   예외일 추가

치과 휴무일인 날에는 예약,리콜 문자를 전송하지 않으나, 정기휴무 예외일로 지정된 경우 휴무일이 아닌 것으로 인식하여 자동문자를 전송합니다.

2025년 10월 08일	삭제
2025년 10월 07일	삭제
2025년 10월 06일	삭제

※ 오늘 이후의 날짜만 표시 됩니다.

▶ **개인별 휴무일 설정**
직원별로 특정 요일, 특정 시간에 비번인 경우 또는 휴가, 강의, 학회 참석, 검진, 반차 등의 휴무를 입력

개인별 휴무일 설정   저장   닫기

병원의 진료시간, 점심시간, 정기 휴무일을 설정할 수 있습니다. 설정 후 저장버튼 꾹! 잊지 마세요.

1. 직원 등록 방법

☑ [환경설정] – [병원 기본 정보] – [직원정보]

▶ 덴트웹 실행에 필요한 필수 정보

병원 기본정보	환자 인적사항	진료시간	예약화면	직원정보	로그인 비밀번호 변경

▶ 직원 정보
덴트웹 로그인을 위한
직원정보를 등록합니다.

◉ 현재근무자 보기
○ 퇴사자 보기

새 직원 추가

직종	이름	생년월일	입사일	퇴사일
치과의사	이닥터	1976-05-15	2000-01-01	
치과의사	한닥터	1976-05-15	2019-11-29	
치과위생사	직원1	1980-01-01	2019-07-18	
치과위생사	직원2	1980-01-01	2019-07-18	

▶ 선택된 직원 정보 ☐ 퇴사자   개인정보보안각서 출력 재직 증명서 발급

이름 [   ]   주민번호 [   ] - [   ]   생년월일 [   ] ☐ 음력

직종 =직종= ▼   면허번호 [   ]

소속부서 = 소속부서 = ▼ 설정   덴트웹 사용 권한 일반 직원 ▼ 세부권한설정

전화번호 [   ]   휴대전화 [010]

우편번호 [   ] 검색

주소 [   ]

급여은행 = 직접입력 = ▼   계좌번호 [   ]   예금주 [   ]

입사일 2024-12-02 ▣▼   퇴사일 2024-12-02 ▣▼   ☐ 덴트웹 로그인 권한 없음

비밀번호, PIN암호 초기화   ※ 새 직원을 등록한 경우 비밀번호, PIN 암호는 주민등록번호 앞 6자리(생년월일)입니다.
비밀번호 초기화 시에도 비밀번호, PIN 암호는 주민번호 앞 6자리 숫자로 초기화 됩니다.

▶ 전자서명용 개인 인증서 선택   ▶ 도장 이미지 삭제   ※ 가상의사 레벨별 예약
PIN번호로 전자서명을 하기 위한 기능입니다.   의사 도장이미지 인쇄는   도움말을 보시려면 클릭
개인 인증서 선택   영수증, 처방전 발급 시   저장   닫기
적용 됩니다.

📢 직원 정보에 직원을 등록하면 전자차트 입력 시 환자마다 어시스트를 등록할 수 있어요.
그렇다면 말하지 않아도 이 환자는 어떤 직원이 담당했는지 알 수 있기 때문에 소통이
원활해진답니다.

1-1. 직원 별 세부권한 설정 방법

☑ [환경설정] – [병원기본 정보] – [직원정보] – [세부권한 설정]

▶ 선택된 직원 정보 ☐ 퇴사자	개인정보보호안각서 출력 재직 증명서 발급

이름 [ ]   주민번호 [ ] - [ ]   생년월일 [ ] ☐ 음력

직종 =직종= ▼   면허번호 [ ]

소속부서 = 소속부서 = ▼ [설정]   덴트웹 사용 권한 일반 직원 ▼ **세부권한설정**

📢 새 직원 추가, 직원별 접근 권한 설정 등을 할 수 있습니다. 직원정보에 입력된 이름이 곧 사용자 계정이 됩니다. 사용자 계정의 초기 로그인 비밀번호와 PIN 암호는 각 사용자의 주민등록번호 앞 6자리 숫자입니다. PIN암호는 간단한 숫자 비밀번호를 의미합니다.

덴트웹을 사용하는 모든 인력은 덴트웹에 직원으로 등록되어 있어야 합니다!

1. 개인정보 보호법에 의해 환자의 개인정보를 취급하는 프로그램은 사용자별로 로그인 계정이 각각 있어야 합니다.
2. 개인정보 보호법에 의해 환자의 개인정보를 취급하는 프로그램은 사용자별로 권한이 나뉘어져 있어야 합니다.
3. 본인의 덴트웹 계정을 다른 사람과 공유하는 것은 개인정보보호법 위반입니다.
4. 덴트웹은 직원으로 등록했을 때 계정이 생성되므로, 덴트웹을 사용하는 모든 인력은 덴트웹에 직원으로 등록되어 있어야 합니다.
5. 덴트웹을 이용하지 않는 인력도 덴트웹에 직원으로 등록이 가능합니다. 다만, 이때는 '덴트웹 권한 없음' 처리하시길 바랍니다.
6. 직원을 등록할 때 직급에 따라 권한 설정을 달리 부여할 수 있습니다. 덴트웹 계정은 최고 관리자, 중간관리자, 일반 직원으로 등급이 분류되어 있습니다. 최고관리자는 모든 정보에 접근 가능하며, 일반관리자와 일반직원은 치과 매출정보나 수납정보/치료비용계획의 수정 등에 제한이 있습니다.

1-1. 직원 별 세부권한 설정 방법

☑ [환경설정] – [병원기본 정보] – [직원정보] – [세부권한 설정]

직원 세부권한 설정   ✕

▶ **경영,통계 관련 권한(일반관리자만)**

- ☑ 일일장부 보기/결산마감
- ☑ 일일장부에 월간통계 보임
- ☑ 일일장부 전일 데스크 현금잔액 수정
- ☑ 일일장부 출력 _월간장부 열람권한 없는경우_ _일일장부 조회일수(전체적용)_ `3`
- ☑ 월간장부 보기   ☑ 연간장부 보기
- ☑ 기간별 진료비 보기
- ☑ 진료비 수납내역, 기간별 접수목록 보기
- ☑ 수입/지출 통계 보기
- ☑ 보건행정 관련서류 보기
- ☑ 의사별 수납액 보기
- ☑ 상담 동의율 통계 보기
- ☑ 진료항목, 수가별 통계 보기
- ☑ 보험청구액, 보험수가별 통계 보기
- ☑ 임플란트,틀니 통계 보기
- ☑ 기공의뢰 통계 보기
- ☑ 환자관련 통계 보기
- ☑ 최고 관리자인 치과의사만 조회 가능한 수입,지출내역 열람 가능

▶ **환자 개인정보 관련 권한**

- ☑ 환자 DM(대량 SMS) 발송
- ☑ 환자정보 대량 엑셀 저장 - 환자정보, 휴대전화 등
- ☑ 신환 등록/환자 주민번호 뒷자리 열람
- ☐ 수진자조회 성공한 구환의 주민번호 변경권한

▶ **진료, 수납, 치료계획 수정 권한(일반관리자만)**

- ☑ 일일장부 이전 수입/지출내역 수정, 삭제
- ☐ 이전 수납일 수납내역 수정, 삭제
- ☑ 새 수납내역 행 추가시 과거날짜 입력 허용
- ☑ 확정된 치료비용계획 수정   ☑ 삭제 권한
- ☑ 새 수납 입력, 상세수납 보기 - 수납설정에서 제한한 경우만
- ☑ 진료 입력, 수정, 삭제 - 진료입력설정에서 제한한 경우만
- ☐ 1주이내 일별검색만 허용

▶ **덴트웹 기본설정 권한(일반관리자만)**

- ☑ 병원 기본정보 설정
- ☑ 치료비용계획 수가 설정
- ☑ 진료입력(진료묶음버튼 등) 설정
- ☑ 수입,지출항목,카드수수료,수납 관련 설정
- ☑ 진료시간, 예약, 공휴일 설정
- ☑ 재료, 약제, 의사 일괄변경
- ☑ SMS 전송 설정   ☑ 할인 설정

▶ **기타 권한**

- ☑ 치과내 전체 컴퓨터 종료 명령(서버 포함)
- ☑ 이전 SMS 전송내역 삭제   ☑ 작업로그 열람
- ☑ 개인별 휴무일 추가,수정,삭제

- 이 권한이 없으면 환자등록 후 10일 이상 경과하였고 수진자조회에 성공한 환자의 주민번호 변경 불가

"신환 등록/환자 주민번호 뒷자리 열람" 권한이 있어야 신환 등록이 가능하며,
데스크 직원은 일반관리자 이상의 권한이 필요합니다.

최고관리자는 항상 모든 권한을 다 가지며 법률에 의해 직원 권한변경,
접속로그, 권한변경 로그 등의 열람은 최고관리자만 가능합니다.

[저장]   [취소]

📢 최고관리자의 세부권한 창 입니다. 최고관리자는 모든 권한이 부여되어 있습니다.
원장님과 실장님, 팀장님 등 리더급 구성원에게 설정을 하는 것을 추천합니다.
대표원장님은 최고관리자로 자동 설정 됩니다.

1-2. 직원 별 세부권한 기본사항

☑ [환경설정] – [병원기본 정보] – [직원정보] – [세부권한 설정]

[환경설정]의 "직원정보"에서 직원별로 권한 설정이 가능합니다. 각 권한별 기본 사항은 아래와 같습니다.

- **최고관리자** : 덴트웹의 모든 기능을 제한없이 이용 가능
- **일반관리자** : 최고관리자와 유사하지만 환경설정에서 제약이 있고, 수납내역과 치료(비용)계획의 입력/수정이 당일 데이터에 한해서만 가능합니다. (ex 어제 입력한 치료(비용)계획 수정 불가)
- **일반직원** : 수납 등의 병원 일반업무에 대한 접근이 거의 불가능합니다. 진료 업무만 하는 직원에게 적절합니다.

직원 세부권한 설정에서 '일반관리자'만 이라는 설명이 있는 옵션은 '일반직원'에게는 활성화되지 않습니다. 최고관리자만 직원 세부권한 설정을 변경할 수 있으며 최고관리자는 위의 모든 권한 이외에도 서버로그, 접속로그 등의 열람이 가능합니다.

직원 세부권한 설정   ✕

▶ 경영,통계 관련 권한(일반관리자만)   ▶ 수납, 치료계획 수정 권한(일반관리자만)

☑ 일일장부 보기/결산마감   ☐ 일일장부 이전 수입/지출내역 수정,삭제

☐ 일일장부에 월간통계 보임   ☐ 이전 환자 수납내역 수정   ☐ 삭제

☐ 일일장부 전일 데스크 현금잔액 수정   ☐ 확정된 치료(비용)계획 수정   ☐ 삭제

원장님과 직원별 권한설정을 어떻게 부여할지 의논해 보세요.
원장님마다 매출과 관련된 수입 및 지출 현황을 노출하기 꺼려하시는 분들도 계시기 때문에
어디까지 권한을 부여할지 상의 후 설정해 주시면 좋겠죠?
경영, 통계 관련 권한의 데스크 현금 잔액 수정 권한도 최고 관리자급만 권한을 부여해주세요.
현금 시제 관리 시 임의로 수정할 수 없습니다.
'수납, 치료계획 수정 권한' 등 비용과 관련된 권한 또한 일반 관리자 급에게는 부여하지
않는 것이 좋습니다.

1. 공휴일 추가 방법

☑ [환경설정] – [기타 설정] – [공휴일 휴무일 설정]

① [공휴일 휴무일 설정]을 클릭합니다.

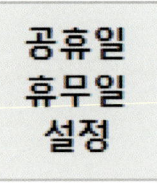

② 치과 휴무일 추가에서 날짜/설명을 입력 후 '추가' 버튼을 눌러줍니다.

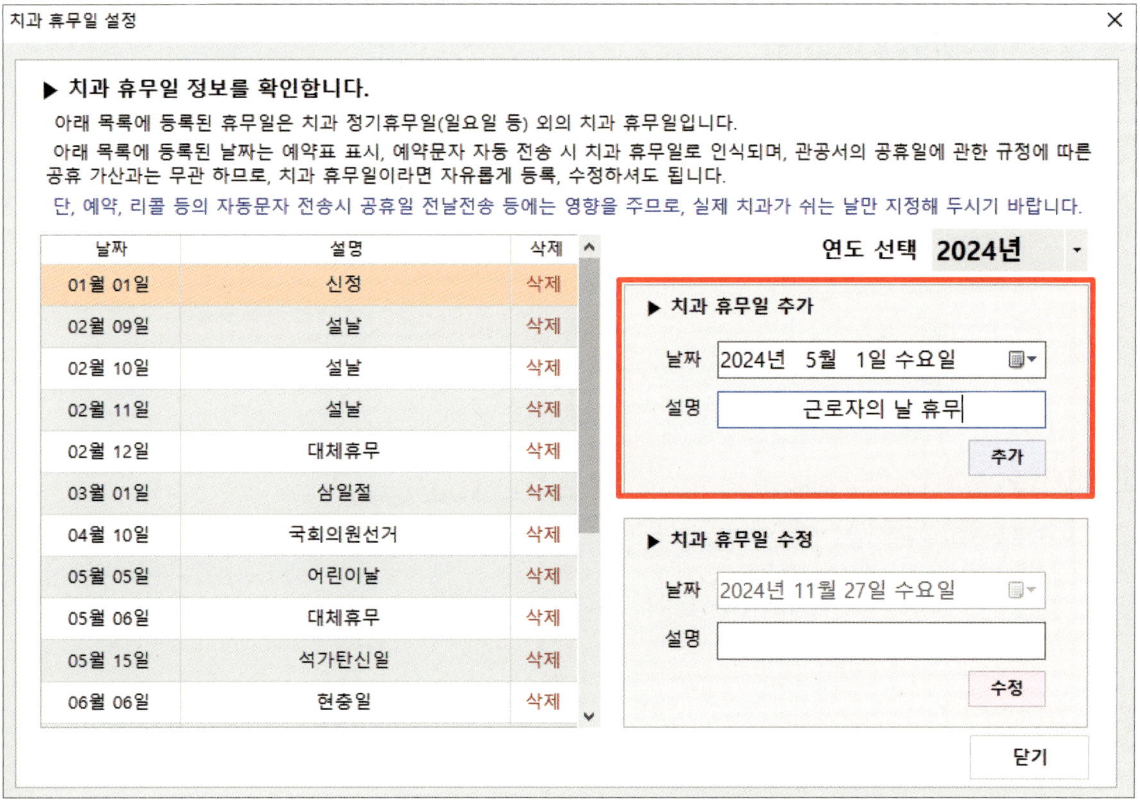

치과 휴무일 설정 ✕

▶ **치과 휴무일 정보를 확인합니다.**

아래 목록에 등록된 휴무일은 치과 정기휴무일(일요일 등) 외의 치과 휴무일입니다.

아래 목록에 등록된 날짜는 예약표 표시, 예약문자 자동 전송 시 치과 휴무일로 인식되며, 관공서의 공휴일에 관한 규정에 따른 공휴 가산과는 무관 하므로, 치과 휴무일이라면 자유롭게 등록, 수정하셔도 됩니다.

단, 예약, 리콜 등의 자동문자 전송시 공휴일 전날전송 등에는 영향을 주므로, 실제 치과가 쉬는 날만 지정해 두시기 바랍니다.

연도 선택 **2024년** ▼

날짜	설명	삭제
01월 01일	신정	삭제
02월 09일	설날	삭제
02월 10일	설날	삭제
02월 11일	설날	삭제
02월 12일	대체휴무	삭제
03월 01일	삼일절	삭제
04월 10일	국회의원선거	삭제
05월 05일	어린이날	삭제
05월 06일	대체휴무	삭제
05월 15일	석가탄신일	삭제
06월 06일	현충일	삭제

▶ **치과 휴무일 추가**

날짜 2024년 5월 1일 수요일 📅▼

설명 근로자의 날 휴무

추가

▶ **치과 휴무일 수정**

날짜 2024년 11월 27일 수요일 📅▼

설명

수정

닫기

📢 덴트웹은 매년 법정 공휴일이 자동으로 설정 됩니다. 그러나 근로자의 날이나 임시 공휴일인 경우는 병원마다 운영 방식이 다르기 때문에 우리 치과의 일정에 맞게 별도로 등록을 해주어야 합니다.

2. 공휴일 수정 방법

☑ [환경설정] – [기타 설정] – [공휴일 휴무일 설정]

① [공휴일 휴무일 설정]을 클릭합니다.

공휴일
휴무일
설정

② 왼쪽 휴무 목록에서 변경하고자 하는 내용을 클릭합니다.

▶ 치과 휴무일 정보를 확인합니다.
아래 목록에 등록된 휴무일은 치과 정기휴무일(일요일 등) 외의 치과 휴무일입니다.
아래 목록에 등록된 날짜는 예약표 표시, 예약문자 자동 전송 시 치과 휴무일로 인식되며, 관공서의 공휴일에 관한 규정에 따른 공휴 가산과는 무관 하므로, 치과 휴무일이라면 자유롭게 등록, 수정하셔도 됩니다.
단, 예약, 리콜 등의 자동문자 전송시 공휴일 전날전송 등에는 영향을 주므로, 실제 치과가 쉬는 날만 지정해 두시기 바랍니다.

날짜	설명	삭제
01월 01일	신정	삭제
02월 09일	설날	삭제
02월 10일	설날	삭제
02월 11일	설날	삭제
02월 12일	대체휴무	삭제
03월 01일	삼일절	삭제
04월 10일	국회의원선거	삭제
05월 05일	어린이날	삭제
05월 06일	대체휴무	삭제
05월 15일	석가탄신일	삭제
06월 06일	현충일	삭제

연도 선택 2024년

▶ 치과 휴무일 추가
날짜 2024년 11월 28일 목요일
설명
추가

▶ 치과 휴무일 수정
날짜 2024년 11월 28일 목요일
설명
수정

닫기

올해는 우리 치과에서 공휴일에 진료하고 다른 날에 휴진을 하기로 했다면 [공휴일 휴무일 설정]에 등록된 휴무일 정보를 수정해 주면 되겠죠? 수정을 하지 않으면 예약창에서 휴진일이 나오지 않기 때문에 자칫 예약에 차질이 생길 수 있어요.

③ 변경할 내용을 입력한 후 '수정'을 클릭하여 저장합니다.

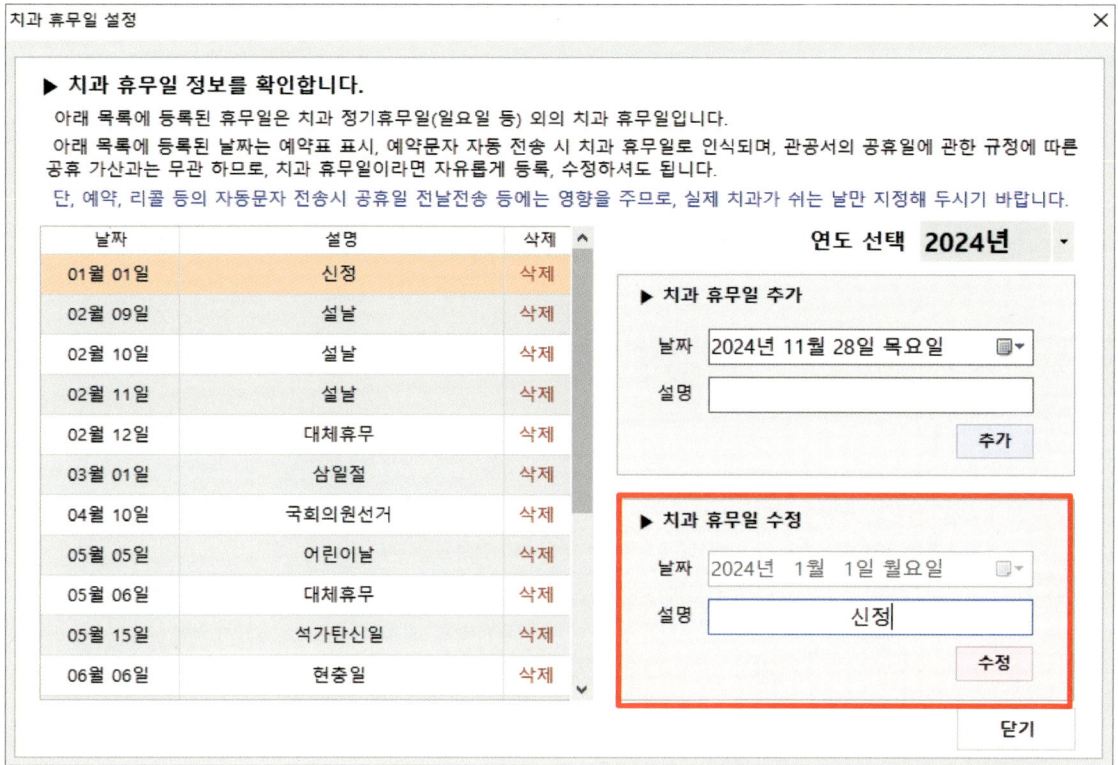

Point ⭐

개원 기념일, 임시 공휴일, 원장님의 학회나 세미나 일정, 병원 워크샵 등의 비 정기 휴진일 등 매년 변동되는 우리 병원의 휴무일 잊지 말고 등록하여 관리하세요.

3. 공휴일 삭제 방법

☑ [환경설정] – [기타 설정] – [공휴일 휴무일 설정]

① [공휴일 휴무일 설정]을 클릭합니다.

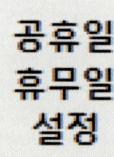

② 왼쪽 휴무 목록에서 삭제하고자 하는 휴무일의 삭제 버튼을 클릭합니다.

치과 휴무일 설정   ✕

▶ 치과 휴무일 정보를 확인합니다.

아래 목록에 등록된 휴무일은 치과 정기휴무일(일요일 등) 외의 치과 휴무일입니다.

아래 목록에 등록된 날짜는 예약표 표시, 예약문자 자동 전송 시 치과 휴무일로 인식되며, 관공서의 공휴일에 관한 규정에 따른 공휴 가산과는 무관 하므로, 치과 휴무일이라면 자유롭게 등록, 수정하셔도 됩니다.

단, 예약, 리콜 등의 자동문자 전송시 공휴일 전날전송 등에는 영향을 주므로, 실제 치과가 쉬는 날만 지정해 두시기 바랍니다.

날짜	설명	삭제
01월 01일	신정	삭제
02월 09일	설날	삭제
02월 10일	설날	삭제
02월 11일	설날	삭제
02월 12일	대체휴무	삭제
03월 01일	삼일절	삭제
04월 10일	국회의원선거	삭제
05월 05일	어린이날	삭제
05월 06일	대체휴무	삭제
05월 15일	석가탄신일	삭제
06월 06일	현충일	삭제

연도 선택 **2024년** ▾

▶ 치과 휴무일 추가

날짜 [2024년 11월 28일 목요일 ▾]

설명 [　　　　　　]

[추가]

▶ 치과 휴무일 수정

날짜 [2024년 11월 28일 목요일 ▾]

설명 [　　　　　　]

[수정]

[닫기]

📢 덴트웹은 매년 법정 공휴일이 자동으로 설정 됩니다. 공휴일은 예약창에 빨간색으로 표시되며 네이버 예약과 연동된 경우에도 휴진일로 표시됩니다. 따라서 365일 진료를 하는 치과나, 병원의 일정 조율로 공휴일에 진료를 하는 경우 수정해 주셔야 해요.

1. 병원 도장 등록방법

☑ [환경설정] – [덴트웹 실행에 필요한 필수 정보] – [직원정보]

① [직원정보]를 클릭합니다.

② 도장을 설정하고자 하는 의사를 직원 정보 창 상단에서 선택합니다.

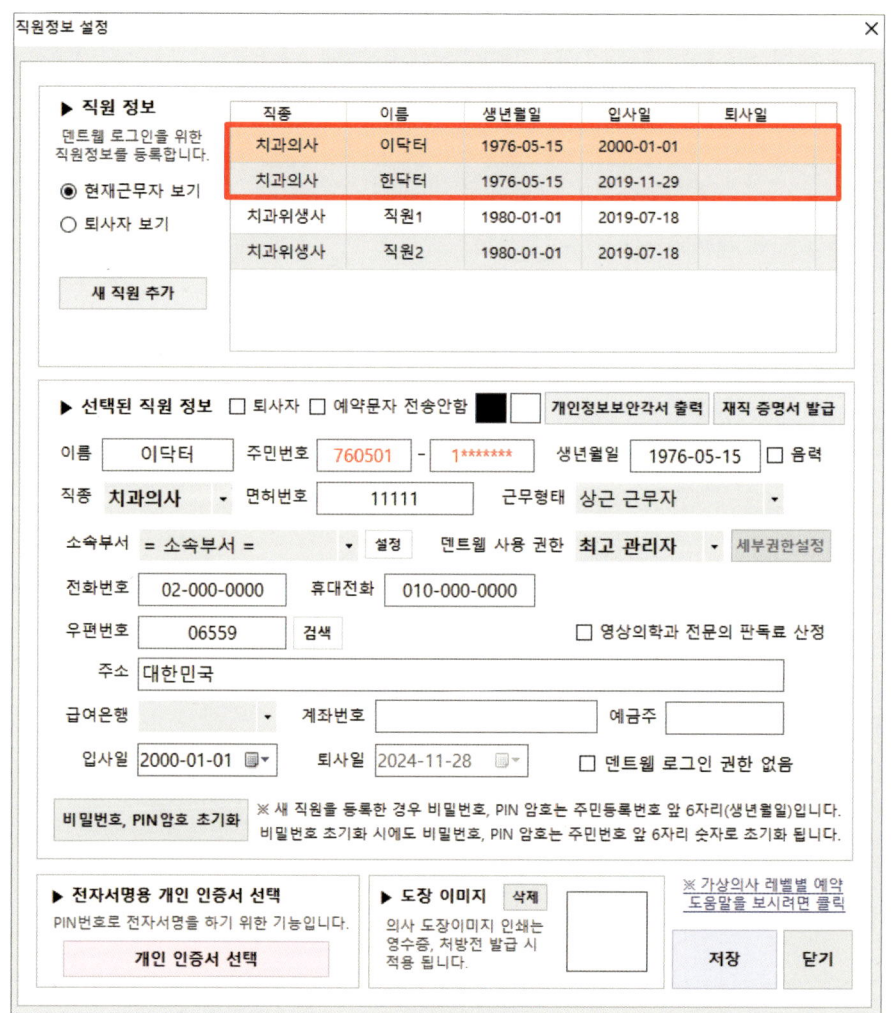

③ 하단 '도장 이미지'에서 빈 공간을 선택하여 이미지를 넣어줍니다.

이미지를 넣은 후에는 꼭 '저장'버튼을 눌러줍니다.

의사의 도장을 등록해 두면 처방전, 진단서 작성 시 인쇄물에 도장이 자동으로 입력됩니다.

우리 치과의 원장님의 도장을 이미지 파일로 스캔하여 등록해 두시면 됩니다.

환자 인적사항 설정

1. 환자 인적사항 입력 및 차트번호 설정하기

☑ [환경설정]– [환자 인적사항]

▶ 덴트웹 실행에 필요한 필수 정보

병원 기본정보	환자 인적사항	진료시간	예약화면	직원정보	로그인 비밀번호 변경

📢 환자를 등록할 때 부여되는 차트번호나 고객구분 설정, 고객성향 설정, VIP고객구분, 자동리콜 등 환자와 관련된 기본적인 사항을 설정 할 수 있는 공간입니다. 설정 후에는 데스크 메인 버튼에서 설정한 내용을 기반으로 환자를 등록할 수 있습니다.

2. 차트번호 부여방식

▶ 차트번호 부여방식 　　❷ 적용된 예시 　　**123**

❶ ● 일련번호만 사용 　○ 초진년월일+일련번호 　○ 생년월일+일련번호 　○ 수동 부여

☐ 차트번호 앞 특정문자 추가 　[　　] 　☐ 하이픈 　일련번호 최대 [　　] 　최소 [　　]

❸

- 년 -	- 월 -	- 일 -	- 일련번호 -
○ 4자리	☐ 월 사용	☐ 일 사용	☐ 자릿수 맞춤
● 2자리			
☐ 하이픈 넣기	☐ 하이픈 넣기	☐ 하이픈 넣기	4자리 ▾

▶ 신환 등록시 동명이인 자동 접미사 부여방식 　- 신환 이름이 한글만으로 입력된 경우에만 신환 등록 시 자동으로 접미사가 부여 됩니다.

❹ ● 알파벳 　○ 숫자 　○ 사용자지정 [　　　　]

i

① 차트번호의 부여방식은 4가지의 형태로 구분됩니다.

일련번호만 사용	1번부터 부여됩니다
초진년월일 + 일련번호	초진년도 + 1번부터 부여됩니다
생년월일 + 일련번호	환자의 생년월일 + 1번부터 부여됩니다
수동부여	우리가 지정한 번호로 부여됩니다

② 차트번호가 부여된 예시를 보여줍니다.

③ 년, 월, 일 부여시 적용되는 숫자를 설정 할 수 있습니다.

예시) 년 2자리, 월 사용, 일 사용, 하이픈 사용 + 일련번호 자릿수를 5자리로 설정 시 '25-02-03-000123'으로 부여된 것을 확인 할 수 있는데요, 이를 통해 우리는 2025년 2월 3일의 123번째 신환임을 알 수 있습니다.

④ 신환 등록 시 동명이인이 있을 경우 뒤에 자동으로 접미사가 부여되는 기능입니다. 알파벳과 숫자로 설정할 수 있습니다.

예시) 인파워가 2명인 경우 알파벳으로 지정하면 인파워 A, 인파워 B로 등록됩니다.

덴트웹 - Dr.이닥터 ◀ · @ Chart No. 73 / 이름 : 인파워 / 생년월일 : 1918-07-03 (남 106Y 7M) / 보험구

인파워	인파워A(285) 女, 1983-10-03, 41y 4m
상키보드　환자검색　Post It	인파워E(236) 女, 1994-11-02, 30y 3m

3. 환자의 차트번호 어떤 것으로 선택하면 좋을까요?

▶ 차트번호 부여방식 　　　적용된 예시 　　250926123

○ 일련번호만 사용 　◉ 초진년월일+일련번호 　○ 생년월일+일련번호 　○ 수동 부여

☐ 차트번호 앞 특정문자 추가 [　　] ☐ 하이픈 　일련번호 최대 [　] 최소 [　]

- 년 -	- 월 -	- 일 -	- 일련번호 -
○ 4자리	☑ 월 사용	☑ 일 사용	☑ 자릿수 맞춤
◉ 2자리			[2자리 ▾]
☐ 하이픈 넣기	☐ 하이픈 넣기	☐ 하이픈 넣기	

▶ 신환 등록시 동명이인 자동 접미사 부여방식 　· 신환 이름이 한글만으로 입력된 경우에만 신환 등록 시 자동으로 접미사가 부여 됩니다.

◉ 알파벳 　○ 숫자 　○ 사용자지정

▶ 차트번호 부여방식 　　　적용된 예시 　　25020123

○ 일련번호만 사용 　◉ 초진년월일+일련번호 　○ 생년월일+일련번호 　○ 수동 부여

☐ 차트번호 앞 특정문자 추가 [　　] ☐ 하이픈 　일련번호 최대 [　] 최소 [　]

- 년 -	- 월 -	- 일 -	- 일련번호 -
○ 4자리	☑ 월 사용	☐ 일 사용	☑ 자릿수 맞춤
◉ 2자리			4자리 ▾
☐ 하이픈 넣기	☐ 하이픈 넣기	☐ 하이픈 넣기	

▶ 신환 등록시 동명이인 자동 접미사 부여방식 　· 신환 이름이 한글만으로 입력된 경우에만 신환 등록 시 자동으로 접미사가 부여 됩니다.

◉ 알파벳 　○ 숫자 　○ 사용자지정

내원 년도로 환자를 알고 싶거나 이 달의 신환 수를 파악하고 싶다면?

→ 초진 년 월 일 + 일련번호로 설정하시는 것을 추천합니다.

→ 교정치과는 위와 같이 차트번호를 설정하면 처음 내원일로 교정 시작시기를 파악하기 쉽겠죠?

보험 레진, 치아 홈 메우기, 보험 틀니 및 임플란트, 연 1회 스케일링 등

보험 적용 대상자를 한눈에 파악하고 싶다면?

→ 생년월일 + 일련번호로 설정하시는 것을 추천합니다.

→ 차트번호를 보고 연령대 파악이 쉽습니다.

4. 고객 구분 설정

우리 병원의 환자를 구분할 수 있는 기능입니다.

두 가지 구분을 다 사용하셔도 되고 한 가지만 사용하셔도 됩니다.

환자의 니즈에 따라 상담만 원하는지 전체 치료만 원하는지, C.C를 우선적으로 해결하길

원하는지 보험진료만 원하는지 구분할 수도 있고, 리콜이나 문자전송을 원하지 않는 환자를 구분할

수도 있습니다. 예약표 글자색을 지정하면 예약표 글자색이 해당 구분 색으로 표시됩니다.

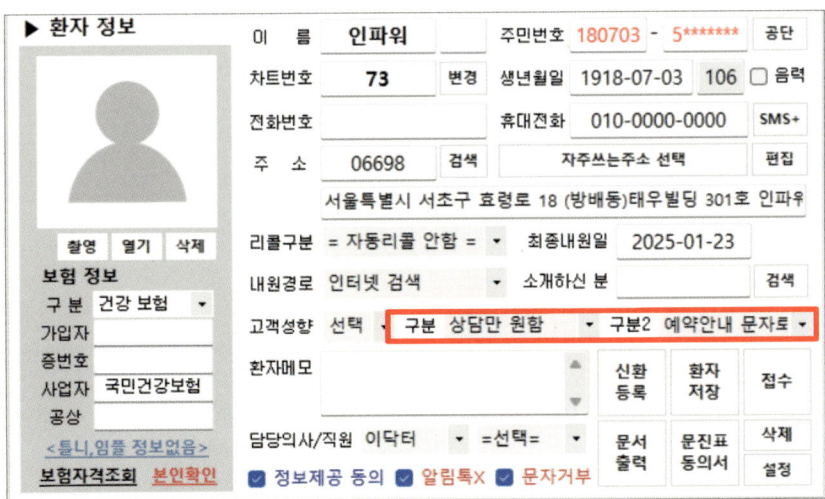

데스크 메인 버튼의 환자 정보에서 우리가 구분한 고객구분 항목을 선택할 수 있습니다.

4. 고객 구분 설정

📢 고객 구분을 설정해 두면 데스크 메인 버튼의 접수목록에서도 환자의 구분을 쉽게 확인할 수 있습니다.

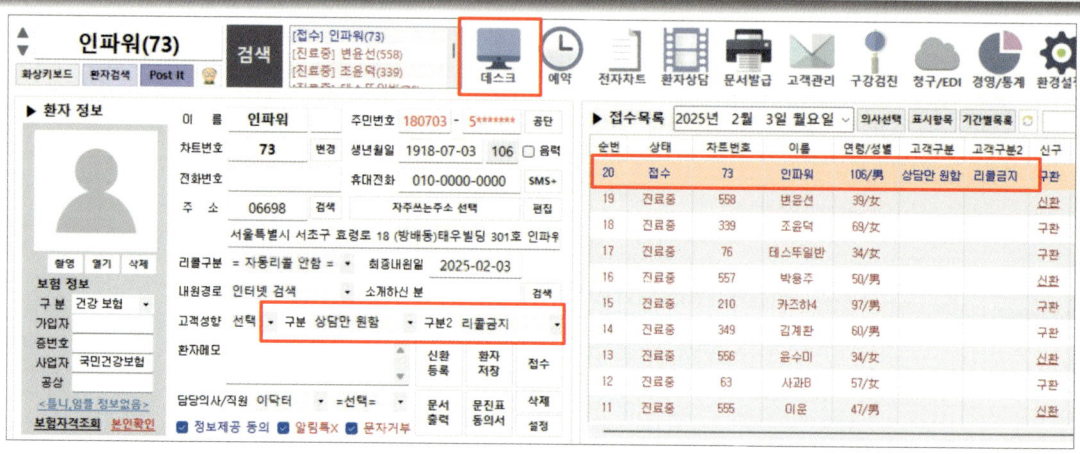

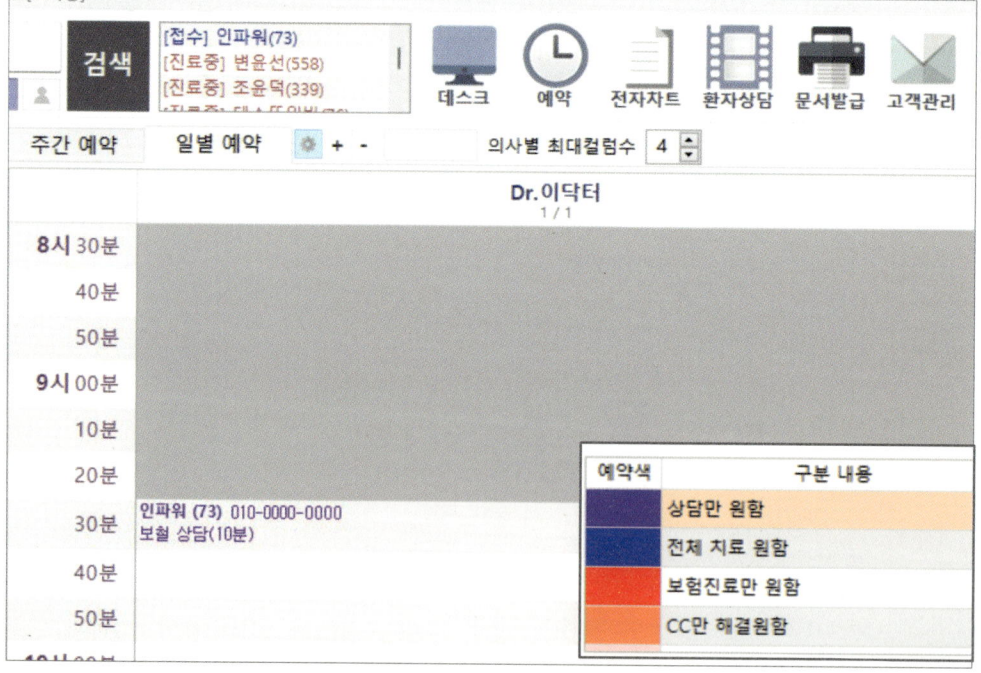

💡 고객구분의 예약색을 지정한 경우 예약 창에서도 지정된 색으로 예약이 됩니다.

6. 내원경로 설정

내원경로를 잘 구분해 두면 우리 병원에 내원하는 환자들이 어떤 경로로 유입되었는지 통계자료를 내는데 큰 도움이 됩니다. 내원경로를 파악하고 있으면 추후 마케팅 시 어떤 플랫폼에 중점을 두어야 하는지 알기 쉽기 때문에 우리 병원에 내원하는 환자분들의 경로를 세분화하는 것을 추천 드립니다.

▶ 내원경로 설정

내원 경로

내원 경로
지인의 소개
직장, 집 근처
인터넷 검색
네이버 블로그

추가 수정 삭제

내원경로	내원환자수	구환수	신환수	총내원횟수
간판_집근처	316	0	318	680
간판_직장근처	20	0	21	42
소개_구환_가족	26	0	26	72
소개_구환_지인	14	0	14	29
소개_미환_가족	6	0	6	8
소개_미환_지인	30	0	31	70
홍보_전화상담을 받...	4	0	4	6
홍보_인터넷 검색	128	0	128	327

똑같이 간판을 보고 내원하셨더라도 집 근처인지 직장 근처인지에 따라 환자가 내원할 수 있는 시간대나 요일을 예측할 수 있습니다. 또한 우리 치과에 소개환자가 많은 경우엔 소개 경로를 추적하여 외부에서의 입소문을 통한 소개인지 내부 고객의 소개인지를 알고 있는 것이 중요합니다. 전자의 경우엔 우리 치과의 평판이 좋음을 알 수 있고, 후자의 경우엔 우리 치과의 진료 만족도가 높음을 알 수 있습니다.

6. 고객성향 설정

환자의 성향을 색깔로 구분하는 기능입니다. 데스크의 환자 정보 입력 창에서 지정할 수 있으며, 환자 검색 시 검색버튼이 색으로 구분됩니다. 또한 예약 창 왼쪽에 색상 띠가 생성됩니다.

▶ 고객성향 설정

고객의 성향을 원장과 직원들만 아는 색상으로 표시

색상 선택 [   ] (환자검색 버튼에 표시됨)

색상 의미 [   ]

추가   수정   삭제

색상	색상 의미
(검정)	치과공포
(파랑)	통증 민감
(주황)	예민
(노랑)	hepa

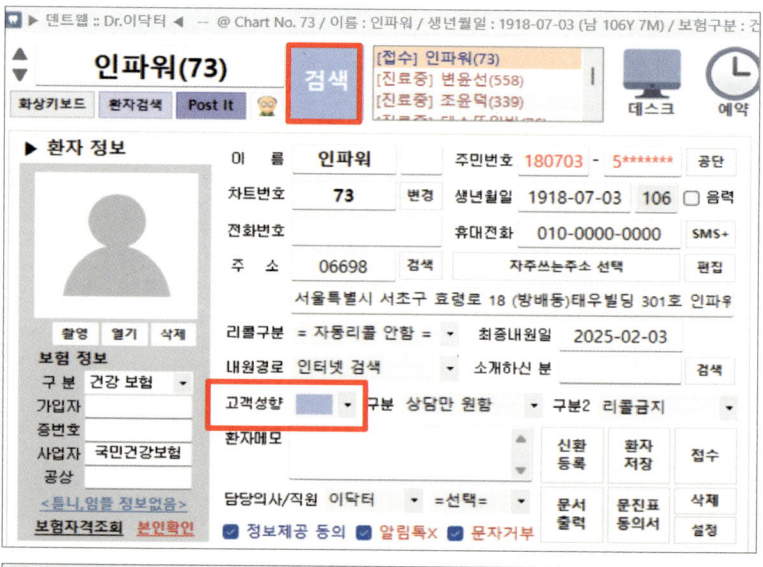

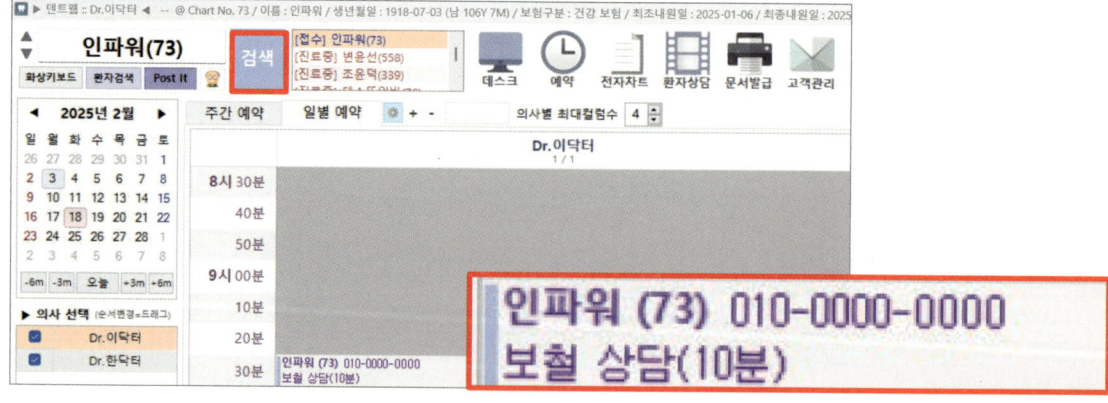

인파워 (73) 010-0000-0000
보철 상담(10분)

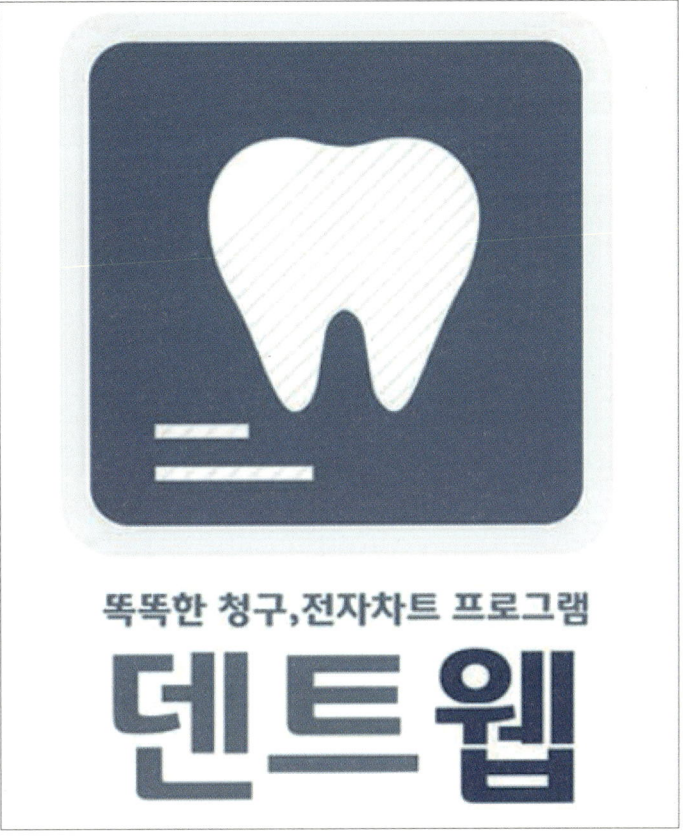

똑똑한 청구,전자차트 프로그램

덴트웹

1. 덴트웹의 기능을 설정한 뒤에는 항상 저장 버튼을 누른 후 창을 닫아주세요.
   자동 저장이 되지 않습니다.

2. 병원마다 덴트웹의 사용 범위가 다 다르기 때문에 덴트웹의 모든 기능과 설정을 다
   지정하거나 사용할 필요는 없습니다. 다만, 어떤 기능이 있는지 알아두면
   추후에 사용될 수 있겠죠?

3. 덴트웹을 사용할 때는 병원의 모든 구성원들이 같은 프로토콜로 사용해야 하기 때문에
   우리 치과만의 약속이 있는 것이 좋습니다. 그래야 사용할 때 혼선이 일어나지 않습니다.
   설정한 내용들은 병원의 구성원에게도 꼭 공유해주세요.

1. 덴트웹 실행 시 시작 창

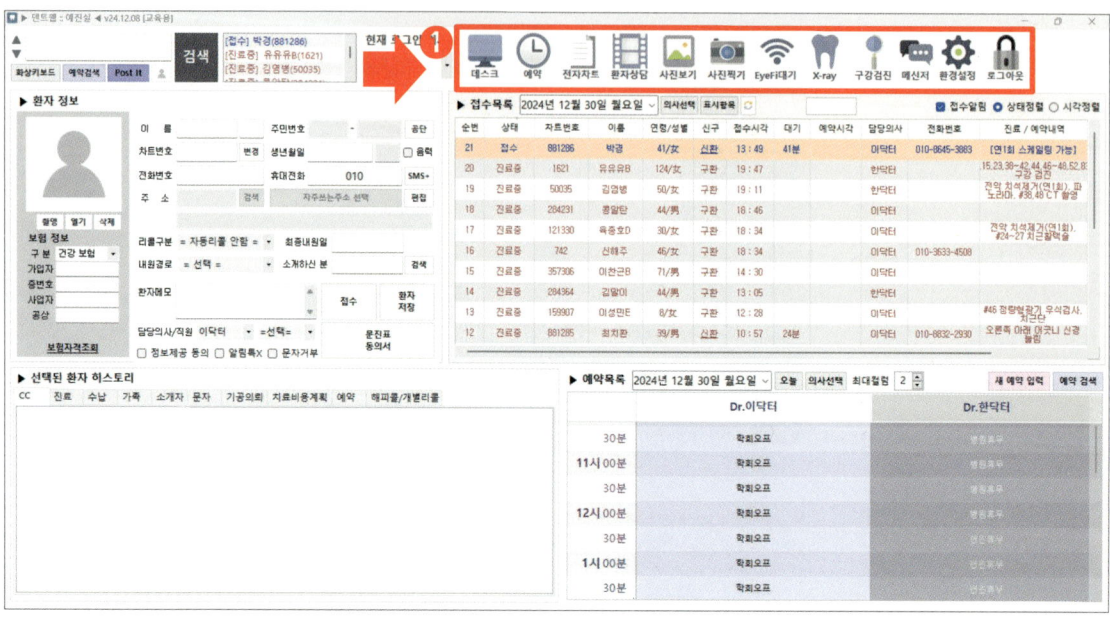

 ① [메인 버튼] : 덴트웹의 여러 기능들을 활용할 수 있는 버튼입니다.
메인 버튼을 누르면 해당 화면으로 이동하게 됩니다.

② [환경설정 버튼] : 덴트웹의 모든 설정을 등록할 수 있는 다양한 기능이 모여 있는 곳입니다.

2. 데스크 메인 버튼 화면

아래에 보이는 창 화면은 데스크 메인 화면 입니다.

메인 버튼의 첫 부분이기도 하고 수납과 예약, 환자등록 등의 기능을 수행할 수 있는 창 입니다.

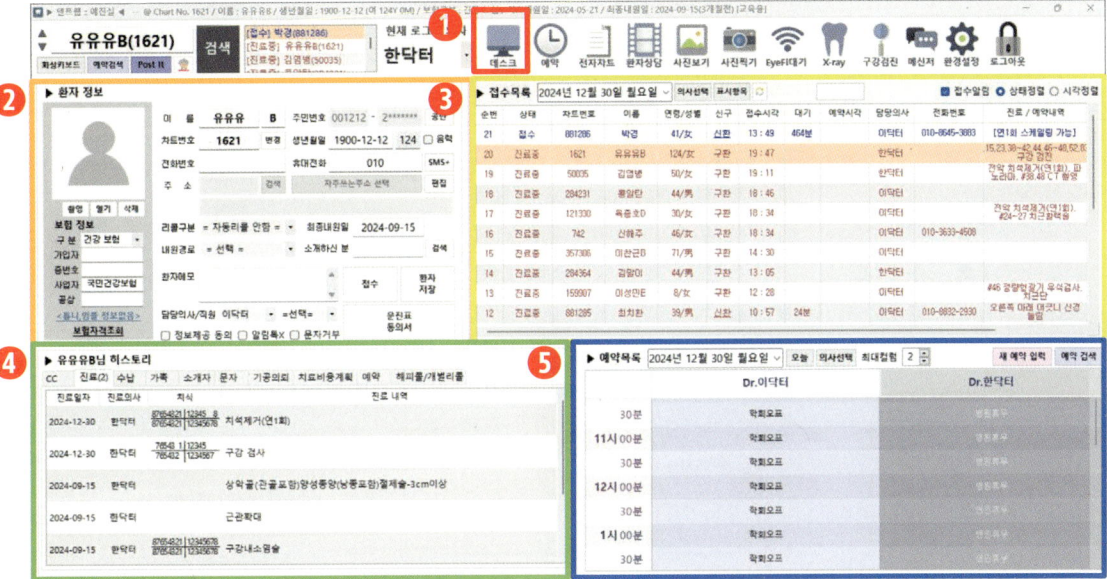

① [데스크] 메인 버튼
② [인적 사항] : 환자의 기본 인적사항을 입력하는 곳입니다.
③ [접수 목록] : 현재까지 접수된 환자의 목록을 확인할 수 있습니다.
④ [환자 히스토리] : C.C, 오늘의 진료 내역, 수납, 가족 관계, 소개환자 현황, 문자 전송내역, 기공 의뢰내역, 치료비용 계획, 예약, 해피콜 및 개별리콜 내역을 확인 할 수 있습니다.
⑤ [예약 목록] : 오늘의 예약현황을 확인할 수 있습니다.

2-1. 데스크 메인 버튼 화면 중 환자정보 화면 알아보기

환자의 정보를 볼 수 있는 환자 정보 화면입니다. 환자의 정보만 잘 기입해 두어도 추후 덴트웹에서 다양한 통계 자료로 활용할 수 있어요!

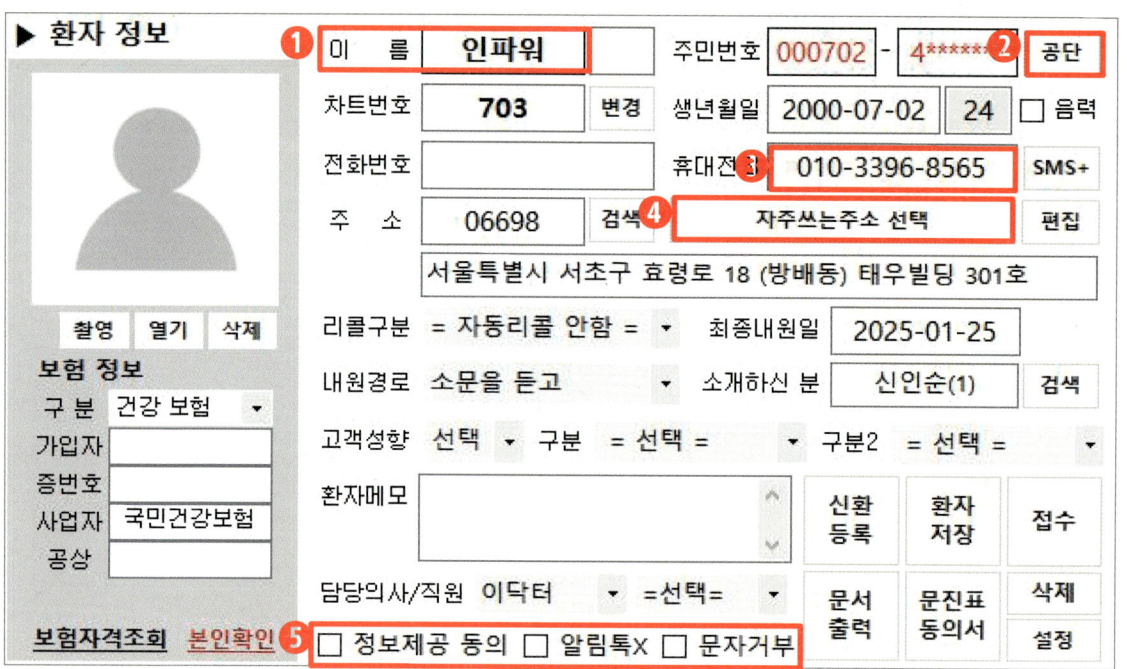

① 환자의 이름이 동명이인일 경우 이름 옆 창에 숫자 또는 알파벳으로 구분됩니다.
② 연 1회 스케일링, 보험 임플란트/틀니 대상자 여부 등을 조회할 수 있습니다.
③ 보호자 휴대전화를 입력해 둘 수 있습니다.
④ 우리 병원에 자주 오는 주소를 (예 : 아파트 단지) 자주 쓰는 주소에
   저장해 두면 환자 등록이 간편해 집니다.
⑤ 정보 제공 동의 버튼에 체크를 누른 환자에게 문자나 알림톡이 전송됩니다.
   문자나 알림톡 전송을 원치 않는 환자는 체크박스를 체크해주면 자동 문자
   전송에서 제외됩니다.

3. 예약 메인 버튼 화면

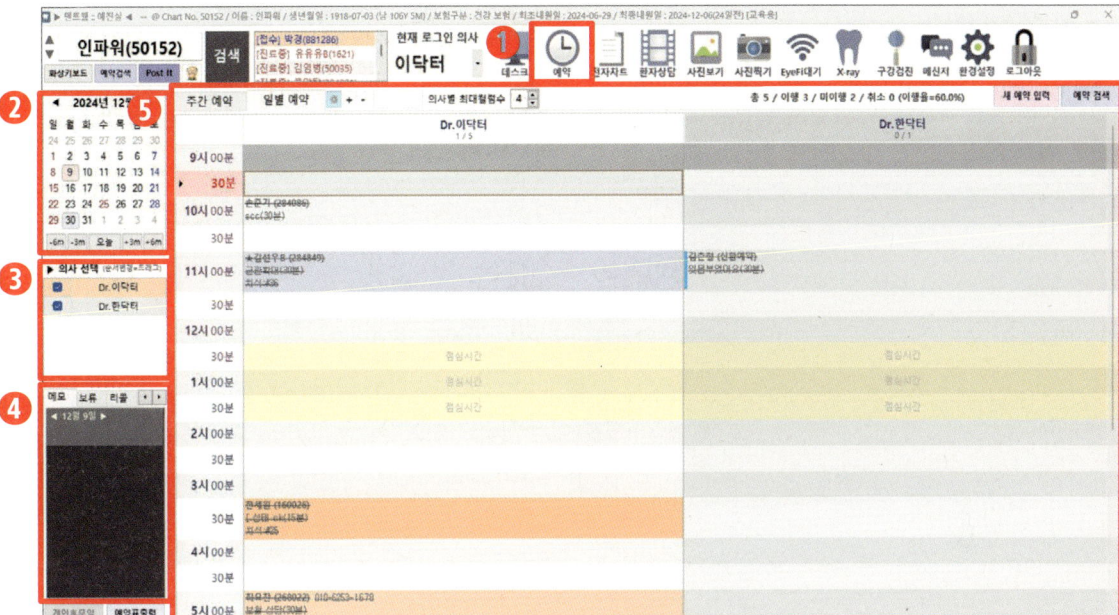

① [예약] 메인 버튼
② 캘린더 : 날짜를 선택하여 예약된 환자를 확인할 수 있습니다.
③ 치과의사가 여러명 인 경우 의사를 선택하여 예약표를 분류할 수 있습니다.
④ 메모나, 예약 보류환자, 리콜환자, 예약별 통계등을 확인할 수 있습니다.
⑤ [예약목록] : 오늘의 예약 현황을 확인할 수 있습니다. 치과의사를 여러 명 등록하면 의사별로 예약 창이 따로 생성되며 일별 또는 주별 예약을 한눈에 확인할 수 있습니다.

치과의사가 1명인데 수술, 간단한 예약, prep 등 예약 유형별로 예약표에 입력할 수 있나요?
'가상 의사'를 등록하여 예약표를 구분하면 됩니다.
하나 더! 가상의사 등록 시 보험진료는 넣지 않도록 합니다.
간혹 가상의사로 보험진료를 잘못 입력해 청구 시 의료 인력 신고가 안 되어 있어 면허번호 오류로 청구 오류가 발생할 수 있습니다.

4. 전자차트 메인 버튼 화면

② 환자 이름 검색 창   ① 전자차트 메인버튼

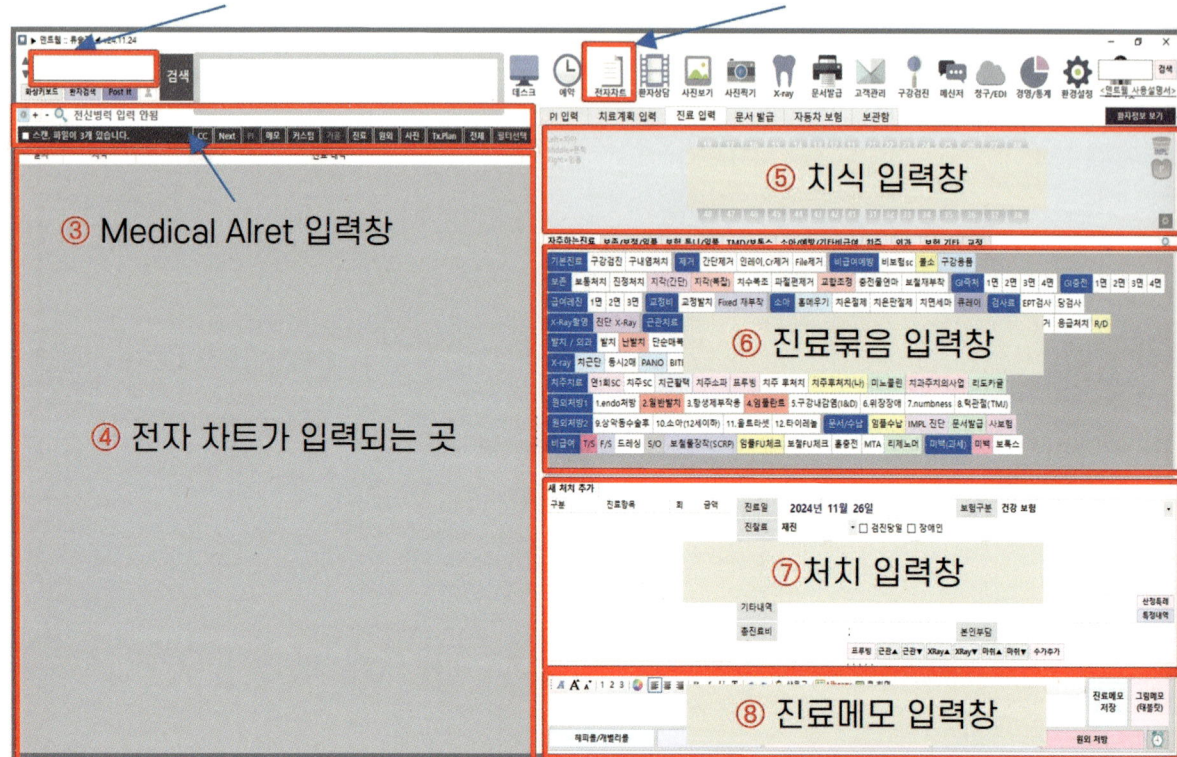

③ Medical Alret 입력창

⑤ 치식 입력창

⑥ 진료묶음 입력창

④ 전자 차트가 입력되는 곳

⑦ 처치 입력창

⑧ 진료메모 입력창

① [전자차트 메인 버튼]

② [환자 이름 검색 창] : 환자의 이름, 차트 번호, 이름 초성으로 환자를 검색할 수 있습니다.

③ [Medical Alert 입력 창] : 환자의 전신 질환을 입력하는 창입니다.

④ [진료 기록 창] : 전자차트가 입력되는 곳으로, 진료 묶음 버튼을 누르면 자동으로 입력됩니다.

⑤ [치식 입력 창] : 해당 진료 행위가 적용된 치식을 입력하는 곳입니다.

⑥ [진료 묶음 입력 창] : 우리 치과에서 설정한 진료 묶음이 왼쪽 진료 기록 창에 자동으로 차팅됩니다.

⑦ [처치 입력 창] : 진료 묶음 버튼을 눌렀을 때 처치 버튼이 입력되는 곳입니다.

⑧ [진료 메모 입력 창] : 환자의 특이 사항과 같은 개별적인 메모를 기입할 수 있는 곳입니다.

5. 환자상담 메인 버튼 화면

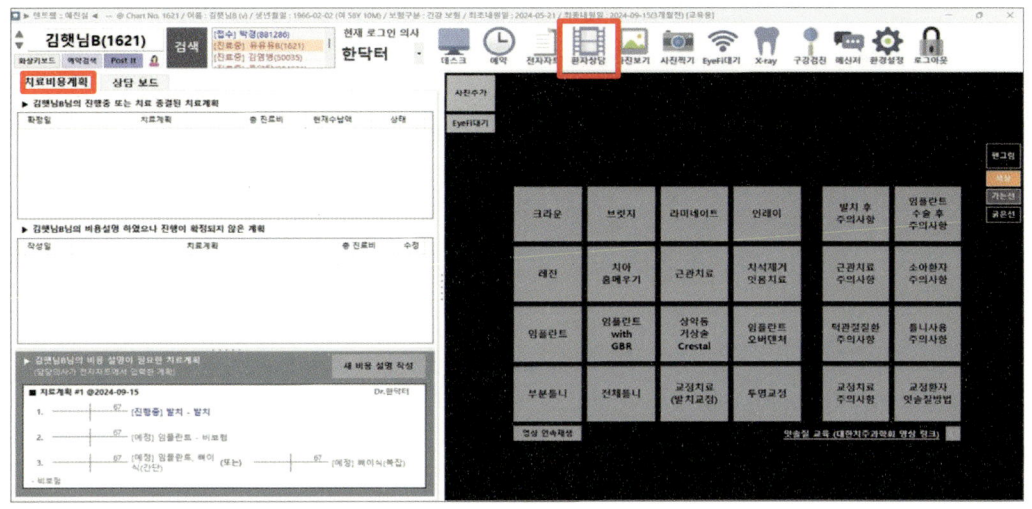

📢 환자 상담 메인 버튼을 누르면 두 가지 섹션으로 나누어 볼 수 있습니다. 첫째, 치료 계획에 따른 비용을 확인할 수 있는 '치료 비용 계획' 창. 둘째, '상담 보드' 창에 있는 케이스 사진을 활용해 상담을 진행할 수 있습니다.

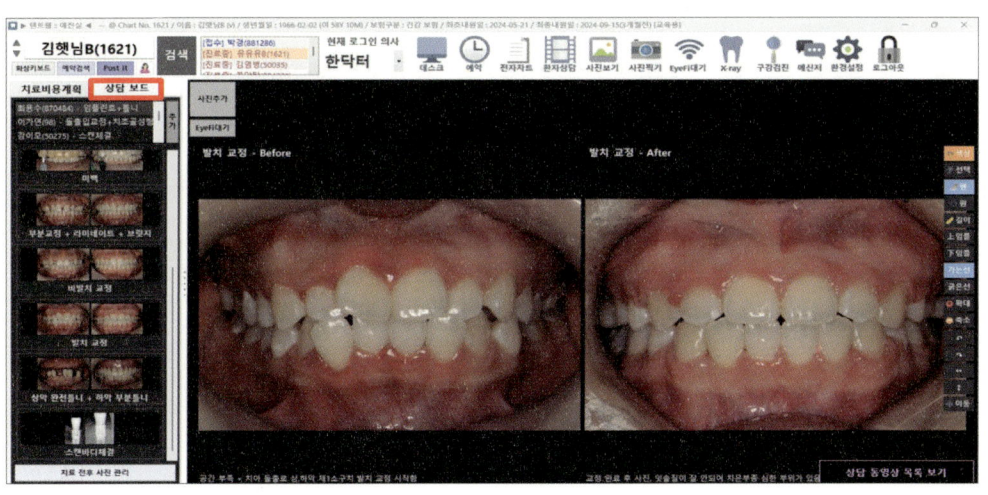

💡 덴트웹 기본 케이스 사진 외에도 우리 치과에서 직접 치료한 환자의 케이스 사진을 활용해 상담보드를 구성할 수 있습니다. [치료 전후 사진 관리] - [새 치료 전후 사진 만들기]

6. 사진보기 메인 버튼 화면

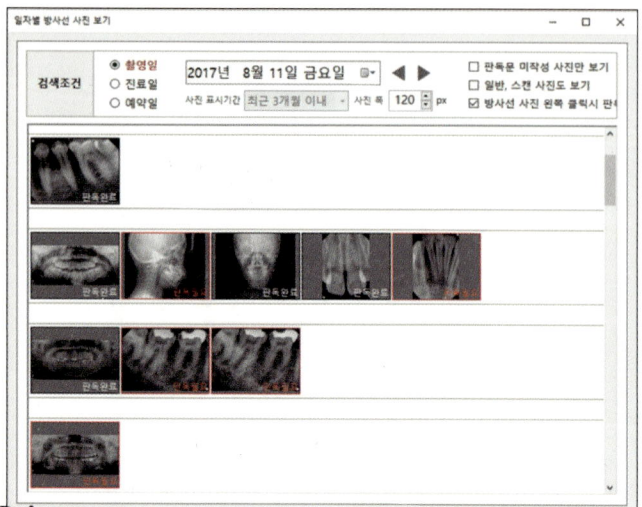

📢 사진보기 메인버튼에서는 환자의 파노라마, 치근단 사진 뿐만 아니라 구강 내 포토 등의 사진 자료 및 DSLR 사진 등 환자의 사진을 기록, 저장할 수 있는 공간입니다.

사진 보기 메인 버튼에서 마우스 우클릭을 하면 방사선 사진 일자별 보기창이 표시됩니다.

(원장님께서 일자별 판독문을 작성할 때 유용합니다.)

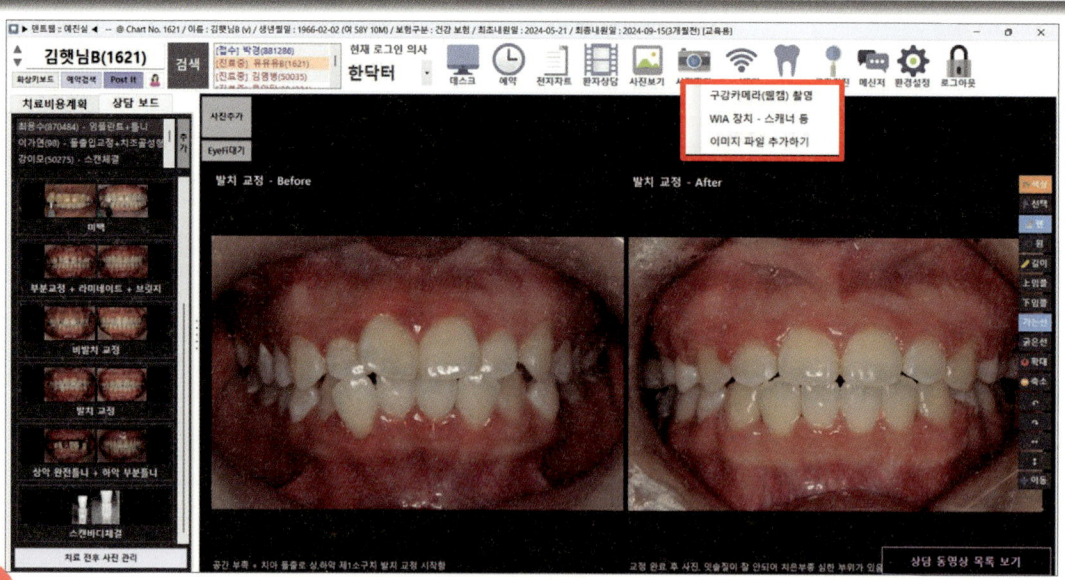

ℹ️ 사진을 보려면 우선 사진을 촬영해야겠죠? 구강 카메라, DSLR, 큐레이 등 덴트웹과 연동된 기기를 통해 촬영할 수 있으며 구강 스캐너 또한 덴트웹과 연결해 사용할 수 있습니다.

7. 환경설정 메인 버튼 화면

☑ [메인 버튼] – [환경 설정]

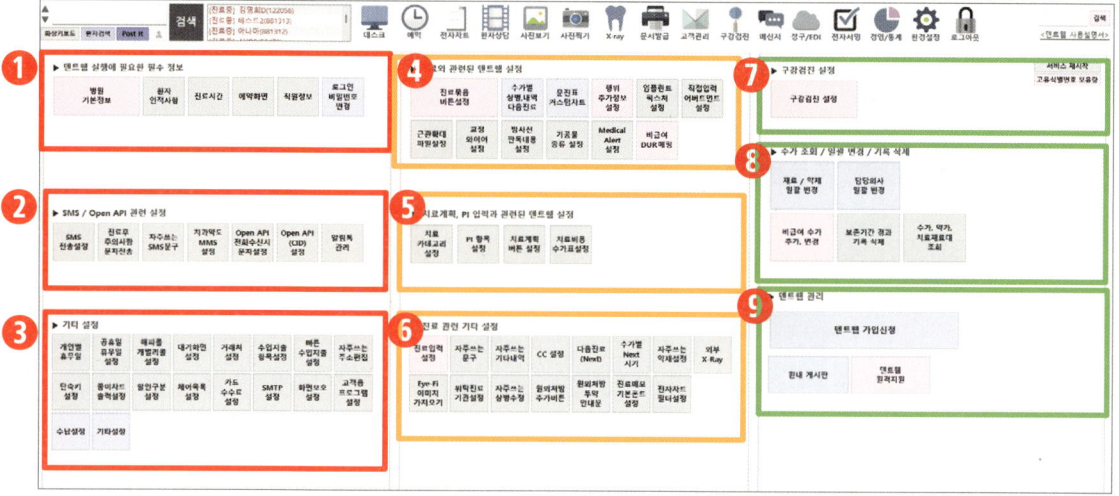

환경설정 페이지에는 어떤 기능들이 있는지 알아볼까요?

① 기본/필수정보 설정

② 문자/ 네이버예약 / 카카오톡 알림톡 / Open API 설정

③ 휴무일 / 수납설정 / 기타설정

④ 진료와 관련된 설정 : 커스텀 차트, 각종 재료 설정 등

⑤ 치료 계획 / P.I 설정 / 수가표와 관련된 덴트웹 설정

⑥ 진료 관련 기타 설정 : 자주 쓰는 문구, C.C설정 등

⑦ 구강검진 설정

⑧ 수가 조회 / 수가 일괄 변경 / 환자기록 삭제 / 담당의사 변경 등

⑨ 덴트웹 원격지원 관련

1. 창 크기 조절

① (+) 키로 창 늘림 가능

환자가 접수된 건 확인되는데 접수 안내창이 너무 작아 화면이 잘려 많이 불편하셨죠?
그럴 때는 정보창을 클릭하고 (+)를 눌러보세요. 창이 옆으로 늘어나서 한눈에 더 쉽게 확인할 수
있습니다.

덴트웹 설정 시 배경색을 설정한 경우 접수 안내 창에서도 배경색을 지정할 수 있어요.
환자가 접수는 되었지만 잠시 화장실에 갔거나 통화 중인 경우 배경색을 지정하여 진료실과
우리만의 약속으로 소통해보면 어떨까요?

예약창 기본 셋팅 상태

박지현 (신환예약)
보철 상담(30분)
<5+5=25m>

안중경 (159792)
틀니 완성 / 소장님(15분)

김니니 (284168)
010-1234-5678
11/13 네이버예약 / 교정상담
(15분)
<교정30/유별>

Ctrl + (+) : 예약창 글씨 확대 가능

박지현 (신환예약)
보철 상담(30분)
<5+5=25m>

안중경 (159792)
틀니 완성 / 소장님
(15분)

김니니 (284168)
010-1234-5678
11/13 네이버예약 /
교정상담(15분)
<교정30/유별>

환자의 예약 현황을 볼 수 있는 예약창! 글씨가 너무 작아 가독성이 떨어지나요?

그럴 때는 예약창에서 예약된 환자를 클릭하고 Ctrl + (+)를 눌러보세요!

글씨 크기가 커진답니다.

반대로 글씨크기가 작은 것이 좋다면 예약창에서 예약된 환자를 클릭하고 Ctrl + (-)를
누르면 되겠죠?

2. Ctrl 키의 기능

① Ctrl + F

환자 차트 화면에서 Ctrl+F 기능을 통해 진료/치식을 검색할 수 있습니다.

시간이 지날수록 길어지는 환자의 진료 기록부 '언제 이 진료를 했더라' 하며 끝없이 스크롤을 올리고 계시나요? 그럴 땐 예약창에서 예약된 환자를 클릭하고 Ctrl + (F)를 이용하여 간편하게 검색해보세요. 해당 진료만 검색할 수도 있고, 치식을 클릭하면 해당 치식의 진료만 확인할 수도 있습니다.

3. 마우스 버튼 기능

① 우측버튼

각 메인 버튼에 마우스를 올려 우클릭을 하면 아래와 같이 새 창이 열립니다.
작업 중 다른 창을 열어야 할 때 유용하게 활용할 수 있습니다.

버튼	마우스 우측 버튼 클릭 시 팝업 되는 창
데스크	접수 현황
데스크 예약 전자차트 환자상담 문서발급 고객관리	새 창 열기
구강검진 청구/EDI 경영/통계 환경설정 로그아웃	새 창 열기
X-ray	일자별 방사선 사진
메신저	전체 메신저
환경설정	표시 아이콘 설정

3. 마우스 버튼 기능

① 마우스 우측버튼 클릭

💡 전자차트 메인 창에서 환자의 진료 기록부는 다른 환자에게 노출 될 경우 개인정보가 유출될 수 있습니다. 마우스 우클릭을 이용하여 방금 본 환자의 차트를 감춰보세요!

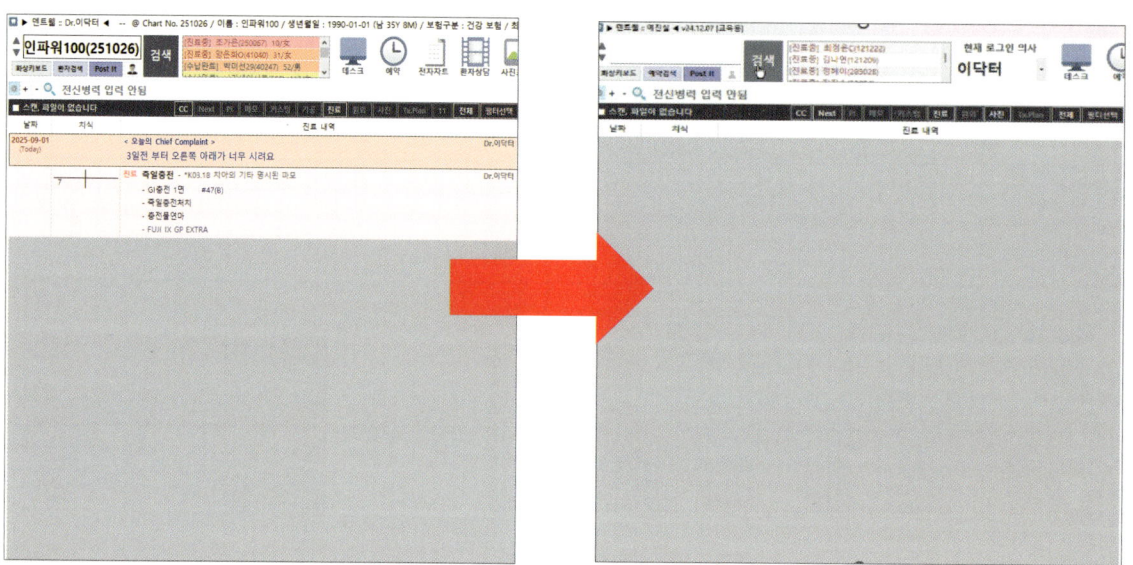

Point ⭐

치료가 끝났다면 다음 환자를 앉히기 전에 검색 버튼에 마우스를 올린 후 우클릭해 보세요. 손쉽게 차트를 숨길 수 있습니다.

개인정보에 민감한 요즘, 다른 환자가 나의 차트를 보지 않을까 환자들의 불안한 마음을 진정시켜 줄 수 있는 간단한 꿀팁!

3. 마우스 버튼 기능

① 마우스 우측버튼 클릭

치식 입력 창에서 치식을 선택할 때 마우스 왼쪽 버튼은 일반 치식으로 입력되지만

마우스 우측 버튼을 클릭하면 해당 치식이 임플란트 치식으로 입력됩니다.

마우스 우측 버튼을 누르고 드래그를 하면 연속된 임플란트 치식을 손쉽게 입력할 수 있습니다.

7=5	진료 **치근단** - *K05.31 만성 복합치주염
76543	- 치근단1매 - 5회

일반 치아는 진료기록부에 검은색으로, 임플란트 치식은 빨간색으로,

Pontic치아는 보라색(=)으로 표시됩니다.

정확한 치식을 입력해야 올바른 보험청구를 진행할 수 있습니다.

3. 마우스 버튼 기능

② 휠 버튼

각 메인 버튼에 마우스 휠 버튼을 클릭하면 아래와 같이 새 창이 열립니다.
작업 중 다른 창을 열어야 할 때 유용하게 활용할 수 있습니다.

버튼	마우스 휠 버튼 클릭 시 팝업 되는 창
전자차트	전자차트 메인 버튼에서 차트 새 창 열기 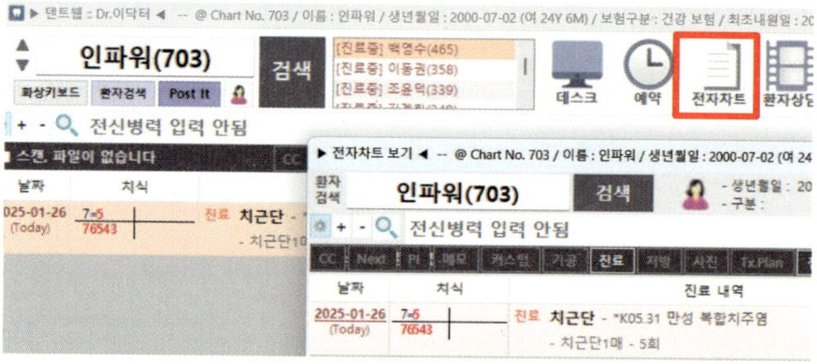
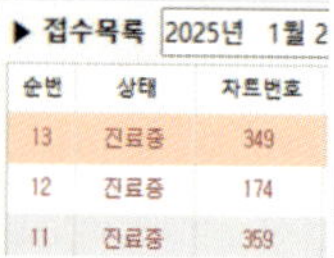 접수목록	데스크 접수 목록에서 차트 새 창 열기 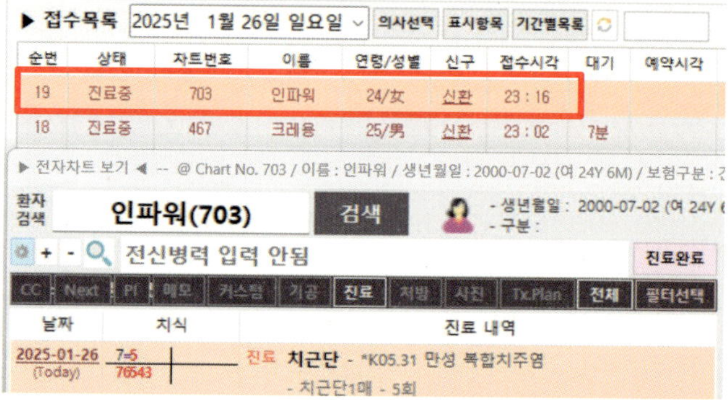
 문서발급	문서 발급 메인 버튼에서 차트 새 창 열기 *문서발급 창으로 열림 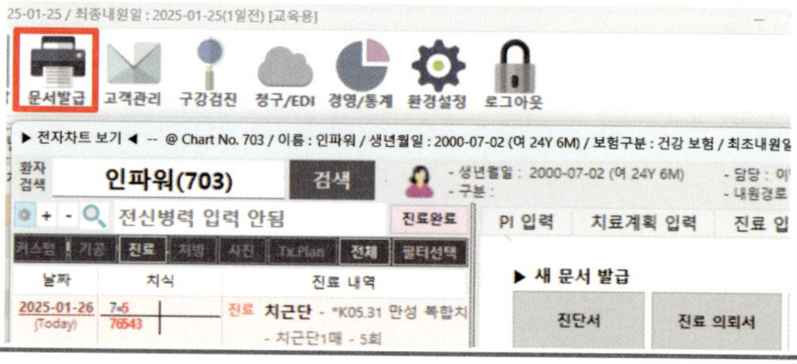

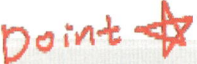

Point ☆

휠 버튼은 자주 사용하지 않지만 어느정도 덴트웹이 익숙해지면 마우스 우클릭과
휠 버튼을 사용하여 더욱 편리하게 사용할 수 있어요~!

4. 환자차트 초기화 기능

다음 환자를 체어에 앉히기 전 환자의 개인 정보 보호를 위해 환자 차트를 초기화하는 방법입니다. 버튼 한 번만 누르면 간단하게 할 수 있으니 병원 구성원들에게 공유해주세요.

① 환자 검색 창에서 '검색'버튼 위에서 마우스 우클릭

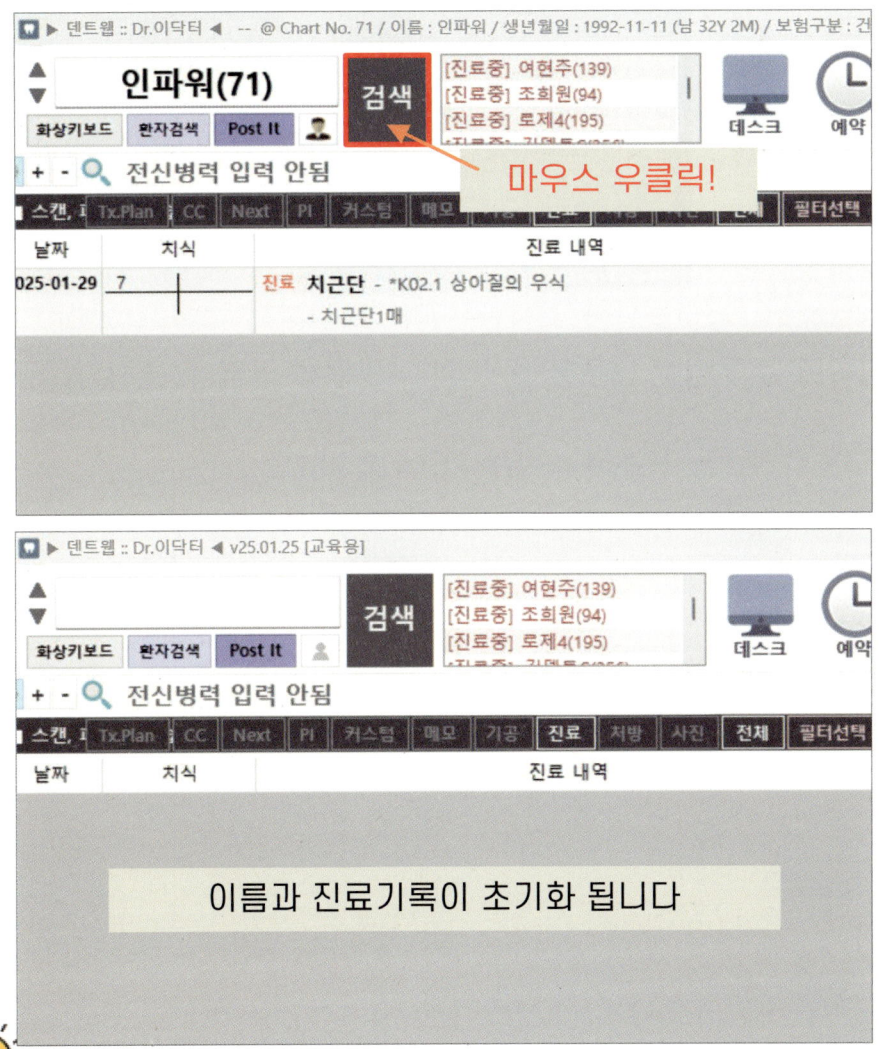

이름과 진료기록이 초기화 됩니다

하나 더 알려주는 진료 보호 기록 Tip!

환자 진료 시 히든메모 등의 진료 기록을 보호하기 위해 진료 중에는 가급적 환자의 파노라마 사진을 띄워두세요.

1. 환자 이름 검색 방법

① 덴트웹 상단 위쪽의 환자 검색 창에서 환자 이름을 입력 후 클릭합니다.

② 덴트웹 상단 위쪽에 환자 검색 버튼을 눌러 환자 이름을 입력 후 클릭합니다.

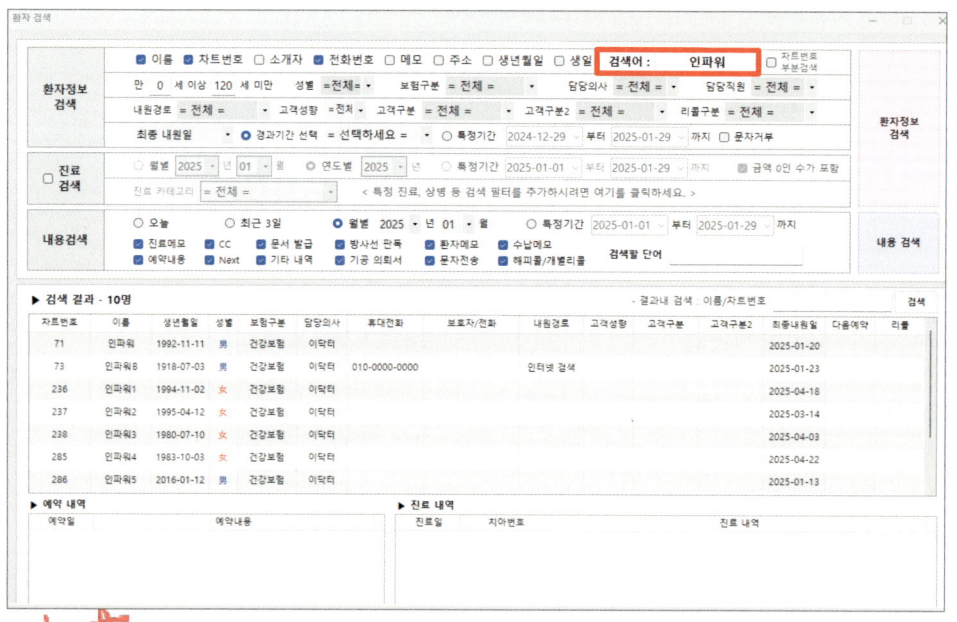

덴트웹에서는 동명이인의 환자의 경우 알파벳이나 숫자로 구분할 수 있습니다.

2. 특정 환자 검색 방법

① 덴트웹 상단 위쪽에 환자 검색을 클릭합니다.

② 원하는 내용을 선택하여 검색합니다.

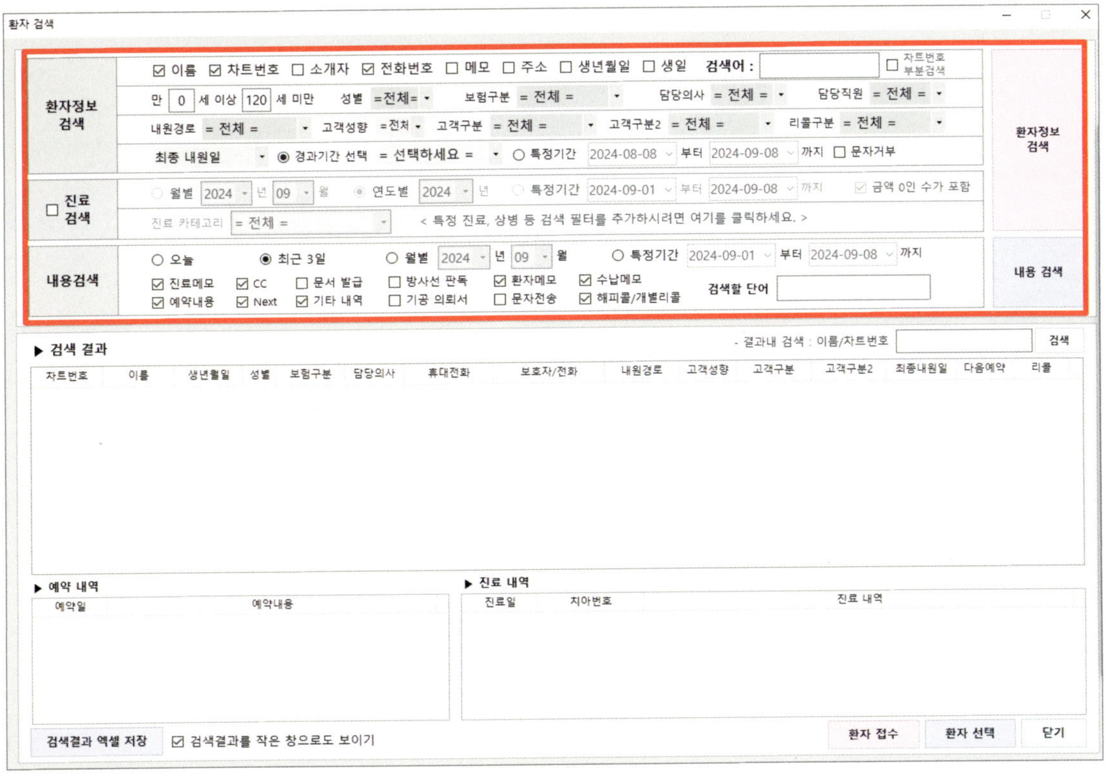

Point ⭐

우리가 원하는 정보를 가진 환자 또는 연 1회 치석제거 대상자나 특정 진료를 한 환자들을 편리하게 조회할 수 있습니다. 또한 찾고자 하는 기간의 환자들도 환자검색 기능을 이용해 검색할 수 있습니다.

3. 환자검색 버튼에서 상병명 검색 방법

☑ [환자검색] – [진료 검색 체크] – [진료 카테고리]
 - [특정 진료 상병 등 검색필터를 추가하시려면 여기를 클릭하세요 선택]

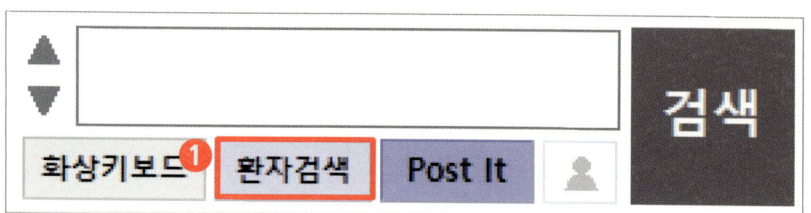

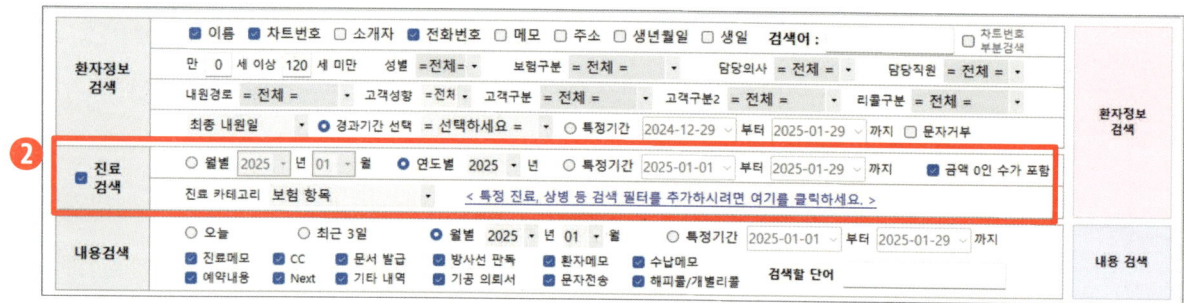

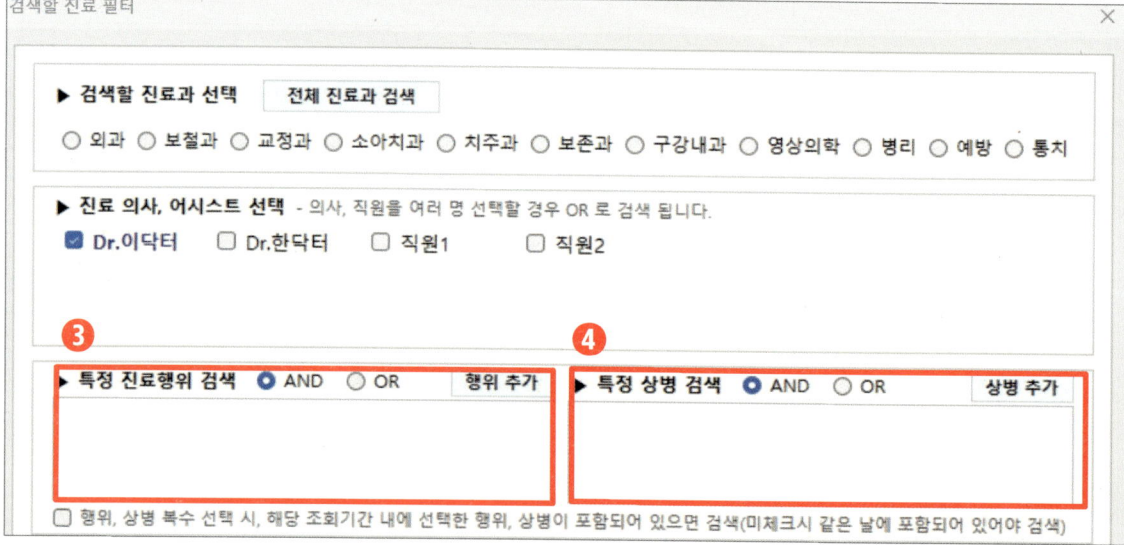

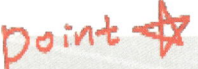 **Point** ☆

특정 진료 행위를 한 환자나 특정 상병명을 사용한 환자를 검색할 때 사용하는 기능입니다.

4. 전자차트 메인 버튼에서 상병명 검색 방법

☑ [전자차트] – [처치입력창] – [상병명 버튼] - [상병명 검색]

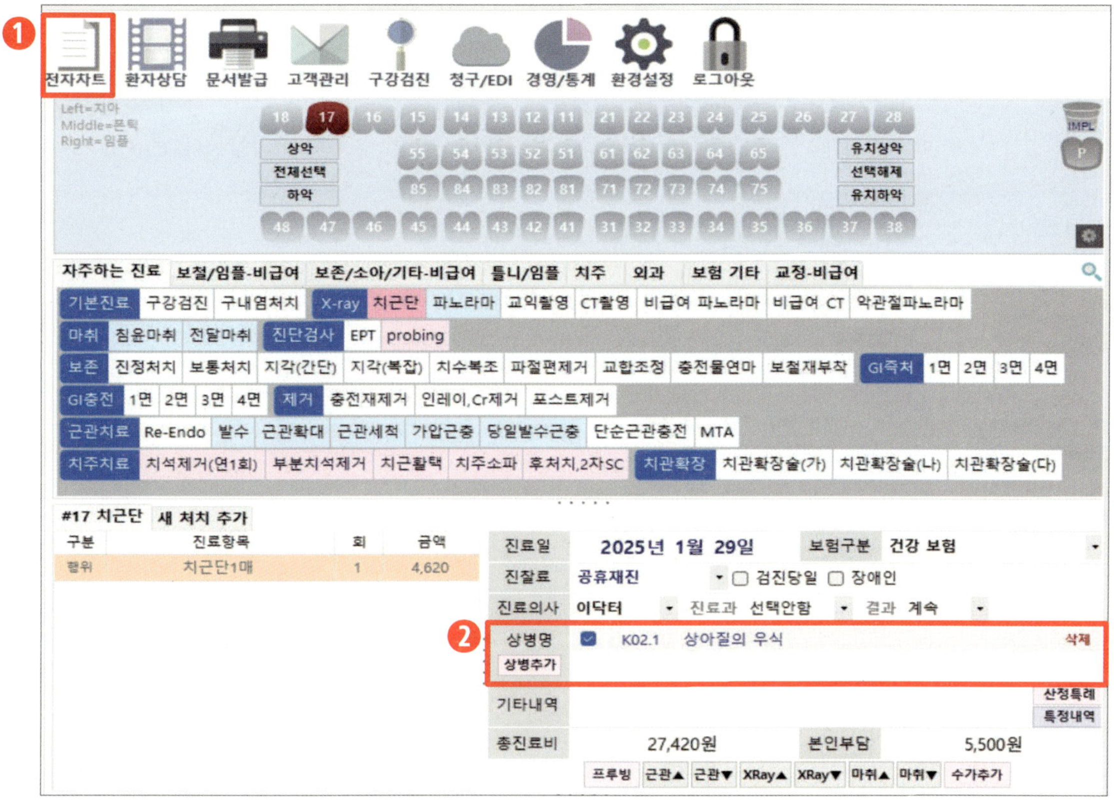

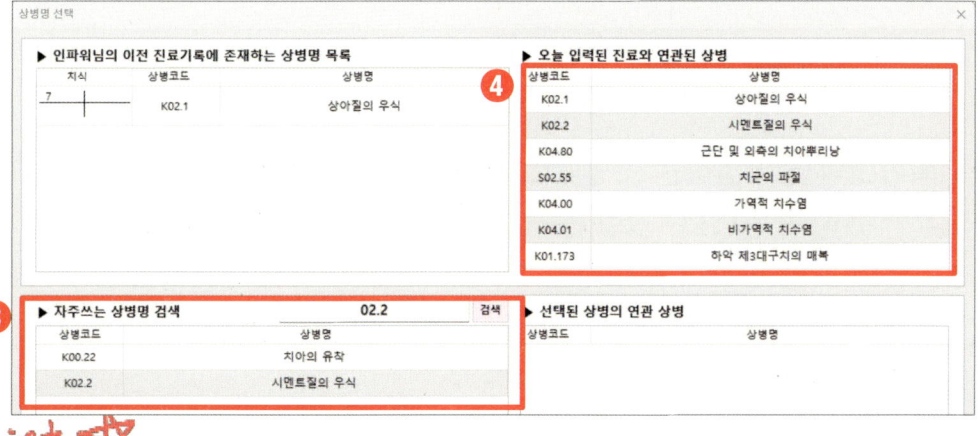

Point 🔸

자주 쓰는 상병명 검색창에서 상병 코드나 상병명을 입력하여 상병을 기록할 수 있습니다.
오른쪽의 오늘 입력된 진료와 연관된 상병 창을 이용하여 쉽게 적용할 수 있습니다.

1. 전화메모

Open API에 가입을 했다면 신/구환에 관계없이 우리 병원에 전화가 올때 발신자의
전화번호가 팝업창으로 뜨게 됩니다.

이때 팝업창에서 메모를 해두면 추후 환자 내원 시 유용한 자료로 사용할 수 있습니다.

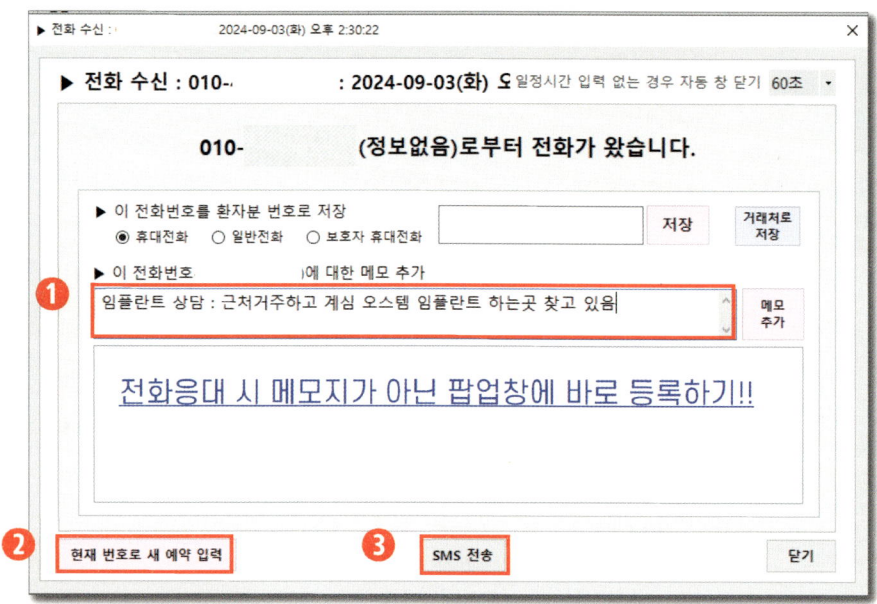

① 환자와의 통화내역을 기입하는 곳 입니다. 입력이 마무리되면 메모추가
버튼을 누르면 저장이 됩니다. 추후 해당 번호로 다시 전화가 왔을 시
기존에 기입했던 메모가 같이 보여지기 때문에 전화 상담 시 유용합니다.

② 예약창을 따로 켜지 않더라도 해당 버튼을 누르면 팝업 창 내에서
예약을 할 수 있는 창이 따로 팝업이 됩니다.

③ SMS 전송 버튼을 누르면 방금 통화한 환자에게 예약 안내문자나
약도 등을 전송 할 수 있습니다.

2. 전화메모 창에 있는 다양한 버튼기능

Open API에 가입했다면 신/구환에 관계없이 우리 병원에 전화가 올 때 발신자의 전화 번호가 팝업창으로 표시됩니다. 이때 팝업창에서 메모를 남겨두면 추후 환자 내원 시 유용한 자료로 활용할 수 있습니다.

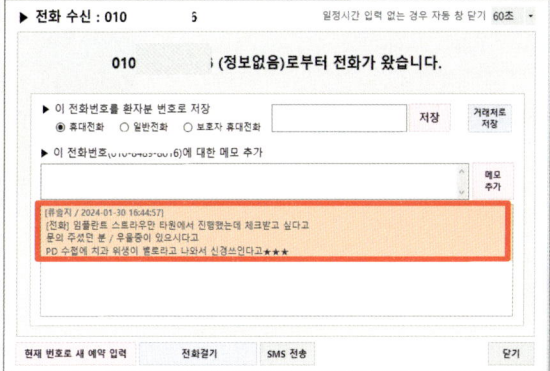
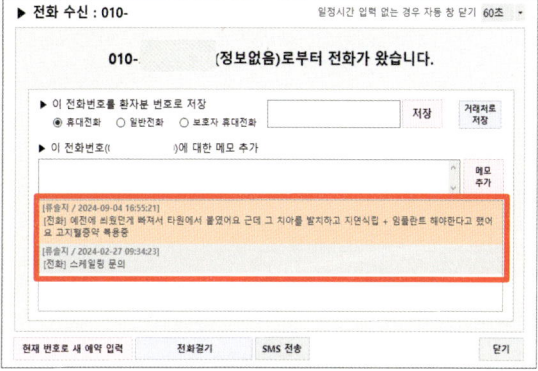

Point

전화메모 기능을 활용하면 우리 병원에 내원하기 전 전화상담으로 나눈 환자의 정보를 토대로 환자의 첫 내원 시 메모를 통해 문진을 원활하게 할 수 있습니다. 아직도 포스트잇에 전화메모를 하고 있나요? 덴트웹의 전화메모를 이용하여 환자와 대화한 내용을 기록해주세요!

3. 전화 팝업창에서 바로 문자전송하기

전화 상담을 하다가 바로 예약을 진행하고 예약 안내문자나 약도 등을 보내는 기능입니다.
SMS 내용은 자주 쓰는 문자 내용을 선택할 수도 있고 통화내용에 맞게 문자내용을 수정하여
전송할 수도 있습니다.

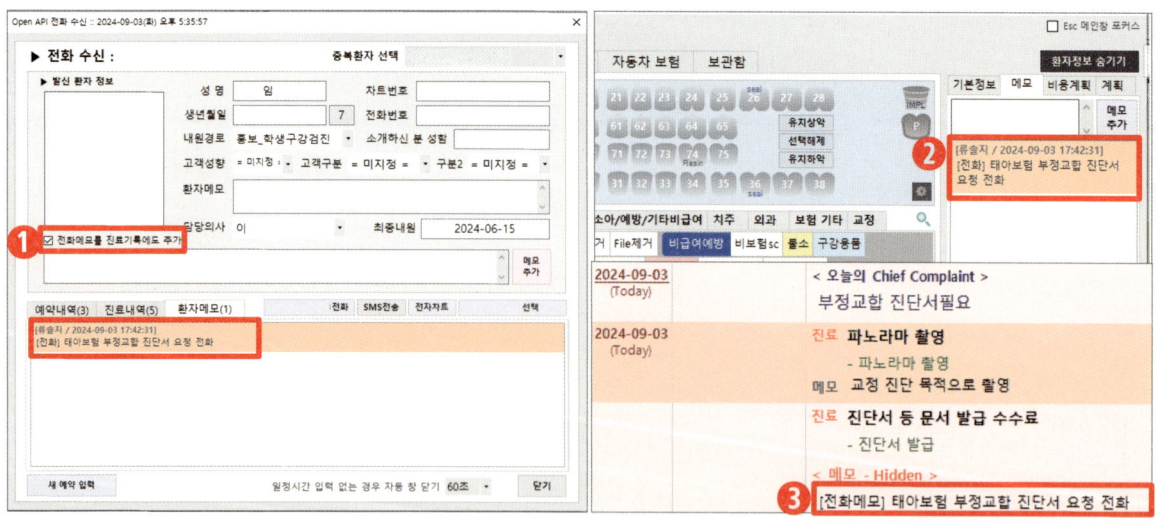

우리 병원의 환자의 경우 환자의 정보가 포함된(챠트번호, 내원경로 등) 정보가 함께 팝업
됩니다. [전화메모를 진료기록에도 추가] 체크박스를 체크하면 팝업창과 함께 진료차트 창에서
오른쪽 상단에 메모란에도 동일한 메모가 자동으로 입력됩니다.

1. 신환등록

☑ [현재 번호로 새 예약 입력] - [이름] – [예약내용] – [예약담당의사]
　 – [예약일시] – [확인]

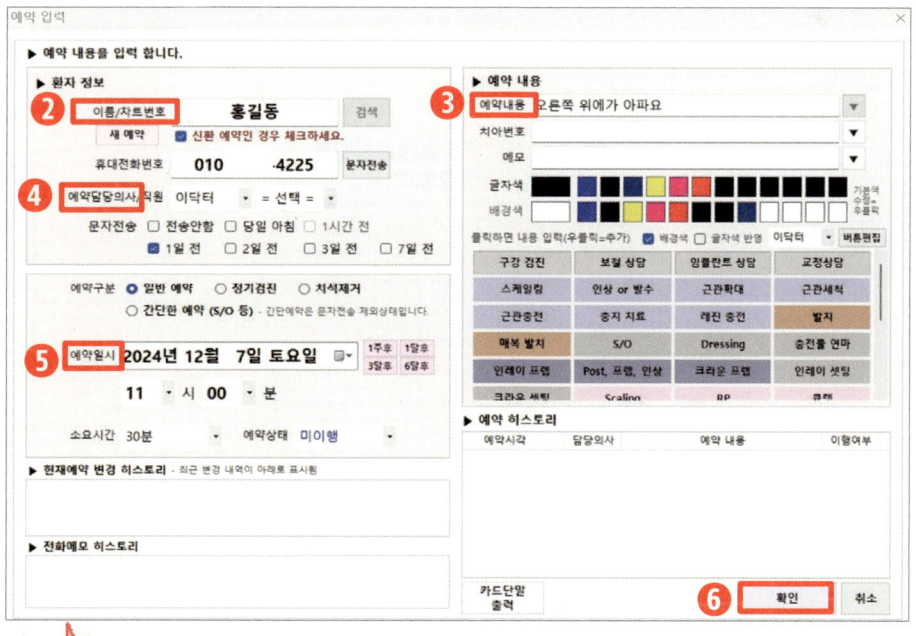

Point ⭐

아직도 환자 예약을 예약창에서 따로 입력하고 계셨나요? 전화메모 팝업창에서 간편하게

신환 예약을 해보세요!

2. 구환등록

☑ [새 예약 입력] - [예약내용] – [예약일시] – [확인]

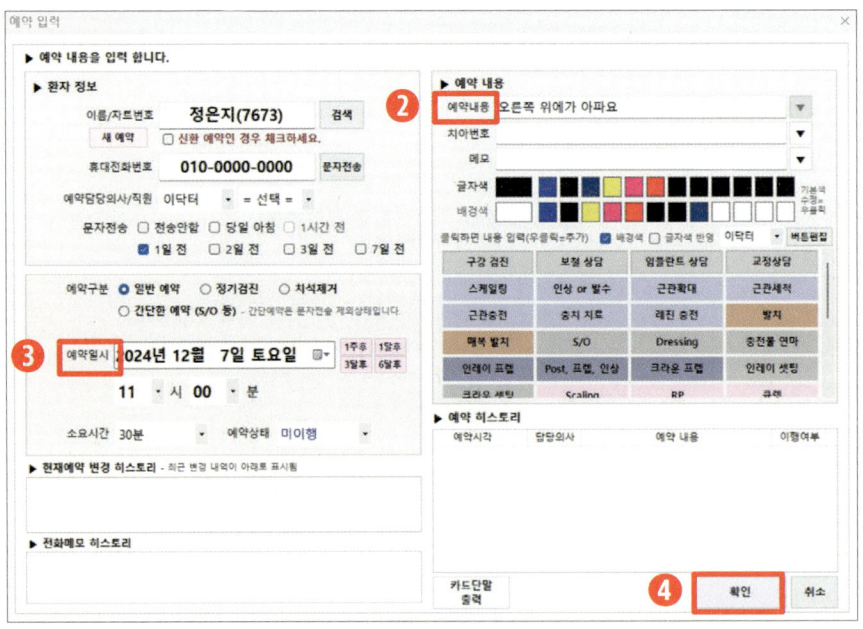

Point ★

구환 고객은 전화를 받기 전에 팝업창을 통해 예약내역, 진료 내역, 환자 메모 등의 환자정보를 미리 파악할 수 있습니다.

1. 예약화면 설정

☑ [환경설정] - [덴트웹 실행에 필요한 필수 정보] -[예약 화면]

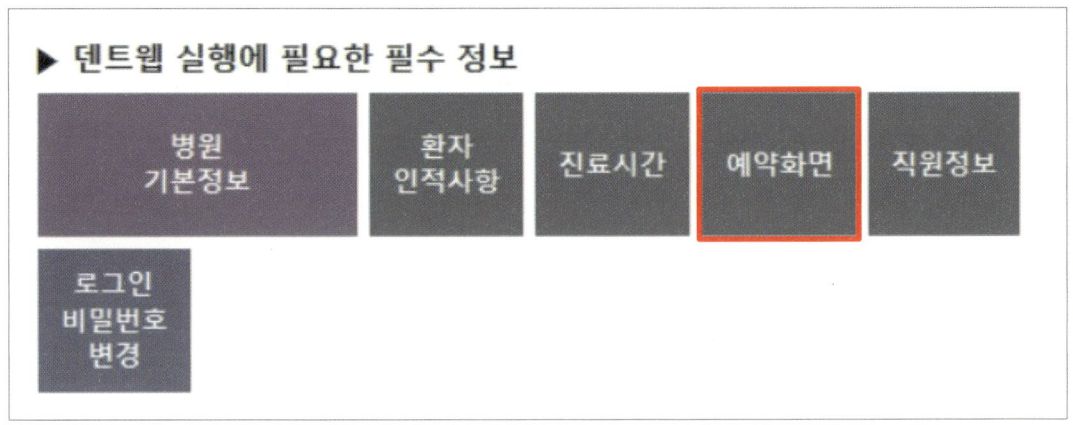

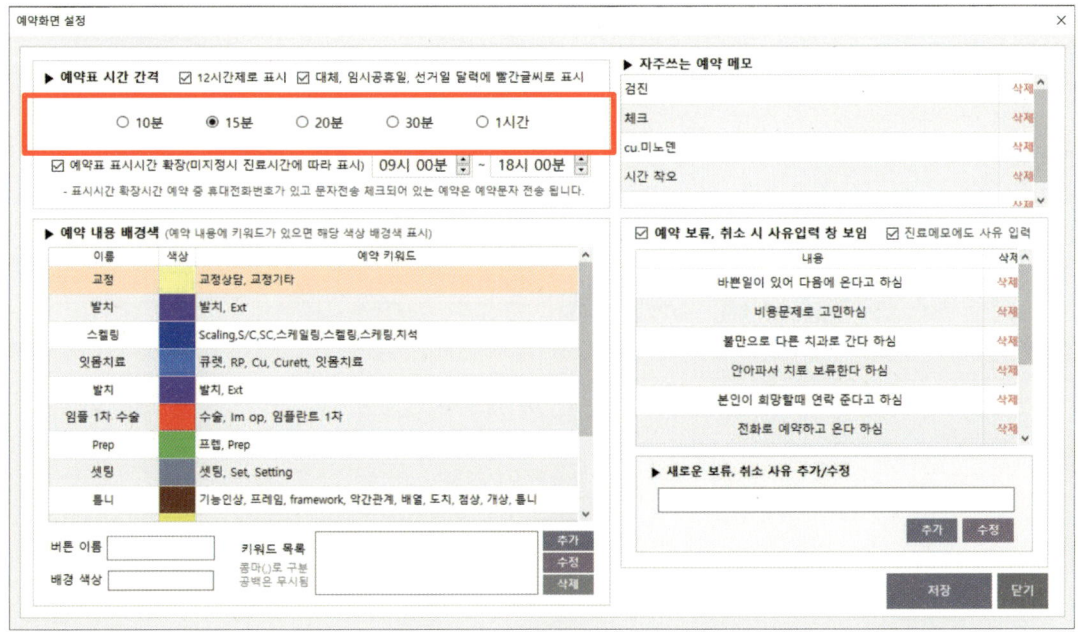

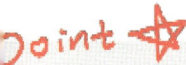

예약표 시간 간격, 내용에 따른 배경색 설정, 자주 쓰는 예약 메모, 예약 보류나 취소 시 입력하는 사유를 미리 설정할 수 있습니다.

2. 예약표 시간 설정

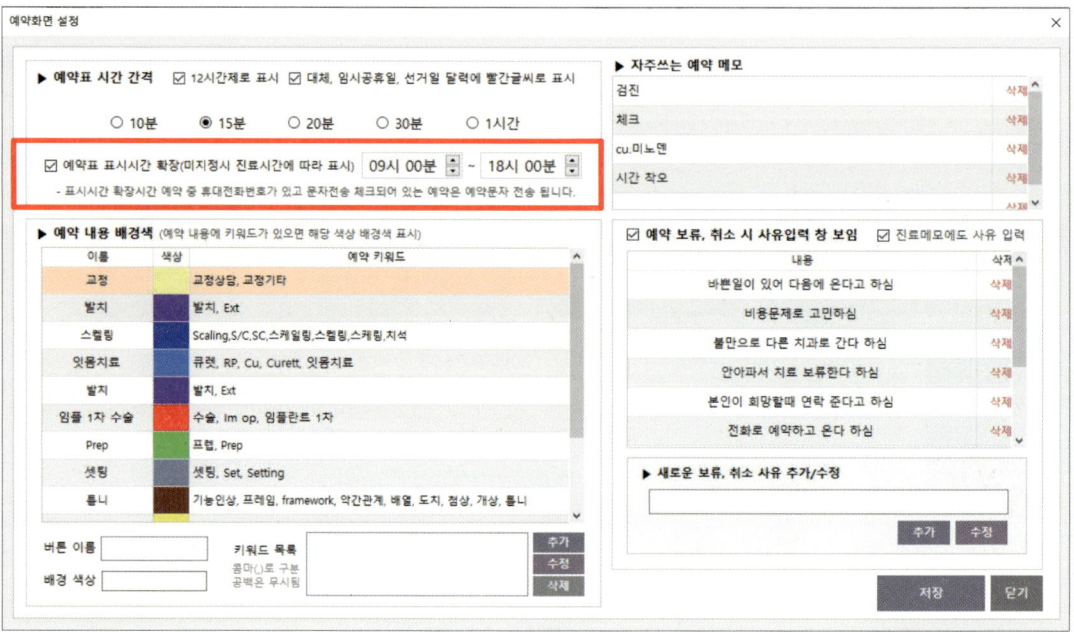

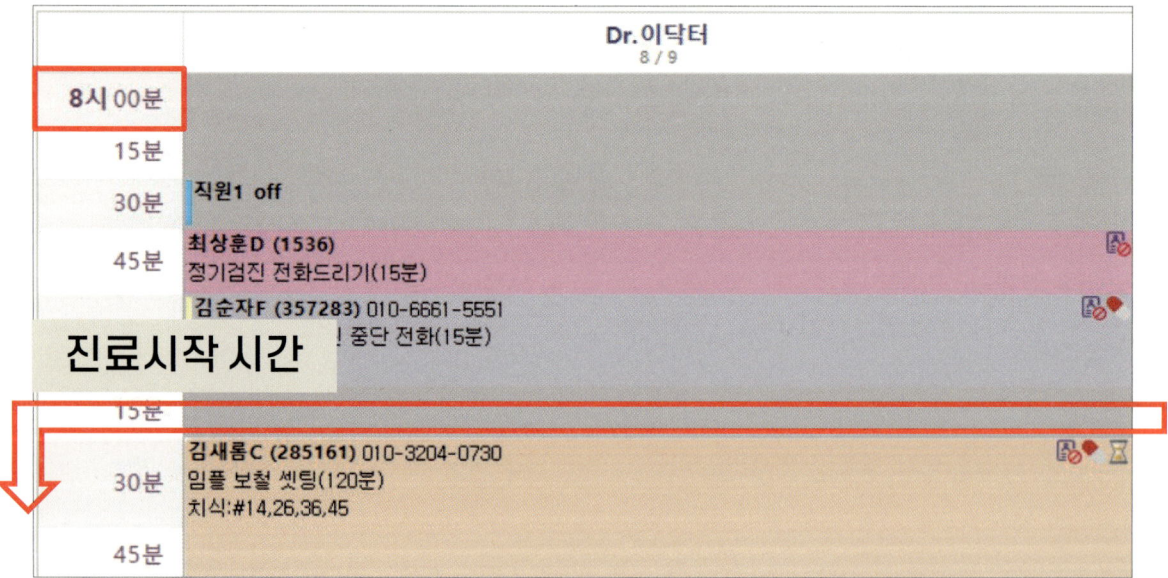

Point ⭐

예약표에 진료시간 이전이나 이후 시간까지 표시할 수 있습니다.

오른쪽에 선택된 시간만큼 예약표에 표시됩니다. 진료시간 전 예약 칸에 해피콜 환자나 해야 할 일, 쉬는 직원 등을 표시해 두면 놓치지 않고 한눈에 확인할 수 있습니다.

3. 예약 내용 배경색

📢 예약 내용에 지정한 키워드가 포함되면 자동으로 설정된 배경 색상으로 표시되도록 설정할 수 있습니다.

💡 수술, 프렙처럼 시간이 오래 걸리는 진료나 비용 수납이 필요한 환자는 예약표에서 우리 병원만의 색상으로 구분하세요. 단, 색상은 파스텔 톤을 사용해야 합니다. 너무 진한 색은 가독성을 떨어뜨리고 눈의 피로도를 높일 수 있습니다.

4. 자주 쓰는 예약 메모

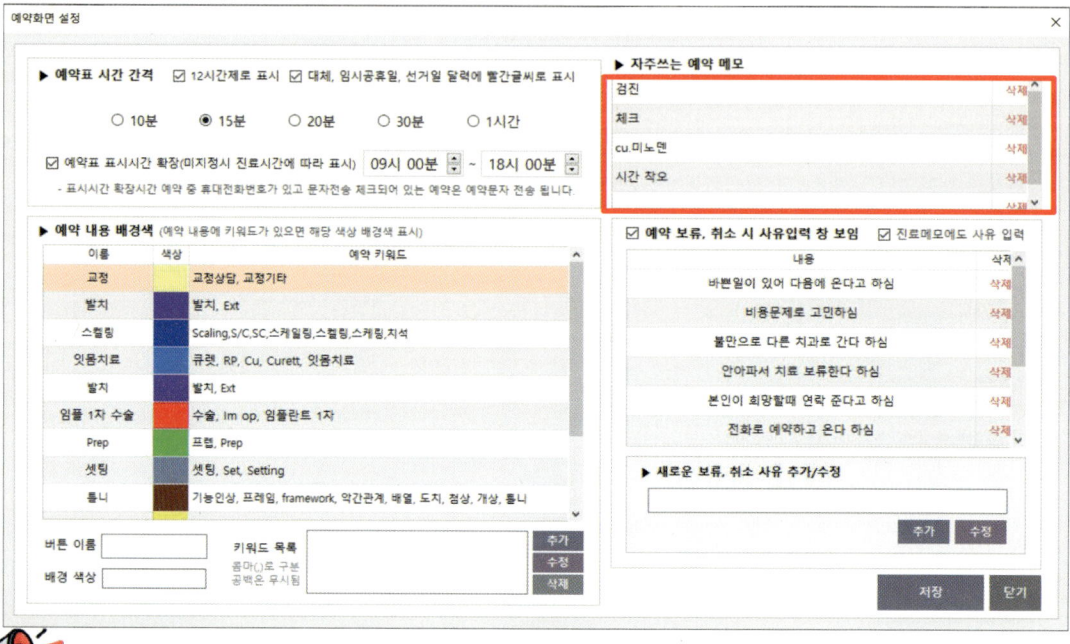

📢 자주 쓰는 예약 메모를 미리 설정하여 빠르게 입력 할 수 있습니다.

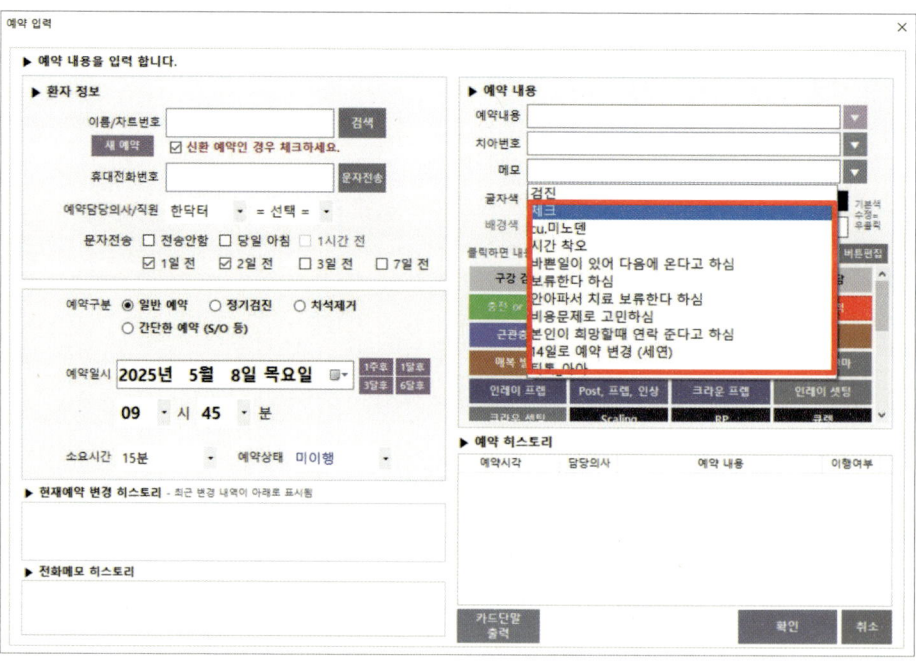

5. 예약 보류, 취소 사유

📢 예약 보류, 취소 시 사유 입력 창을 나타나게 할지 선택할 수 있고 자주 쓰는 내용을 미리 설정하여 빠르게 입력할 수 있습니다.

ℹ️ 예약된 환자를 선택한 후 마우스 오른쪽 버튼에서 예약 취소를 선택하면 사유를 입력하는 창이 나타납니다.

6. 예약 화면 표시 설정

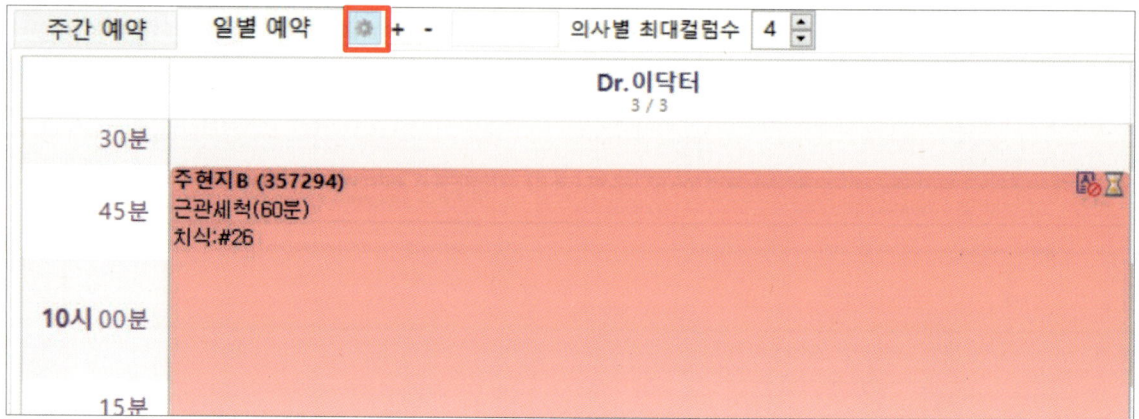

예약 화면에서 톱니바퀴 모양을 선택하면 예약화면에 표시되는 부분을 설정할 수 있습니다.

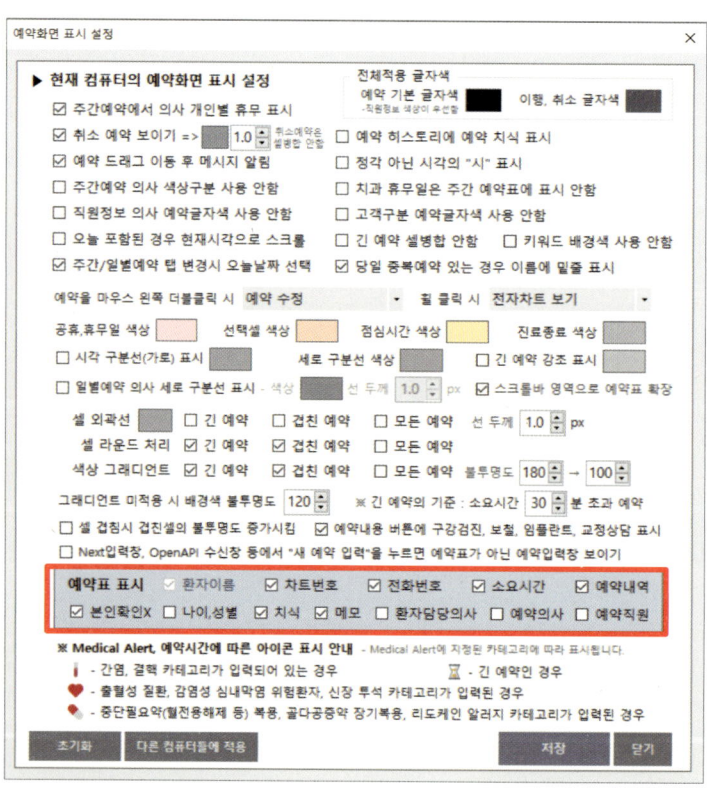

1. 예약 구분

정기 검진, 간단 예약(drs, so), 스케일링(치석제거) 예약 시 예약 구분을 해당 내용으로
설정해 주세요. 예약 통계 내용 확인이 가능합니다.

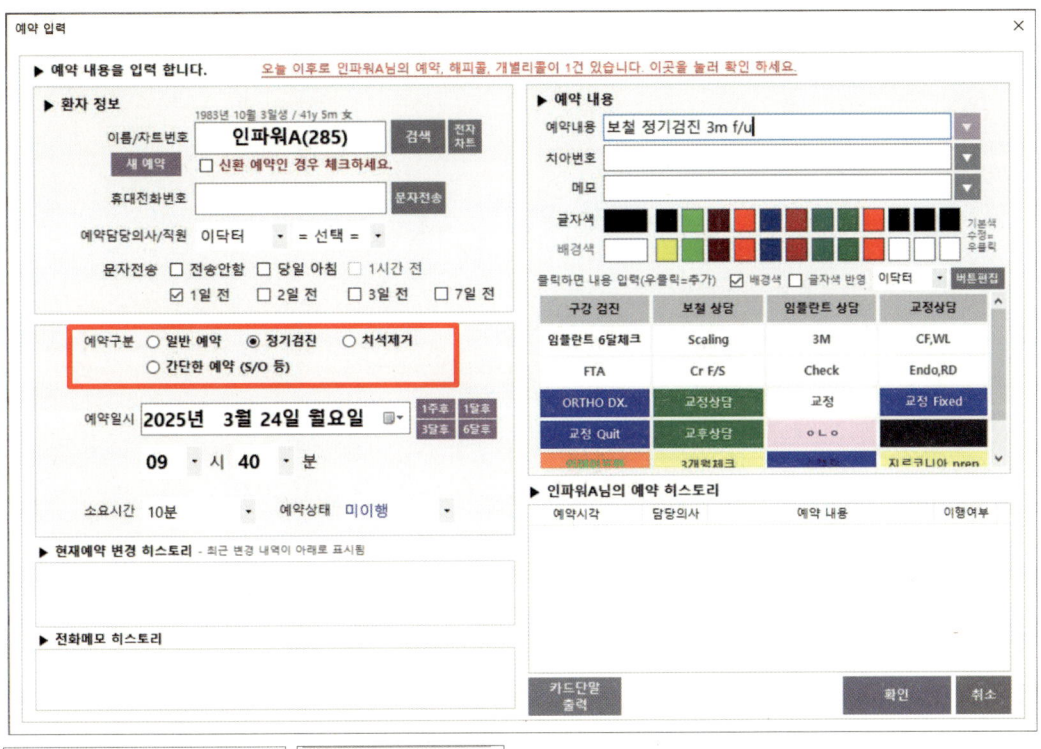

① 예약-달력 설정

② 통계 확인

1. 원장님이 2명 이상인 경우

☑ [환경설정] - [직원정보] - [새 직원추가] - [저장]

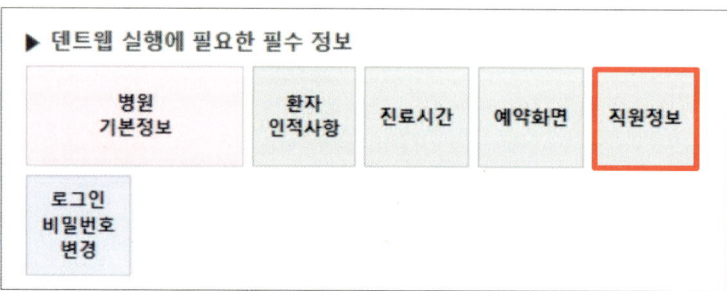

📢 원장님이 2인 이상인 경우 직원 정보에서 해당 원장님의 정보를 추가하여 저장합니다.
등록 방법은 직원 등록과 동일합니다.

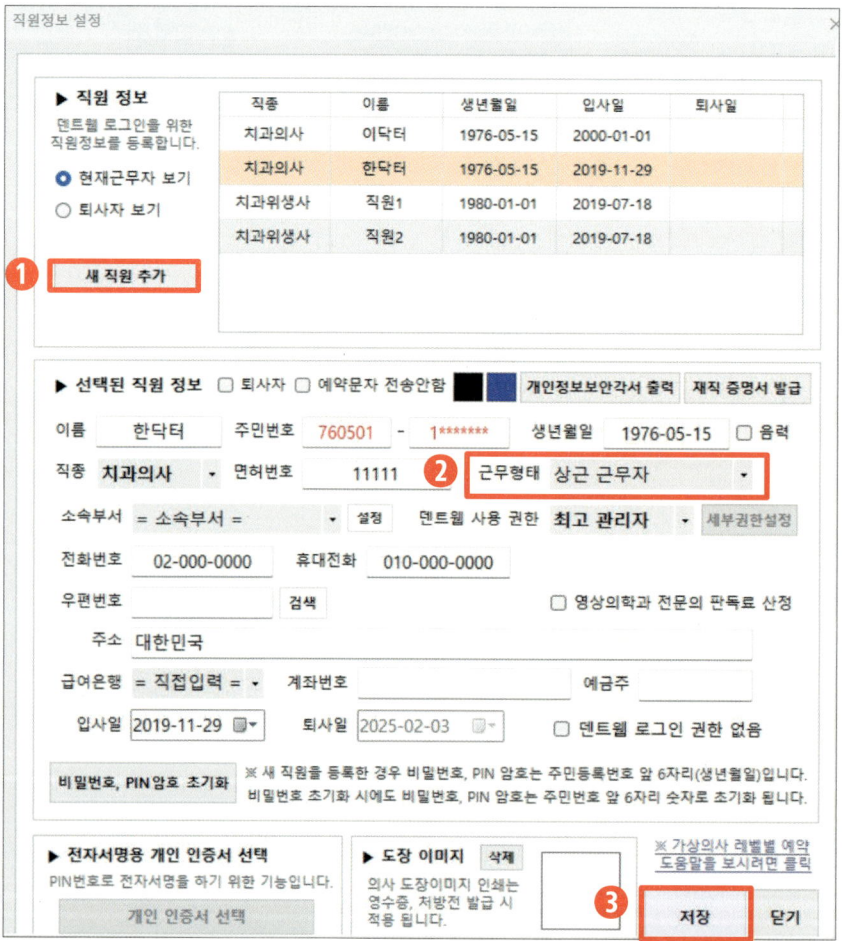

2. 진찰료 차등수가제

국민건강보험 요양급여기준에 의거하여 진찰료 차등수가제가 적용됩니다.

1인의 치과의사가 하루에 많은 외래 환자를 진료할 경우에 진찰료를 차등 지급 합니다.

따라서 상근 및 비상근 치과의사가 2명 이상인 경우 치과 의사별로 진료기록부를 기록하여 보험 청구 업무를 진행해야 합니다.

의사, 치과의사, 한의사 1인당 1일 진찰 횟수 기준

— 75건 이하 : 100%

— 75건 ~ 100건까지 : 90%

— 101건 ~ 150건까지 : 75%

— 150건 초과 : 50% 의 진찰료를 청구할 수 있습니다.

만약에 100명을 초과하여 진찰을 한 경우라면 50% 혹은 75%의 진찰료를 인정하고 나머지는 삭감하여 진찰료를 지급하기 때문에 꼭 등록하여 구분하는 것이 좋겠죠?

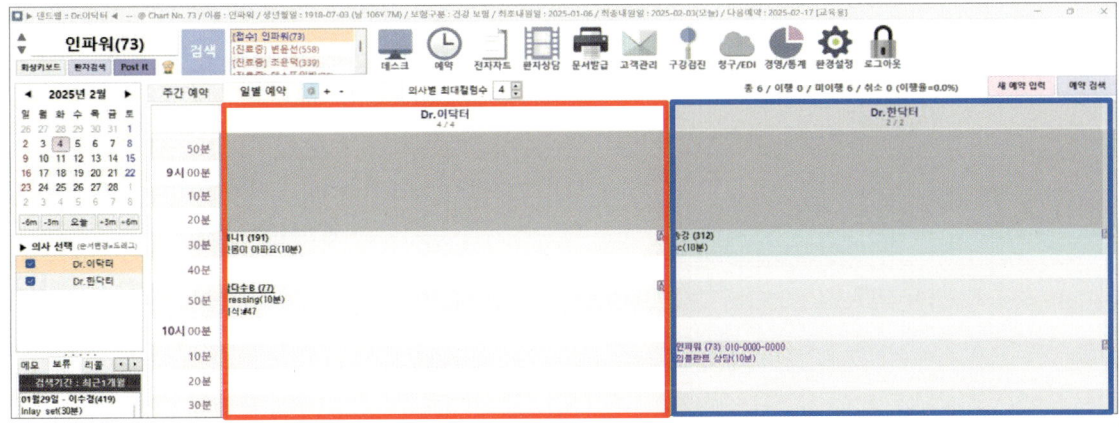

3. 가상의사 설정하기

☑ [환경설정] - [직원정보] - [새 직원추가] - [저장]

📢 치과의사는 1인이지만 예약표에서 신환과 당일 미예약 환자 또는 정기검진이나 리콜을 구분하고 싶거나 시간이 오래 걸리는 환자를 구분하여 예약표를 구성할 때 사용하는 기능입니다.

직원정보 설정

▶ **직원 정보**
덴트웹 로그인을 위한 직원정보를 등록합니다.

◉ 현재근무자 보기
○ 퇴사자 보기

직종	이름	생년월일	입사일	퇴사일
치과의사	이닥터	1976-05-15	2000-01-01	
치과의사	한닥터	1976-05-15	2019-11-29	
치과위생사	직원1	1980-01-01	2019-07-18	
치과위생사	직원2	1980-01-01	2019-07-18	

[새 직원 추가]

▶ **선택된 직원 정보** ☐ 퇴사자 ☐ 예약문자 전송안함 ⬛ 🟦 [개인정보보안각서 출력] [재직 증명서 발급]

이름 [가상의사] 주민번호 760501 - 1******* 생년월일 [1976-05-15] ☐ 음력

직종 **치과의사** ▾ 면허번호 [11111] 근무형태 상근 근무자 ▾

소속부서 = 소속부서 = ▾ [설정] 덴트웹 사용 권한 **최고 관리자** [세부권한설정]

전화번호 [02-000-0000] 휴대전화 [010-000-0000]

우편번호 [   ] [검색] ☐ 영상의학과 전문의 판독료 산정

주소 [대한민국]

급여은행 = 직접입력 = ▾ 계좌번호 [   ] 예금주 [   ]

입사일 [2019-11-29 ▾] 퇴사일 [2025-02-04 ▾] ☐ 덴트웹 로그인 권한 없음

[비밀번호, PIN암호 초기화] ※ 새 직원을 등록한 경우 비밀번호, PIN 암호는 주민등록번호 앞 6자리(생년월일)입니다. 비밀번호 초기화 시에도 비밀번호, PIN 암호는 주민번호 앞 6자리 숫자로 초기화 됩니다.

3. 가상의사 설정하기

☑ [환경설정] - [직원정보] - [새 직원추가] - [저장]

📢 가상의사를 설정할 때는 이름에 '간단' 또는 '가상의사'라고 이름을 지정하고, 생년월일 앞자리를 입력한 뒤 뒷자리는 2000000 또는 1000000이라고 지정해주면 됩니다.
치과의사로 직종을 지정해 주어야 예약표에 나타납니다. 지정 후에는 저장 버튼을 눌러야 합니다.

직원정보 설정

▶ 직원 정보
덴트웹 로그인을 위한 직원정보를 등록합니다.

◉ 현재근무자 보기
○ 퇴사자 보기

[새 직원 추가]

직종	이름	생년월일	입사일	퇴사일
치과의사				
가상의사	미예약,간단	1984-07-31		
치과위생사				
치과위생사				
치과위생사				
치과위생사				

▶ 선택된 직원 정보 □ 퇴 ❹ □ 예약문자 전송안함 ■ □ [개인정보보안각서 출력] [재직 증명서 발급]

이름 [미예약,간단] ❷ 주민번호 [840731] - [1*******] 생년월일 [1984-07-31] □ 음력
직종 [치과의사] 면허번호 [   ] 근무형태 [상근 근무자 ▼]
소속부서 [= 소속부서 = ▼] [설정] 덴트웹 사용 권한 [일반 직원 ▼] [세부권한설정]
전화번호 [   ] 휴대전화 [   ]
우편번호 [   ] [검색] □ 영상의학과 전문의 판독료 산정
주소 [   ]
급여은행 [▼] 계좌번호 [   ] 예금주 [   ]
입사일 [2020-01-21 📅▼] 퇴사일 [2025-02-06 📅▼] □ 덴트웹 로그인 권한 없음

[비밀번호, PIN암호 초기화] ※ 새 직원을 등록한 경우 비밀번호, PIN 암호는 주민등록번호 앞 6자리(생년월일)입니다.
비밀번호 초기화 시에도 비밀번호, PIN 암호는 주민번호 앞 6자리 숫자로 초기화 됩니다.

▶ 전자서명용 개인 인증서 선택
PIN번호로 전자서명을 하기 위한 기능입니다.

[개인 인증서 선택]

▶ 도장 이미지 [삭제]
의사 도장이미지 인쇄는 영수증, 처방전 발급 시 적용 됩니다.

※ 가상의사 레벨별 예약 도움말을 보시려면 클릭

❸ [저장] [닫기]

⭐ Point

가상의사를 리콜하기 위한 용도로 사용하는 경우 ❹ 번의 예약 문자 전송 안 함 을 체크해두시면 해당 예약칸에 있는 환자에게는 문자가 가지 않습니다. 해피콜, 자동리콜을 예약표에서 관리하는 경우 이 부분은 반드시 체크해 주세요.

3. 가상의사 예약표에서 확인하기

☑ [예약화면 메인버튼]

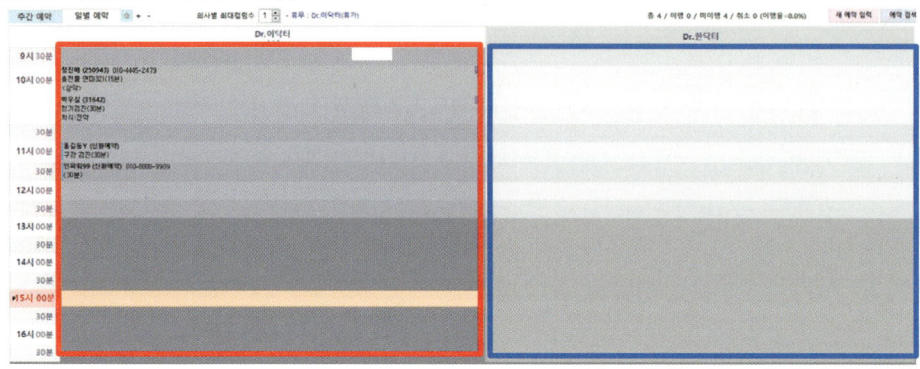

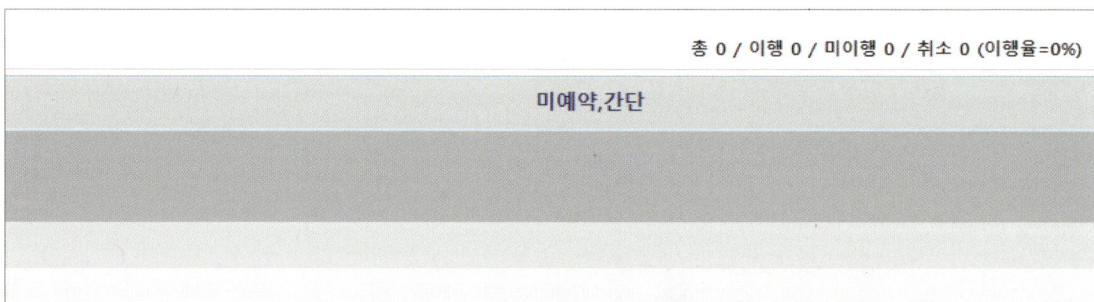

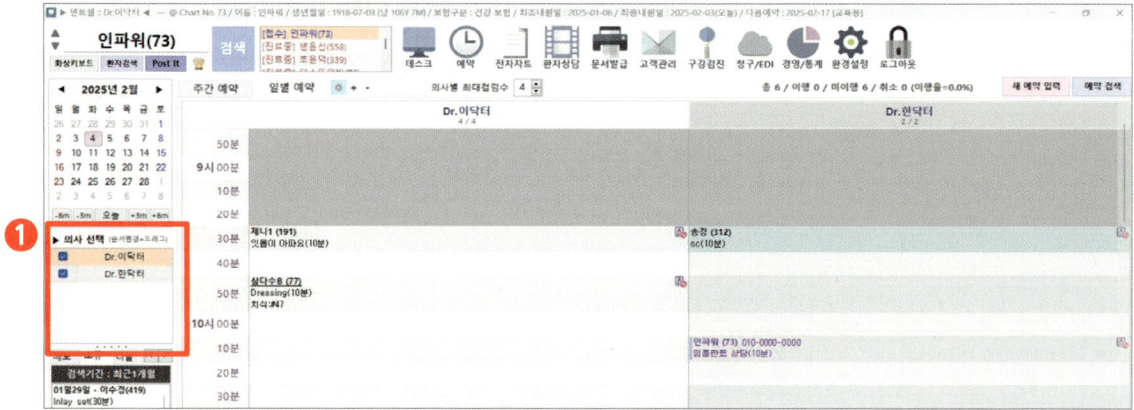

Point ☆

예약 환자와 당일 미예약 환자를 구분하거나, 비급여 수납 환자 간단 체크 환자를 따로 표시해

두면 예약 관리가 훨씬 더 효율적으로 이루어집니다.

리콜환자를 가상의사 탭에서 관리하는 경우, 진료실 컴퓨터에서는 ❶번의 의사선택에서

가상의사 체크표시를 해제해 주면 실제 예약 환자만 체크할 수 있습니다.

1. 예약 통계 설정

☑ [환경설정] - [예약 화면] - [버튼 이름] - [키워드 목록 추가/수정]

우리 병원에서 어떤 진료 예약이 많은지 확인할 수 있는 방법이 있습니다.
예약통계를 활용하여 환자들이 많이 예약하는 진료를 확인해보세요.

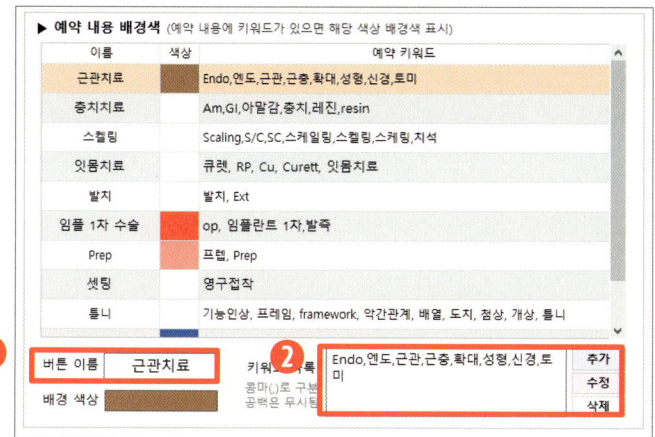

① 환경 설정의 예약화면 탭을 클릭하면 버튼 이름을 설정할 수 있습니다.
② 버튼 이름이 대분류라면 키워드 목록은 세부 분류라고 볼 수 있습니다.
　 [근관치료]의 [endo, 엔도, 근관, 근충, 확대, 성형, 세척, 발수, PE, CI, CE, CF]
　 [치주치료]의 [스케일링, 스켈링, SC, CU, R.P, 큐렛, 잇몸치료]
　 등을 입력합니다.

Point ☆

예약 내용에 키워드가 정확히 입력 되어야 통계에 집계가 됩니다.
일반 예약, 정기 검진 예약, 치석 제거 예약, 간단 예약, 신환 예약은 버튼 이름 및 키워드 목록
변경 불가 항목입니다.

예약 보류 환자 관리

1. 예약 보류환자 관리

① 예약창에서 환자 선택 – ② 마우스 우클릭 예약 복사 선택
③ 같은 시간에 붙여넣기

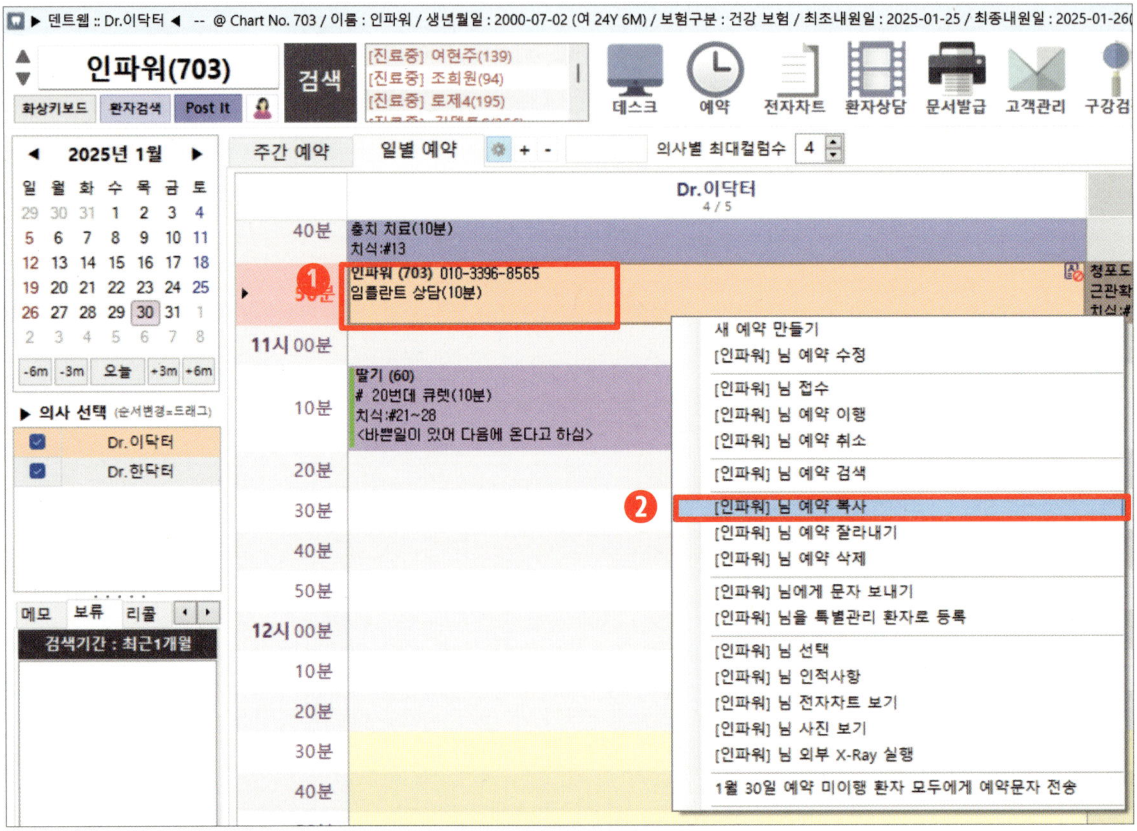

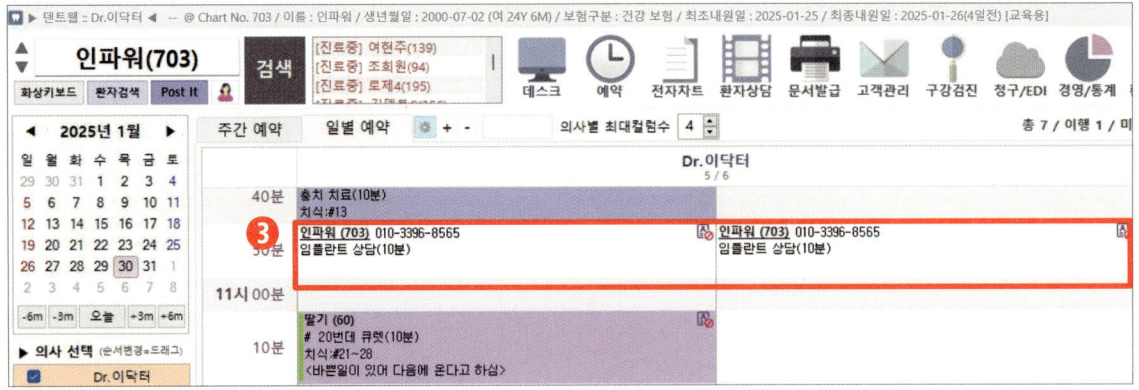

예약 취소 상태를 남겨 두어야 예약 이행률을 파악할 수 있기 때문에 복사해 둡니다.

1. 예약 보류 환자 관리

④ 예약창에서 복사한 환자 선택 – 마우스 좌 클릭상태로 왼쪽 보류창에
드래그 앤 드랍 – ⑤ 예약 보류 사유 선택

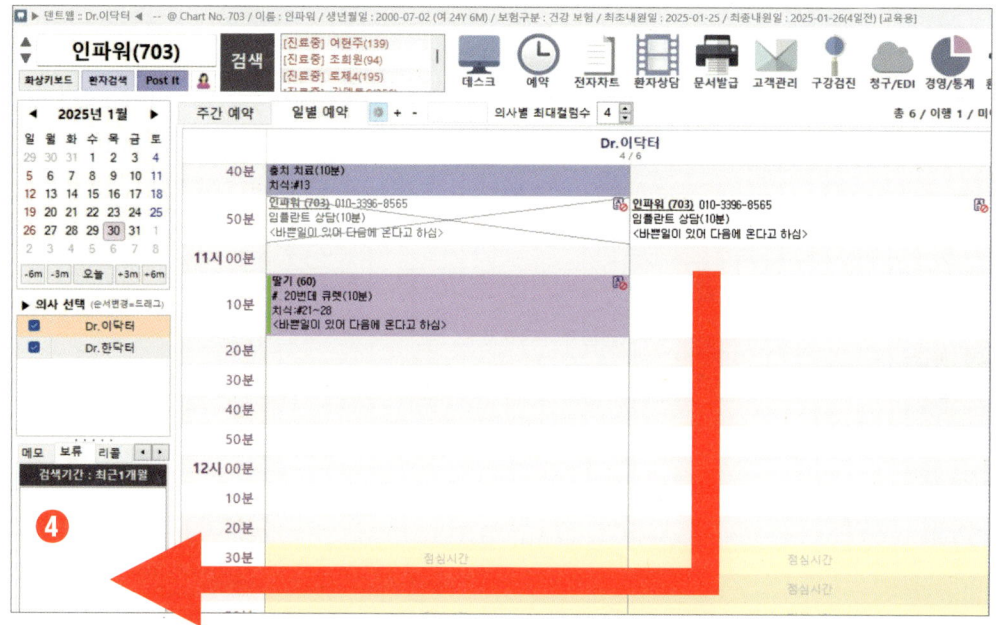

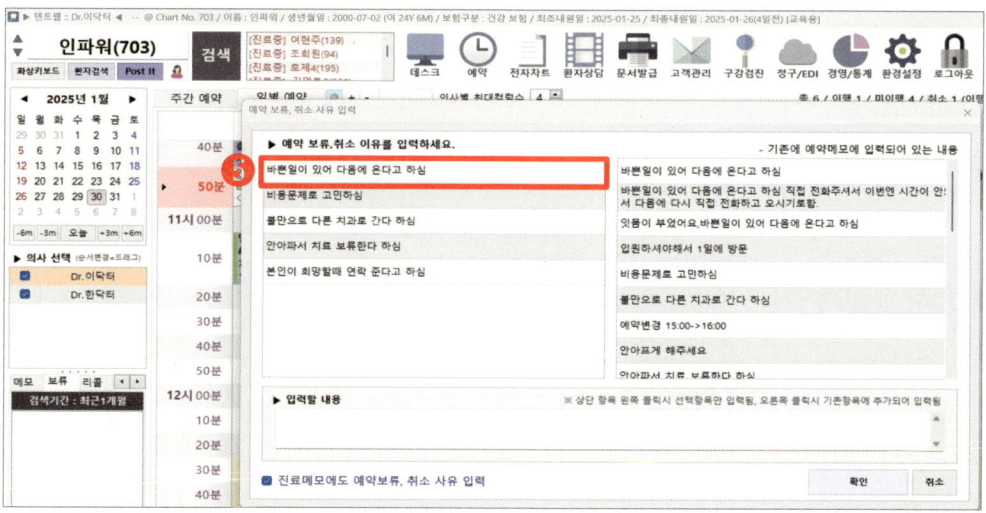

기존 예약은 취소 처리해 주시고 취소 사유는 보류 사유와 동일하게 입력합니다.

1. 예약 보류 환자 관리

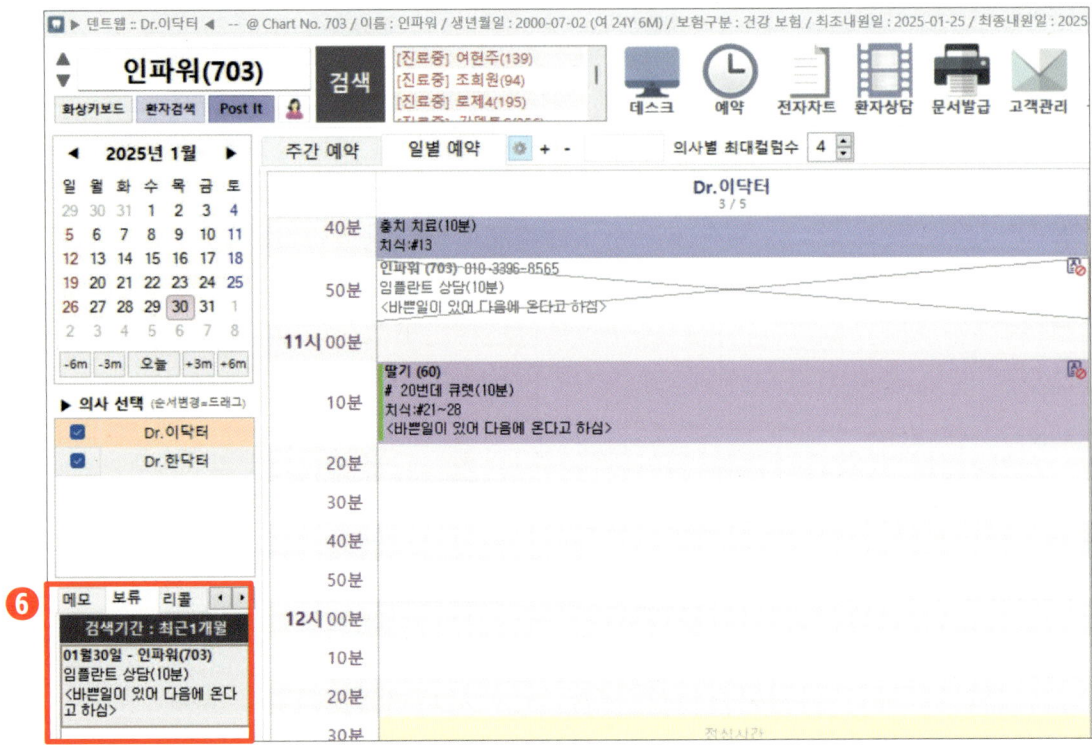

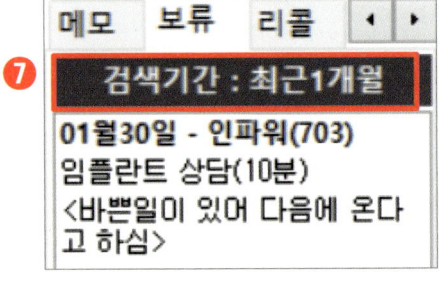

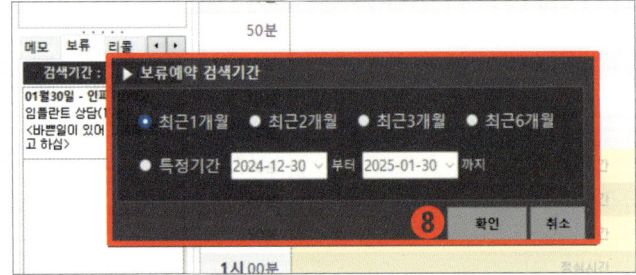

Point ⭐

예약창 왼쪽 하단에 보류 칸이 있습니다.

예약된 환자를 선택하고 드래그하여 보류 칸에 끌어다 두면 보류환자로 등록되게 되고 사유를 입력하는 창이 나타나게 됩니다.

보류한 예약은 추후 리콜 관리 시 간편하게 열람할 수 있으며, 특정 기간에 보류한 환자들을 간편하게 검색할 수 있습니다. 우리 치과에 오려다 보류 환자 예약을 취소한 환자 이 기능을 사용하여 놓치지 마세요~!

1. 네이버 예약 덴트웹과 연동하기

☑ [환경설정] - [네이버 예약] – [네이버 예약 연동하기]

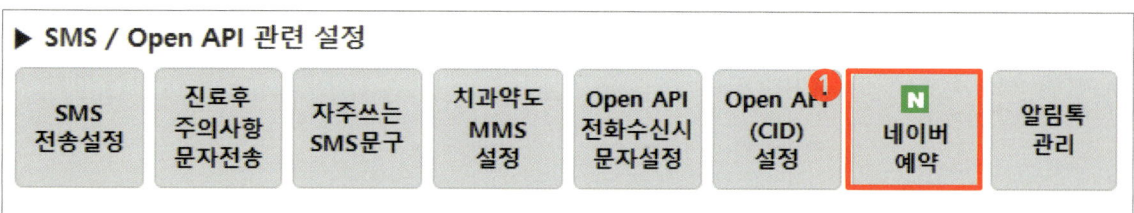

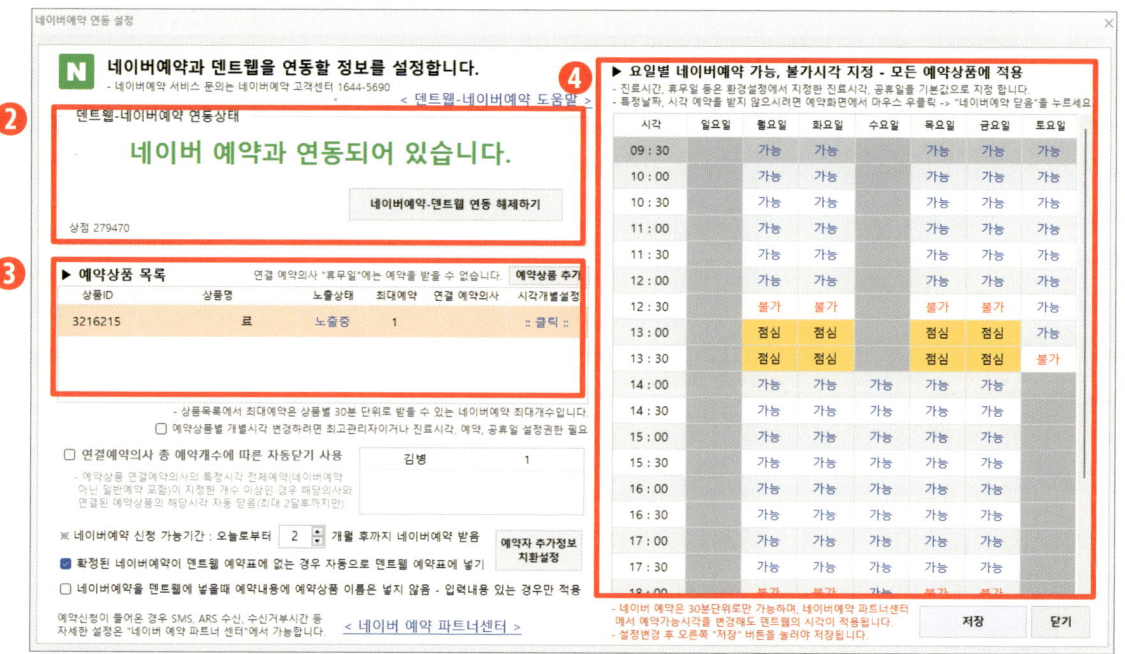

📢 네이버 예약을 사용하려면 우리 치과가 네이버 스마트 플레이스에 등록되어야 합니다.

대부분의 치과는 개원시에 스마트 플레이스에 등록되어 있어요~!

네이버 예약과 연동되면 예약상품 목록에서 예약상품을 추가합니다.

예) 첫 방문 환자, 임플란트 상담, 미백 상담, 기존 내원 환자, 검진 & 스케일링 등

추가된 상품이 노출상태인 경우 네이버 플레이스에서 예약 상품이 노출됩니다.

네이버에서 예약을 하면 덴트웹에 알림이 뜹니다.

2. 상품별 네이버 예약 가능 시간 지정하기

☑ [환경설정] - [네이버예약] – [네이버예약 연동하기]

상품별 네이버예약 가능, 불가시각 지정   ×

N 상품별 네이버예약 가능, 불가시각 지정
- 요일별 네이버예약 가능,불가시각이 아래 설정보다 우선합니다.

◀   2025.2.2~2.9   ▶   적용할 상품 모든 상품에 적용   ▾

시각	2월 2일 (일)	2월 3일 (월)	2월 4일 (화)	2월 5일 (수)	2월 6일 (목)	2월 7일 (금)	2월 8일 (토)
09 : 30					가능	가능	불가
10 : 00					가능	가능	불가
10 : 30					가능	가능	불가
11 : 00					가능	가능	불가
11 : 30					가능	가능	불가
12 : 00					가능	가능	불가
12 : 30					전체불가	전체불가	불가
13 : 00					점심	점심	불가
13 : 30					점심	점심	전체불가
14 : 00				가능	가능	가능	
14 : 30				가능	가능	가능	
15 : 00				가능	가능	가능	
15 : 30				가능	가능	가능	
16 : 00			가능	가능	가능	가능	
16 : 30			가능	가능	가능	가능	
17 : 00			가능	가능	가능	가능	
17 : 30			가능	가능	가능	가능	

- 특정 날짜 전체 가능, 불가상태를 바꾸시려면 마우스 오른쪽 클릭 하세요.
- 덴트웹에서 지정하신 상품별 네이버예약시각은 네이버예약 파트너센터 웹사이트에서 지정하신 상품별 시각설정을 덮어씁니다.

닫기

예약 상품별로 30분당 지정된 환자 수 만큼 예약이 오픈 되며, 해당 예약 수가 넘으면 자동으로 네이버에 예약시간이 닫힙니다. 상품이 여러 개인 경우 상품별로 예약 가능 시간을 적용 할 수 있으며, 모든 상품에 적용을 하면 예약 상품에 상관없이 가능한 시간에 예약이 가능합니다. 덴트웹에 지정된 점심시간과 진료 외 시간에는 예약이 되지 않습니다.

Point ☆

환자 접수 및 검진 시간을 고려하여 진료 마감시간, 점심 시간 30분~1시간 전 까지만 오픈 해두는 것을 추천합니다.

3. 네이버 플레이스에 상품 등록 확인하기

☑️ [네이버 플레이스] – [예약] – [예약상품] – [노출 중 체크]

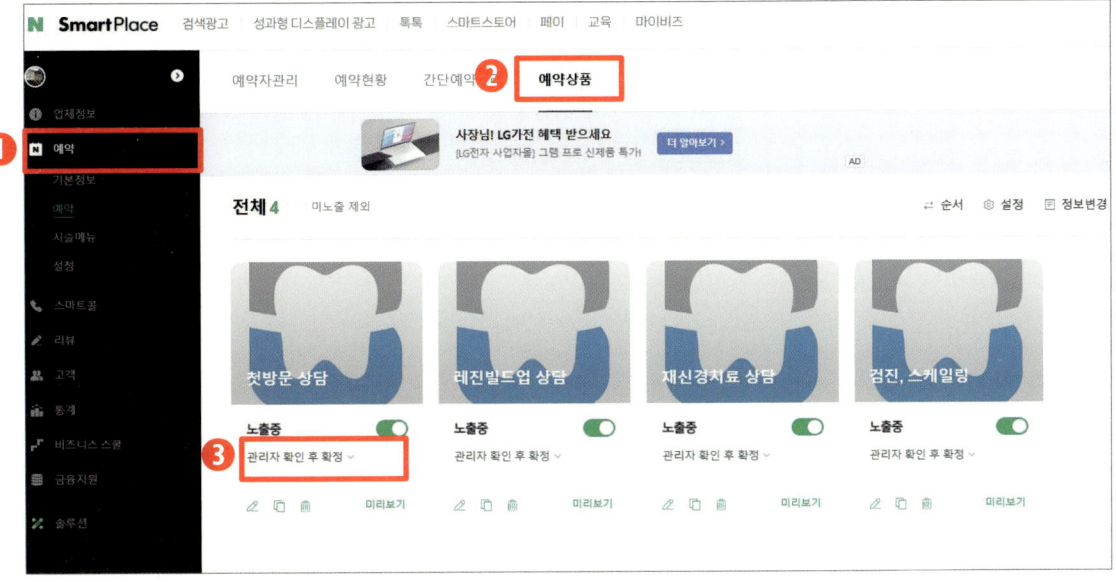

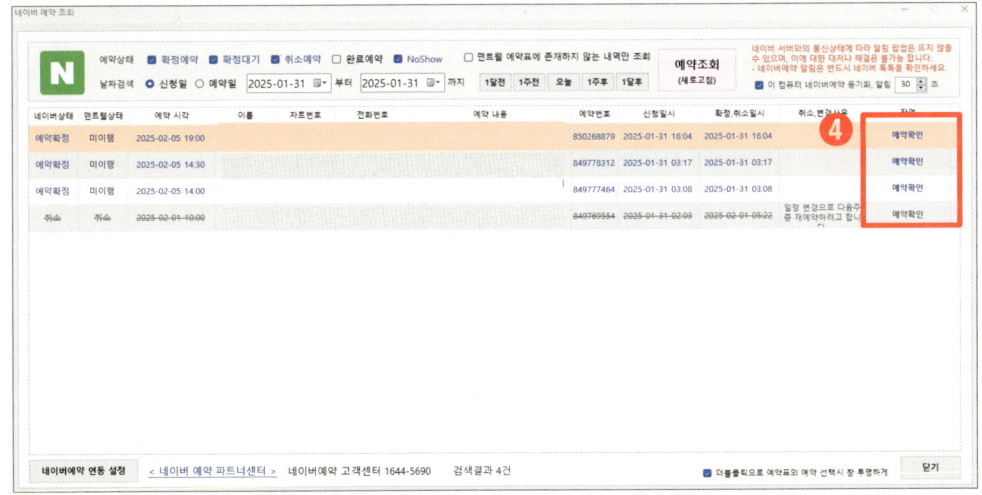

네이버 플레이스에도 예약상품이 노출 되어있는지 체크합니다.

병원의 예약 상황에 맞게 조정이 필요한 경우 '관리자 확인 후 확정'으로 설정해두시면 덴트웹에 예약 신청 알림이 뜬 후 병원에서 수동으로 예약 확정을 할 수 있습니다.

자동 설정을 하기보다는 수동 설정으로 예약상황에 유연하게 대응하시는 것을 추천드려요!

4. 덴트웹 예약창에서 네이버 예약 닫기

☑ [예약] – [해당시간 클릭 후 마우스 우클릭]
　　 – [해당 시간 / 해당일 네이버 예약 닫기]

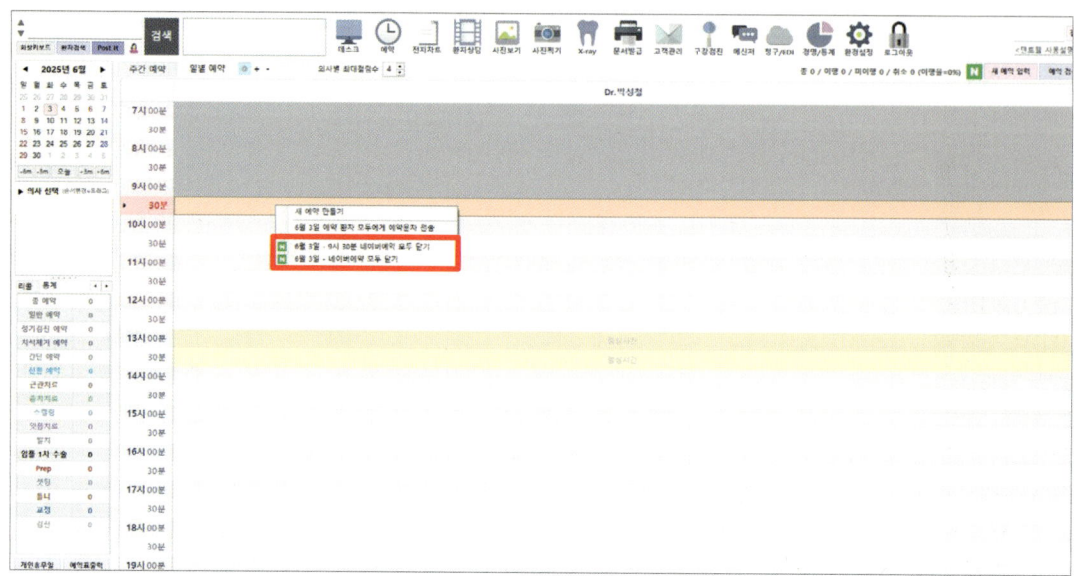

13시 00분		
30분	- 정기검진 예약이요 / 전체검진, 스케일링(30분)	🔳N

📢 예약창에서 특정 시간만 네이버 예약을 닫고 싶을 땐 해당 시간을 클릭한 뒤 마우스 우클릭을
하면 예약 상품 모두 예약이 불가하게 설정 할 수 있습니다.
수술이나 오래 걸리는 치료가 있는 시간에 유연하게 활용하시면 됩니다.
네이버 예약을 한 환자는 예약창에 우측 상단에 네이버 로고가 표시됩니다.
또한 대표원장님의 휴진일은 네이버 예약을 할 수 없습니다. 원장님이 2명 이상인 경우,
대표원장님이 휴진일로 지정이 되지 않았는지 체크해 주세요.

5. 덴트웹 예약창에서 네이버 예약 확정하기

☑ [예약] – [예약창 우측 하단 '새 예약요청이 있습니다'클릭] – [예약표넣기]

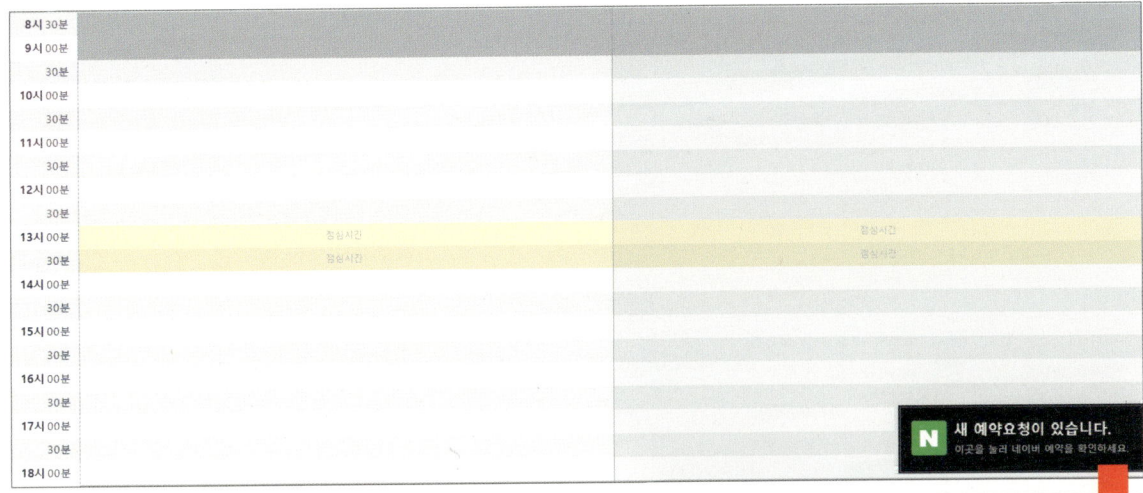

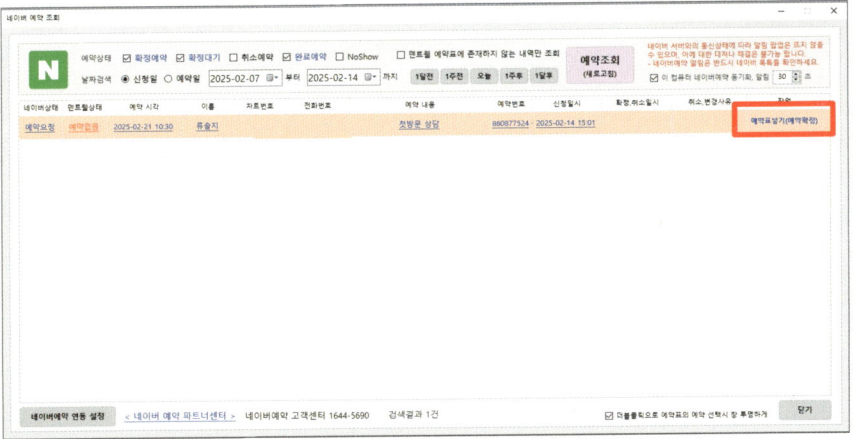

📢 네이버 예약 설정 시 '관리자 확인 후 확정'으로 설정해두시면 수동으로 예약을 확인하게 됩니다.
치과의 경우 진료시간의 유연함이 필요하기 때문에 수동으로 설정해 주세요.
예약확인 버튼을 바로 눌러도 되지만 우리 치과에 내원하는 환자의 첫 접점이기 때문에
여유가 있으시다면 확정 전 전화로 환자의 C.C를 한번 더 체크해 두는 것도 추천합니다.

6. 덴트웹 예약창에서 네이버 예약 확정하기

☑ [예약] – [예약창 우측 하단 '새 예약요청이 있습니다' 클릭] – [예약표 넣기]

7. 네이버 스마트 플레이스에서 네이버 예약 확정하기

☑ [예약] – [예약현황] – [날짜] – [신청 클릭] – [해당 예약 클릭] - [예약 확정]

8. 네이버 톡톡으로 예약 확정 안내 확인하기

✔ [톡톡 대화하기] – [채팅창 팝업] – [확정안내 메시지 확인하기]

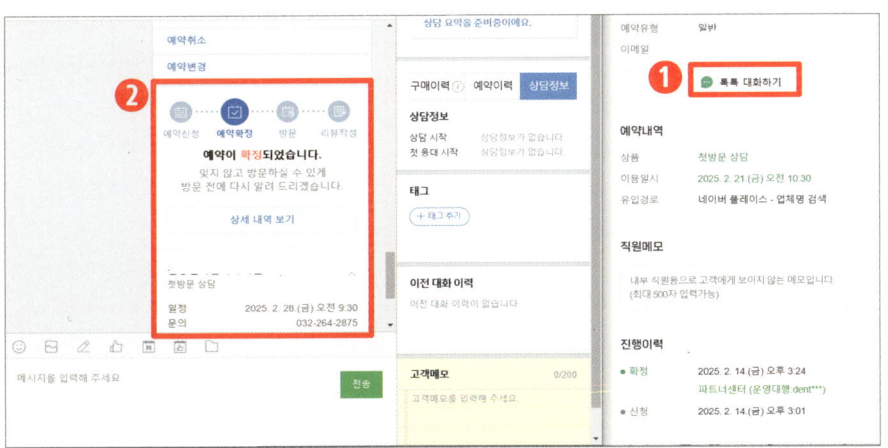

📣 일반적으로 네이버 스마트 플레이스 보다는 덴트웹에서 환자 관리하시는 것을 추천합니다.
네이버 예약은 취소가 많습니다. 예약 신청과 취소를 환자가 자유롭게 할 수 있기 때문인데요,
예약 시간이 맞지 않아 취소를 원하는 경우 환자에게 예약 변경으로 유도해 보세요!

9. 덴트웹 예약창에서 네이버 예약 취소하기

☑ [예약] – [예약창 우측 상단 '네이버 아이콘'버튼클릭]

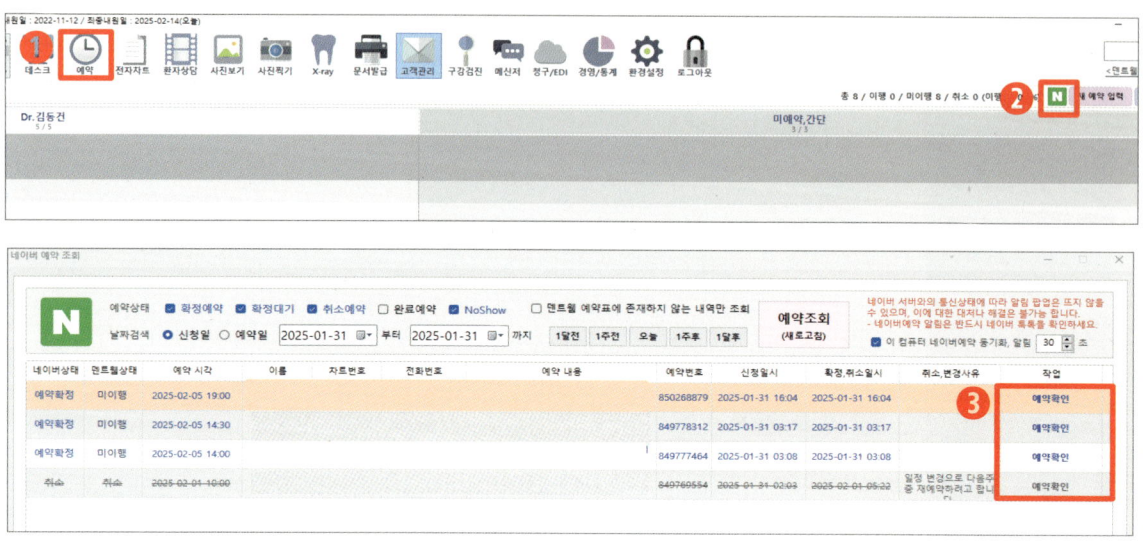

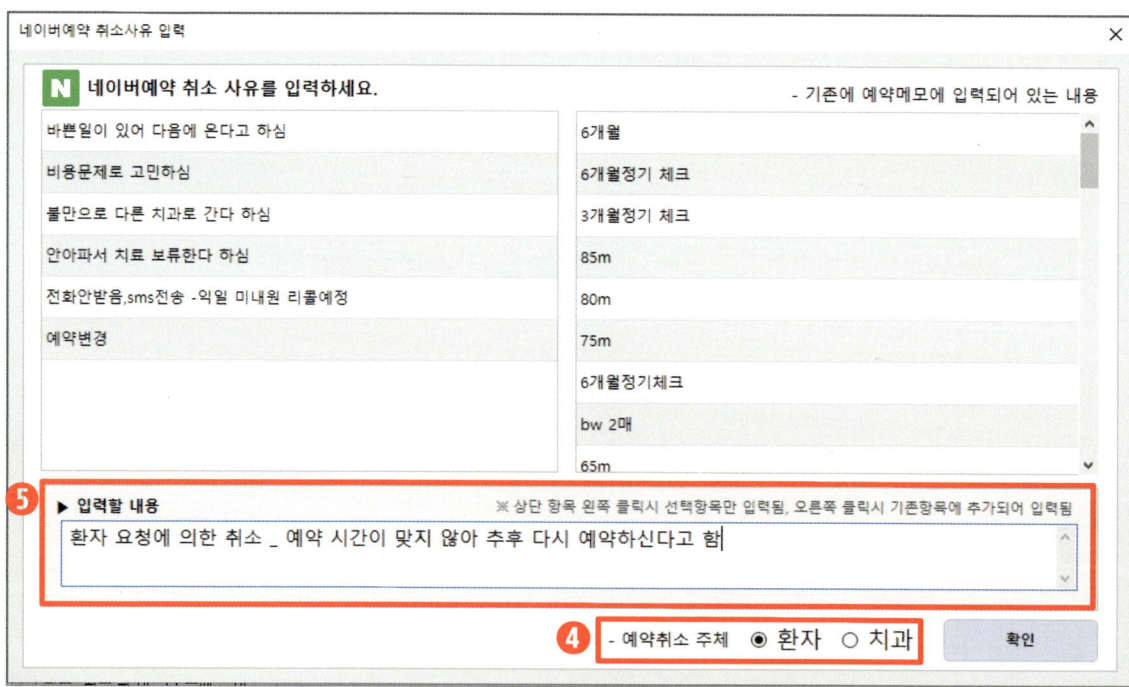

📢 환자의 요청으로 취소와 치과의 취소를 선택하게 됩니다. 환자요청에 의해 예약이 취소된 경우 예약창의 보류창에 보관해 두었다가 추후 한번의 리콜을 해주시면 좋겠죠?

1. Open API(CID) 란?

☑️ [환경설정] – [SMS/Open API 관련설정] – [Open API(CID)설정]

▶ SMS / Open API 관련 설정

SMS 전송설정	진료후 주의사항 문자전송	자주쓰는 SMS문구	치과약도 MMS 설정	Open API 전화수신시 문자설정	Open API (CID) 설정
알림톡 관리					

병원의 전화와 덴트웹 프로그램을 연동시키는 서비스 입니다.

대표적인 기능으로는 병원으로 전화나 문자 메시지가 왔을 때 발신자를 표시해주는 CID(발신자 번호표시) 서비스입니다. Open API 서비스는 덴트웹에서 제공하는 것이 아닌 병원 전화를 계약한 각 통신사에서 제공합니다.

Open API (CID)서비스에 등록이 완료되면 문자 메시지, 수신전화의 정보 (전화번호, 환자등록시 환자정보), 부재중 전화도 확인이 가능합니다.

▶ 통신사별 오픈API서비스 기능 및 사용료 (2022.7.기준 / VAT포함) ※ 변동될 수 있으니 가입 전에 다시 확인해보시기 바랍니다.

	월 이용료 (덴트웹에 납부하는 비용이 아닌 통신사에 납부하는 비용임)	부재중전화 목록 제공	관리자 페이지를 통한 간편 설정	
			관리자 페이지 제공[1]	부재중 멘트 설정[2]
KT	- 일반국선: 4,400원/월 - 인터넷전화: 5,500원/월[3]	O	O	- 일반국선: O - 인터넷전화: X[4]
LGU+	OpenAPI A형 사용시 비용 없음[5]	△[6]	O	△[7]
SK	2,200원/월	X[8]	X	X

▶ 통화매니저API 를 이용하실 경우, 덴트웹에서 제공되는 기능은 다음과 같습니다.

1. 전화벨이 울리는 즉시 발신자번호와 환자정보가 연동되어 팝업됩니다.
   전화를 받기 전에 팝업창을 통하여 예약내역, 진료기록 등의 환자정보를 미리 파악할 수 있습니다.

2. 며칠 간의 수신, 부재중 전화내역 전체를 모두 확인가능합니다.
   컴퓨터가 꺼져 있을 때 오는 전화도 다음 덴트웹 실행시 확인이 가능하기 때문에 주말 및 휴무일에 온 부재중 전화를 모두 확인하실 수 있습니다.

3. 문자메시지 수신이 가능합니다.

4. 환자에게 전화를 걸 때 전화번호를 직접 누르지 않아도 간단한 클릭만으로 환자에게 전화를 걸 수 있습니다. (덴트웹 프로그램에서 바로 전화걸기)

5. 인터넷전화는 본 부가서비스 이외에도 발신자표시서비스(1,100원)를 추가로 더 사용하셔야 통화매니저 기능을 사용하실 수 있으며, 부재중멘트 설정 기능은 일부 인터넷 전화에서는 지원되지 않습니다. KT 자체의 제한사항입니다. 부재중멘트 설정을 위해서는 링고서비스를 사용하셔야 합니다.

2. 통신사별 Open API 신청 안내

KT 지능망센터 통화매니저 API 신청	080-001-1588	CP 코드 70395 덴트웹/ 솔루션코드 01
LG 오픈API 서비스 신청	1544-0001	
SK 덴트웹 연동 오픈API	1566-9010	

무료 서비스가 아니니 비용에 관한 문의를 진행 후 가입을 하면 됩니다.

통화 시 상담원분이 실시간 상담을 해주므로 절차에 따라 가입하면 됩니다.

가입이 완료되면 '이 컴퓨터에서 KT 통화매니저 API를 사용합니다.'를 체크하시고 부여된

아이디와 비밀번호를 입력하시면 됩니다.

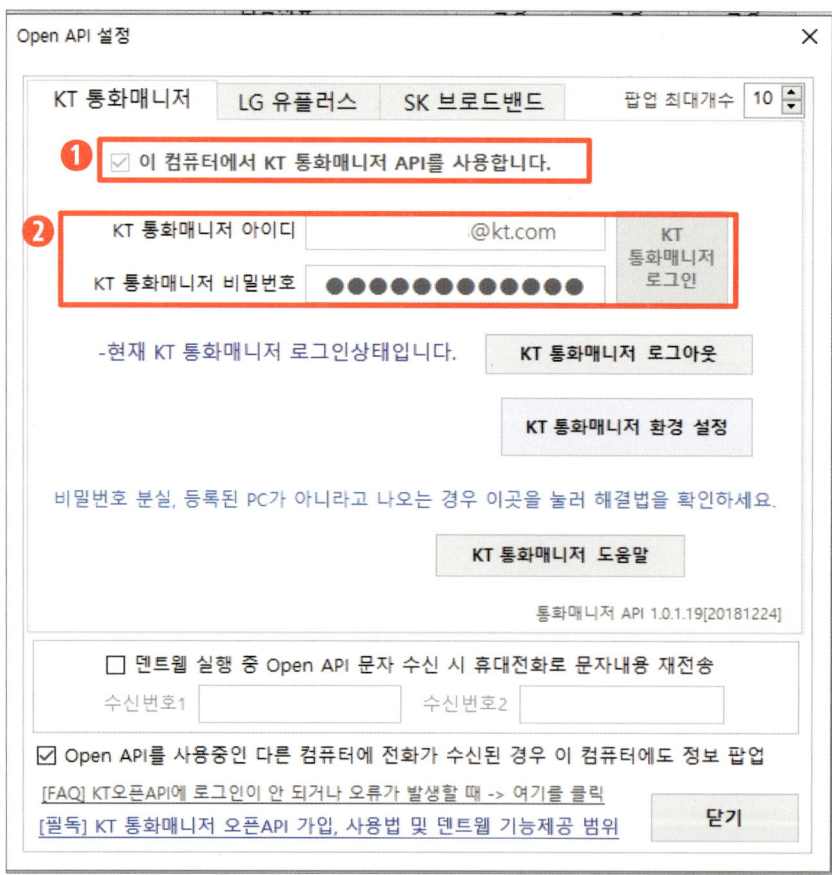

3. Open API 기능안내 – 부재중 전화 팝업기능

📢 진료시간에 환자의 전화를 받지 못한 경우 부재중 전화로 오른쪽 하단에
기록이 남게 됩니다. 우리 치과의 통신사가 KT 인 경우 부재중 전화 기록에 전화 걸기 버튼을
누르면 수화기를 들지 않아도 자동으로 걸어줍니다.

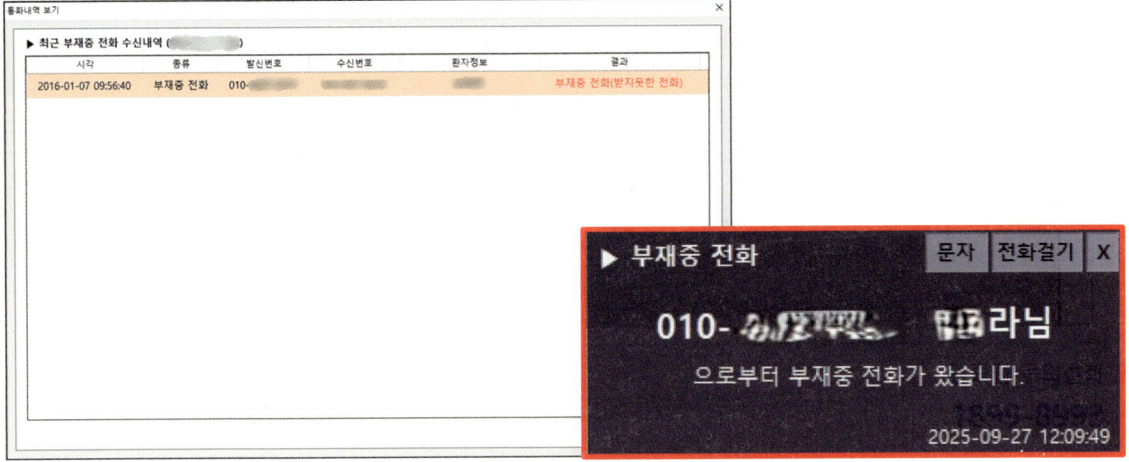

☑ [데스크] - 오른쪽 하단에 [검색] – [Open API 통화/문자 내역 보기]
부재중 전화, 수신/ 발신통화 목록을 한눈에 확인할 수 있습니다.

① 통화목록 확인 방법

환자 검색
실제 문자전송 결과 확인
Open API 통화/문자 내역 보기
전화 메모 보기
환자 포스트잇 보기
스팸 문자 신고내역 보기

3. Open API 기능안내 – 부재중 전화 팝업기능

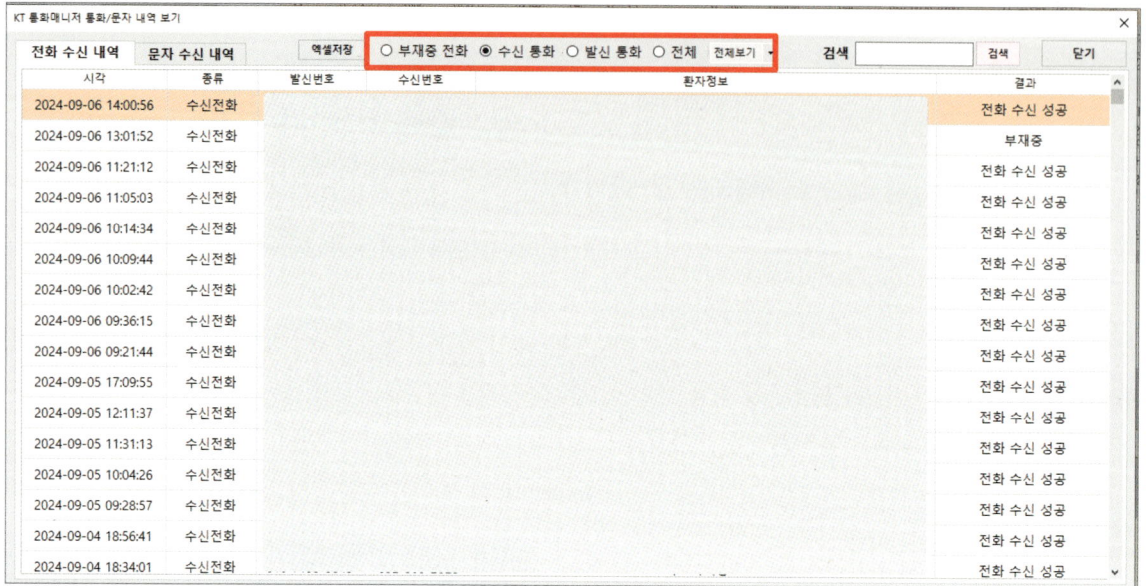

 치과에서 환자에게 전화를 건 내용을 검색하거나, 방금 걸려온 환자의 정보를 확인 할 때, 점심시간에 미처 받지 못한 부재중 전화를 확인하고 싶을 때 간편하게 통화목록을 검색 할 수 있습니다. 또한, 특정 환자에게 통화나 문자를 전송한 내역을 검색할 경우에도 이곳에서 손쉽게 검색이 가능합니다.

. Open API 기능안내 – 환자에게 간편하게 전화 걸기

☑ [데스크] - 환자 전화번호 옆 [SMS+] - [전화 걸기]
　① Open API 기능으로 전화 걸기

Open API 기능으로 전화 걸기 버튼을 누르면 치과전화의 전화벨이 울립니다.

이때 수화기를 들면 선택한 환자의 전화번호를 누르지 않고 바로 환자에게 전화가 걸립니다.

이 기능을 이용하여 발신한 전화는 Open API 통화내역에 발신통화 기록으로 남게 됩니다.

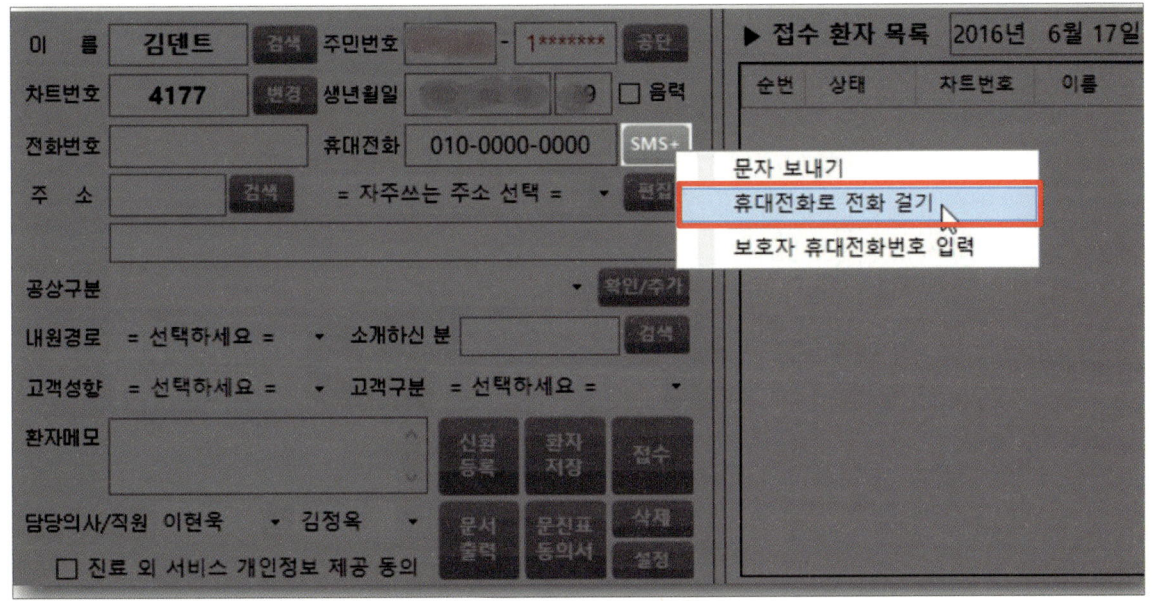

환자의 보호자 휴대전화 번호를 등록했다면, 간편하게 보호자의 휴대전화 번호로도

Open API 기능을 이용하여 전화 및 문자메시지 전송이 가능합니다.

Open API(CID) 설정하기

5. Open API 기능안내 – 발신자 인적사항 팝업기능

☑ [환경설정] - [Open API(CID)설정]

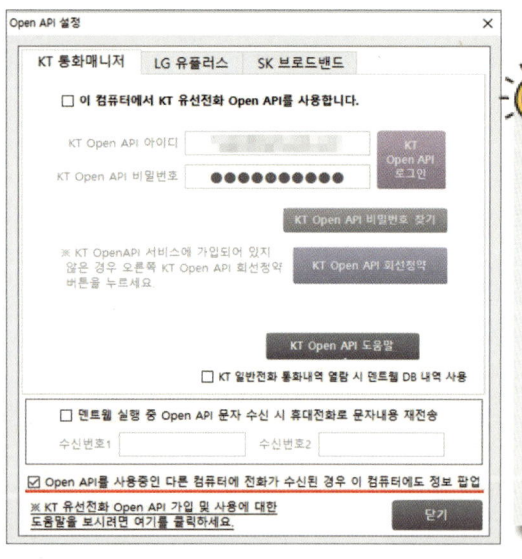

📢 통화매니저API 에 로그인을 하셨다면 전화가 오는 즉시 발신자의 인적사항이 위 화면처럼 팝업 됩니다. 팝업창에서 예약내역, 진료내역, 환자메모를 간편하게 확인 할 수 있으며 '(환자명)님 선택' 버튼을 눌러 해당 환자를 선택 할 수도 있습니다.

💡 다른 컴퓨터에도 전화 수신창을 띄울 수 있나요? = 네 가능합니다!
전화 수신창을 띄우고 싶은 컴퓨터에서 'Open API를 사용중인 다른 컴퓨터에 전화가 수신된 경우 이 컴퓨터에도 정보 팝업' 클릭

1. Open API 전화 수신 시 문자설정

☑ [환경설정] - SMS/Open API 관련설정 - [Open API 전화 수신 시 문자설정]

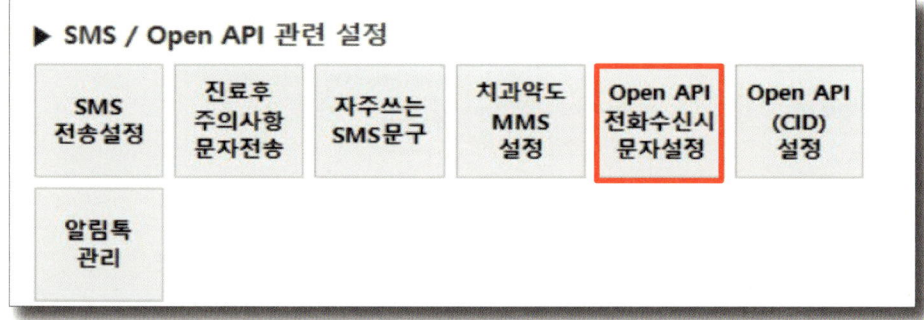

▶ SMS / Open API 관련 설정

| SMS 전송설정 | 진료후 주의사항 문자전송 | 자주쓰는 SMS문구 | 치과약도 MMS 설정 | Open API 전화수신시 문자설정 | Open API (CID) 설정 |

| 알림톡 관리 |

Open API 휴대전화수신 시 문자 메시지 설정   ✕

▶ Open API 휴대전화 수신 시 발신자에게 자동으로 전송할 문자메시지를 설정 합니다.

[주의] 덴트웹이 켜져 있고, 덴트웹에서 Open API에 로그인 되어 있는 경우에만 작동하는 기능입니다.!!!
문자 자동전송 후, 당일에는 같은 번호로 같은 내용의 문자를 다시 전송하지 않습니다.

전송 메시지 종류 ◉ 문자메시지(SMS, LMS, MMS)   ○ 카카오 알림톡

전송 대상 ○ 사용안함 ◉ 미등록 전화번호에만 전송 ○ 모든 번호에 전송 ○ 부재중 전화만 전송

환자, 보호자, 직원, 거래처로 등록되지 않은 휴대전화 전화 수신 시, 전화를 걸어온 휴대전화로 문자메시지를 전송합니다.

전송할 텍스트(최대 2000Byte)

```
안녕하세요. 인파워치과 입니다.
항상 저희 치과를 찾아주셔서 감사합니다.
[진료시간 안내]
- 월요일 09:30~18:30
- 화요일 09:30~18:30
- 수요일 09:30~20:30
- 목요일 09:30~18:30
- 금요일 09:30~18:30
- 토요일 09:30~14:00
[전화] 032-868-2828
```

첨부할 이미지 파일(선택)   선택

문자메시지, 알림톡 요금이 건당 부과 되므로
과도한 문자 요금이 나올 수 있으니 사용에 주의하시기 바랍니다.

확인   취소

📢 덴트웹이 켜져 있고, 덴트웹에서 Open API에 로그인 이 되어있어야 작동합니다.

치과에 따라 미등록 전화번호에만 전송할지, 부재중 전화에만 전송할지, 모든 번호에 전송할지

선택하면 됩니다. 무료가 아닌 건당 요금이 발생하므로 치과에 사정에 맞게 설정하세요.

1. 치과약도 MMS설정

☑ [환경설정] - [치과약도 MMS설정] – [선택] – [확인]

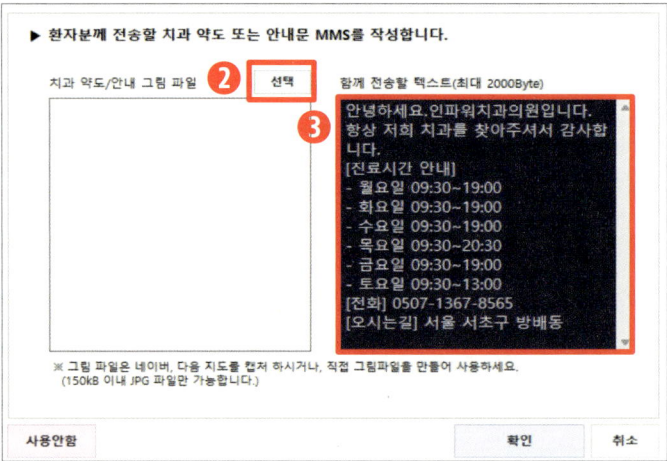

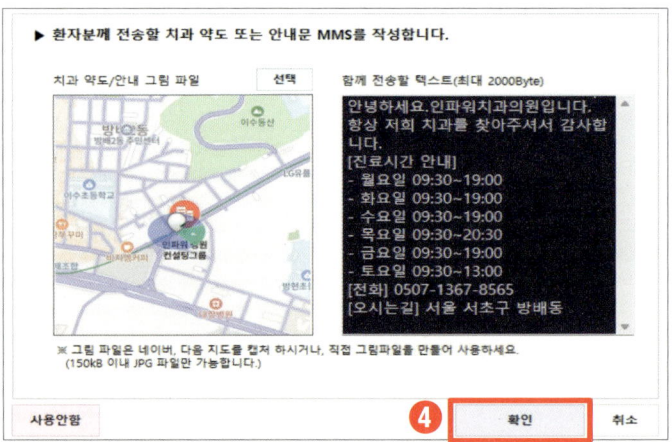

우리 병원에 처음 내원하시는 신환 고객에게는 우리 병원만의 안내 문구를 만들고 치과 약도와 같이 전송하여 전문적이고 체계적인 느낌을 전달해 보세요.

1.기본 문자설정

☑ [환경설정] – [SMS 전송 설정] – [자주 쓰는 문자내용 설정] – [SMS 내용 입력]
　　– [저장] – [자주 쓰는 문자에서 불러오기] – [확인]

▶ SMS / Open API 관련 설정

❶ SMS 전송설정 / 진료후 주의사항 문자전송 / 자주쓰는 SMS문구 / 치과약도 MMS 설정 / Open API 전화수신시 문자설정 / Open API (CID) 설정

알림톡 관리

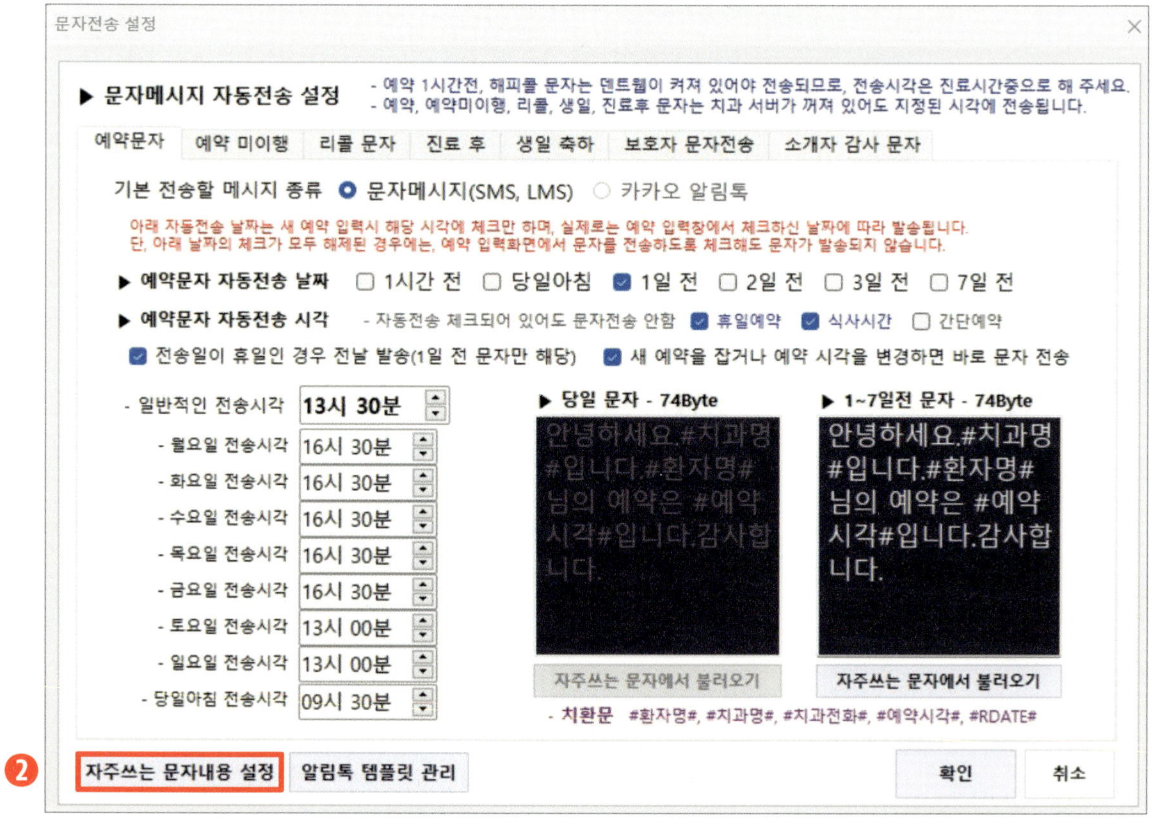

문자전송 설정　　　　　　　　　　　　　　　　　　　　　　　×

▶ **문자메시지 자동전송 설정**　- 예약 1시간전, 해피콜 문자는 덴트웹이 켜져 있어야 전송되므로, 전송시각은 진료시간중으로 해 주세요.
　　　　　　　　　　　　　　　　　　- 예약, 예약미이행, 리콜, 생일, 진료후 문자는 치과 서버가 꺼져 있어도 지정된 시각에 전송됩니다.

예약문자　예약 미이행　리콜 문자　진료 후　생일 축하　보호자 문자전송　소개자 감사 문자

기본 전송할 메시지 종류　◉ 문자메시지(SMS, LMS)　○ 카카오 알림톡

아래 자동전송 날짜는 새 예약 입력시 해당 시각에 체크만 하며, 실제로는 예약 입력창에서 체크하신 날짜에 따라 발송됩니다.
단, 아래 날짜의 체크가 모두 해제된 경우에는, 예약 입력화면에서 문자를 전송하도록 체크해도 문자가 발송되지 않습니다.

▶ 예약문자 자동전송 날짜　☐ 1시간 전　☐ 당일아침　☑ 1일 전　☐ 2일 전　☐ 3일 전　☐ 7일 전

▶ 예약문자 자동전송 시각　　- 자동전송 체크되어 있어도 문자전송 안함　☑ 휴일예약　☑ 식사시간　☐ 간단예약

☑ 전송일이 휴일인 경우 전날 발송(1일 전 문자만 해당)　☑ 새 예약을 잡거나 예약 시각을 변경하면 바로 문자 전송

- 일반적인 전송시각	13시 30분
- 월요일 전송시각	16시 30분
- 화요일 전송시각	16시 30분
- 수요일 전송시각	16시 30분
- 목요일 전송시각	16시 30분
- 금요일 전송시각	16시 30분
- 토요일 전송시각	13시 00분
- 일요일 전송시각	13시 00분
- 당일아침 전송시각	09시 30분

▶ 당일 문자 - 74Byte
안녕하세요.#치과명#입니다.#환자명#님의 예약은 #예약시각#입니다.감사합니다.
자주쓰는 문자에서 불러오기

▶ 1~7일전 문자 - 74Byte
안녕하세요.#치과명#입니다.#환자명#님의 예약은 #예약시각#입니다.감사합니다.
자주쓰는 문자에서 불러오기

- **치환문**　#환자명#, #치과명#, #치과전화#, #예약시각#, #RDATE#

❷ 자주쓰는 문자내용 설정　알림톡 템플릿 관리　　　　　확인　　취소

📢 덴트웹 프로그램에는 각 문자형식이 기본으로 지정되어 있습니다. 기본 문자내용을 사용하는 것도 괜찮지만 인파워에서 추천하는 문자내용이 있으니 뒤 페이지를 참고하여 우리 치과에 맞게 설정해 보세요.

2.덴트웹에 기본으로 설정 된 문자 사용하기

☑ [환경설정] – [SMS 전송 설정] – [자주 쓰는 문자내용 설정] –
[자주 쓰는 문자에서 불러오기] – [확인]

자주쓰는 문자내용 설정 　　　　　　　　　　　　　　　　　×

▶ **자주쓰는 문자 내용 설정** (구분명 내 순서변경은 드래그/드롭, 구분명 순서변경은 불가능)

구분	내용	삭제
대기시간	#환자명#님 오늘 많이 기다리게해서 죄송합니다.다음부터는 불편함이 없도록 하겠습니다	삭제
리콜	#환자명#님 치아정기검진일이 되었네요. 치아건강 체크 잊지마세요 -#치과명#-	삭제
리콜	치료받으신 부분은 괜찮은가요? 벌써6개월이 지났네요정기검진하러 오세요 -#치과명#-	삭제
리콜	구강건강을 위해 정기검진이 중요합니다. 정기검진 내원 부탁드립니다. -#치과명#-	삭제
생일축하	#환자명#님의 생일을 #치과명# 모든가족이 축하드립니다. 행복하세요^^	삭제
생일축하	세상에서 가장 행복한 하루되세요. #환자명#님의 생신을 축하드립니다. -#치과명#-	삭제
소개감사	#환자명#님 저희 치과를 소개해주셔서 감사합니다. 정성껏 치료하겠습니다. -#치과명#-	삭제
신환방문	#환자명#님 저희 #치과명#를 방문해주셔서감사합니다. 최선을 다하겠습니다.	삭제

▶ **자주쓰는 문자내용 추가 / 수정**

구분명 [　　　　▾] (15자 이내) 　[추가] [수정] 　MMS 첨부 [　　　]
内용 [　　　　　　　　　　　] 　파일 선택

※ **문자 내용 작성시 치환문** (내용 중 아래의 문구는 문자 전송 시에 해당되는 정보로 치환되어 전송됩니다.)
#환자명# : 환자 이름 / #예약시각# : 예약시각 / #RDATE# : 영문 예약시각 / #치과명# : 치과 이름
#치과전화# : 치과 전화번호 / #리콜일# : 리콜 예정일 / #최종내원일# : 최종 내원일
#담당의사# : 담당의사 이름 / #소개자# : 환자를 소개해 주신 분 / #시각# : 현재시각

[저장] [취소]

📢 문자SMS는 74Byte가 넘어가거나 사진 첨부 시 긴 문자 MMS로 넘어갑니다.
따라서 반복 되는 내용은 치환문을 이용하여 길이를 줄이는 것을 추천합니다.

3. 우리 치과의 커스텀 문자설정

☑ [환경설정] – [SMS 전송 설정] – [자주 쓰는 문자내용 설정]
  - [자주 쓰는 문자내용 추가/ 수정]

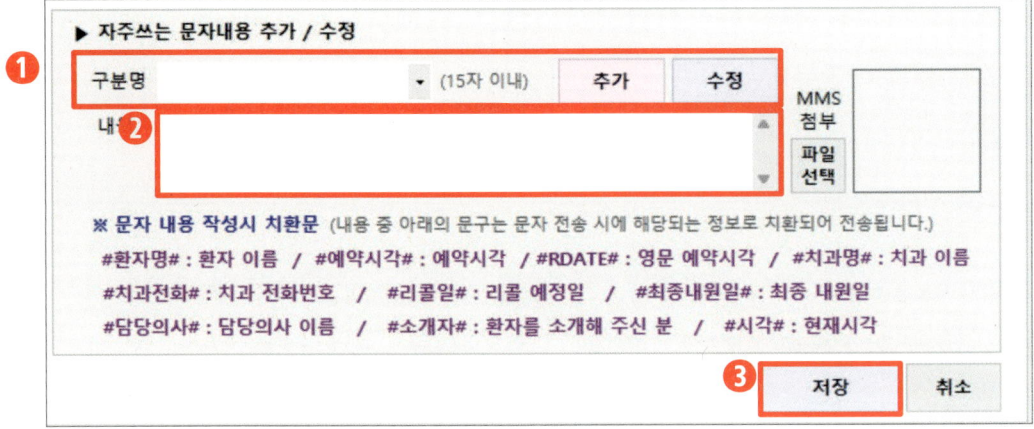

① 구분명을 키워드로 입력해준 뒤 추가를 눌러주세요.

② 치환문을 포함한 문자의 내용을 입력해 줍니다.

③ 저장 버튼을 누르고 자주 쓰는 문자내용이 추가되었는지 확인합니다.

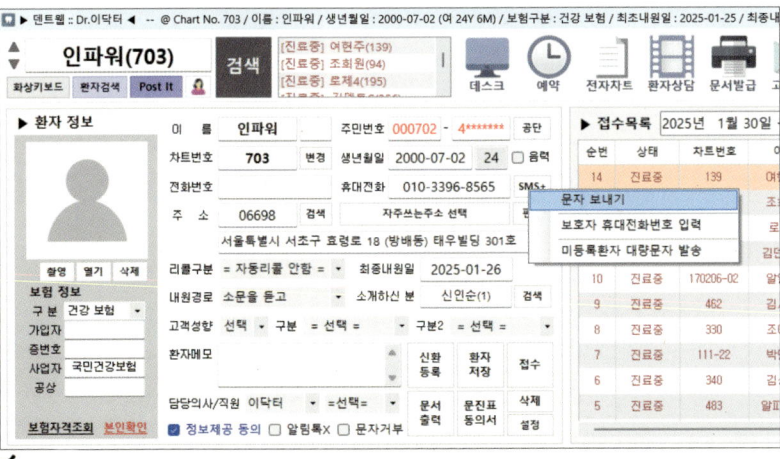

진료 후, 생일 축하, 소개자 감사와 같은 광고성 문자는 사전에 환자분들에게 정보제공 동의를 받고 문자를 발송하는 것이 좋습니다. 정보제공 동의를 받은 환자분들에게만 진료 후, 생일 축하, 소개자 SMS를 발송하는 방법은 위와 같습니다.

4. SMS(문자)전송 설정하기

✅ [환경설정] – [SMS 전송설정]

① 예약문자 전송

📢 덴트웹에서 자동으로 문자를 전송하기 위해서는 서버컴퓨터 (=메인 컴퓨터)의 전원이 켜져 있어야 합니다

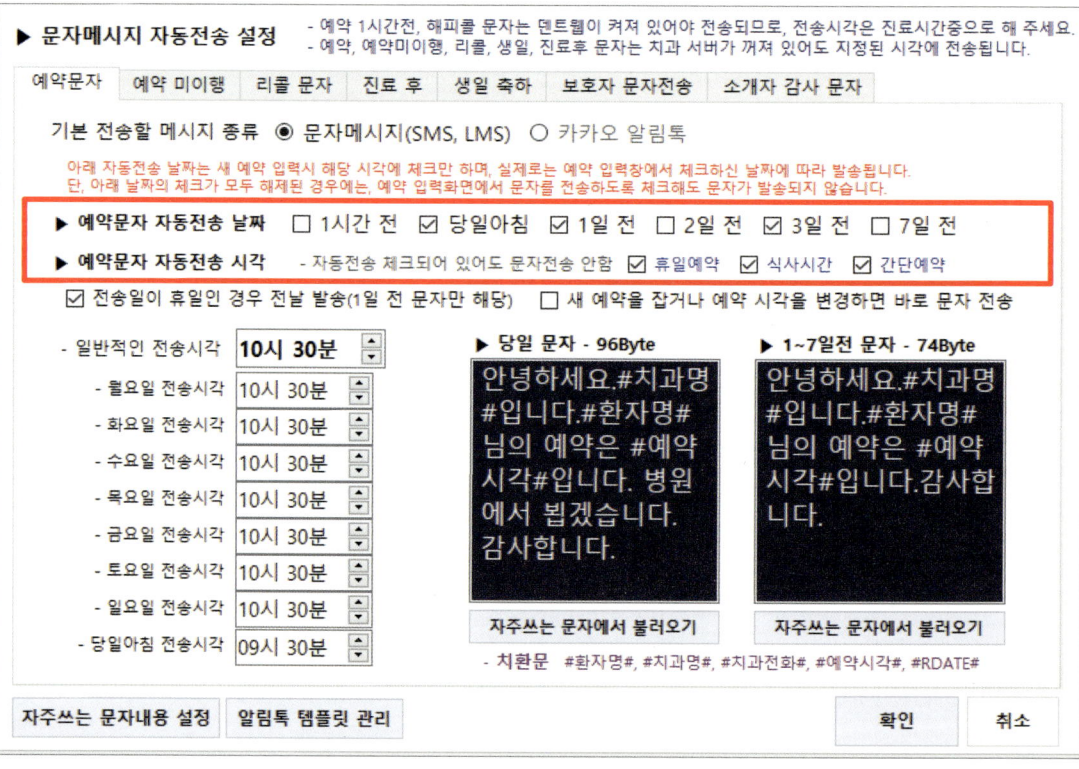

ℹ️ ① 리콜 환자를 휴일 또는 점심시간에 기재해 두었을 경우
휴일예약 / 식사시간에 체크를 해두어야 문자가 전송되지 않습니다.
② [전송일이 휴일인 경우 전날 발송]을 체크해 주어야 누락 없이 예약 문자가 전송됩니다.

▌. SMS(문자)전송 설정하기

② 예약문자 전송 날짜 지정하기

예약문자 자동전송 날짜 추천

환자가 내원일을 잊지 않기 위해 예약 문자를 3일 전, 1일 전, 당일 아침

3회 전송하는 것을 추천합니다. 하나라도 체크되어 있어야 예약문자가 전송됩니다.

문자[알림톡]은 전화를 받을 수 있는 편한시간으로 설정하세요.

예약 미이행으로 인한 부도율을 줄일 수 있습니다.

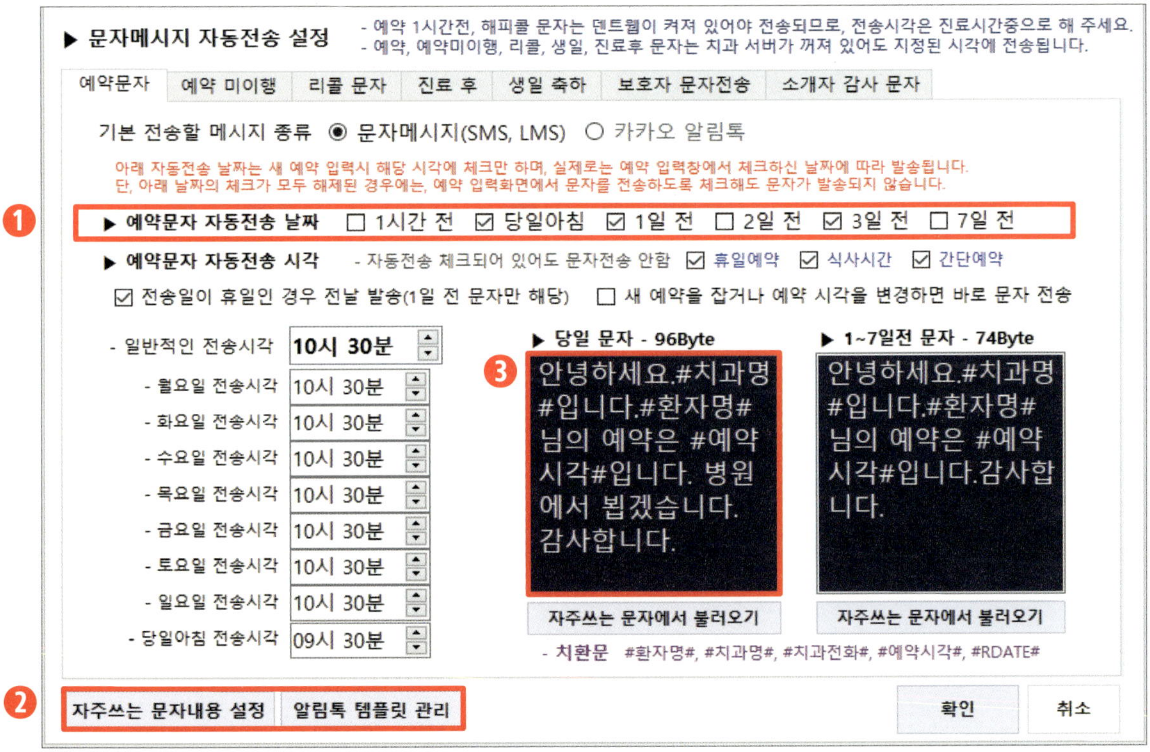

▶ 문자메시지 자동전송 설정   - 예약 1시간전, 해피콜 문자는 덴트웹이 켜져 있어야 전송되므로, 전송시각은 진료시간중으로 해 주세요.
　　　　　　　　　　　　　　- 예약, 예약미이행, 리콜, 생일, 진료후 문자는 치과 서버가 꺼져 있어도 지정된 시각에 전송됩니다.

| 예약문자 | 예약 미이행 | 리콜 문자 | 진료 후 | 생일 축하 | 보호자 문자전송 | 소개자 감사 문자 |

기본 전송할 메시지 종류 ● 문자메시지(SMS, LMS) ○ 카카오 알림톡

아래 자동전송 날짜는 새 예약 입력시 해당 시각에 체크만 하며, 실제로는 예약 입력창에서 체크하신 날짜에 따라 발송됩니다.
단, 아래 날짜의 체크가 모두 해제된 경우에는, 예약 입력화면에서 문자를 전송하도록 체크해도 문자가 발송되지 않습니다.

❶ ▶ 예약문자 자동전송 날짜 □ 1시간 전 ☑ 당일아침 ☑ 1일 전 □ 2일 전 ☑ 3일 전 □ 7일 전

▶ 예약문자 자동전송 시각 - 자동전송 체크되어 있어도 문자전송 안함 ☑ 휴일예약 ☑ 식사시간 ☑ 간단예약

☑ 전송일이 휴일인 경우 전날 발송(1일 전 문자만 해당)   □ 새 예약을 잡거나 예약 시각을 변경하면 바로 문자 전송

- 일반적인 전송시각	10시 30분 ▲▼
- 월요일 전송시각	10시 30분 ▲▼
- 화요일 전송시각	10시 30분 ▲▼
- 수요일 전송시각	10시 30분 ▲▼
- 목요일 전송시각	10시 30분 ▲▼
- 금요일 전송시각	10시 30분 ▲▼
- 토요일 전송시각	10시 30분 ▲▼
- 일요일 전송시각	10시 30분 ▲▼
- 당일아침 전송시각	09시 30분 ▲▼

❸ ▶ 당일 문자 - 96Byte
안녕하세요.#치과명#입니다.#환자명#님의 예약은 #예약시각#입니다. 병원에서 뵙겠습니다. 감사합니다.
자주쓰는 문자에서 불러오기

▶ 1~7일전 문자 - 74Byte
안녕하세요.#치과명#입니다.#환자명#님의 예약은 #예약시각#입니다.감사합니다.
자주쓰는 문자에서 불러오기

- 치환문 #환자명#, #치과명#, #치과전화#, #예약시각#, #RDATE#

❷ 자주쓰는 문자내용 설정 알림톡 템플릿 관리   확인   취소

자주 쓰는 문자내용 설정 / 알림톡 템플릿 관리를 통해

우리 병원에 맞는 예약문자 내용을 편집하여 사용하실 수 있습니다.

사진의 3번 네모박스를 클릭하면 문자내용을 수정할 수 있습니다.

4. SMS(문자)전송 설정하기

③ 예약문자 전송 시간 지정하기

예약문자 자동전송 시간 추천

당일예약 : 9시 30분 추천 / 1일 전, 3일 전 예약 : 10시 30분 추천

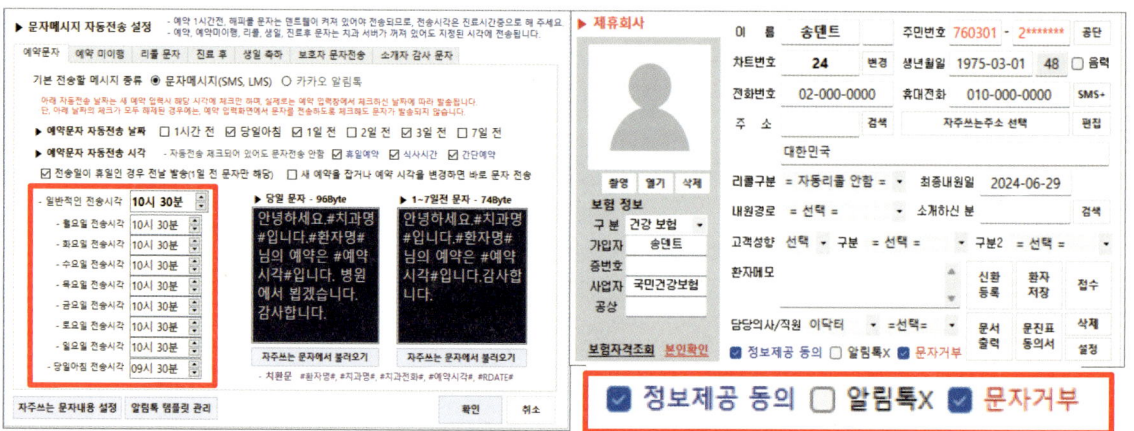

① 데스크 페이지에서 환자 등록 시 문자 거부에 체크가 되어 있으면 자동문자가 전송이 되지 않습니다.

② 원장님 지인, 직원 본인 또는 문자를 거부하는 환자들에게 선택적으로 적용할 수 있습니다. (알림톡도 동일합니다.)

예약문자 자동전송 문구 예시

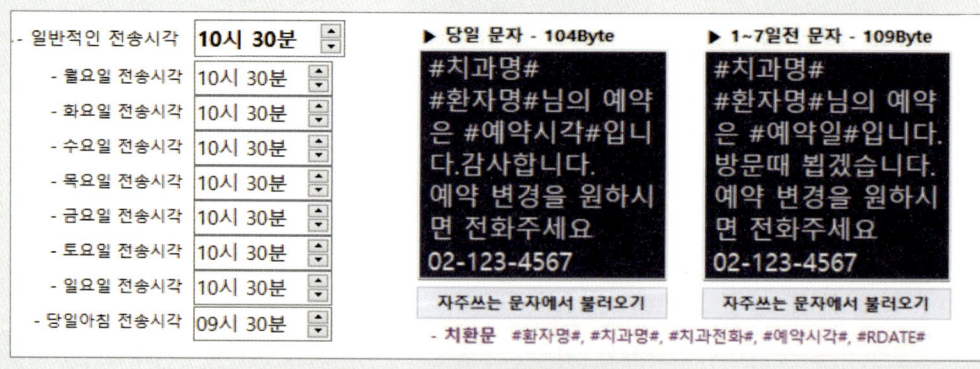

4. SMS(문자)전송 설정하기

④ 자주 쓰는 문자내용 추가/수정

예약 및 정기검진, 수납 관련문자, 주의사항 등을 설정합니다.

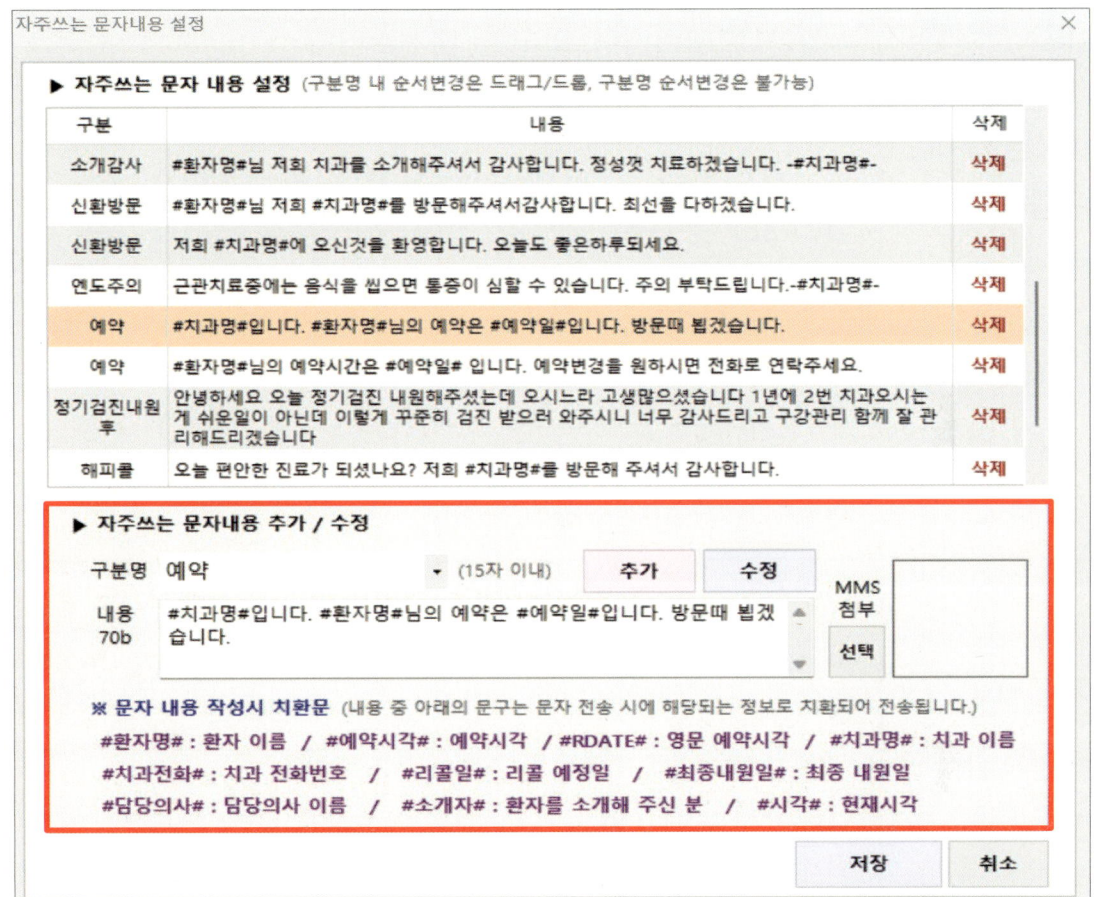

Point ⭐

문자내용시 치환문을 사용하면 보다 편리하게 문자 자동전송 기능을 이용 할 수 있습니다.

예) #환자명# : 해당 환자의 이름으로 자동변경 되는 기능

　　#치과명# : 해당 병원의 이름으로 자동변경 되는 기능

설정 후 본인 또는 직원의 번호로 테스트 전송을 하여 잘 치환이 되었는지 체크는 필수!

5. 자주 쓰는 문자내용 셋팅 예시

① 정기검진 리콜 문자와 자주 쓰는 문자내용을 편리하게 설정해주세요.

예약당일	#치과명#입니다. #환자명#님의 예약은 오늘 #예약시간#입니다. 방문 때 뵙겠습니다.
당일 미내원	안녕하세요. #치과명#입니다. 오늘 예약이신데 내원하지 않으셔서 연락 드렸는데 부재중여서 걱정되어 문자 남깁니다. 문자 확인하시면 전화 한번 부탁드립니다~.
6개월 정기검진	#치과명#입니다. #환자명#님이 치과 진료를 받으신 지 6개월이 지나셨네요~. 불편한곳이 없으시더라도 정기검진으로 치아 질환을 예방 할 수 있다는 점 아시죠~? 편한시간에 전화주시면 예약 도와드릴게요^^. 오늘도 행복한 하루 되세요 ♥
1년 정기검진	안녕하세요. #치과명#입니다. 1년에 한번 나라에서 보장되는 스케일링도 받으실 겸 치과에 방문하셔서 정기검진 받으러 오세요~. 정기검진만큼 중요한 구강관리방법은 없답니다 ☺ 전화주시면 예약 도와드릴께요^^. 오늘도 행복한 하루 되세요 ♥
신환 상담 후	안녕하세요. #치과명#입니다. 오늘 상담 받으신 부분 궁금하신 점 있으시면 언제든 편하게 연락주세요. 내원해 주셔서 감사합니다. #환자명#님의 구강관리 주치의로써 건강한 구강관리를 도와드리겠습니다.
계좌이체 안내	안녕하세요 #치과명#입니다. 계좌번호 안내 드리겠습니다. 우리 1000-123-456789으로 진료비 000원을 입금해주시고 위 번호로 문자한통 부탁드립니다. 늘 감사합니다 ♥

5. 자주 쓰는 문자내용 셋팅 예시

① 정기검진 리콜 문자와 자주 쓰는 문자내용을 편리하게 설정해주세요.

사보험 보장기간 도래안내	#환자명#님 안녕하세요 #치과명#입니다. 가지고 계신 치아보험의 보장기간이 도래하셨습니다. 그동안 미뤄두셨던 치과치료 진행하시고 사보험 보장도 받으세요 :D 서류작성은 저희에게 맡겨주세요~^^
사보험 서류 수령안내	안녕하세요 #환자명#님, #치과명#입니다. 요청 주셨던 치아보험의 서류발급이 완료되었습니다. 편한 시간에 전화예약 주시고 방문해 주세요. 서류발급비는 0000원 입니다. 오늘도 행복이 가득한 하루 보내세요♥
치료종결 및 보증기간 안내	안녕하세요 #환자명#님, #치과명#입니다. 그동안 치료받으시느라 고생 많으셨습니다. 저희 치과에서 진행한 비급여 진료는 1년 동안 사후관리를 해드리고 있습니다. 6개월에 한번씩 정기검진 받으시면서 치료받은 치아들 점검해주시기 바랍니다. 6개월 뒤로 자동 예약이 진행되며 3일전 예약 안내 문자를 보내드리오니 변경사항 있으시면 전화로 예약변경 부탁드립니다. :D
소개감사	#환자명#님 저희 치과를 소개해 주셔서 감사합니다. 믿고 소개해 주신만큼 우리의 가족이라 생각하고 정성껏 치료하겠습니다. 오늘도 즐거운 하루 보내세요 ♥ -#치과명#-

② 신환 예약 시 병원의 약도와 주차안내 문자를 보내주세요.

☑ [환경설정] – [치과약도MMS 설정]

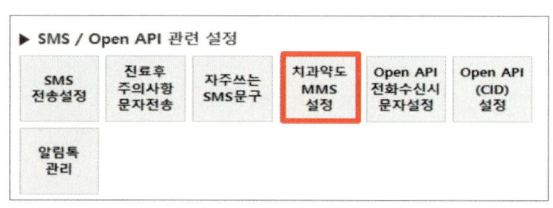

6. 자주 쓰는 문자내용 – 예약 미이행

내원일에 오지 않은 환자에게 리콜 문자를 보내는 기능입니다.

가능한 미내원 다음날 오전에 리콜을 하는 것을 추천합니다.

미내원 리콜을 문자로 진행해야 한다면 예약일로 부터 1일 뒤 문자전송을 추천합니다.

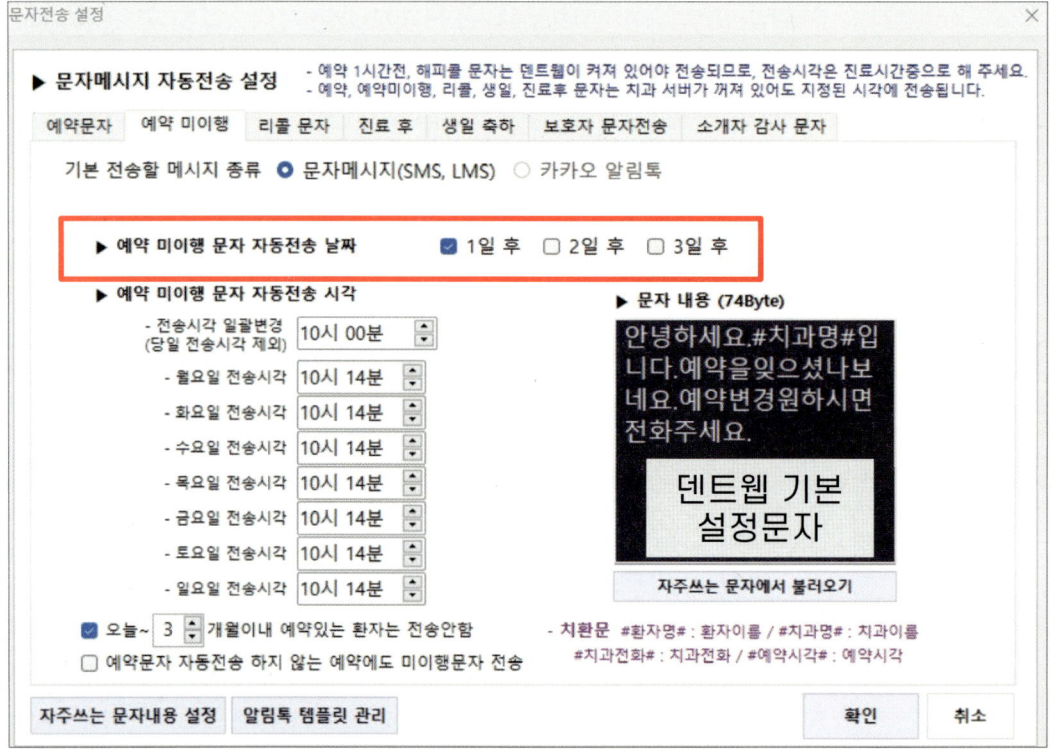

안녕하세요.#치과명#입니다.예약일에 내원하지 않아 연락드렸습니다. 예약변경을 원하시면 전화주세요.

내원종결이 아닌 예약일 변경으로 재 내원을 유도하는 문구로 설정합니다.

하지만 가능한 미내원 환자는 리콜 전화로 관리하는 것이 좋습니다.

7. 자주 쓰는 문자내용 예시 : 리콜 문자

☑ [환경설정] – [SMS 전송 설정] – [리콜 문자]

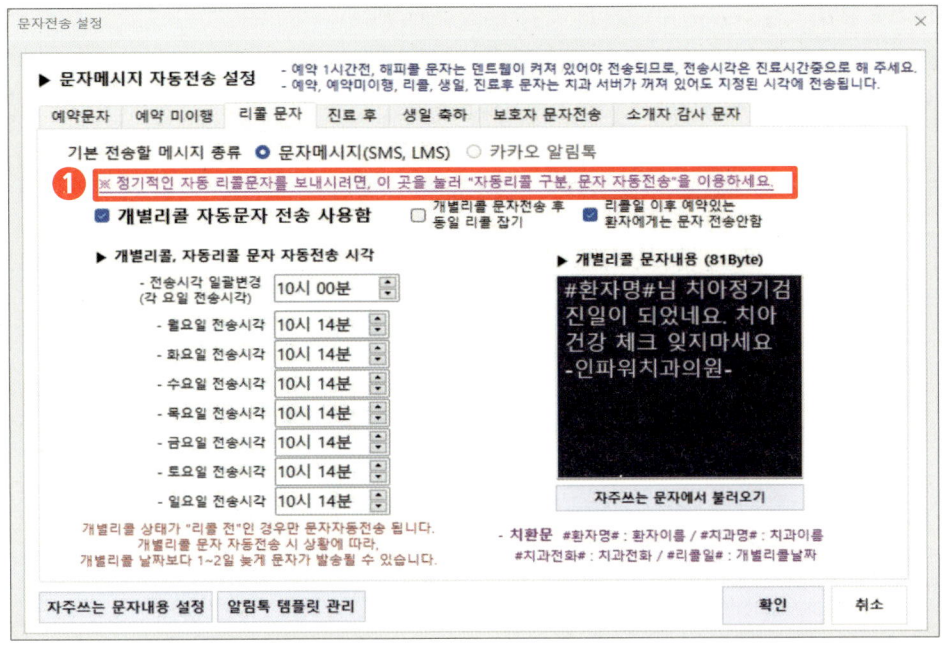

① 정기적인 리콜 문자 또는 개별로 자동 리콜을 설정할 때 사용합니다.
② 데스크 메인 버튼의 환자 인적사항 설정창에서 리콜을 구분할 수 있습니다.
　 환자등록시 정기 리콜로 리콜 관리가 가능합니다.
　 기본 리콜 = 6개월 / 치주환자 = 4개월 / 소아환자 = 3개월 추천

☑ [데스크] – [환자 인적사항] – [설정]

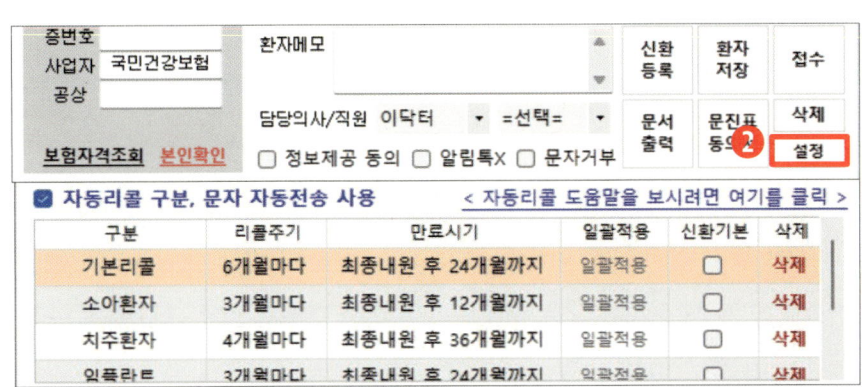

7. 자주 쓰는 문자내용 예시 : 리콜 문자

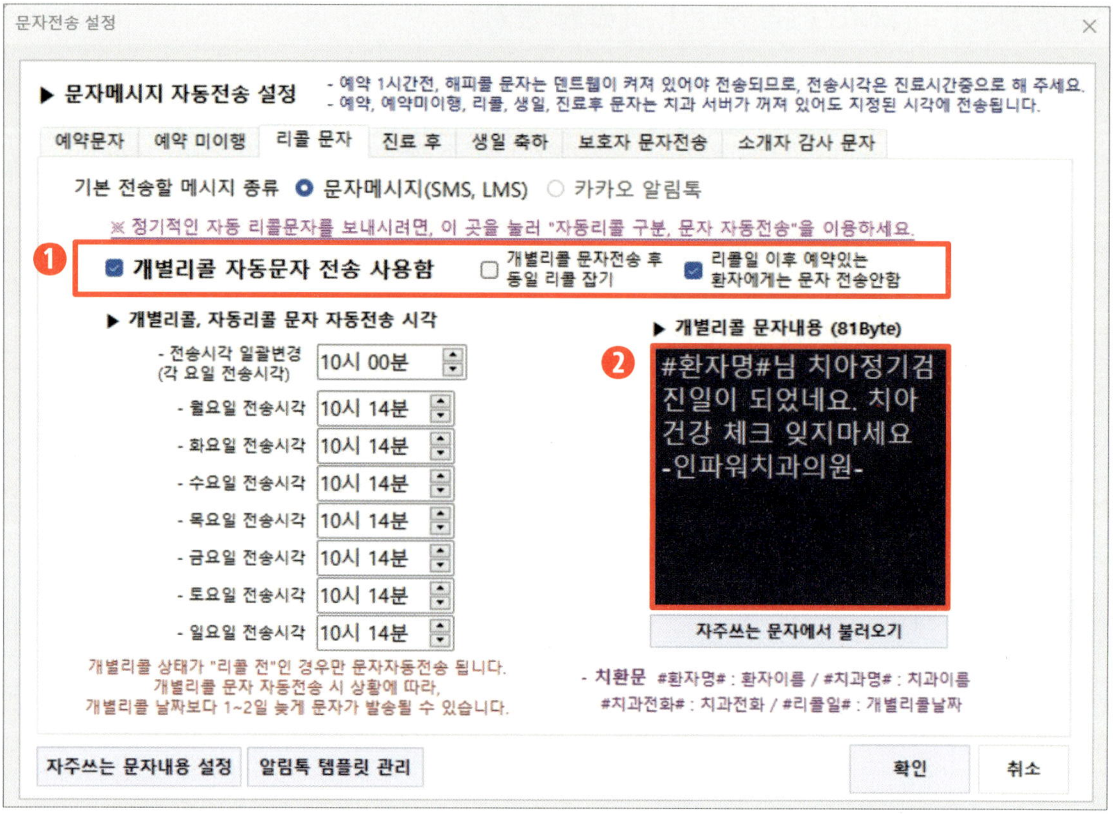

문자전송 설정 ✕

▶ **문자메시지 자동전송 설정**
- 예약 1시간전, 해피콜 문자는 덴트웹이 켜져 있어야 전송되므로, 전송시각은 진료시간중으로 해 주세요.
- 예약, 예약미이행, 리콜, 생일, 진료후 문자는 치과 서버가 꺼져 있어도 지정된 시각에 전송됩니다.

| 예약문자 | 예약 미이행 | 리콜 문자 | 진료 후 | 생일 축하 | 보호자 문자전송 | 소개자 감사 문자 |

기본 전송할 메시지 종류 ● 문자메시지(SMS, LMS) ○ 카카오 알림톡

※ 정기적인 자동 리콜문자를 보내시려면, 이 곳을 눌러 "자동리콜 구분, 문자 자동전송"을 이용하세요.

❶ ☑ **개별리콜 자동문자 전송 사용함** ☐ 개별리콜 문자전송 후 동일 리콜 잡기 ☑ 리콜일 이후 예약있는 환자에게는 문자 전송안함

▶ **개별리콜, 자동리콜 문자 자동전송 시각**

- 전송시각 일괄변경 (각 요일 전송시각) `10시 00분`
- 월요일 전송시각 `10시 14분`
- 화요일 전송시각 `10시 14분`
- 수요일 전송시각 `10시 14분`
- 목요일 전송시각 `10시 14분`
- 금요일 전송시각 `10시 14분`
- 토요일 전송시각 `10시 14분`
- 일요일 전송시각 `10시 14분`

▶ **개별리콜 문자내용 (81Byte)**

❷ #환자명#님 치아정기검진일이 되었네요. 치아건강 체크 잊지마세요 -인파워치과의원-

자주쓰는 문자에서 불러오기

개별리콜 상태가 "리콜 전"인 경우만 문자자동전송 됩니다.
개별리콜 문자 자동전송 시 상황에 따라,
개별리콜 날짜보다 1~2일 늦게 문자가 발송될 수 있습니다.

- 치환문 #환자명#: 환자이름 / #치과명#: 치과이름
#치과전화#: 치과전화 / #리콜일#: 개별리콜날짜

자주쓰는 문자내용 설정   알림톡 템플릿 관리   확인   취소

ⓘ ① 개별 리콜 자동문자 전송 사용함을 체크하면 개별 리콜 등록 시
지정한 문자의 내용이 자동으로 전송됩니다.
개별 리콜 문자전송 후 동일 리콜 잡기에 체크를 해두시면 리콜 문자 전송 후
내원을 하지 않는 경우 동일 리콜이 자동으로 설정됩니다.

리콜 문자는 데스크가 한가한 시간 / 전화를 받기 편한시간에 전송하는 것을 추천합니다.

3. 자주 쓰는 문자내용 예시 : 진료 후 문자

진료 후 문자 보다는 리콜 전화를 추천합니다. 정보제공 동의자에게만 전송하기를 체크해주세요.

신환에게만 문자를 보내고 싶다면 '구환 문자전송 안함'을 체크해주세요.

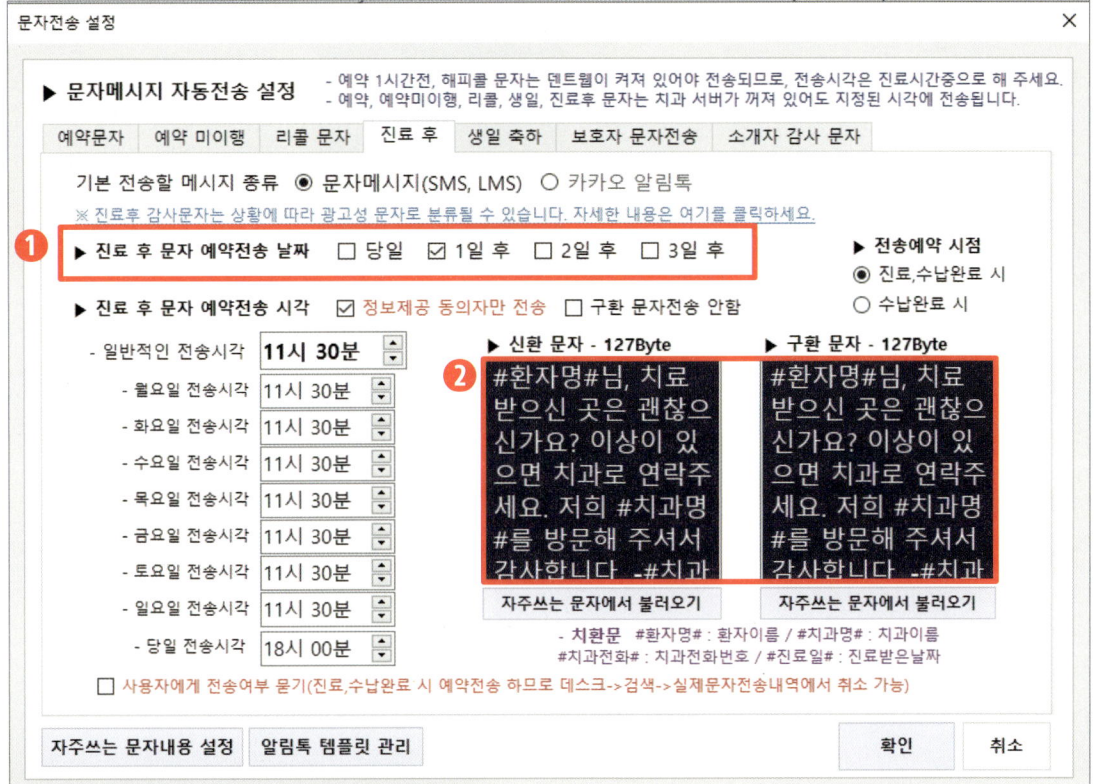

기본 셋팅은 '이상이 있으시면' 이라는 문구로 설정되어 있는데요 부정적인 언어 대신에 긍정적인 쿠션언어를 사용해보세요.

예) 궁금한 점이 있으시면~

= 환자의 궁금증을 해결해주려고 한다!

9. 자주 쓰는 문자내용 예시 : 생일 축하 문자

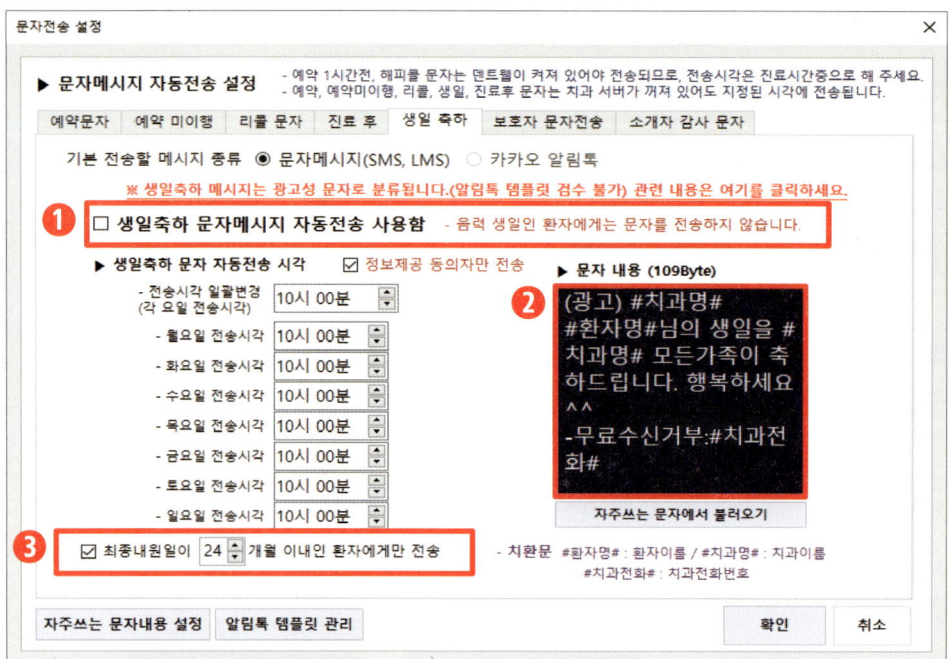

① 자동전송 사용함에 체크 되어있어야 전송됩니다.
② 생일 축하문자는 광고성 문자이므로 문자내용 앞에 (광고)라는 문구가
   들어가야 합니다.
③ 정보제공 동의자에게만 전송하도록 합니다.
④ 최종 내원일에 따라 문자 전송 여부를 설정할 수 있습니다.

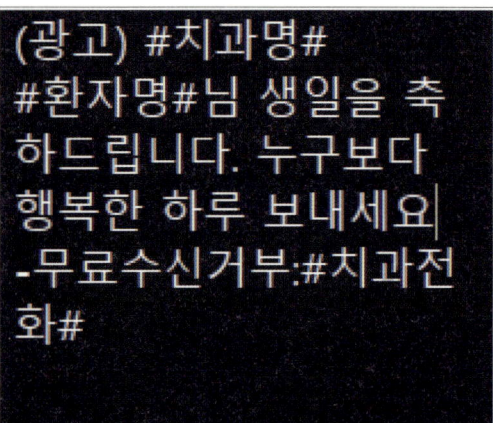

(광고) #치과명#
#환자명#님 생일을 축
하드립니다. 누구보다
행복한 하루 보내세요
-무료수신거부:#치과전
화#

덴트웹 기본 설정을 활용하셔도 되지만
우리 병원에 맞게 문자를 설정하셔도
됩니다. 문자요금이 전송되는 것이
불편하시다면 사용하지 않으셔도 됩니다.

9. 자주 쓰는 문자내용 예시 : 생일 축하 문자

광고성 문자?? 그게 뭐에요?

정보통신망법 제50조에 의거하여 영리목적의 광고성 문자 전송 시 아래 표기사항을 준수하여야 합니다. 이를 위반 시 징역 1년 이하 또는 3천만원 이하의 과태료에 처해질 수 있습니다.

① 광고성 정보가 시작되는 부분에 '(광고)'표기
② 변칙표기금지 : (광/고), (광_고), ("광고"), (XX광고) 등
③ 광고성 정보가 끝나는 부분에 '무료거부' 표기
   예시) 무료거부 080-000-0000
④ 수신자가 광고 발신지를 인지 가능하도록 표기

(광고)#환자명#님의 생일을 #치과명# 모든가족이 축하드립니다. 행복하세요^^ -#치과명#- -수신거부:#치과전화#-

* 광고성 문자 발송 은 원칙적으로
   광고성 정보수신에 동의한 분들에게만 전송이 가능합니다.

영리목적의 광고성 문자 어떤 게 있나요?
이벤트 안내문자, 할인행사 안내, 생일축하 문자, 신년인사, 안부문자, 방문인사 문자, 소개자 감사문자, 진료 예후평가와 관련 없는 정기검진 문자 등이 이에 해당됩니다.

또한 내원하지 않는 환자에게 진료시간 안내나, 휴진안내, 이전안내, 연1회 스케일링 기간안내 문자 등도 광고성 문자의 범주에 속하게 됩니다.

영리목적의 광고성 문자를 전송할 때에는 치과명칭, 치과 전화번호가 반드시 명시되어 있어야 합니다.

10. 자주 쓰는 문자내용 예시 : 보호자 문자전송

환자 인적사항 입력 시 보호자 휴대번호를 입력한 경우, 등록된 보호자의 휴대전화로 문자전송이 됩니다. 보호자 휴대전화 번호는 환자 정보 입력창에서 진행 할 수 있습니다. 문자전송 시점을 [진료, 수납완료 시]로 체크해 두시면 수납이 완료되는 시점에 문자가 자동 전송 됩니다.

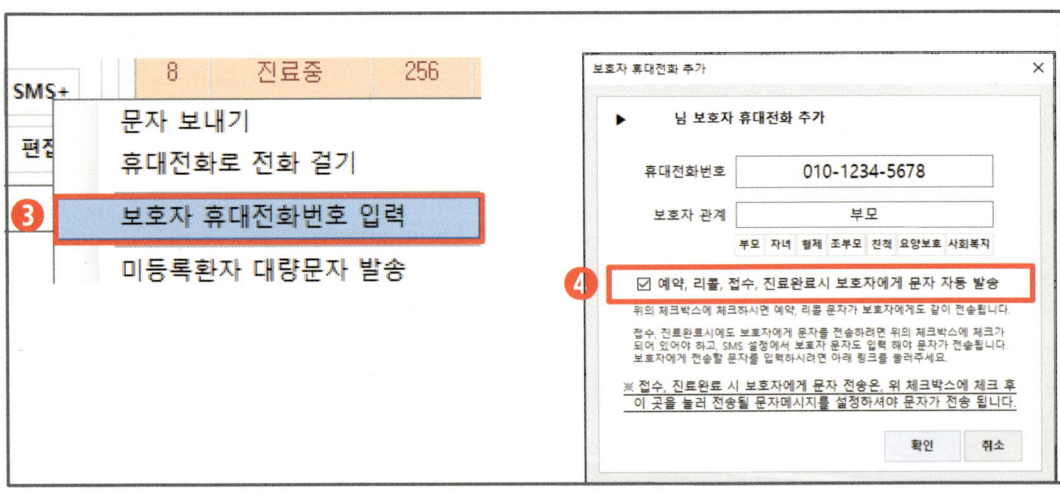

11. 자주 쓰는 문자내용 예시 : 소개자 감사 문자

환자 인적사항 입력 시 소개자를 입력한 경우, 등록된 소개자 휴대전화로 문자 전송이 됩니다.

단, 광고성 문자로 분류되기 때문에 정보제공 동의자에 한하여 문자전송이 됩니다.

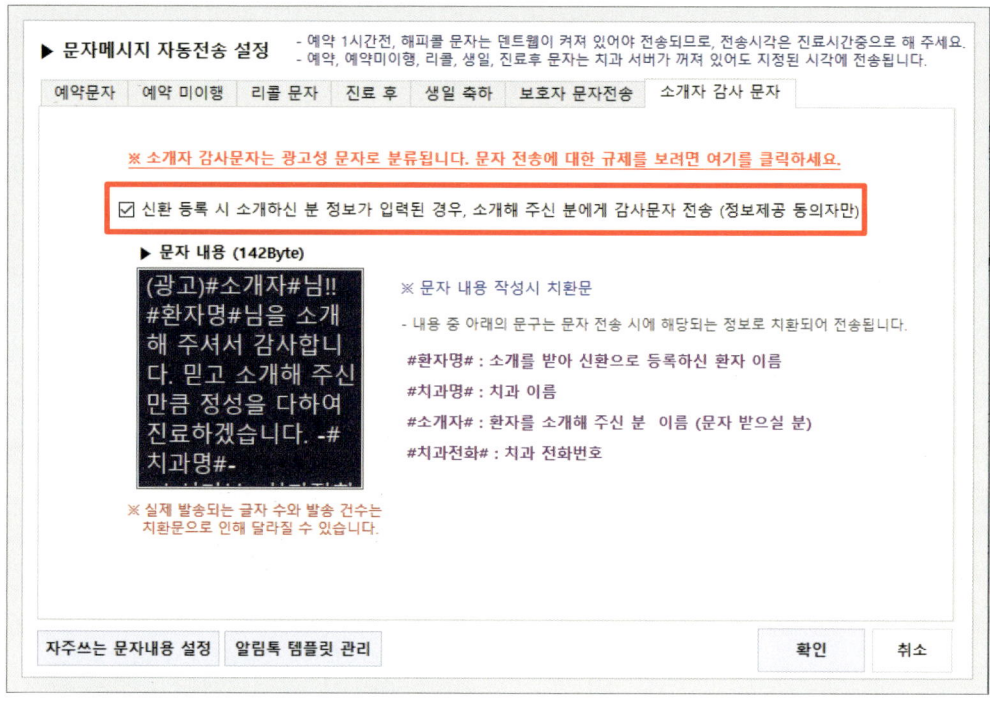

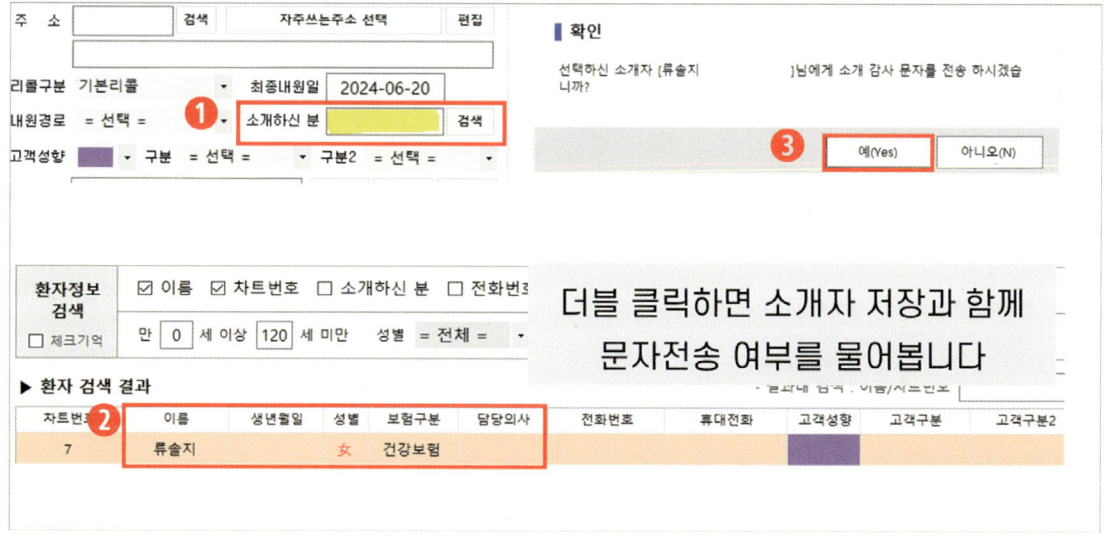

더블 클릭하면 소개자 저장과 함께
문자전송 여부를 물어봅니다

12. 진료 후 주의사항 설정

📢 진료 후 주의사항에 설정된 행위가 환자차트에 입력이 되면 셋팅한 문자가 자동으로 전송되는 기능입니다. 장문의 주의사항은 문자보다 카카오 알림톡 설정을 활용하시는 것을 추천합니다.

Point ★

우리 치과에서 사용하는 다양한 진료 후 주의사항을 커스터마이징 할 수 있습니다. 주의사항의 특성상 SMS가 아닌 mms 메시지로 전송이 되므로 이미지가 첨부된 주의사항을 같이 첨부해주시는 것도 좋은 방법이 되겠죠?

주의사항 문자나 알림톡을 사용하지 않을 시 오른쪽 상단에 진료 후 주의사항 문자, 알림톡 전송 사용 안함을 체크해주세요.

1. 카카오톡 채널 가입하기

☑ [환경설정] – [알림톡 관리]

알림톡 기능을 사용하기 위해서는 카카오톡 비즈니스에 가입을 하고 비즈니스 채널을 사전에
개설해야 이용할 수 있습니다.

TALK 등록된 알림톡 발신 프로필이 없습니다.   닫기

알림톡은 카카오에 미리 등록한 메시지를 카카오톡으로 단방향 전송하는 서비스로 아래 과정을 거쳐 발송이 가능합니다.
전송한 알림톡에 대해 회신한 내용은 덴트웹에서는 확인할 수 없고, 카카오톡 채널 관리자센터 채팅목록에서만 확인 가능합니다.
단, 카카오톡 채널 관리자센터에서는 알림톡으로 전송한 내용은 표시되지 않으며, 알림톡 전송 실패시 SMS 또는 LMS로 전송됩니다.

1. 카카오톡 채널(https://center-pf.kakao.com/) 회원가입 및 채널개설   회원가입,개설 FAQ

부가 정보 설정   채널 홈

카테고리1*   병원 ▼   치과 ▼   공개 설정 ⓘ   홈 공개   ON

채널 개설시 카테고리는 반드시 "병원 → 치과"로!!!   검색 허용   ON   국가설정

채널 개설후, 공개설정에서 "홈 공개"는 ON 으로!!!

2. 카카오톡 채널 개설 후 비즈니스 인증   비즈니스 인증 FAQ

- 카카오톡 채널(https://center-pf.kakao.com/)에서 "비즈니스 인증" 신청 후 인증 완료까지 3~5일정도 소요 됩니다.

3. 덴트웹 알림톡 연동을 위한 발신프로필키 발급

- 아래에 등록하신 카카오톡 채널의 검색용 아이디(ex:@덴트웹)와 채널 개설자의 휴대전화번호 입력 후 인증번호를 요청하세요.

치과 ▼   채널 검색용 아이디   휴대전화   인증번호 요청

4. 알림톡 템플릿 등록 후, 템플릿 검수요청   템플릿 등록, 검수 안내

- 알림톡을 발송하기 위해서는 발송할 메시지 등록(템플릿 등록) → 검수요청 후, 카카오에서 승인한 메시지만 발송할 수 있습니다.
- 홍보문자, 감사문자, 이벤트알림, 치료 후 안부문자(리콜), 친구추가유도, 가입유도 등은 카카오 정책에 의해 템플릿 등록이 거부됩니다.

알림톡은 광고성 문자를 검수요청시 반려되는 경우가 많습니다.

심사가 까다롭고 신청 후 1-2일의 검수요청 완료 후 사용 할 수 있습니다.

알림톡을 등록하고 사용가능으로 전환되면 SMS전송설정에서 문자대신 카카오 알림톡으로 전송이

가능합니다. 카카오톡 채널을 개설하고 알림톡 사용을 해 보세요~!

2. 카카오톡 채널 개설 후 비즈니스 인증

☑ [환경설정] - [알림톡 관리] - [덴트웹 고객센터 연결] –
[채널 검색용 아이디 및 휴대전화 번호 입력 후 발신프로필키 발급] –
[알림톡 관리] – [새 템플릿 등록(템플릿 검수)] – [SMS 전송설정] –
[카카오 알림톡 체크박스 체크] – [알림톡 템플릿 선택하기] – [확인]

1. 카카오톡 채널(https://center-pf.kakao.com/) 회원가입 및 채널개설 ① 회원가입,개설 FAQ

부가 정보 설정 ②
카테고리1 *   병원   치과

채널 개설시 카테고리는 반드시 "병원 → 치과"로!!!

채널 홈
공개 설정 ?   홈 공개   ON
          검색 허용   ON   국가설정

채널 개설후, 공개설정에서 "홈 공개"는 ON 으로!!!

2. 카카오톡 채널 개설 후 비즈니스 인증   비즈니스 인증 FAQ ③
- 카카오톡 채널(https://center-pf.kakao.com/)에서 "비즈니스 인증" 신청 후 인증 완료까지 3~5일정도 소요 됩니다.

3. 덴트웹 알림톡 연동을 위한 발신프로필키 발급 ④
- 아래에 등록하신 카카오톡 채널의 검색용 아이디(ex:@덴트웹)와 채널 개설자의 휴대전화번호 입력 후 인증번호를 요청하세요.

치과   채널 검색용 아이디 [   ]   휴대전화 [   ]   인증번호 요청

4. 알림톡 템플릿 등록 후, 템플릿 검수요청 ⑤   템플릿 등록, 검수 안내
- 알림톡을 발송하기 위해서는 발송할 메시지 등록(템플릿 등록) → 검수요청 후, 카카오에서 승인한 메시지만 발송할 수 있습니다.
- 홍보문자, 감사문자, 이벤트알림, 치료 후 안부문자(리콜), 친구추가유도, 가입유도 등은 카카오 정책에 의해 템플릿 등록이 거부됩니다.

3. 덴트웹 알림톡 연동을 위한 발신프로필키 발급 → 등록완료!! ⑥
- 아래에 등록하신 카카오톡 채널의 검색용 아이디(ex:@덴트웹)와 채널 개설자의 휴대전화번호 입력 후 인증번호를 요청하세요.

치과   등록된 발신프로필키 [48964bf189e91cd7f8c1280bb07ba56abd887b57]

4. 알림톡 템플릿 등록 후, 템플릿 검수요청   템플릿 등록, 검수 안내
- 알림톡을 발송하기 위해서는 발송할 메시지 등록(템플릿 등록) → 검수요청 후, 카카오에서 승인한 메시지만 발송할 수 있습니다.
- 홍보문자, 감사문자, 이벤트알림, 치료 후 안부문자(리콜), 친구추가유도, 가입유도 등은 카카오 정책에 의해 템플릿 등록이 거부됩니다.

📢 비즈니스 채널에 마스터(개설자) 외에 관리자(매니저)를 초대할 수 있고, 발신프로필키 발급 시에는 마스터 전화번호로만 인증 가능합니다.

3. 카카오톡 알림톡 설정하기

☑ [환경설정] - [알림톡 관리] - [새 템플릿 등록] - [저장]

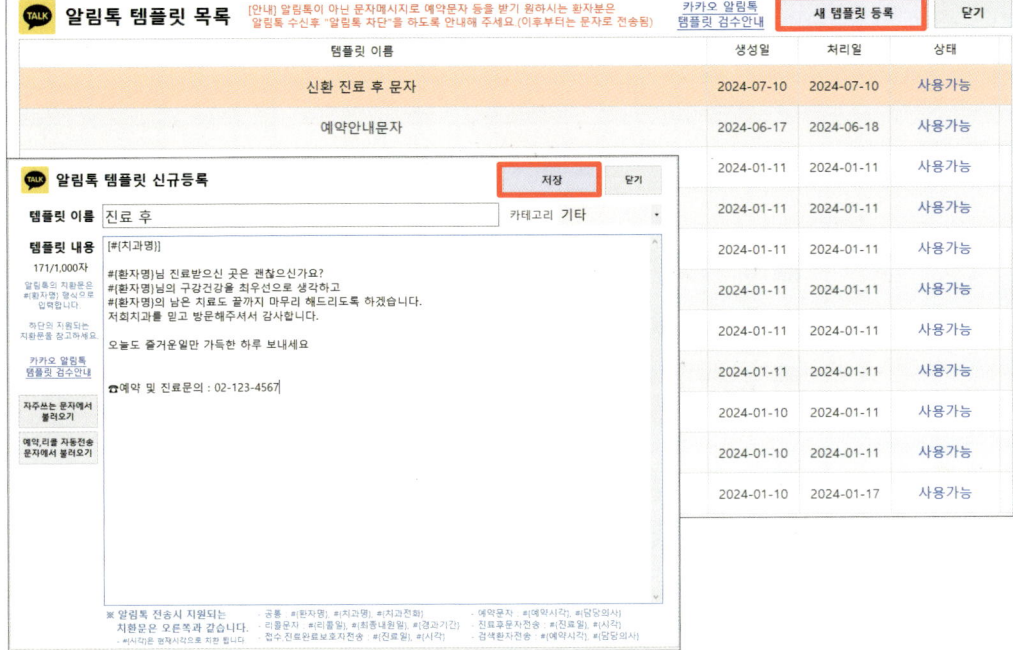

Point ⭐

자주 쓰는 문자 내용을 불러와서 등록 할 수 있습니다.

1000자까지 입력할 수 있기 때문에 SMS보다는 형식이 자유롭습니다. 저장버튼을 누르면 검수요청을 바로 진행 할 수도 있고, 저장 후에 검수요청을 하실 수도 있습니다.

병원 약도 링크도 추가하실 수 있어요.

4. 문자/알림톡 템플릿 예시

환자와 상황에 맞는 문자/알림톡 템플릿을 설정하여 사용하면 필요한 때에 빠르고 간편하게 해당 내용을 전송할 수 있습니다.

예약안내	[#{치과명} 진료예약 안내] ■ 예약자 성명 : #{환자명} ■ 예약 일시 : #{예약시각} ■ 진료의 : #{담당의사} ■ 초진이시거나, 내원 하신지 6개월이 넘은 분들은 ★신분증★ 꼭 지참하셔서 내원하시기 바랍니다. ☎예약 및 진료 문의 : #{치과전화} 예약일에 오지 못하실 경우 전화 혹은 네이버 예약 변경 부탁드립니다. 네이버 예약 변경 : 네이버 예약 링크 오늘도 행복한 하루 보내세요. 감사합니다^^.
예약부도환자 예약안내	안녕하세요. #{치과명}입니다^^ #{환자명}님 내원 예약을 깜빡 잊으셨나 봐요~ 치아건강을 위해 내원 일정을 다시한번 체크 해 주세요! 예약은 전화 또는 모바일예약이 가능합니다. ☎전화 :#{치과전화} ■네이버 예약 : 네이버 예약 링크

예약 시간 늦을 때	안녕하세요~ #{치과명}입니다~ #{환자명}님 오늘 예약해 주셨는데 좀 늦으시는 것 같아 전화 드렸습니다^^ 변경을 원하실 경우 전화예약 또는 모바일예약 신청이 가능합니다. ☎전화 :#{치과전화} ■네이버 예약 : 네이버 예약 링크
수술약속 확인전화 부재 시 안내문자	안녕하세요~ #{치과명}입니다~ #{환자명}님 #{예약시각} 예약해 주셨는데 내원 확인 차 전화 드렸습니다^^ 변경을 원하실 경우 미리 연락 부탁드립니다. 전화예약 또는 모바일예약 신청이 가능합니다^^ ☎전화 :#{치과전화} ■네이버 예약 : 네이버 예약 링크

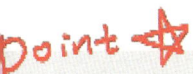

알림톡으로 사용을 원할 경우 검수기간이 필요하므로 승인되어 사용하기 까지 시간이 소요됩니다.
알림톡은 상황에 따라 수정이 불가하니 포괄적인 내용 위주로 설정하시기를 추천합니다.

접수

1. 접수

☑ 데스크] - [환자정보]

📢 신환이 내원했을 때 접수하는 방법입니다.

일반적인 신환등록 방법과 가족 주민번호로 수진자조회 신환 등록 방법을 알려드리도록 하겠습니다.

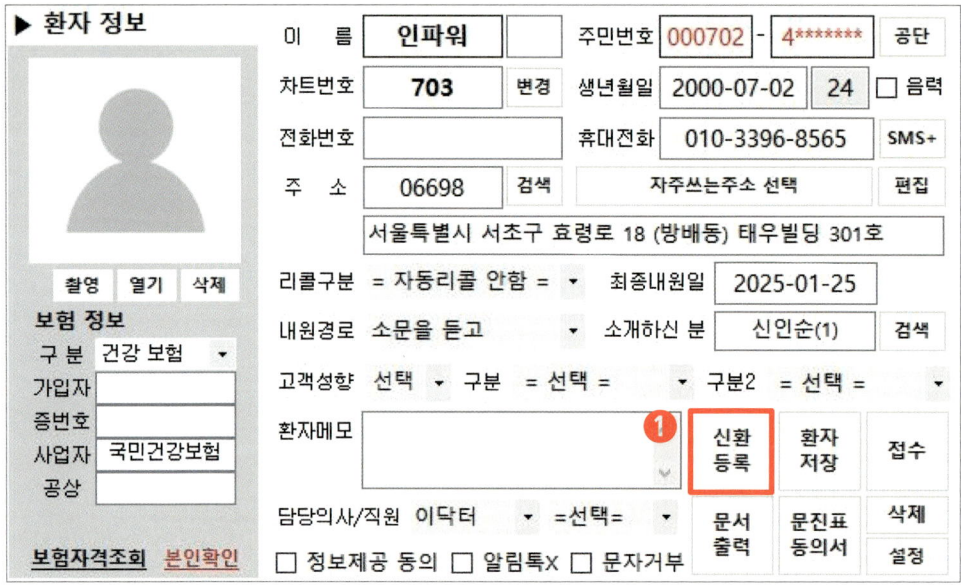

❷ **일반 신환등록 (주민번호 or 일반)**

건강보험증번호로 수진자조회 신환등록

가족 주민번호로 수진자조회 신환등록

주민등록번호 없는 신생아 신환등록

ℹ️ 일반적으로 신환 등록 시 일반 신환등록 (주민번호 또는 일반) 버튼을 클릭하여 등록 후 접수합니다.

2. 가족 주민번호로 수진자조회 신환 등록 방법

일반 신환등록 (주민번호 or 일반)
건강보험증번호로 수진자조회 신환등록
❶ 가족 주민번호로 수진자조회 신환등록
주민등록번호 없는 신생아 신환등록

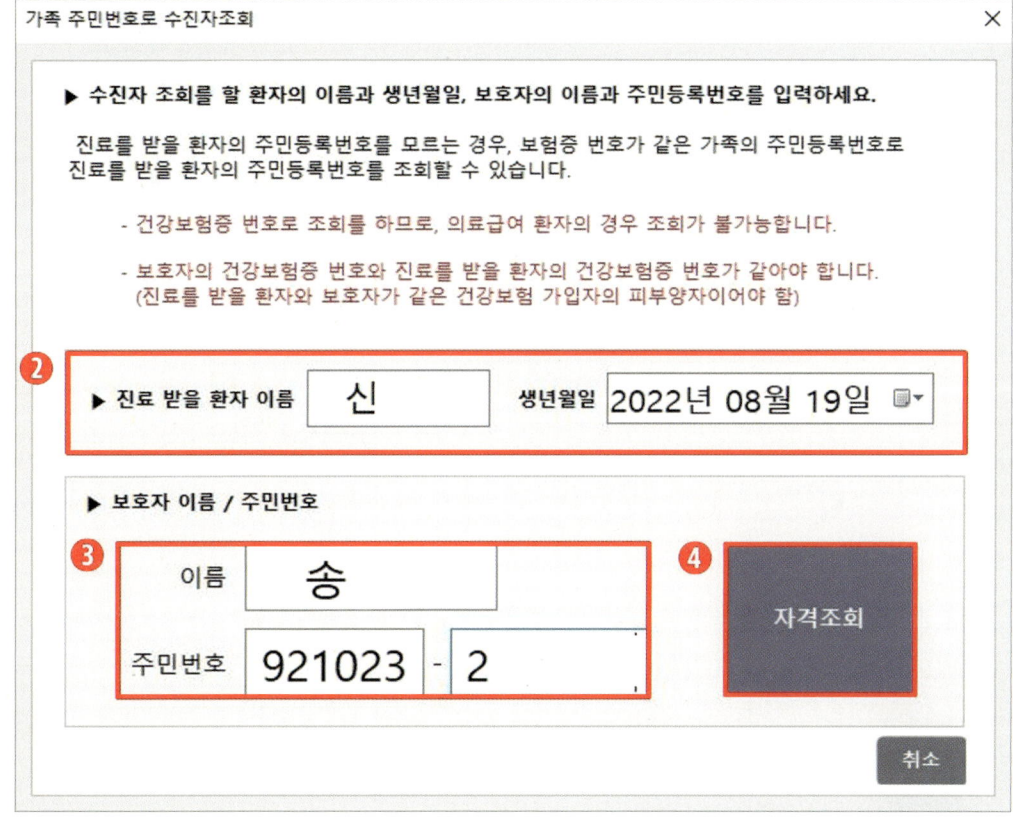

가족 주민번호로 수진자조회   ✕

▶ 수진자 조회를 할 환자의 이름과 생년월일, 보호자의 이름과 주민등록번호를 입력하세요.

진료를 받을 환자의 주민등록번호를 모르는 경우, 보험증 번호가 같은 가족의 주민등록번호로 진료를 받을 환자의 주민등록번호를 조회할 수 있습니다.

- 건강보험증 번호로 조회를 하므로, 의료급여 환자의 경우 조회가 불가능합니다.

- 보호자의 건강보험증 번호와 진료를 받을 환자의 건강보험증 번호가 같아야 합니다.
(진료를 받을 환자와 보호자가 같은 건강보험 가입자의 피부양자이어야 함)

❷ ▶ 진료 받을 환자 이름 [신]   생년월일 [2022년 08월 19일]

▶ 보호자 이름 / 주민번호

❸ 이름 [송]
주민번호 [921023] - [2]

❹ [자격조회]

[취소]

Point ☆

진료를 받을 환자의 주민등록번호를 모르는 경우 이 기능을 활용해 보세요.
건강보험증번호가 같은 가족의 주민등록번호로 주민등록번호를 조회할 수 있습니다.

3. 신분증 확인 등록

:님 본인확인 방법 선택

건강보험 자격이 없는 사람이 타인 명의로 보험급여를 받는 것을 방지하기 위하여
2024년 5월 20일부터 요양기관에서 6개월마다 환자 본인확인이 의무화 되었습니다.

행정기관이나 공공기관이 발행한 증명서로 사진이 붙어 있고, 주민등록번호 또는 외국인등록번호가
포함되어 본인임을 확인 가능한 증명서 또는 서류로 본인 여부를 확인해야 합니다.

어떤 방법으로 환자분 본인확인을 하였는지 선택해 주세요.

❶ ◉ 환자분 신분증 직접 확인함 - 주민등록증, 운전면허증, 여권, 장애인등록증, 보훈등록증, 영주증, 외국인 등록증, 모바일 신분증, 모바일 건강보험증 등

○ **모바일 건강보험증 QR 스캔** - QR 스캐너로 건강보험공단 모바일 보험증 QR 스캔

본인확인 예외 ○ 진료의뢰 및 회송환자 ○ 응급의료에 관한 법률에 따른 응급환자
○ 심한 장애인   ○ 임산부   ○ 노인장기요양등급 - 1등급~인지지원등급

비급여 진료 ○ 신분증 미지참 ○ 건강보험 무자격자 ○ 당일 비급여 진료만 시행

- 실제 환자 신분증을 확인 했는지 확실한 근거(로그)를 남기기 위해 QR 스캐너 사용을 추천합니다.
- 수진자 조회시 본인확인 여부를 공단에 전송하도록 되어 있습니다. 접수전에 환자 본인확인을 꼭 해 주세요.
- 본인확인 제도에 대해 환자에게 설명하는 과정에서 어려움이 있다면, 건강보험 공단 전화 1577-1000을 통해
  도움을 받으시기 바랍니다.

☐ 이 컴퓨터에 QR 스캐너가 연결되어 있는 경우 체크하세요.
모바일 건강보험증 QR 스캔에 체크한 경우, 스캔 대기합니다.   **❷ 확인**   취소

본인확인 히스토리   ✕

▶ 송현주(10019)님의 본인확인 히스토리   본인확인 기록 신규 입력

확인시각	확인방법	확인자	IP주소	컴퓨터명
2024-08-17 10:27:36	신분증 직접 확인	송현주	192.168.0.43	접수1

본인확인창 표시 설정   닫기

ⓘ 2024년 5월 20일부터 요양기관에서 6개월 마다 환자 본인확인이 의무화되어
접수 시 신분증을 확인합니다.

4. 가족 추가 방법

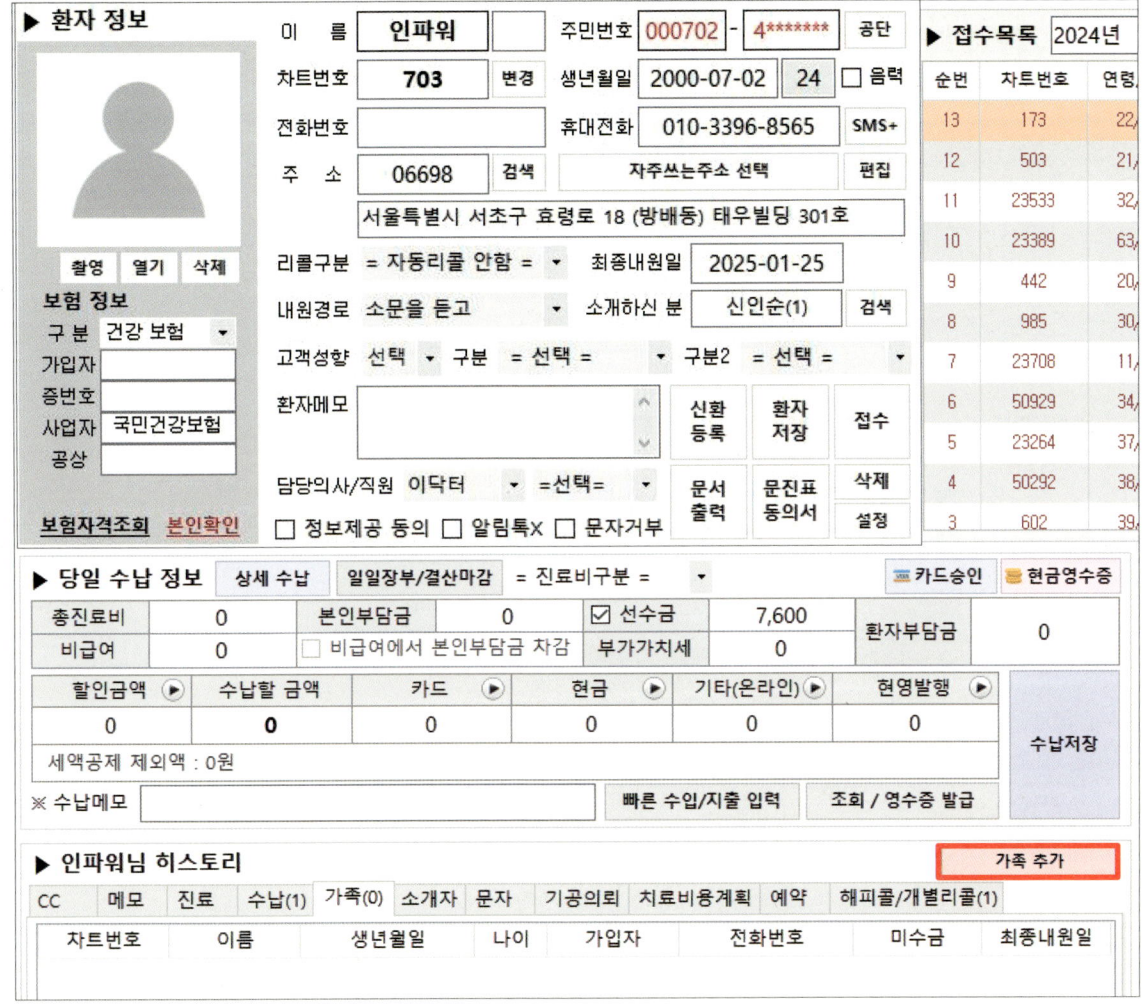

가족 추가 기능에서 해당 환자의 가족을 추가 하여 고객관리를 할 수 있습니다.

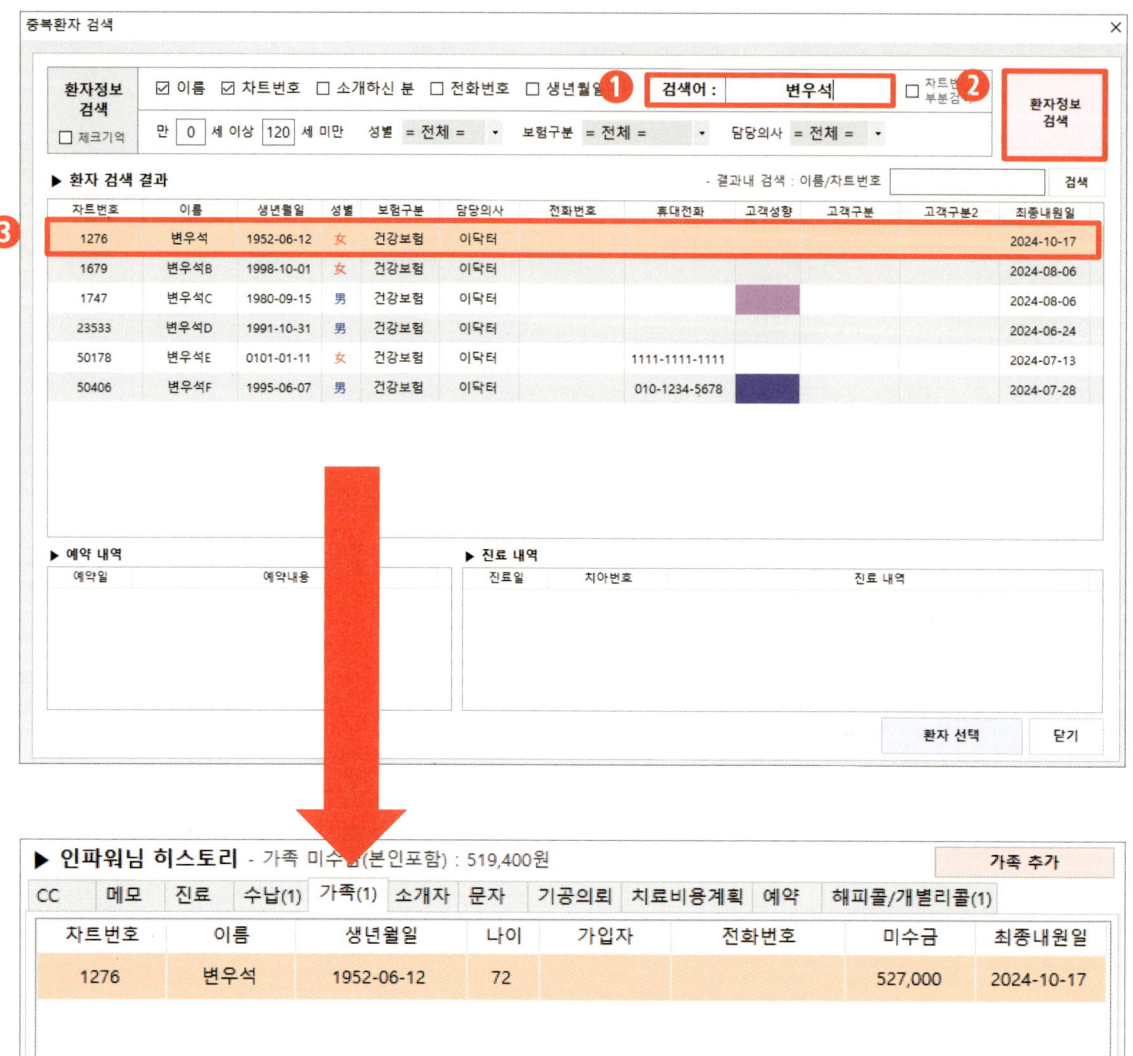

① 추가 할 가족 이름을 검색어에 입력합니다.
② 환자정보 검색 클릭합니다.
③ 동명이인이 있을 시 반드시 생년월일을 확인하여 클릭합니다.

5. 보호자 휴대전화번호 추가 등록

☑ [데스크] - [환자정보]

환자 정보를 입력하는 인적사항에서 'SMS+'를 클릭하면 보호자 휴대전화 추가 기능이 있습니다. 예약, 리콜, 접수, 진료완료시 보호자에게 문자가 자동으로 발송되기 때문에 이 기능을 활용하면 고객관리에 도움이 될 수 있습니다.

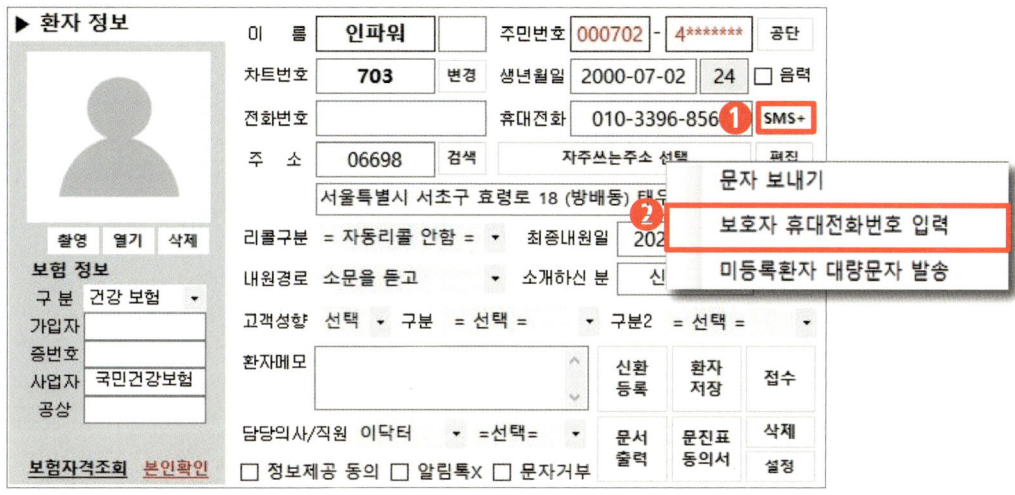

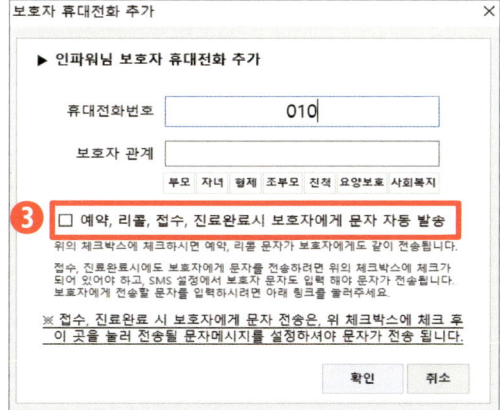

① 인적사항 화면 휴대전화번호 옆 SMS+버튼을 클릭합니다.

② 보호자 휴대전화번호 입력을 클릭합니다.

③ 예약, 리콜 접수 진료완료시 보호자에게 문자 자동 발송을 클릭합니다.

6. 소개자 등록

☑ [데스크] - [소개하신 분 입력 창]

소개자 등록 시 이렇게 합니다.

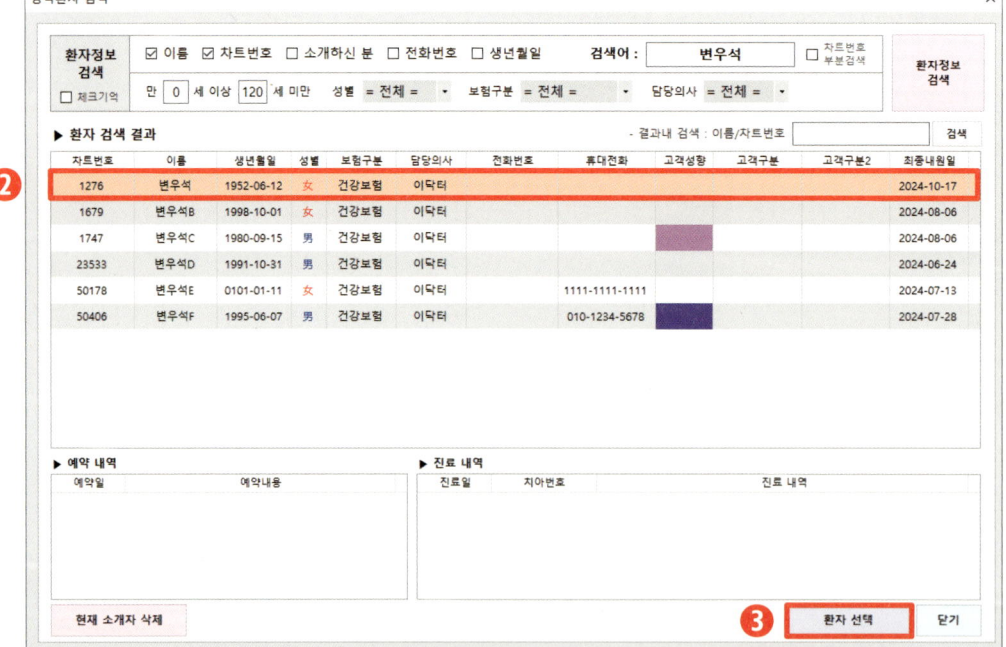

① 데스크 화면을 클릭한 후, 소개자분 성함을 입력하고 검색을 클릭해 주세요.
② 소개자분 인적 사항을 확인한 후, 해당 소개자의 이름을 선택하세요.
③ 환자 선택을 클릭해 주세요.

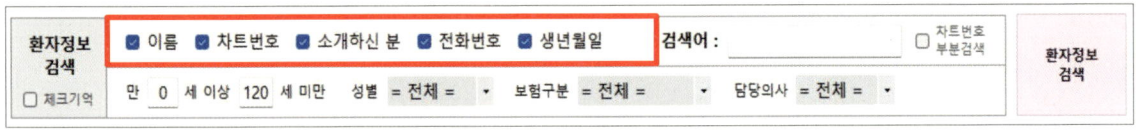

환자 정보 검색에서 체크박스를 모두 선택한 후, 정보를 입력하거나 검색하면 소개자분 성함을
모르는 경우에도 전화번호, 생년월일 등의 정보를 통해 소개자를 찾을 수 있습니다.

Point ⭐

소개자분을 입력해 주시면, 추후 경영 통계에서 우리 병원으로 환자분을 가장 많이 소개해 주신
분을 확인할 수 있으며, SMS를 통해 감사의 인사도 드릴 수 있습니다.
소개자분을 잊지 말고 꼭 등록해 보세요.

7. 자주쓰는 주소 입력

☑ [데스크] - [환자정보] - [자주쓰는주소]

📢 자주 내원 하는 지역의 주소를 자주 쓰는 주소로 등록하여 사용하면 업무 능률을 높이고 치과 지역 마케팅에도 활용할 수 있습니다.

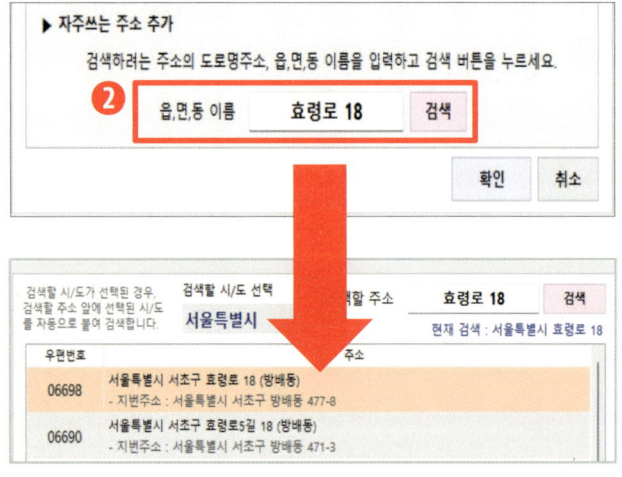

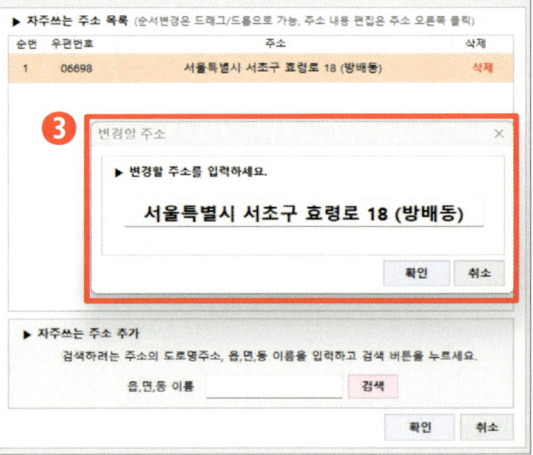

ⓘ ① 데스크에서 환자정보를 입력 시 자주 쓰는 주소로 입력할 수 있고,
자주 쓰는 주소에 환자의 주소가 없는 경우 편집을 통해 자주 쓰는 주소를
새로 입력할 수 있습니다.

3. 예약환자 접수

☑ [예약] - [신규 고객 등록]

예약환자 접수 시 이렇게 합니다.

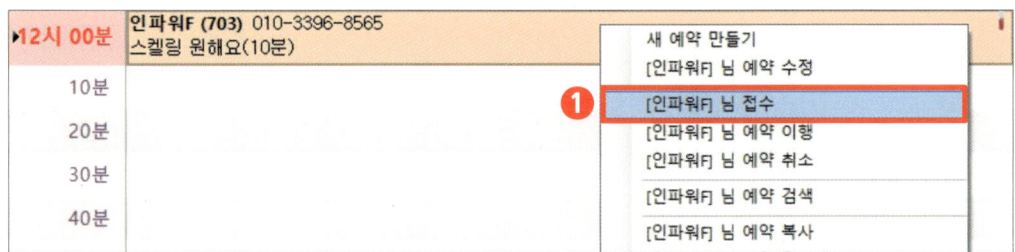

① 예약 화면을 클릭, 예약 환자분의 성함과 예약 시간을 확인한 후,
마우스 우클릭을 하고 접수를 클릭해 주세요.

② 환자분의 주된 증상을 다시 한 번 확인해주세요.
③ 내원하신 지 6개월이 지나신 분이라면 전신 병력을 다시 한 번 체크해 주세요.
④ 접수를 클릭해 주세요.

9. 태블릿으로 접수하는 방법 - 신환

☑️ [신규 고객 등록] - [성함 입력 창] - [주민등록번호 입력 창]

태블릿으로 신환을 접수할 경우, 이렇게 합니다.

▶ 신규 고객님의 기본 정보를 확인합니다.　　　취소

고객님의 성함과 주민등록번호 앞 6자리 숫자를 입력하시고
정보확인을 눌러주세요.

고객님 성함　　　**인파워**　❶

주민등록번호 앞
6자리 숫자　　　**180702**　　신규고객
　　　　　　　　　　　　　　　정보확인

① 신규 고객 등록 클릭 후 신규 환자는 창 상단에 성함과 주민번호 앞 6자리를
입력하면, 신환 등록 및 접수 과정이 진행됩니다.
(만약 환자 명부에 일치하는 정보가 있다면, 구환 접수로 진행됩니다.)

▶ 새로운 환자 등록을 위해 아래 내용을 작성해 주시면 감사하겠습니다.

아래 정보를 입력하신 후 오른쪽의 "접수" 버튼을 눌러주세요.　　　❸

❷　성 명　　**인파워**　　주민번호　180702

휴대전화　　　　　　　전화번호
　　　　　　　　　　　(선택)　　　　　　　　접수

주소
(선택)　　　검색　　= 자주쓰는 주소 선택 =

- 주소를 선택하세요 -

상세주소
(선택)　　　　　　　　　　먼저 주소검색 후
　　　　　　　　　　　　상세주소를 입력하세요.

내원경로　= 선택하세요 =　　소개자
(선택)　　　　　　　　　(선택)

개인정보보호법 제△조 및 의료법 시행규칙 제14조에 의해 선택목서로 수집하는 환자상의 주소, 성명, 면식지, 주민등록번호, 병력, 증상 등은 정보제공의 없이 수집 가능합니다.

< 개인정보 처리 방침 보기 >　　　　　　　취소

② 신규 환자 등록을 위해 인적 사항 입력 후, ③ 접수를 눌러 주세요.

▶ 인파워님, 어디가 불편하여 저희 치과에 오셨나요?

- 직접 작성

불편하신 부분이 아래 목록에 있으면 터치하여 입력하시고, 목록에 없으면 위의 "직접작성"란에 직접 적으신후, 확인을 눌러주세요.

▫ 괜찮았어요   ▫ 공단구강검진   ▫ 학생치과주치의사업   ▫ 잇몸이 아파요   ▫ 이가 아파요

▫ pano(o)   ▫ 잇몸에서 피가나요   ▫ 전체적인 검진해주세요   ▫ 충치가 있는것 같아요

▫ 스켈링   ▫ 발치원함   ▫ 턱이 아파요   ▫ 교정상담   ▫ 임신중   ▫ 구강 검진

▫ 가만히있어도 아파요

④ **확인**   **취소**

▶ 인파워님의 전신병력 체크

특이한 전신병력 없음

평소에 드시는 약이나 질병 등 전신상태, 알러지 등이 있으면 체크해 주세요. 특이한 전신병력이 없으면 위의 "특이한 전신병력 없음"을 누르세요.

▫ 고혈압	▫ 감염성심내막염 위험환자	▫ 위장 장애
▫ 리도케인 알러지	▫ 페니실린 알러지	▫ 수유중
▫ 임신중, 임신가능성	▫ 골다공증약 장기 복용	▫ 신장 투석
▫ 간염	▫ 출혈성질환	▫ 배려사항
▫ 당뇨	▫ 만성 심장판막 질환	▫ 협심증, 심근, 뇌경색
▫ 갑상선 기능 항진증	▫ 만성 간경화	▫ 만성 신부전
▫ 수술기록	▫ 흡연	▫ 보험

나는 나의 전신건강 상태에 대하여 내가 알고있는 모든 것을 사실과 다름없이 기재하였으며, 내가 아직 알지 못하는 알러지 등 나의 전신상태에 의해 치과치료 시 과민반응 등 부작용이 발생할 수도 있음을 이해 하였습니다.

2024년 8월 30일

덴트웹치과의원 귀하

인 ㅍ 워

⑤ **확인**

개인정보 수집 및 활용 동의서(선택)   □ 개인정보 수집, 활용에 동의함
- 수집하는 기본 개인정보 항목 : 성명(한자명) / 연락처(010-8888-8888)
- 개인정보의 수집 및 이용목적 : 성명, 주소, 연락처 : 병원 진료시간, 의학정보, 이벤트 안내 등 광고성 정보 전송
- 개인정보의 수집 및 이용기간 : 멘트원치과의원은 수집된 고객의 개인정보를 보관하는 법정 기간 동안에 보유하며 그 이후는 DB에서 삭제하고 있습니다. 정보제공자가 개인정보 삭제를 요청할 경우 즉시 삭제합니다. 단, 타법령의 규정에 의해 보유하도록 한 기간 동안은 보관할 수 있습니다.
- 동의 거부 따른 제한사항 : 귀하의 개인정보 제공 동의를 거부할 권리가 있으며, 동의 거부에 따른 불이익은 전혀 없습니다.

영상정보(CCTV) 수집 동의서(필수)   □ 영상정보 수집에 동의함
- 영상정보의 수집 및 이용목적 : 시설안전, 방범, 화재예방 및 분쟁소지 자료확보
- 영상정보 녹화범위 및 보유기간 : 멘트원치과의원 내부 / 영상정보 보유기간 : 7일

※ 개인정보 제공자가 동의한 내용외에 다른 목적으로 활용하지 않으며, 제공된 개인정보의
이용을 거부하고자 할 때에는 개인정보 관리책임자를 통해 열람, 정정, 삭제를 요구할 수 있음   **전체 동의**

※ 만 14세 미만 아동인 경우 반드시 법적대리인의 동의가 필요합니다.

법정대리인 성명 [   ]   연락처 [   ]   법정대리인 관계 **부모**

(서명)

2024년 08월 30일

덴트웹치과의원 귀하

⑥   저장

---

④ 환자분의 주된 증상을 메모합니다.

⑤ 전신 병력을 체크합니다.

⑥ 개인정보 수집 및 활용 동의서에 서명한 뒤 저장을 클릭하면 접수가 완료됩니다

---

point ☆

태블릿을 이용하여 우리 병원에 처음 내원한 환자분께는 앉아 계신 자리로 다가가
접수를 도와드려 보세요. 환자를 배려하는 따뜻한 병원으로서 환자분께 기분 좋은 첫인상과
신뢰감을 줄 수 있습니다.

전신 질환에 특이사항이 없는 경우, '없음'에 체크해 주세요. 전신 질환이 없음을 체크하면 치료 계획을 세우는 데 명확한 근거가 되며 향후 의료 분쟁 발생 시 중요한 증거로 활용될 수 있습니다.

▶ 인파워z님의 전신병력 체크 　　　　　　　　特이사항 없음(N.S) 입력　　3

☐ 고혈압	☐ 심혈관 질환	☐ 당뇨
☐ 임신, 임신가능성	☐ 간염	☐ 페니실린 알러지
☐ 감염성심내막염 위험환자	☐ 위장 장애	☐ 리도케인 알러지
☐ 수유중	☐ 골다공증약 장기 복용	☐ 아스피린 복용중
☐ 신장 투석	☐ 출혈성질환	☐ 만성 심장판막 질환
☐ 협심증, 심근, 뇌경색	☐ 갑상선 기능 항진증	☐ 만성 간경화
☐ 만성 신부전	☐ 수유중,타이레놀만 처방가능	

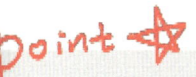
Point ☆

예약된 환자분을 접수할 때, 동명이인이 있을 수 있으므로 C.C와 전신 질환을 확인하기 전, 접수 창 최상단에 나와 있는 생년월일을 확인한 후 접수해 주세요.

10. 태블릿으로 접수하는 방법 - 구환

☑ [기존고객 접수]

📢 태블릿으로 구환을 접수할 경우, 이렇게 합니다.

▶ **입력하신 정보와 일치하는 고객님의 정보가 있습니다.**

아래의 정보 중에서 고객님의 정보가 있다면, 선택하시고 "다음" 버튼을 눌러주세요.

성명	생년월일	전화번호
인파워	1918년 07월 02일	010-222-2222

❶

❷ 다음   취소

ℹ️ 본원에 다니고 있는 구환 고객이라면 '기존 고객 접수'를 클릭한 후, 입력한 정보와 일치하는지 확인하고 다음 버튼을 클릭하여 접수를 진행합니다.

point ⭐

태블릿을 이용한 구환 접수 방법은 비교적 간단하기 때문에, 우리 병원에 익숙한 구환 환자분들께 셀프 접수 시스템을 도입하면 대기 시간을 단축시켜 만족도를 높이고, 업무 효율성을 증가시킬 수 있습니다.

진료/예약 내용 표시 내용

접수를 하고나서 환자가 화장실을 가거나, 통화 중일 경우 또는 바로 진료실로 들어가기 어려울 경우 진료/예약내용 표시 변경기능을 활용합니다.

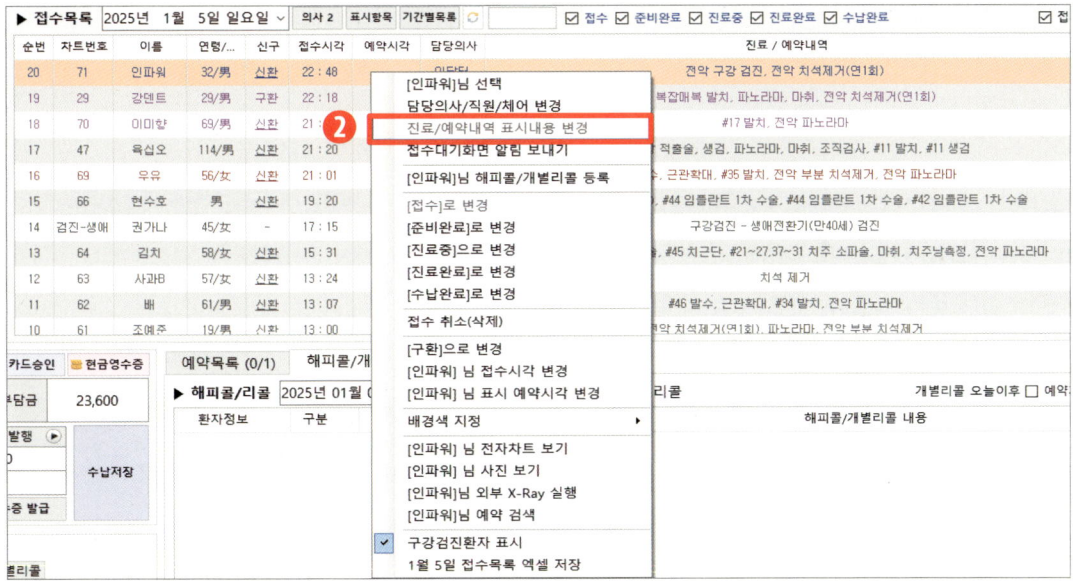

접수를 한 후 접수목록에서 진료/예약내용 표시 변경을 할 환자를 우클릭 합니다.

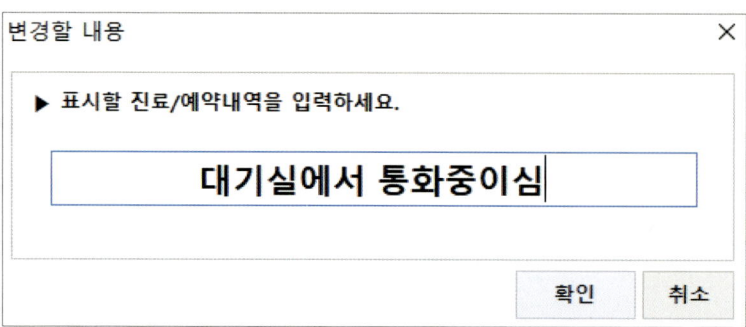

Point

접수를 하고나서 진료실에서 진료할 환자를 호명했을 때 자리에 없는 경우가 종종 있습니다.

이때, 이 기능을 활용해 보세요!

진료실과 데스크의 소통에 많은 도움이 될 수 있습니다.

. 구강검진 등록

☑ [데스크] - [인적사항] - [접수] - [신규 고객 등록]

📢 구강 검진 등록 시 이렇게 합니다.

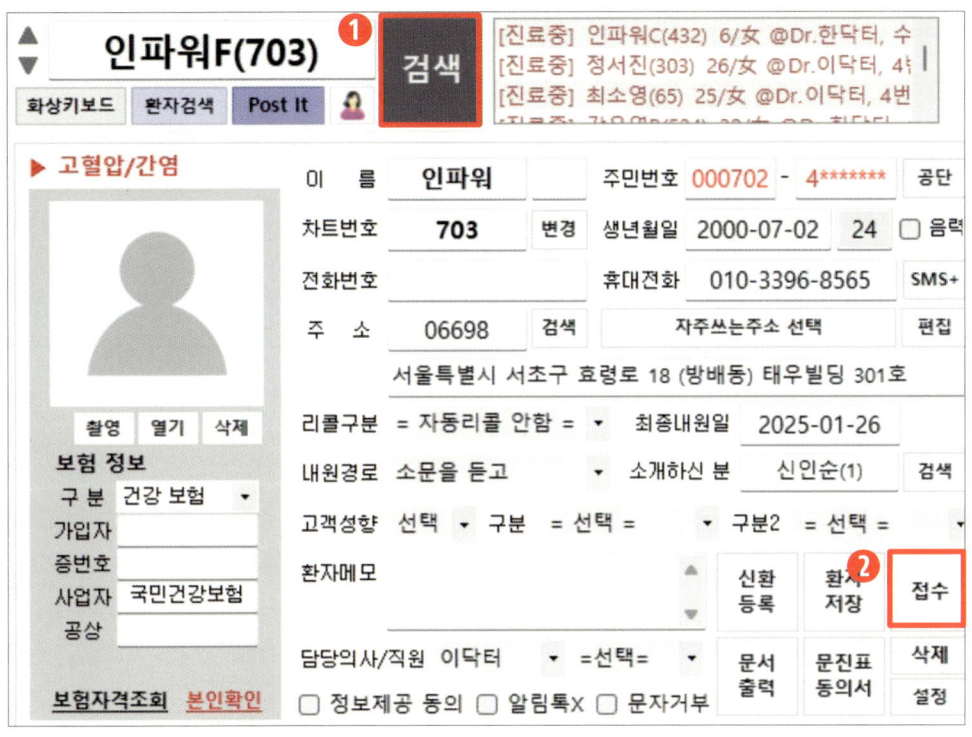

① 데스크 화면을 클릭한 후, 좌측 상단에 환자분 정보를 입력해 주세요.

② 접수를 클릭해 주세요.

③ 구강검진을 화면을 클릭해 주세요.

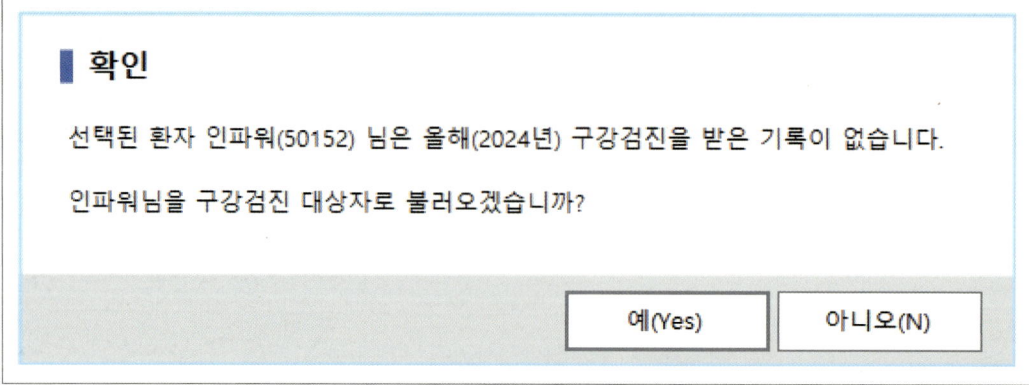

▌확인

선택된 환자 인파워(50152) 님은 올해(2024년) 구강검진을 받은 기록이 없습니다.

인파워님을 구강검진 대상자로 불러오겠습니까?

예(Yes)	아니오(N)

구강검진 화면 클릭 시 대상자에게 수검 자격이 없거나 수검 자격 조회 중 오류가 발생하면 오류메시지가 표시됩니다.

새 구강검진 대상자 입력   ✕

영유아, 일반, 생애전환기, 학교밖 구강검진 대상자	학생 구강검진 대상자

| 이 름 | 인파워 | 검색 | 주민번호 | 180703 - 5****** | 수진자 자격조회 |

휴대전화 010-222-2222   전화번호 [   ]

이 메 일 [   ] @ = 직접입력 = ▾
※ 이메일과 주소는 기재시 건강보험 공단으로 전송되나, 필수 입력항목은 아닙니다.

주 소 서울특별시 서초구 효령로 18 (방배동) 태우빌딩 301호 인파

검진구분 ○ 일반검진 ○ 생애검진 ○ 학교밖   - 영유아 ○ 2세 ○ 3세 ○ 4세 ○ 5세

검진의사 이닥터 ▾   체어 = 선택 = ▾

| 초기화 | 일괄 입력 대상자 검색 | | ④ 확인 | 취소 |

④ 환자분의 인적 사항을 확인한 후, 기재되지 않은 부분이 있거나 변경된 부분은 없는지 확인해 주세요.

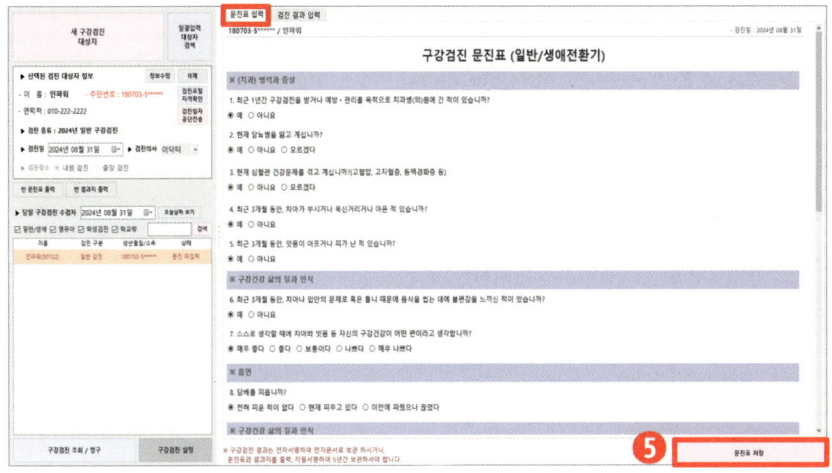

⑤ 문진표를 입력한 후, 문진표 저장을 클릭하세요.

⑥ 구강 검진 시행 후, 구강 검진 결과를 입력한 뒤 구강 검진 결과 출력을 눌러
주세요.

point

덴트웹 내에서 구강 검진 조회 및 등록을 하려면, 건강보험공단과 API 연동이 미리 되어 있어야
합니다. 건강관리포털시스템(https://sis.nhis.or.kr/nxui/index.do)에 한 번 로그인하면
덴트웹 종료 전까지 로그인이 유지되므로, 오전 진료 전 미리 로그인하여 업무 효율성을 높여 보세요.

자동차 보험 진료 환자 등록

1. 자동차 보험 진료 환자 등록 방법

☑ [교통사고환자 진료비 지급보증서 확인] - [전자차트] - [자동차 보험]–
   [자동차 보험 정보 입력]

우리나라 건강보험제도는 당연지정제이기 때문에 자동차보험 진료를 희망하는 환자분이
내원했을 때 진료를 거부할 수 없습니다.

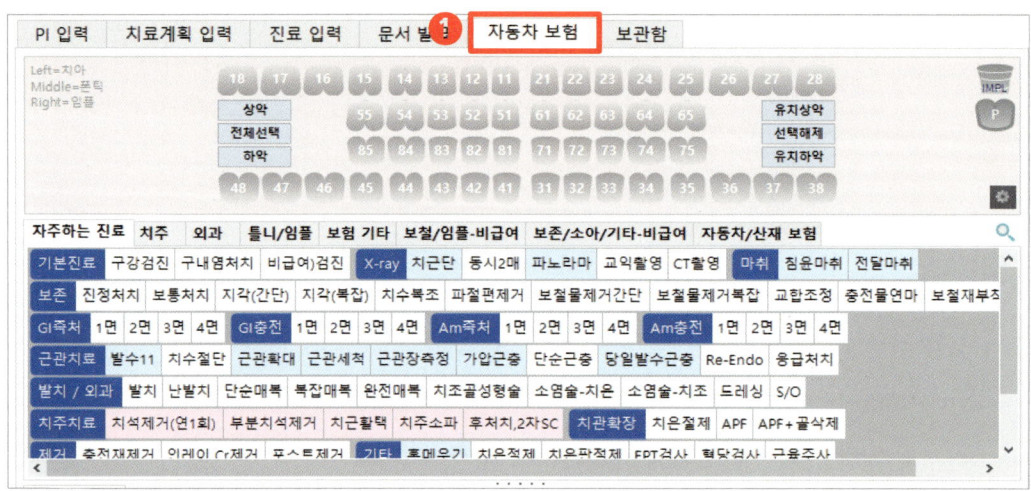

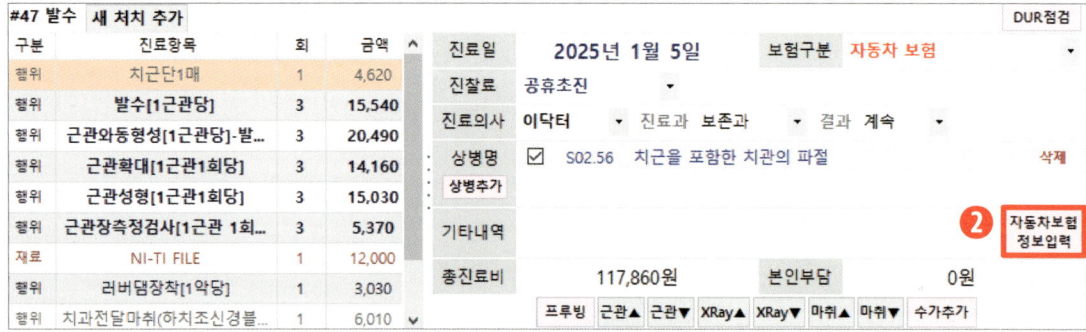

① 환자의 증상과 사고접수번호를 입력하여 접수를 합니다.
② 진료비 지급 보증서 팩스로 확인합니다.
③ 진료비 지급 보증서 확인 후 치료를 시작합니다.

▶ **자동차보험 정보를 입력합니다.**

환자분의 자동차보험 회사, 사고접수번호, 지급보증번호를 입력하세요.

사고접수번호에 하이픈(-)이 있는 경우, 하이픈을 포함하여 정확하게 입력하세요.

자동차보험 회사	메리츠화재해상보험 ▼
사고 접수번호	
지급 보증번호	

확인   취소

Point ☆

자동차보험 환자는 보상한도 및 사고접수번호, 지급 보증번호를 확인 후 지급보증서는 스캔해 두는 것을 추천 드립니다.

그리고, 자동차보험 관련 진료는 본인부담금이 발생하지 않기 때문에 환자 본인이 수납하는 금액은 없습니다. 보험구분이 자동차보험으로 되어있는지 반드시 확인합니다.

1. 보훈환자 진료

☑ [환경설정] - [병원기본설정]

📢 보훈환자를 진료하려면 병원 기본 정보 설정에서 보훈 위탁 기관에 반드시 체크가 되어있어야 합니다

병원 기본정보 설정　　　　　　　　　　　　　　　　　　　　　　　　　✕

▶ **병원 기본 정보**

치과이름 [인파워치과의원]　구분 : ◉ 의원　○ 병원(시도)　○ 병원(읍면)

사업자등록번호 [111] - [11] - [33333]　☐ 의약분업 예외지역

　　　　　　　　　　　　　　　　　　☑ 보훈위탁 기관　☐ 노숙인 진료기관

요양기관번호 [11111111]　산재기관코드 [　　　　]

☐ **대행청구 사용**

단체기호 [　　　　]

작성자성명 [　　　　]

생년월일 [1980-01-01 ▾]

▶ **개설자(대표 원장) 정보**　　　☐ 인수 개원 시 인수날짜 [1980-01-01 ▾]

이름 [인파워]　주민등록번호 [　　] - [　　]　치과의사 면허번호 [11111]

대표자가 2인 이상인 경우 콤마(,)로 구분

▶ **전화번호 / 주소**

　　　　　　　　　등록된 문자 발신번호

전화번호 [　　　　]　[　　　　　]

우편번호 [　　] [검색]　팩스번호 [　　　　]

주소 [　　　　　　　　　　　　]

이메일주소 [　　　　] @ [= 직접입력 = ▾]

▶ **병원 인증서 암호 입력**

병원 인증서 암호 입력

▶ **공단로그인 정보(선택)**

공단ID [　　　　]

공단PW [　　　　]

▶ **개인정보 처리방침 설정** (고객용 프로그램 표시)　☐ 개인정보 처리방침 PDF 파일 사용　< 개인정보 처리방침 보기 >

개인정보 처리방침에 보여질 개인정보 보호책임자 정보와 개인정보 처리방침 제정일, 공고일자, 시행일을 설정합니다.

- 개인정보 보호 책임자 정보

이름 [인파워]　직위 [대표원장]　전화번호 [　　　]　이메일 [　　　]

- 개인정보 처리방침 제정일, 공고일자, 시행일자

제정일 [2019-01-01 ▾]　공고일자 [2019-01-01 ▾]　시행일자 [2019-01-01 ▾]

▶ **개인정보 수집,활용 / 영상정보 수집 동의서**

☑ 동의서, 신환문진 프로그램에 개인정보 수집, 활용 동의서 표시(진료 외 용도로 개인정보 이용시 / 진료, 예약문자만 사용시 불필요)

☑ 진료실내 영상정보기기 촬영 동의 표시(진료실 내에 CCTV가 있는경우 - 대기실에만 있으면 불필요) - 영상 보유기간 [7] 일

개인정보 수집,활용 동의서 추가 동의사항(2줄 이내) [　　　　　　　　　　　]

[저장]　[닫기]

ⓘ 병원정보 기본설정에서 보훈위탁 기관을 체크합니다.

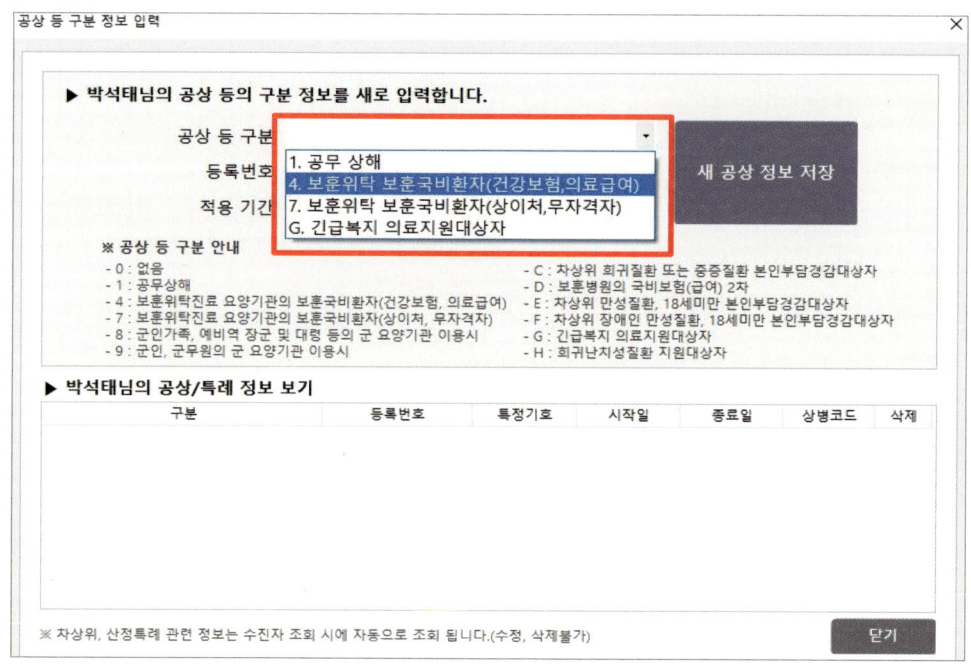

데스크 화면 인적사항에서 공상구분을 직접 선택합니다.

보훈 환자의 진료

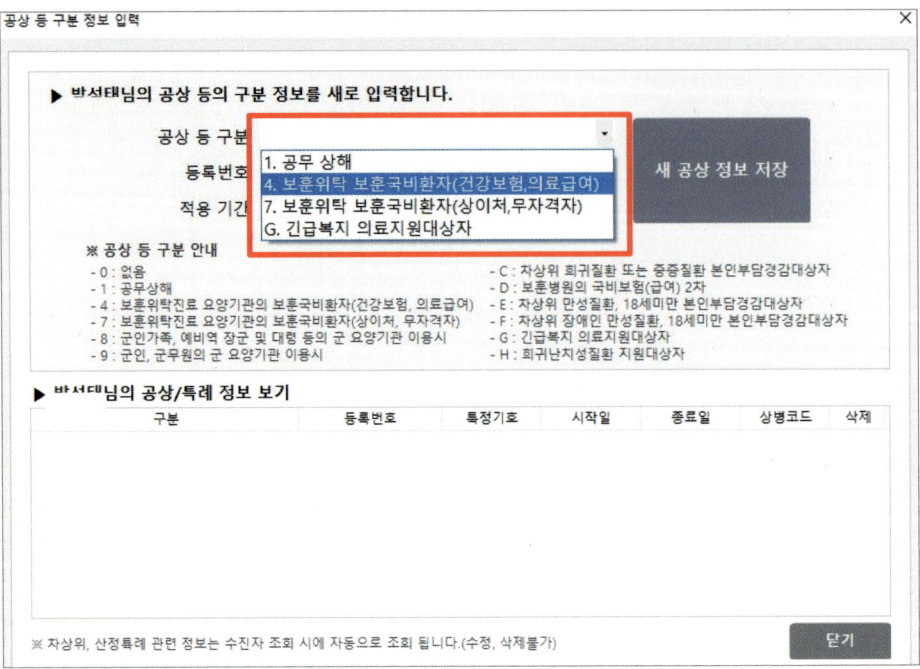

현재 덴트웹에서 청구가 가능한 보훈 환자는 아래와 같습니다.
① 공상 4. 보훈위탁 보훈국비환자(건강보험,의료급여)
② 공상 4. 보훈위탁 보훈국비환자(건강보험,의료급여) 상이등급 7급 비상이처 진료
③ 공상 7. 보훈위탁 보훈국비환자(상이처,무자격자)
④ 공상 7. 보훈위탁 보훈국비환자(상이처,무자격자) 상이등급 7급 비상이처 진료

덴트웹에서 청구가 가능한 보훈 환자라면 보훈환자 자격확인 후 공상자격을
직접 입력하고 진료입력 및 청구 과정을 건강보험 환자와 대부분 유사하게
진행합니다.

덴트웹에서 보훈환자의 자격조회를 지원하지 않습니다.
따라서, 치과에 보훈환자가 내원했을 시 '보훈환자 자격확인 시스템'에서 직접 조회하여
덴트웹에 공상구분을 직접 입력하셔야 합니다.

보훈환자 자격확인 시스템 https://mpva.bohun.or.kr
해당사이트에서 환자의 주민번호를 입력해서 보훈자격을 조회합니다.

1. 산재 환자 진료

📣 산재 환자 진료는 해당 치과가 산재기관으로 등록되어 있어야 진료가 가능합니다.
따라서, 치과가 산재기관으로 등록되어 있는지를 반드시 확인 후 진료해야 합니다.

고용산재보험 토탈서비스 https://total.comwel.or.kr 에서 산재지정병원임을 먼저 확인합니다.

2. 산재기관 코드 등록

☑ [환경설정] - [병원기본설정]

병원 기본정보 설정　　　　　　　　　　　　　　　　　　　　　×

▶ 병원 기본 정보

치과이름 `인파워치과의원`　구분 : ◉ 의원　○ 병원(시도)　○ 병원(읍면)

사업자등록번호 `111` - `11` - `33333`　☐ 의약분업 예외지역

요양기관번호 `11111111`　산재기관코드 `_____`　☐ 보호위탁 기관　☐ 노숙인 진료기관

☐ **대행청구 사용**
단체기호 `_____`
작성자성명 `_____`
생년월일 `1980-01-01` ∨

▶ 개설자(대표 원장) 정보　　　　☐ 인수 개원 시 인수날짜 `1980-01-01` ▦▾

이름 `인파워`　주민등록번호 `_____` - `_____`　치과의사 면허번호 `11111`
대표자가 2인 이상인 경우 롬마(,)로 구분

▶ 전화번호 / 주소

　　　　　　　　등록된 문자 발신번호
전화번호 `_____`　`_____`
우편번호 `_____` 검색　팩스번호 `_____`
주소 `_____`
이메일주소 `_____` @ = 직접입력 = ▾

▶ 병원 인증서 암호 입력

병원 인증서
암호 입력

▶ 공단로그인 정보(선택)
공단ID `_____`
공단PW `_____`

▶ 개인정보 처리방침 설정 (고객용 프로그램 표시)　☐ 개인정보 처리방침 PDF 파일 사용　< 개인정보 처리방침 보기 >
개인정보 처리방침에 보여질 개인정보 보호책임자 정보와 개인정보 처리방침 제정일, 공고일자, 시행일을 설정합니다.
- 개인정보 보호 책임자 정보
이름 `인파워`　직위 `대표원장`　전화번호 `_____`　이메일 `_____`
- 개인정보 처리방침 제정일, 공고일자, 시행일자
제정일 `2019-01-01` ▦▾　공고일자 `2019-01-01` ▦▾　시행일자 `2019-01-01` ▦▾

▶ 개인정보 수집,활용 / 영상정보 수집 동의서
☑ 동의서, 신환문진 프로그램에 개인정보 수집, 활용 동의서 표시(진료 외 용도로 개인정보 이용시 / 진료, 예약문자만 사용시 불필요)
☑ 진료실내 영상정보기기 촬영 동의 표시(진료실 내에 CCTV가 있는경우 - 대기실에만 있으면 불필요) - 영상 보유기간 `7` 일
개인정보 수집,활용 동의서
추가 동의사항(2줄 이내) `_____`

저장　　닫기

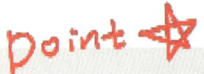

산재지정병원임을 확인 한 후 산재기관코드를 입력 후 진료합니다.

. 환자삭제

☑ [데스크] - [인적사항] - [삭제]

진료 기록부 삭제 방법입니다.

① 데스크 화면에서 환자분 성함을 입력한 후, 검색을 클릭합니다.
② 삭제를 클릭해 주세요.

Point ⭐

진료기록부는 원칙적으로 진료를 본 기록이 있을 경우, 「의료법」 제15조(진료기록부 등의 보존) 및
제22조 제2항에 따라 10년 동안 보관해야 합니다.
따라서 환자 삭제는 진료 기록이 없는 경우에만 가능하므로, 환자 삭제를 진행할 때에는
신중하게 검토해 주세요.

1. 치석제거 조회방법

☑ [데스크] - [환자 정보] - [공단] - [만19세 이상 치석제거 조회/등록]

연 1회 치석제거, 보험 임플란트, 보험 틀니를 조회하여 가능 여부를 확인 후 신청할 수 있습니다.

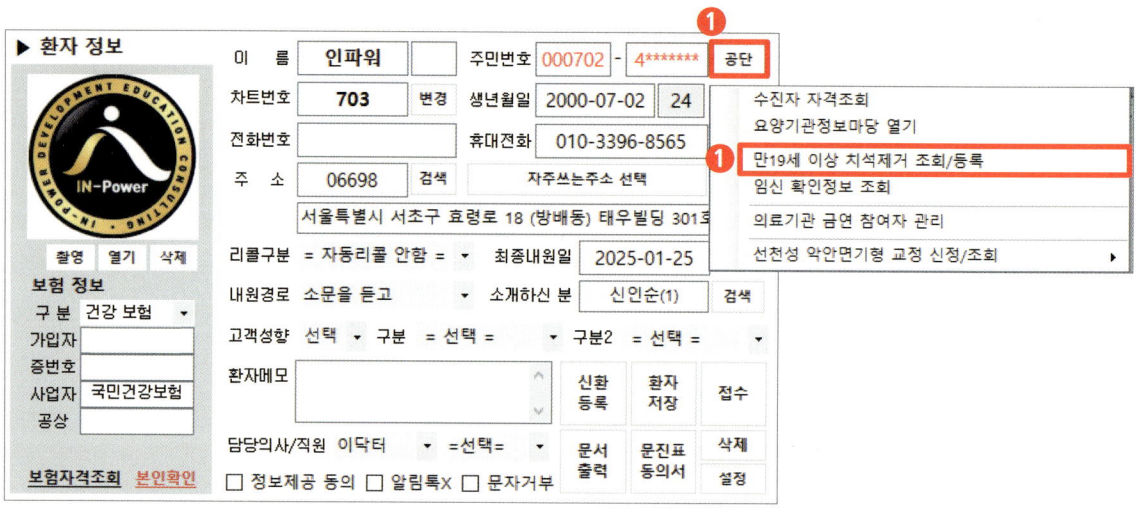

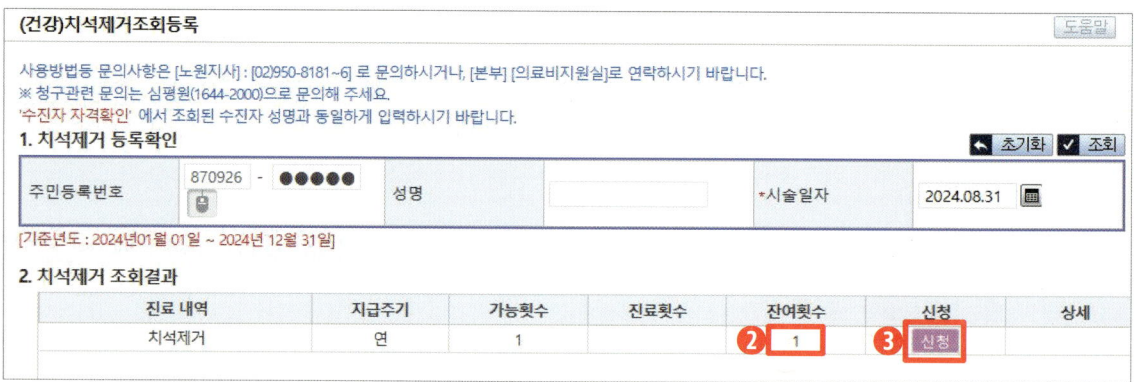

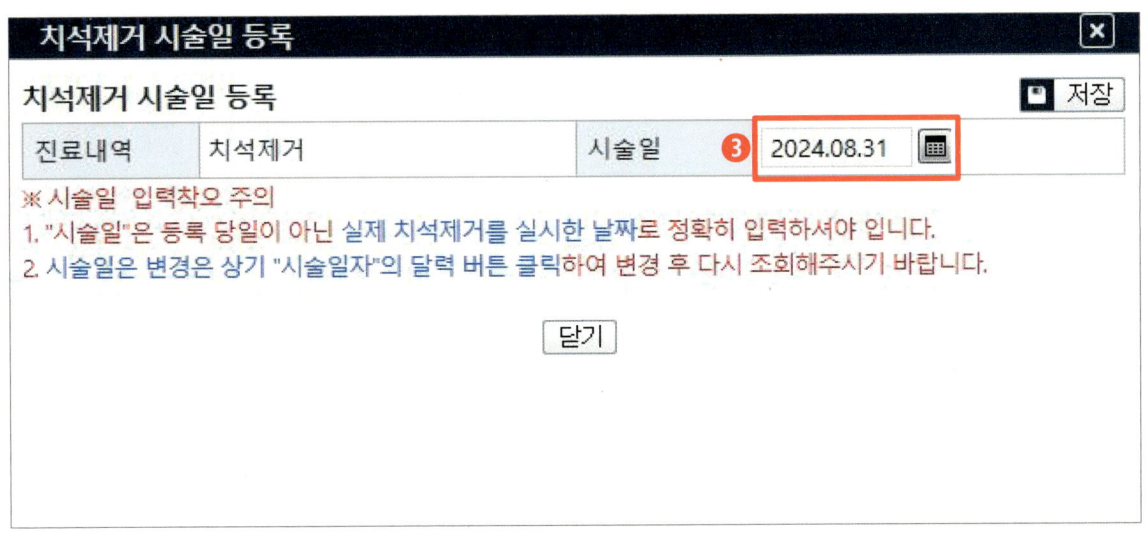

① 공단 버튼을 눌러 만 19세 이상 치석제거 조회/등록 버튼을 클릭합니다.

② 잔여 횟수가 "1"이라면 연1회 치석제거가 가능한 상태입니다.

③ 신청 버튼을 클릭하여 시술일과 진료일 날짜를 동일하게 입력한 후
저장해줍니다.

Point ☆

연1회 치석제거를 등록 한 후 치주 치석제거로 변경하게 되어 등록된 내용을 취소하고자 할 경우 꼭!
등록 당일에 취소하여야 합니다.
당일은 전산상으로 취소가 가능하지만, 그 이후부터는 취소 요청서를 작성하여 공단에 팩스로
보내야 취소가 가능하기 때문에 번거로워질 수 있습니다.

1. 보험 임플란트 조회 및 등록 (건강보험 자격)

☑ [데스크] - [환자정보]] - [공단] - [만65세 이상 급여 임플란트 대상자 등록/조회]

① 환자정보 화면에서 주민번호 옆에 있는 '공단' 버튼 클릭합니다.

② 만 65세 이상 급여 임플란트 대상자 등록/조회 버튼을 클릭합니다.

③ 임플란트 대상자 신청/조회 화면이 뜨면 수진자 정보 및 요양기관 확인란 작성 후 전송합니다.

2. 보험 틀니 조회 및 등록 (건강보험 자격)

☑ [데스크] - [환자정보]] - [공단] - [만65세 이상 급여 틀니 대상자 등록/조회]

① 환자정보 화면에서 주민번호 옆에 있는 '공단' 버튼 클릭합니다.

② 만 65세 이상 급여 틀니 대상자 등록/조회 버튼을 클릭합니다.

③ 틀니 대상자 신청/조회 화면이 뜨면 수진자 정보 및 요양기관 확인란 작성 후 전송합니다.

3. 보험 임플란트 조회 및 등록 (의료급여 자격)

☑ [데스크] - [환자정보]] - [공단] - [만65세 이상 급여 임플란트 대상자 등록/조회]

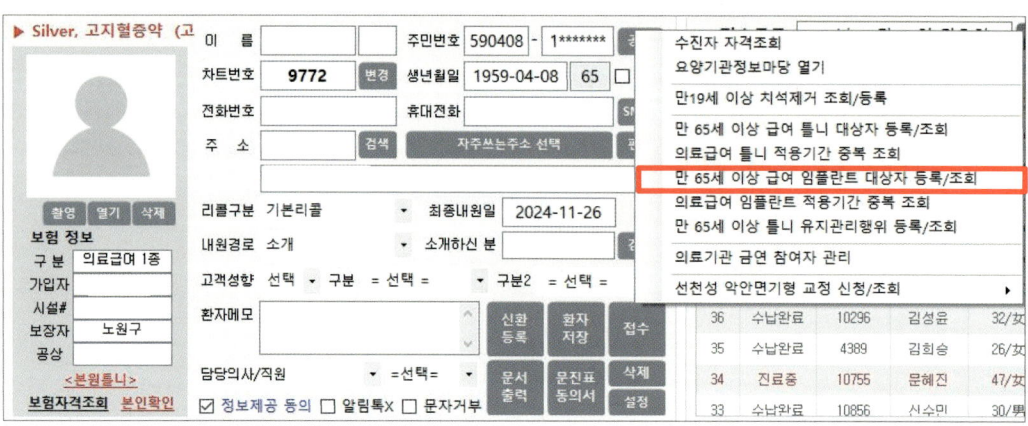

▌의료급여 틀니/임플란트 등록은 요양기관정보마당 웹사이트에서 가능합니다.

2021년부터 의료급여 환자의 임플란트 등록은 "요양기관정보마당(medicare.nhis.or.kr)"에서도 가능합니다.

그런데, 아직 건강보험공단의 MediConn 프로그램에 해당 기능이 업데이트 되지 않아, 요양기관 정보마당 웹사이트에서 직접 등록하셔야 합니다.

요양기관 정보마당에 로그인하신 후, 의료급여 -> 임플란트 대상자 신청/조회 메뉴에서 등록할 수 있습니다.

또는 "문서출력"에서 [의료급여 임플란트 대상자 등록 신청서]를 작성하여 시군구청/주민센터/공단 지사를 직접 방문하여 등록하셔야 합니다.

지금 급여 임플란트가 등록되어 있는지 확인 하시겠습니까?

예(Yes)   아니오(N)

ℹ️ 의료급여 자격 급여 임플란트 등록은 '요양기관 정보마당'에서 신청합니다.

4. 보험 틀니 조회 및 등록 (의료급여 자격)

☑ [데스크] - [환자정보]] - [공단] - [만65세 이상 급여 틀니 대상자 등록/조회]

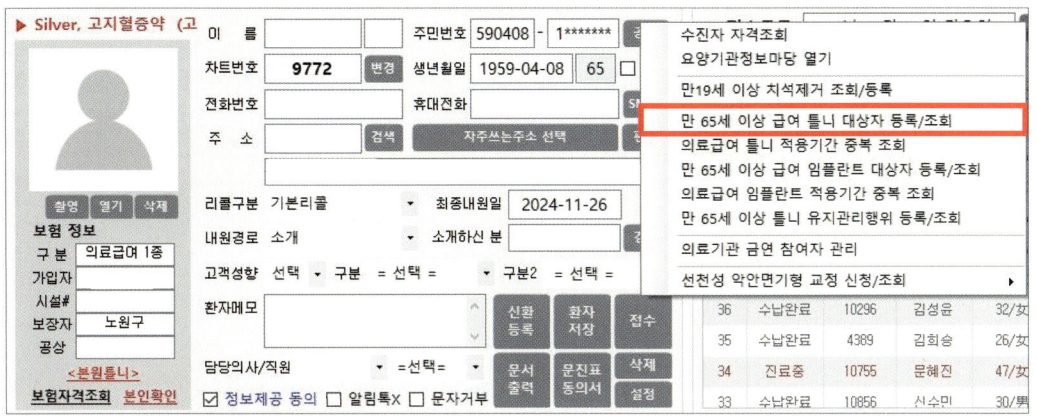

> 의료급여 틀니/임플란트 등록은 요양기관정보마당 웹사이트에서 가능합니다.
>
> 2021년부터 의료급여 환자의 임플란트 등록은 "요양기관정보마당(medicare.nhis.or.kr)"에서도 가능합니다.
>
> 그런데, 아직 건강보험공단의 MediConn 프로그램에 해당 기능이 업데이트 되지 않아, 요양기관 정보마당 웹사이트에서 직접 등록하셔야 합니다.
>
> 요양기관 정보마당에 로그인하신 후, 의료급여 -> 임플란트 대상자 신청/조회 메뉴에서 등록할 수 있습니다.
>
> 또는 "문서출력"에서 [의료급여 임플란트 대상자 등록 신청서]를 작성하여 시군구청/주민센터/공단 지사를 직접 방문하여 등록하셔야 합니다.
>
> 지금 급여 임플란트가 등록되어 있는지 확인 하시겠습니까?
>
> 예(Yes)   아니오(N)

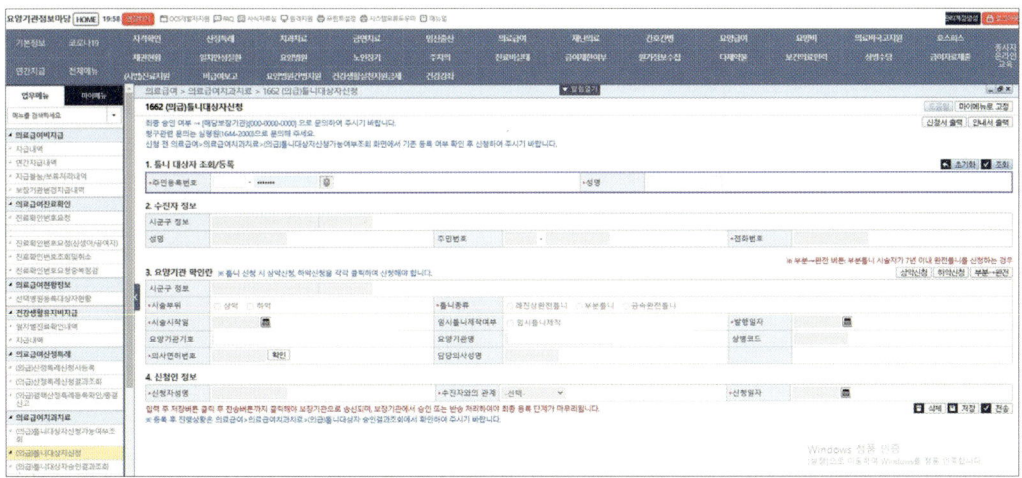

의료급여 자격 급여 틀니 등록은 '요양기관 정보마당'에서 신청합니다.

1. CC설정

☑ [환경설정] - [진료관련 기타설정] - [CC설정]]

📢 CC 설정은 치과에서 자주 사용하는 항목으로 자유롭게 설정이 가능합니다.
예를 들어 왼쪽 위가 아파요, 보철물이 떨어졌어요 등 원하는 문구로 설정할 수 있습니다.

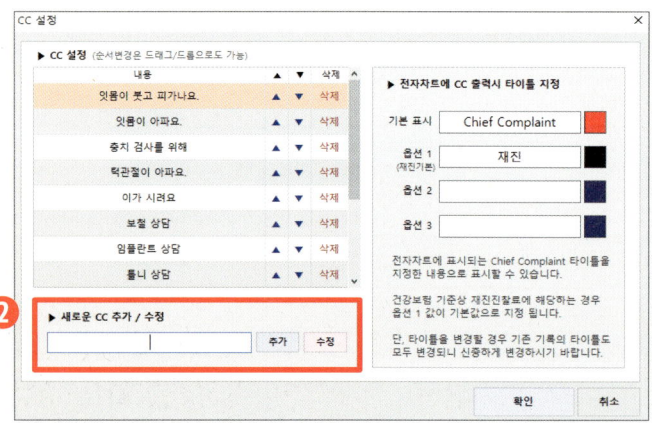

① CC설정 버튼을 클릭합니다.
② 추가하고자 하는 CC를 입력하여 추가버튼을 클릭합니다.

▶ 인파워F님의 오늘의 Chief Complaint 입력   ☑ 자주쓰는 CC 보이기

| 18 | 17 | 16 | 15 | 14 | 13 | 12 | 11 | 21 | 22 | 23 | 24 | 25 | 26 | 27 | 28 | IMPL |

상악
전체선택
하악

| 55 | 54 | 53 | 52 | 51 | 61 | 62 | 63 | 64 | 65 |

유치상악
선택해제
유치하악

P

| 85 | 84 | 83 | 82 | 81 | 71 | 72 | 73 | 74 | 75 |

| 48 | 47 | 46 | 45 | 44 | 43 | 42 | 41 | 31 | 32 | 33 | 34 | 35 | 36 | 37 | 38 |

☐ 잇몸이 붓고 피가나요. ☐ 잇몸이 아파요. ☐ 충치 검사를 위해 ☐ 턱관절이 아파요.
☐ 이가 시려요 ☐ 보철 상담 ☐ 임플란트 상담 ☐ 틀니 상담 ☐ 교정 상담 ☐ 씹을 때 시큰해요
☐ 불편한거 없어요. ☐ 음식물이 끼어요.

| 𝐀 A A | 1 2 3 | 🎨 | ≡ ≡ ≡ | B I U T | 상용구 | ↺ ↻ | ■ ■ ■ ☐ |

▶ 인파워F님의 오늘의 메모   ☐ 포스트잇 메모로 작성 ☐ 숨김메모로 작성

오늘의 메모를 입력하세요

오른쪽의 최근 다음 진료 히스토리, 메모 히스토리, 또는 예약 히스토리에서 선택하셔도 됩니다.

Point ☆

그동안 CC를 직접 입력하느라 힘드셨죠?
치과에서 흔하게 사용되는 주소는 CC를 설정하여 미리 만들어 두면 시간도 단축되고
업무를 훨씬 용이하게 할 수 있습니다.
그리고, 오늘의 메모를 활용시에는 환자가 볼 수 있는 부분은 오늘의 메모에 숨김 메모로 작성합니다.

교정치과에서는 자주 쓰는 CC를 이렇게 활용해 보세요!

▶ 인파워F님의 오늘의 **Chief Complaint** 입력　　　　　　　　☑ 자주쓰는 CC 보이기

상악
전체선택
하악

유치상악
선택해제
유치하악

IMPL
P

☐ 괜찮아요　☐ 교정상담(　　　)　☐ 장치탈락(　　　)　☐ 임플란트 상담(　　)　☐ 충치 검사
☐ 잇몸이 아파요　☐ 스케일링/ 마지막S/C :　☐ 턱관절이 아파요　☐ 이가 시려요　☐ 보철 상담
☐ 전체상담

| 𝐴 A A⁺ | 1 2 3 | 🎨 | ≣ ≣ ≣ | B I U 무 | 상용구 | ↶ ↷ | ☐ ☐ ☐ ☐ |

▶ 인파워F님의 오늘의 메모　　　　　　　　　☐ 포스트잇 메모로 작성　☐ 숨김메모로 작성

오늘의 메모를 입력하세요

오른쪽의 최근 다음 진료 히스토리, 메모 히스토리, 또는 예약 히스토리에서 선택하셔도 됩니다.

▶ **CC 설정** (순서변경은 드래그/드롭으로도 가능)

내용	▲	▼	삭제
괜찮아요	▲	▼	삭제
교정상담(　　)	▲	▼	삭제
장치탈락(　　)	▲	▼	삭제
임플란트 상담(　　)	▲	▼	삭제
충치 검사	▲	▼	삭제
잇몸이 아파요	▲	▼	삭제
스케일링/ 마지막S/C :	▲	▼	삭제
턱관절이 아파요	▲	▼	삭제

▶ **새로운 CC 추가 / 수정**

	추가	수정

point ⭐

교정치과에서는 자주 쓰는 CC를 이렇게 설정해 보세요!
치과에 맞게 맞춤으로 설정하면 훨씬 편리하게 사용이 가능합니다.

Ⅰ. Medical Alert 입력

☑ [전자차트] - [Medical Alert 입력]
☑ [데스크] - [접수] - [전신병력체크 입력]

Medical Alert는 데스크에서 환자 접수 시 미리 환자분으로부터 확인하여 입력하는 것이 좋습니다.

Medical Alert를 접수 시 미리 입력 할 수 있습니다.
접수 시에 미리 입력하지 못했다면, 전자차트 상단에 돋보기 모양 옆을 클릭하여 입력도 가능합니다.

2. Medical Alert 설정

- ☑ [환경설정] - [Medical Alert 설정]
- ☑ [데스크] - [전자차트] - [Medical Alert 입력] - [Medical Alert 설정]

 자주 사용이 될 수 있는 Medical Alert를 미리 설정하여 입력이 가능합니다.

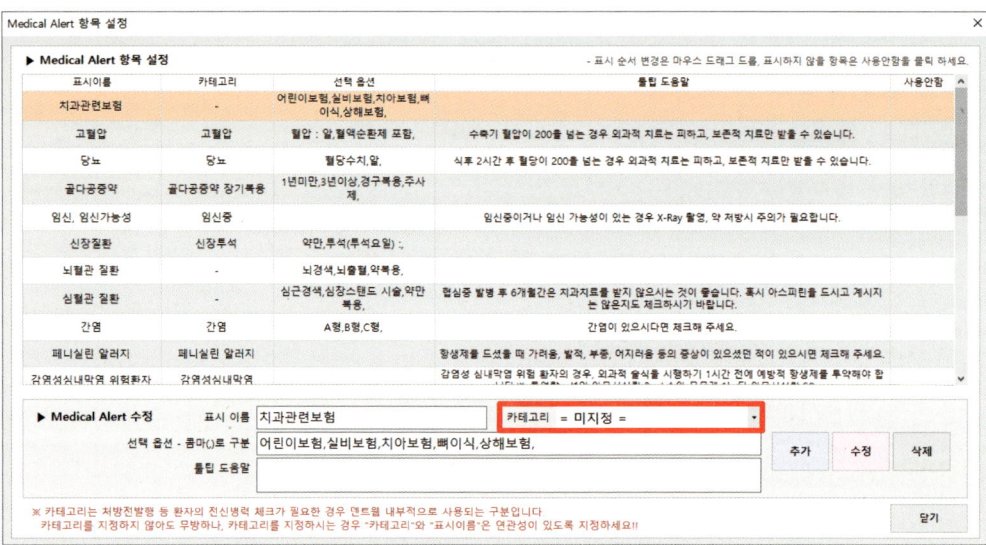

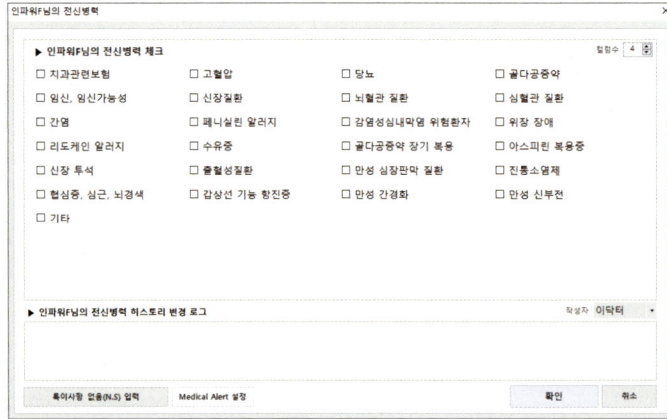

Medical Alert 각 항목마다 "카테고리" 를 지정할 수 있는데,
이 카테고리에 따라 예약 표 혹은 원외처방전 창에서 경고를 표시합니다.

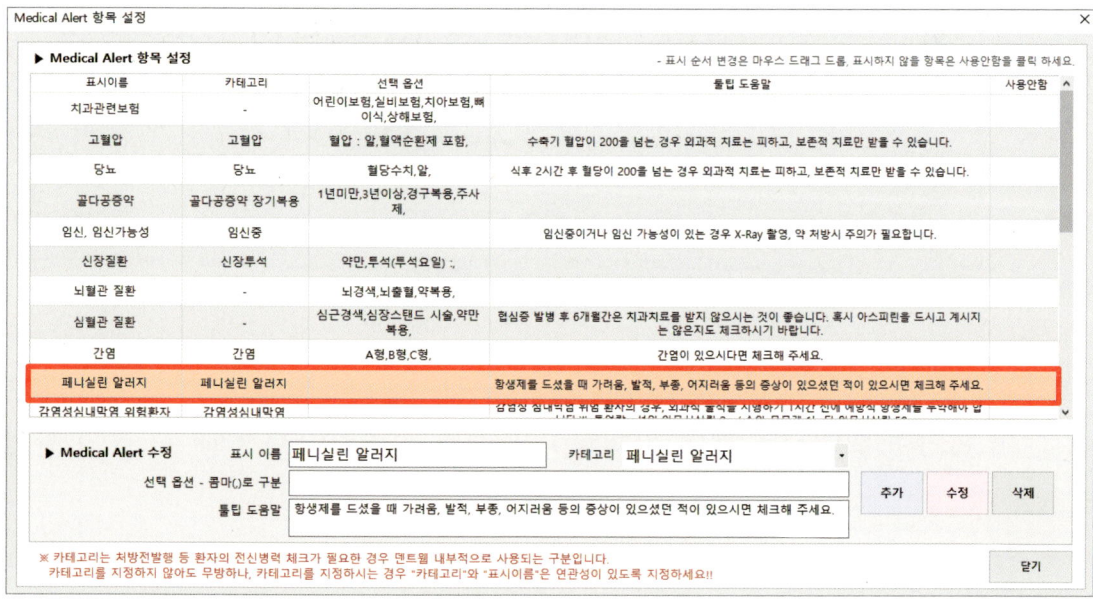

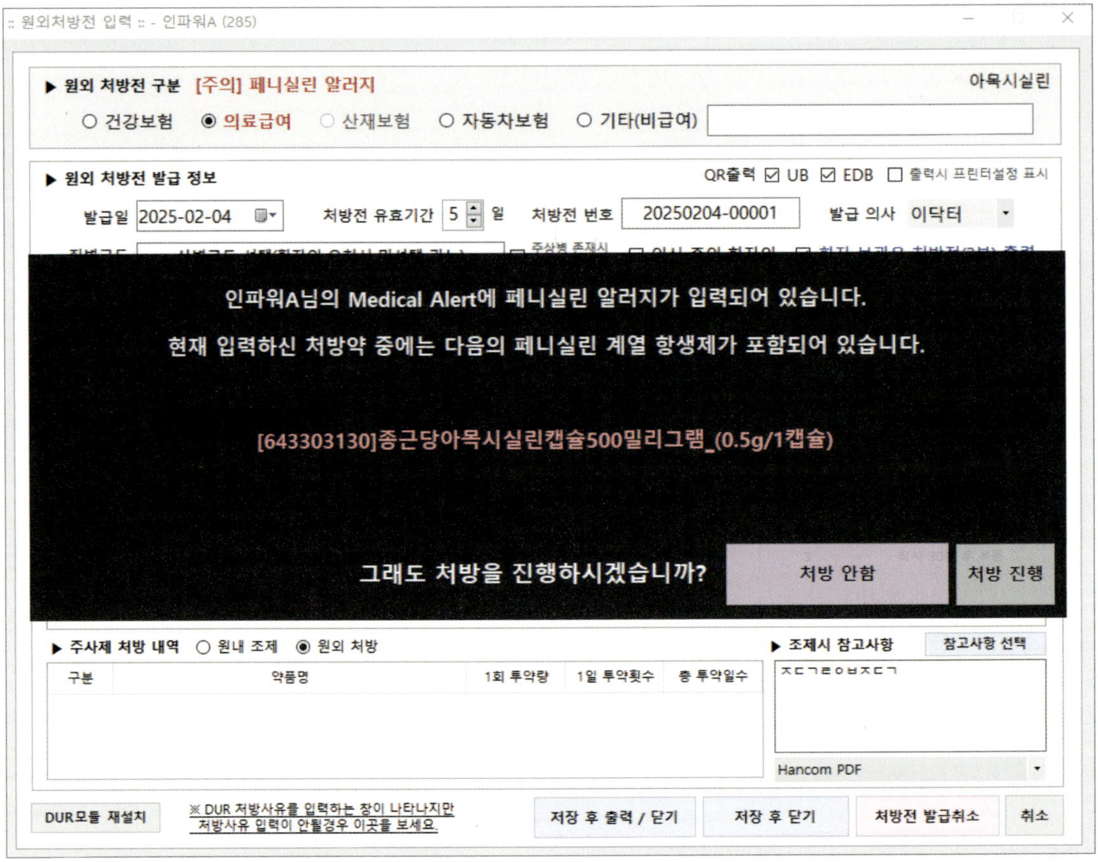

:: 원외처방전 입력 :: - 인파워A (285)

▶ **원외 처방전 구분** [주의] 페니실린 알러지 아목시실린

○ 건강보험 ◉ 의료급여 ○ 산재보험 ○ 자동차보험 ○ 기타(비급여)

▶ **원외 처방전 발급 정보** QR출력 ☑ UB ☑ EDB ☐ 출력시 프린터설정 표시

발급일 2025-02-04 처방전 유효기간 5 일 처방전 번호 20250204-00001 발급 의사 이닥터

인파워A님의 **Medical Alert**에 페니실린 알러지가 입력되어 있습니다.

현재 입력하신 처방약 중에는 다음의 페니실린 계열 항생제가 포함되어 있습니다.

[643303130]종근당아목시실린캡슐500밀리그램_(0.5g/1캡슐)

그래도 처방을 진행하시겠습니까?   처방 안함 처방 진행

▶ **주사제 처방 내역** ○ 원내 조제 ◉ 원외 처방 ▶ **조제시 참고사항** 참고사항 선택

구분	약품명	1회 투약량	1일 투약횟수	총 투약일수

Hancom PDF

DUR모듈 재설치 ※ DUR 처방사유를 입력하는 창이 나타나지만 처방사유 입력이 안될경우 이곳을 보세요. 저장 후 출력 / 닫기 저장 후 닫기 처방전 발급취소 취소

ℹ️ 만약, 처방 받고자 하는 환자의 Medical Alert에 "페니실린 알러지"가 카테고리에 설정되어 있다면 페니실린 계열 항생제가 포함된 원외처방전 발행 시 경고 창이 뜹니다.

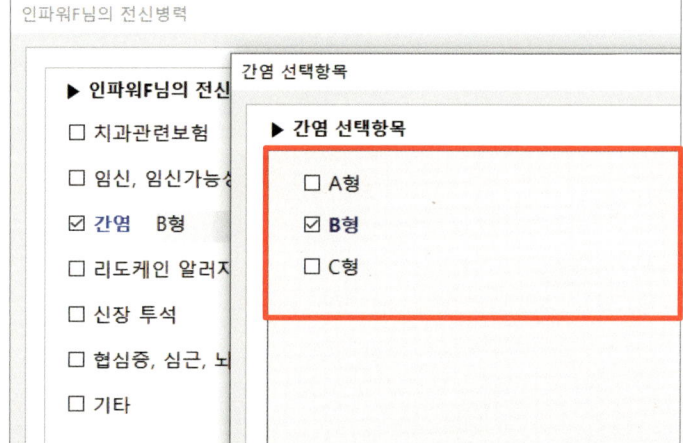

Medical Alert 항목 설정

▶ Medical Alert 항목 설정   - 표시 순서 변경은 마우스 드래그 드롭, 표시하지 않을 항목은 사용안함을 클릭 하세요.

표시이름	카테고리	선택 옵션	툴팁 도움말	사용안함
치과관련보험	-	어린이보험,실비보험,치아보험,뼈이식,상해보험,		
고혈압	고혈압	혈압 : 알,혈액순환제 포함,	수축기 혈압이 200을 넘는 경우 외과적 치료는 피하고, 보존적 치료만 받을 수 있습니다.	
당뇨	당뇨	혈당수치,알,	식후 2시간 후 혈당이 200을 넘는 경우 외과적 치료는 피하고, 보존적 치료만 받을 수 있습니다.	
골다공증약	골다공증약 장기복용	1년미만,3년이상,경구복용,주사제,		
임신, 임신가능성	임신중		임신중이거나 임신 가능성이 있는 경우 X-Ray 촬영, 약 처방시 주의가 필요합니다.	
신장질환	신장투석	약만,투석(투석요일) ;,		
뇌혈관 질환	-	뇌경색,뇌출혈,약복용,		
심혈관 질환	-	심근경색,심장스탠드 시술,약만 복용,	협심증 발병 후 6개월간은 치과치료를 받지 않으시는 것이 좋습니다. 혹시 아스피린을 드시고 계시지는 않은지도 체크하시기 바랍니다.	
간염	간염	A형,B형,C형,	간염이 있으시다면 체크해 주세요.	
페니실린 알러지	페니실린 알러지		항생제를 드셨을 때 가려움, 발적, 부종, 어지러움 등의 증상이 있으셨던 적이 있으시면 체크해 주세요.	
감염성심내막염 위험환자	감염성심내막염		감염성 심내막염 위험 환자의 경우, 외과적 술식을 시행하기 1시간 전에 예방적 항생제를 투약해야 합	

▶ Medical Alert 수정   표시 이름 `간염`   카테고리 `간염`

선택 옵션 - 콤마(,)로 구분 `A형,B형,C형,`

툴팁 도움말 `간염이 있으시다면 체크해 주세요.`

[추가] [수정] [삭제]

※ 카테고리는 처방전발행 등 환자의 전신병력 체크가 필요한 경우 멘트웰 내부적으로 사용되는 구분입니다.
카테고리를 지정하지 않아도 무방하나, 카테고리를 지정하시는 경우 "카테고리"와 "표시이름"은 연관성이 있도록 지정하세요!!

[닫기]

인파워F님의 전신병력

▶ 인파워F님의 전신
- ☐ 치과관련보험
- ☐ 임신, 임신가능성
- ☑ 간염   B형
- ☐ 리도케인 알러지
- ☐ 신장 투석
- ☐ 협심증, 심근, 뇌
- ☐ 기타

간염 선택항목

▶ 간염 선택항목
- ☐ A형
- ☑ B형
- ☐ C형

ⓘ A,B,C형 간염처럼 선택옵션이 필요한 경우, 쉼표(,)로 구분하여 선택 옵션을 입력하면 해당 Medical Alert 항목 입력 시 선택이 가능합니다.

1. 엑스레이 연동방법

☑ [환경설정] - [진료 관련 기타 설정] - [외부 X-ray]

📢 덴트웹에서는 외부 엑스레이를 프로그램에 연동시킬 수 있습니다.
엑스레이가 연동되어 있으면 차트에서 촬영한 엑스레이 또한 바로 확인 가능합니다.

<외부 X-ray 세팅 전>

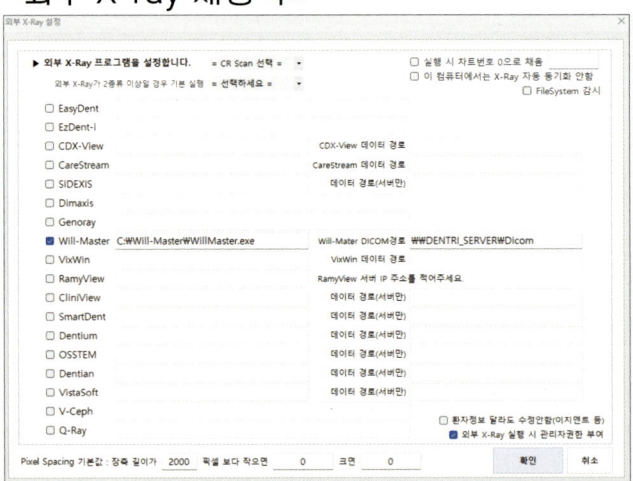

<외부 X-ray 세팅 후>

ℹ️ 현재 본원에서 사용하고 있는 외부 X-ray 프로그램을 설정 한 후,
덴트웹 메뉴 중 X-ray 버튼을 누르면 바로 외부 X-ray프로그램으로 연결 시킬 수
있습니다. 또한 차트에서도 바로 촬영한 X-ray 사진을 확인할 수 있습니다.

2. 엑스레이 사진 편집

① 사진보기 화면에서 편집하고자 하는 사진을 클릭 후, 오른쪽 마우스 버튼을
   클릭한 다음 "이미지 편집"을 누르면 사진을 편집할 수 있습니다.

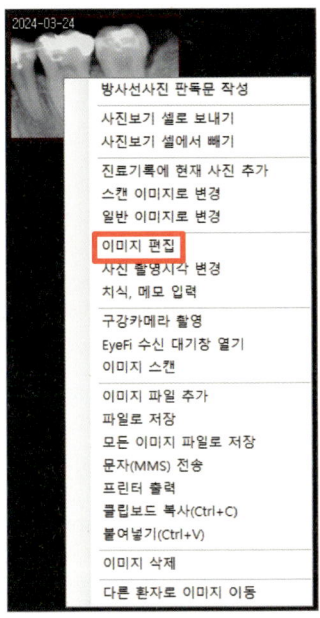

② 원하고자 하는 내용을 편집 시행 후 "저장 후 닫기"를 눌러 저장합니다.

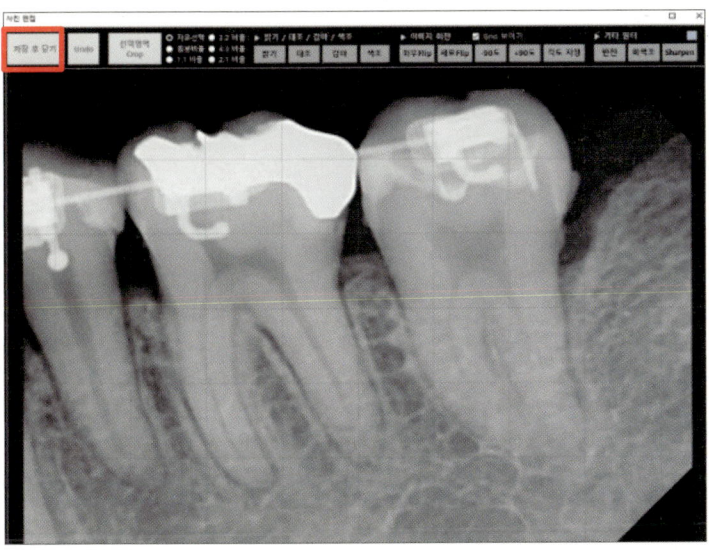

③ 엑스레이 촬영시각을 변경하고자 하는 사진을 클릭 후, 오른쪽 마우스 버튼을 클릭한 다음 "사진 촬영시각 변경"을 누르면 시각을 변경할 수 있습니다.

④ 원하고자 하는 시각으로 변경 후 "이미지 촬영시각 변경"를 눌러 저장합니다.

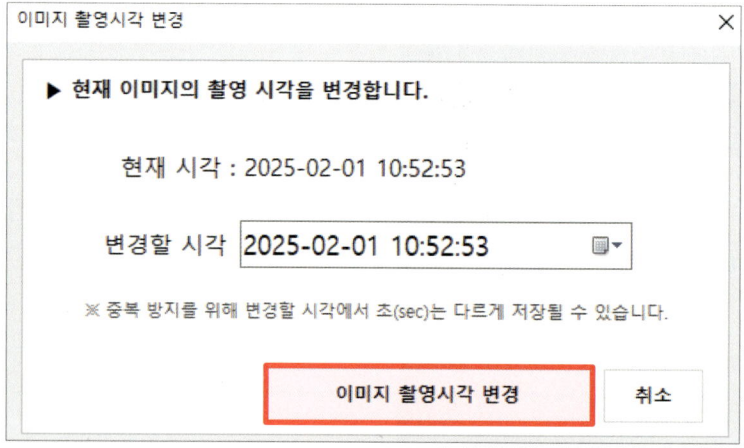

⑤ 엑스레이에 치식, 메모를 입력하고자 하는 경우, 엑스레이 클릭 후 마우스 오른쪽 버튼을 클릭하여 "치식, 메모 입력"을 선택합니다.

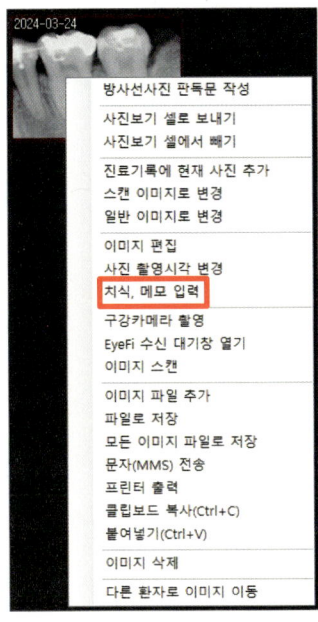

⑥ 엑스레이에 해당하는 치식이나, 메모사항이 있으면 기입 후 확인버튼을 눌러 저장합니다.

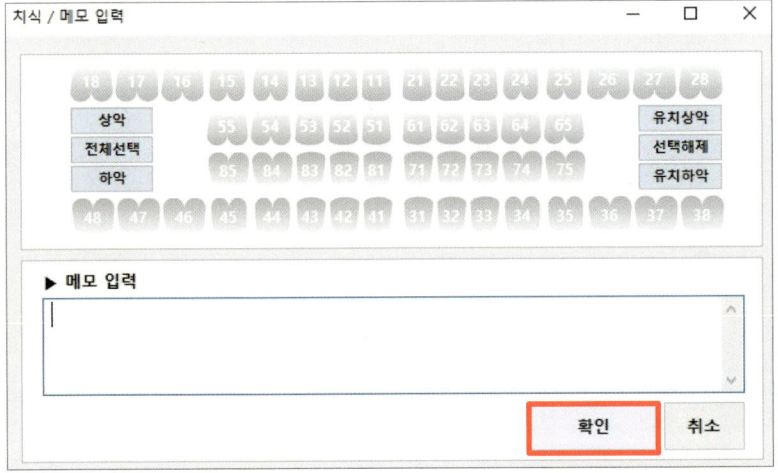

3. 엑스레이 환자 이름 오류 시

① 사진을 클릭 후 오른쪽 마우스 버튼을 클릭한 다음
"다른 환자로 이미지 이동"을 누르면 사진을 이동하실 수 있습니다.

② 원하고자 환자를 선택 후 "선택된 환자에게로 이미지 이동"을 눌러 이미지를
이동합니다.

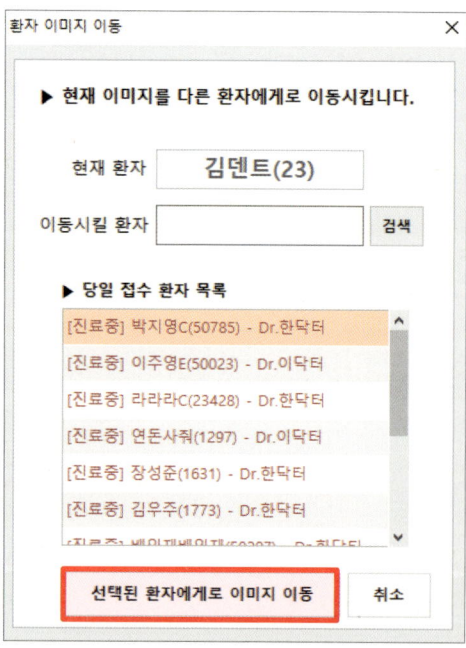

4. 타치과에서 촬영한 엑스레이 추가방법

① 사진보기 화면에서 상단에 사진 추가 혹은 왼쪽 사진 목록에서 오른쪽 마우스
버튼을 클릭한 다음 "이미지 파일 추가"을 누르면 사진을 추가하실 수 있습니다.

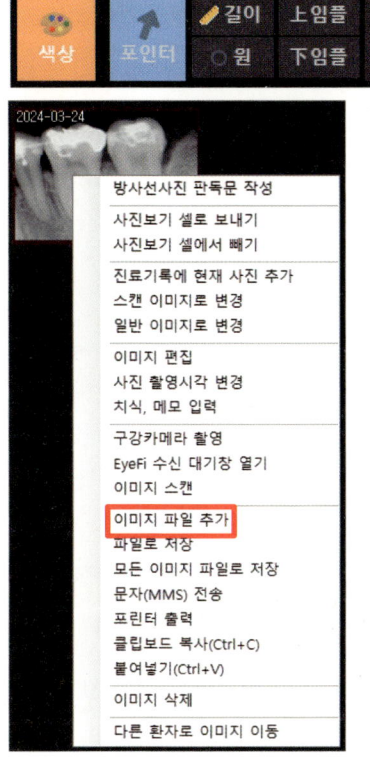

② 원하고자 하는 이미지를 선택 후 "열기"를 눌러 저장합니다.

③ 이미지 저장 시각, 순서를 선택 후 "확인"을 눌러 저장합니다.

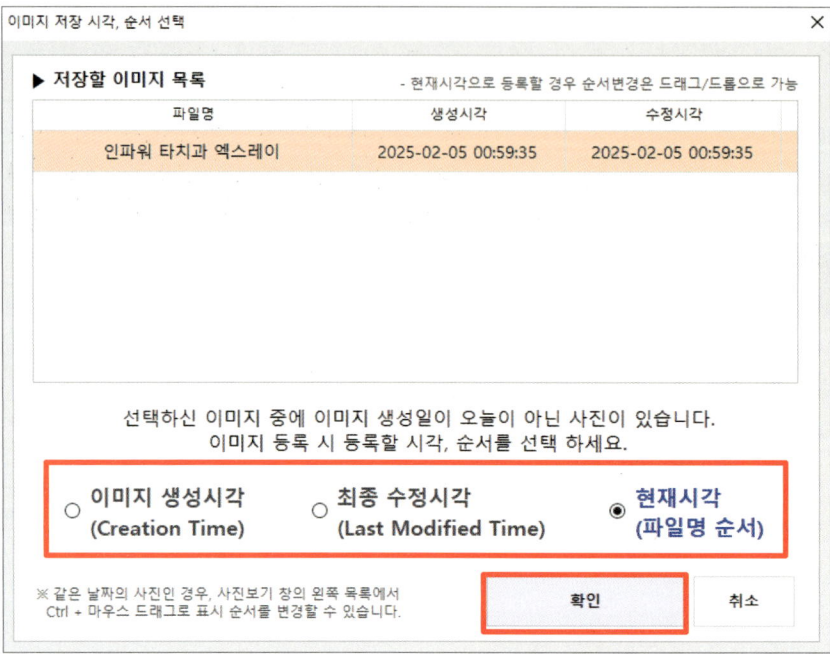

타 치과 엑스레이를 저장하는 경우에는 현재시각으로 저장, 본원에서 촬영한 엑스레이가 저장이 되지 않아서 수정하는 경우에는 이미지 생성시각으로 설정하여 저장해주면 좋습니다.

④ 이미지를 추가 하는 경우 "일반 이미지"로 저장되기 때문에 저장된 사진을
　선택 후 마우스 오른쪽 버튼을 클릭하여 "X-Ray 이미지로 변경"을 선택하여
　엑스레이 이미지로 변경해줍니다.

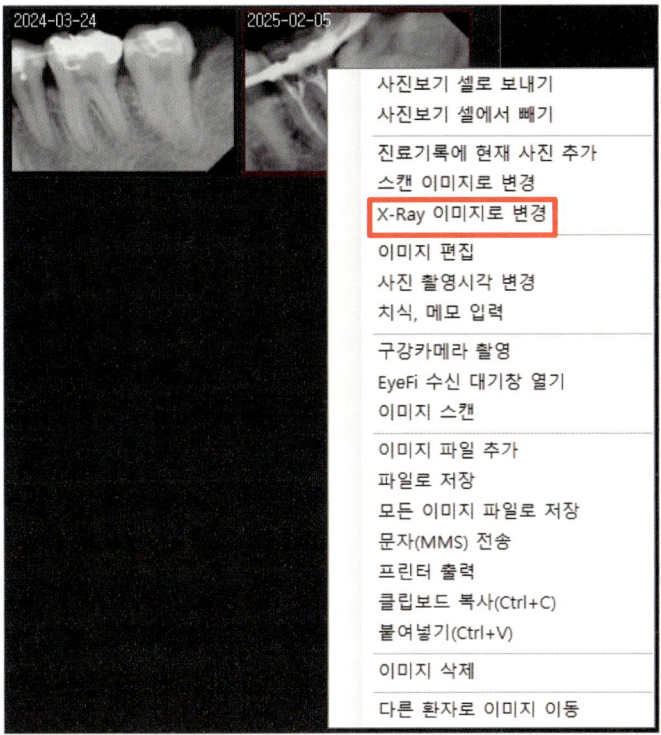

5. X-ray 사진 파일로 저장 방법

① 사진을 클릭 후 오른쪽 마우스 버튼을 클릭한 다음 "파일로 저장"을 누릅니다.

② 이미지를 저장할 폴더를 선택 후 확인을 눌러 저장합니다.

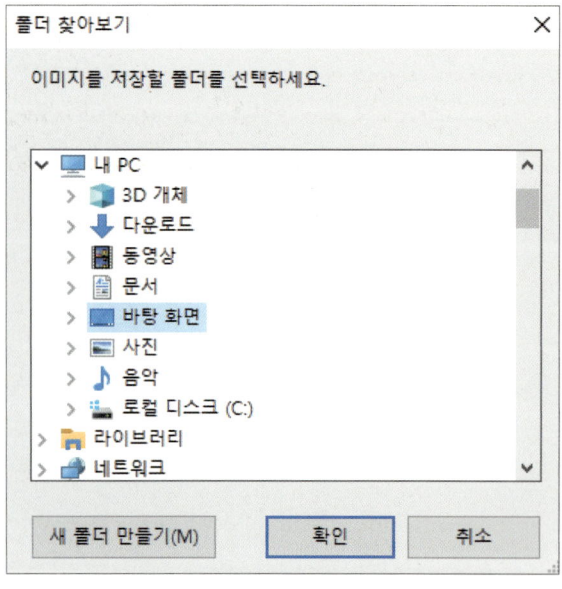

6. X-ray 사진 문자(MMS)전송 방법

① 사진을 클릭 후, 오른쪽 마우스 버튼을 클릭한 다음 "문자(MMS) 전송"을 누릅니다.

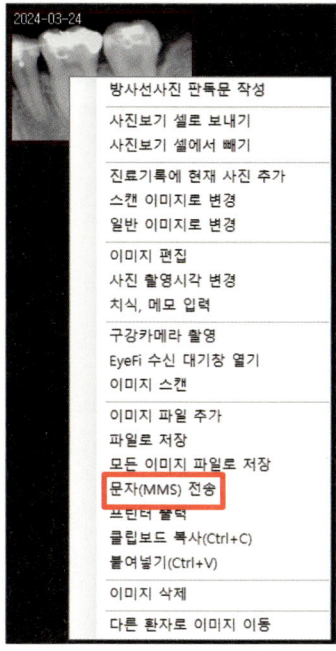

② 환자분 휴대폰번호 및 MMS내용 확인 후 MMS보내기 버튼을 클릭하여 전송합니다.

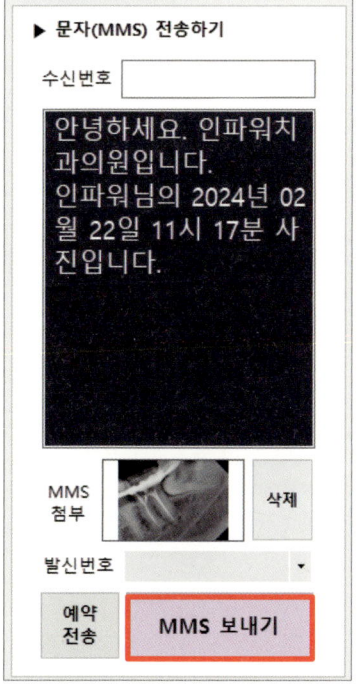

1. 판독소견서 작성방법

① 진료차트에서 판독소견서를 작성하고자 하는 환자분 엑스레이에 마우스를 대고 오른쪽 버튼으로 클릭합니다.

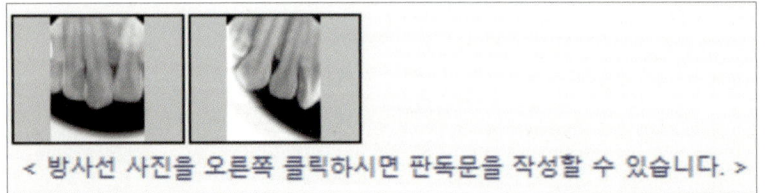

< 방사선 사진을 오른쪽 클릭하시면 판독문을 작성할 수 있습니다. >

② 판독소견서를 작성 후 "내용저장" 후 "닫기"를 눌러 저장합니다.

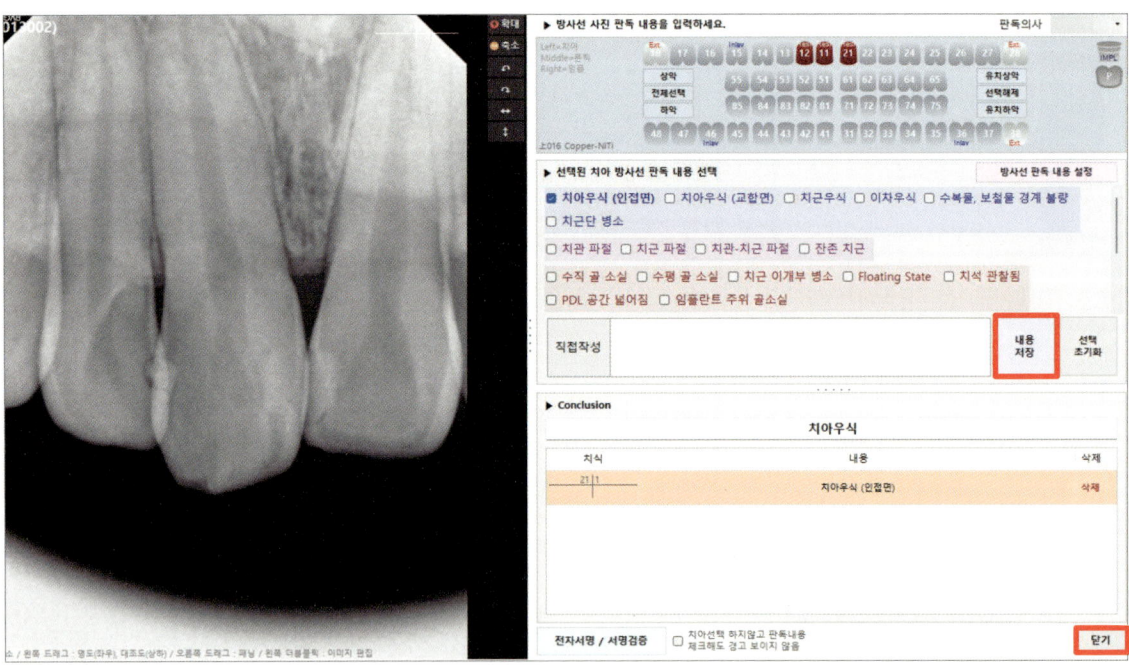

2. 판독소견서 설정방법

☑ [환경설정] - [진료와 관련된 덴트웹 설정] - [방사선 판독내용 설정]

① 새로운 판독 내용을 추가하고 싶은 경우
원하는 내용의 판독 내용을 설정 한 후 "추가"를 눌러 저장 후 "확인"을

② 판독내용을 수정하고 싶은 경우, 수정하고 싶은 내용을 선택 한 후, 내용 수정 후
"수정"을 눌러 저장하고 "확인"을 눌러줍니다.

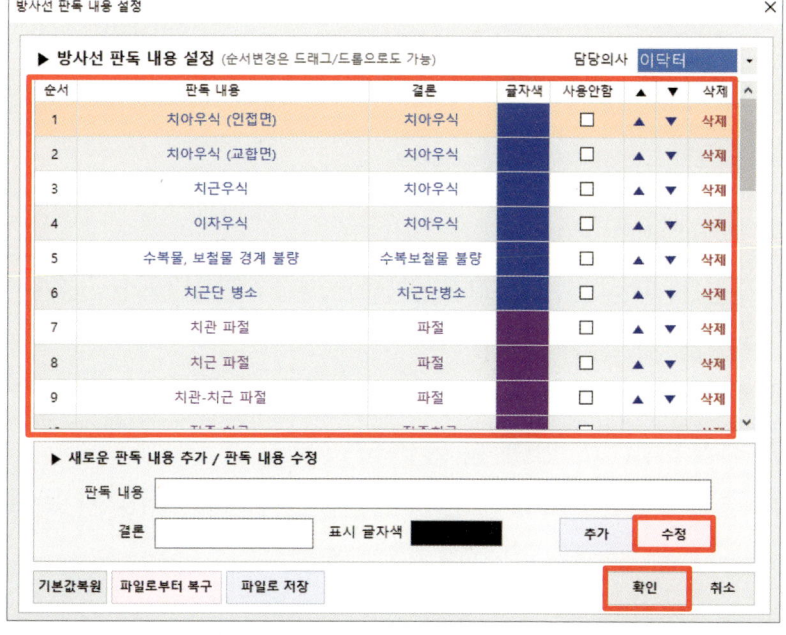

Eye-fi

1. Eye-fi 설정방법

☑ [환경설정] - [진료 관련 기타 설정] - [Eye-Fi 이미지 가져오기]

📢 Eye-fi 기능을 사용하면 카메라로 촬영한 사진을 바로 덴트웹과 컴퓨터 폴더에
저장할 수 있습니다.

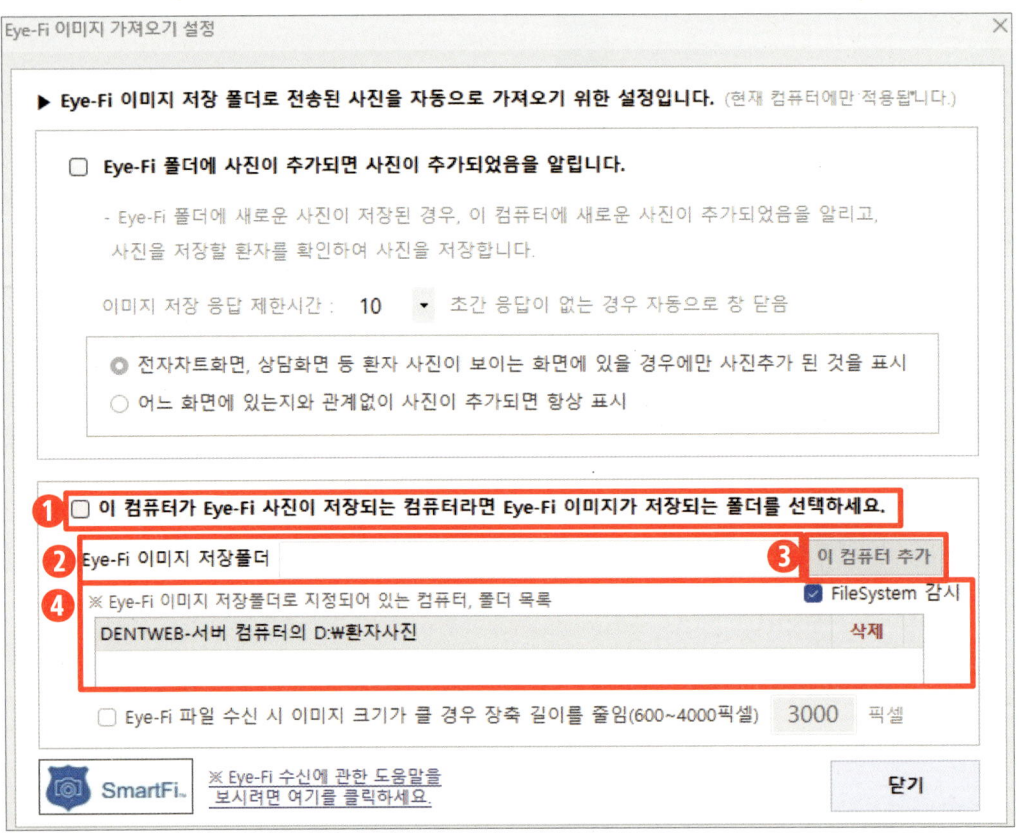

ⓘ ① "이 컴퓨터가 Eye-Fi 사진이 저장되는 컴퓨터라면 Eye-Fi 이미지가 저장되는
폴더를 선택하세요" 부분을 체크합니다.
② Eye-Fi 이미지 저장 폴더 우측 네모 칸을 클릭하여 저장 폴더를 선택합니다.
③ 저장 폴더 선택 후 "이 컴퓨터 추가" 버튼을 눌러줍니다.
④ Eye-Fi 이미지 저장 폴더로 지정되어 있는 컴퓨터, 폴더 목록에 저장된 목록이
내가 설정한 폴더가 맞는지 폴더명을 확인합니다.

2. Eye-fi 활성화 방법

☑ [진료실모드]–[EyeFi대기]

☑ [일반모드]–[사진보기]–[EyeFi대기]

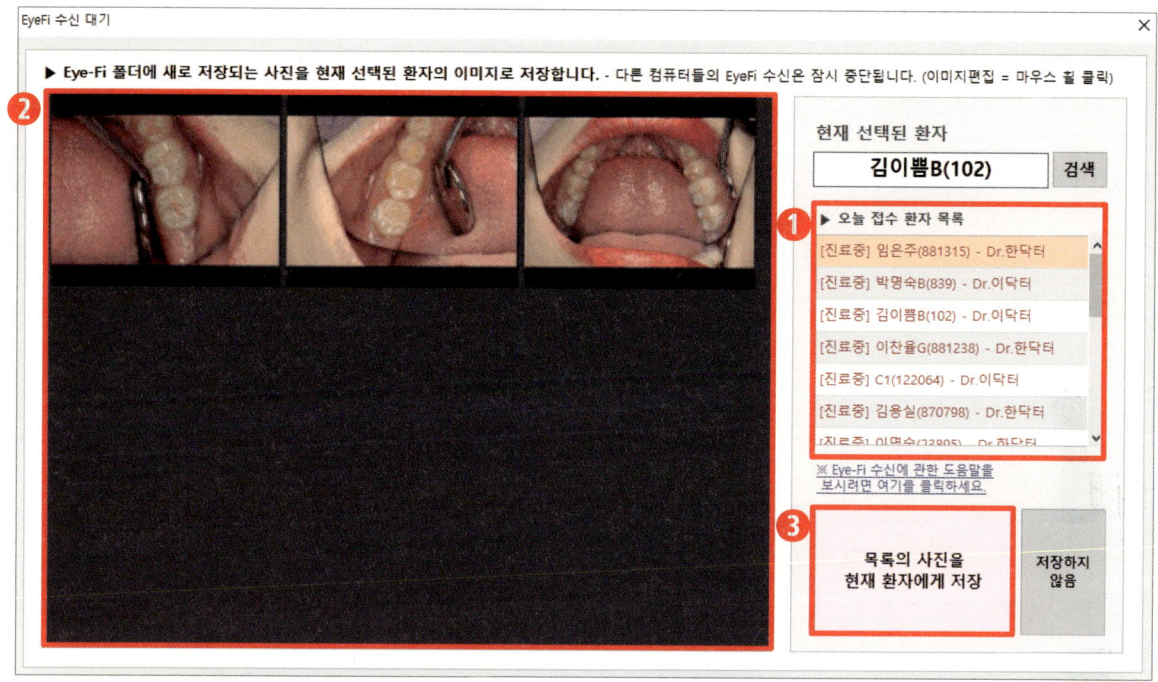

 해당기능은 와이파이 연결이 가능한 카메라에서만 가능합니다!

① "오늘 접수 환자 목록"에서 환자분을 선택합니다.

② 사진 촬영 후 좌측 회색 부분에 저장된 환자분 사진을 확인합니다.
사진 삭제를 원하는 경우 마우스 오른쪽 버튼을 눌러 촬영한 사진을 삭제
할 수 있습니다.

③ 사진 저장을 원할 경우 "목록의 사진을 현재 환자에게 저장" 버튼을 눌러
저장합니다.

1. 구강카메라 연동 후 사용방법

☑ [사진보기] - [사진추가]

📢 엑스레이 프로그램을 실행시켜 구강카메라를 촬영하지 않더라도,
덴트웹 프로그램에서 구강카메라 촬영을 손쉽게 촬영할 수 있습니다.

구강카메라(웹캠) 촬영

Schick 센서 촬영

EasySensor(바텍) 촬영

이미지 파일 추가하기

<전악 구강카메라 촬영 후 표준촬영 템플릿 저장 시 화면>

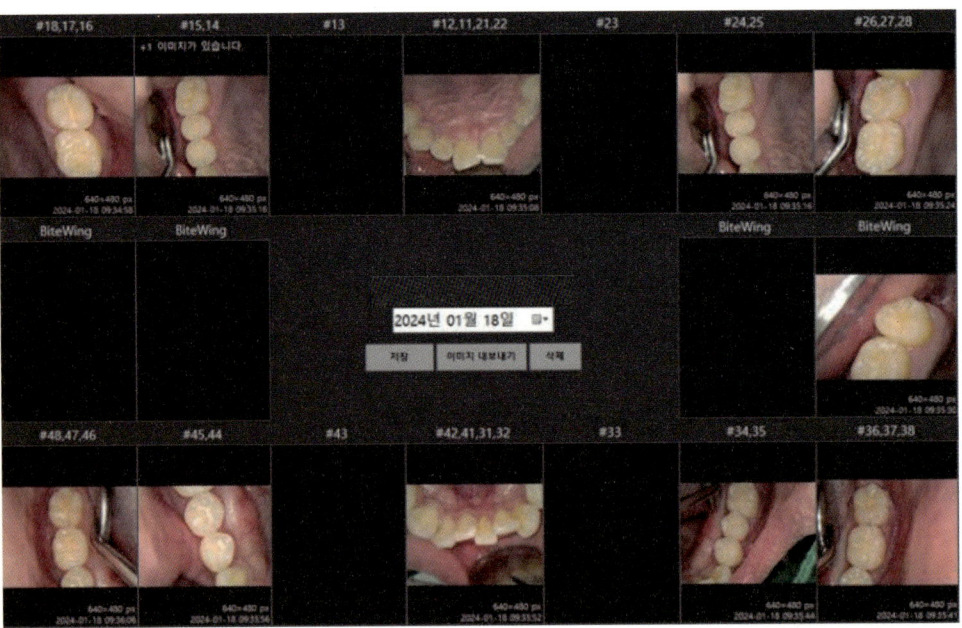

ℹ 컴퓨터에 해당 장치의 드라이버가 설치되어 있는 경우에만 메뉴에 구강카메라,
엑스레이 센서 등이 표시됩니다.

. 사진 추가 방법

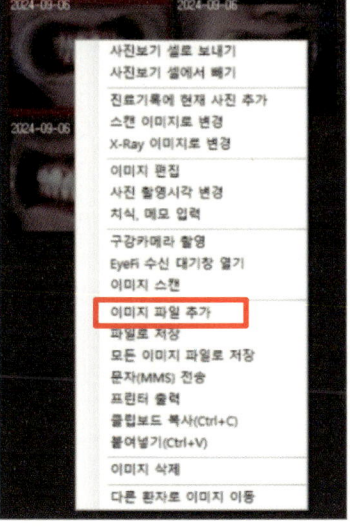

덴트웹에서는 사진보기에서 저장된 구강카메라 / 엑스레이 사진을 확인하실 수 있으며, 이미지 편집 기능을 사용하여 사진을 손쉽게 수정할 수 있습니다.

① 사진보기 클릭 후, 우측 상단 쪽 "사진 추가"버튼을 클릭하여, 추가하실 수 있습니다.

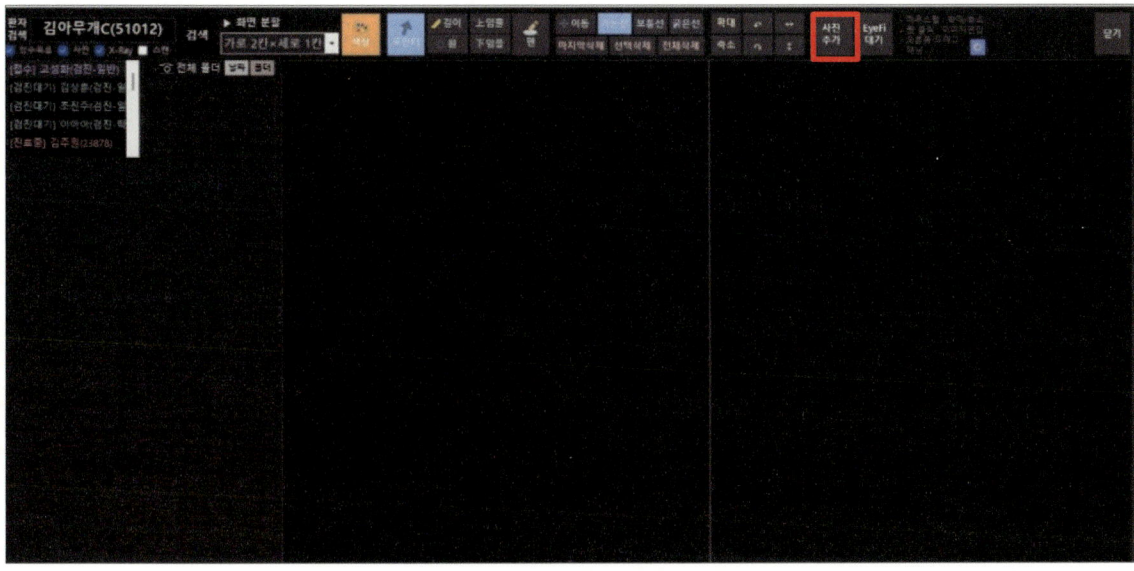

② 좌측 사진 목록에서 마우스 우측 버튼을 클릭하여 사진을 추가할 수 있습니다.

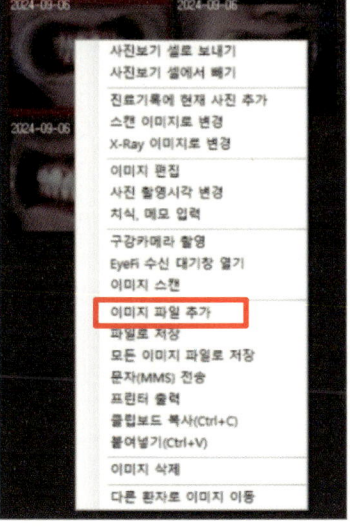

2. 사진 수정 방법

① 좌측 사진 목록에서 편집하고자 하는 사진 선택 후 마우스 오른쪽 버튼을 클릭하여 "이미지 편집"을 선택합니다.

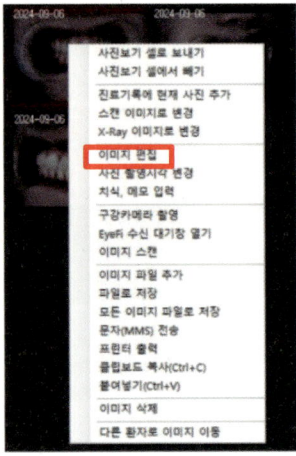

② 원하는 방향으로 사진 수정 후, "저장 후 닫기" 버튼을 눌러 수정사항을 저장합니다.

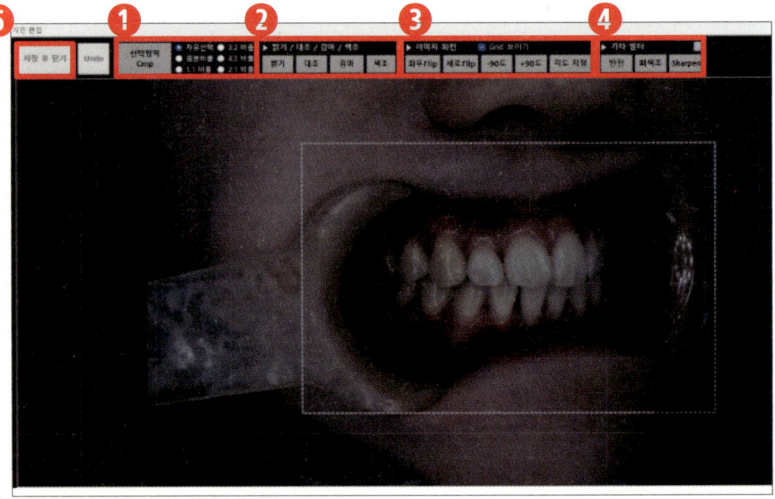

① 원하는 비율로 사진의 크기를 조정할 수 있습니다.
② 사진의 밝기 / 대조 / 감마 / 색조를 조정할 수 있습니다.
③ 사진의 좌우 반전, 위아래 반전, 90도 돌리기, 원하는 각도로 지정하여 회전까지 시킬 수 있습니다.
④ 사진에 필터를 입힐 수 있습니다.
⑤ 모든 설정이 완료 된 후 "저장 후 닫기"버튼을 누릅니다.

. 치식 입력창 설정

☑ [전자차트] - [진료입력] - [치식창 우측 하단 톱니바퀴버튼]

📢 치식 입력창에서 별도의 설정을 거치면 급여 임플란트/틀니 가능여부, 최근 변경한 아치 와이어 등을 표시하여 손쉽게 확인할 수 있습니다.

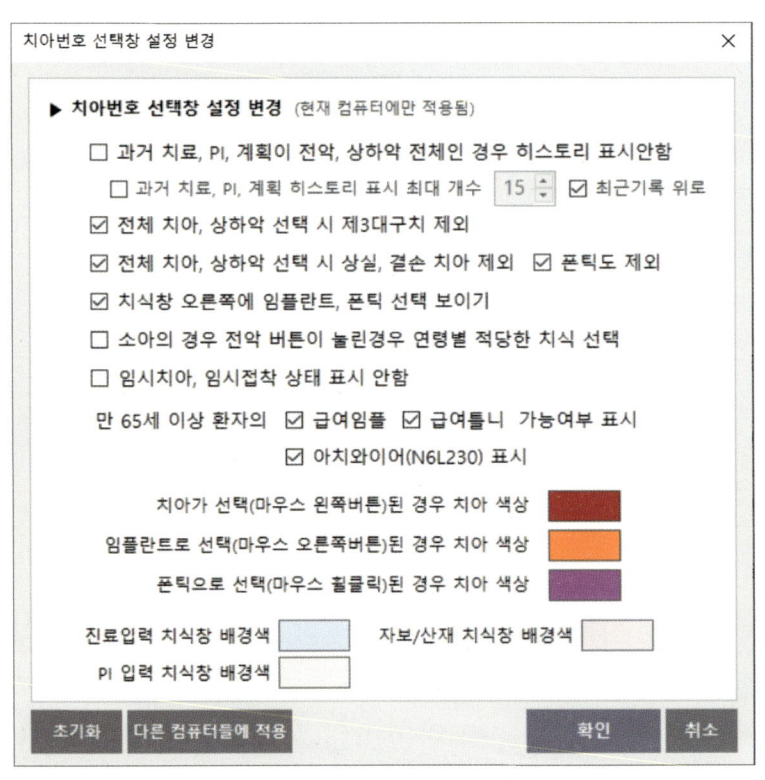

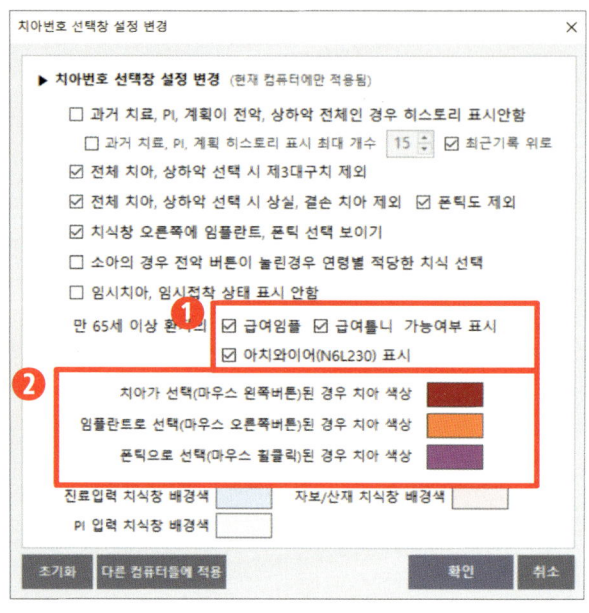

① 급여 임플란트 / 틀니 가능여부 표시를 클릭하시면 치식 창 좌측 하단에 급여 임플/
   틀니에 대한 정보를 확인할 수 있습니다.
   아치와이어 표시 칸을 클릭하시면 최근 변경한 와이어의 종류를 좌측 하단에서
   확인 하실 수 있습니다.
② 색상을 설정 해두면 치식 창에서 치식을 선택 하였을 때, 설정한 색상으로
   치식이 변경되는 것을 확인하실 수 있습니다.
   (일반 치식 – 왼쪽 버튼, 임플란트 치식 – 오른쪽 버튼, 폰틱 – 마우스 휠 버튼)

. PI 입력방법

☑ [전자차트] - [PI입력]

> PI(Present Illness) 기능을 사용하시면, 환자분의 검진 시 치아 상태를 보기 쉽게
> 정리해서 보실 수 있습니다.

① 상단에서 치식을 입력합니다.
② 하단에서 선택된 치아 PI를 입력합니다.
③ 추가로 작성하고 싶은 내용이 있다면 직접작성(메모)칸을 활용하여 작성합니다.
④ 메모저장 버튼을 눌러서 저장합니다.

2. 입력된 PI 확인 방법

① PI입력 창 하단에서 확인

치식		Present Illness
	6	교합면 우식 A:상아질의 우식 P:레진
	5	치경부 마모/굴곡 파절 A:치아의 쐐기결손 P:GI
	6	치근단 병소 A:근단주위농양 P:엔도크라운
	5	치아상실/결손 A:치아상실 P:임플란트

② 전자차트에서 확인

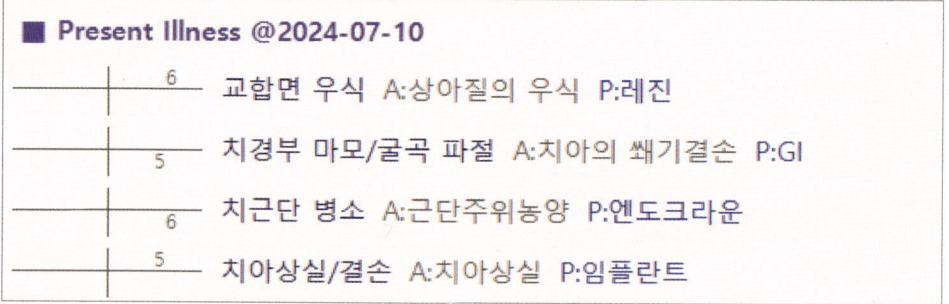

■ **Present Illness @2024-07-10**

	6	교합면 우식 A:상아질의 우식 P:레진
	5	치경부 마모/굴곡 파절 A:치아의 쐐기결손 P:GI
	6	치근단 병소 A:근단주위농양 P:엔도크라운
	5	치아상실/결손 A:치아상실 P:임플란트

③ 치식 창에서 확인

① PI 이름에 '결손' → 창에 'MISS' 표시가 나타납니다.

② PI 이름에 '미맹출' → 창에 'N.E' 표시가 나타납니다.

③ PI 이름에 '우식' → 창에 'caries' 표시가 나타납니다.

④ PI 이름에 '보철물 불량', '보철물 파절', '충전물 불량', '충전물 파절' →
   창에 'Bad' 표시가 나타납니다.

⑤ PI 이름에 '치경부 마모', '굴곡 파절' → 창에 'abfr.' 표시가 나타납니다.

⑥ PI 이름에 '잔존 치근' → 창에 'Rest' 표시가 나타납니다

⑦ PI 이름에 '치관 파절', '치아 파절', '치근 파절' → 창에 'Fract' 표시가 나타납니다.

8. PI항목 설정방법

☑ [환경설정] - [치료계획, PI 입력과 관련된 덴트웹 설정] - [PI항목설정]

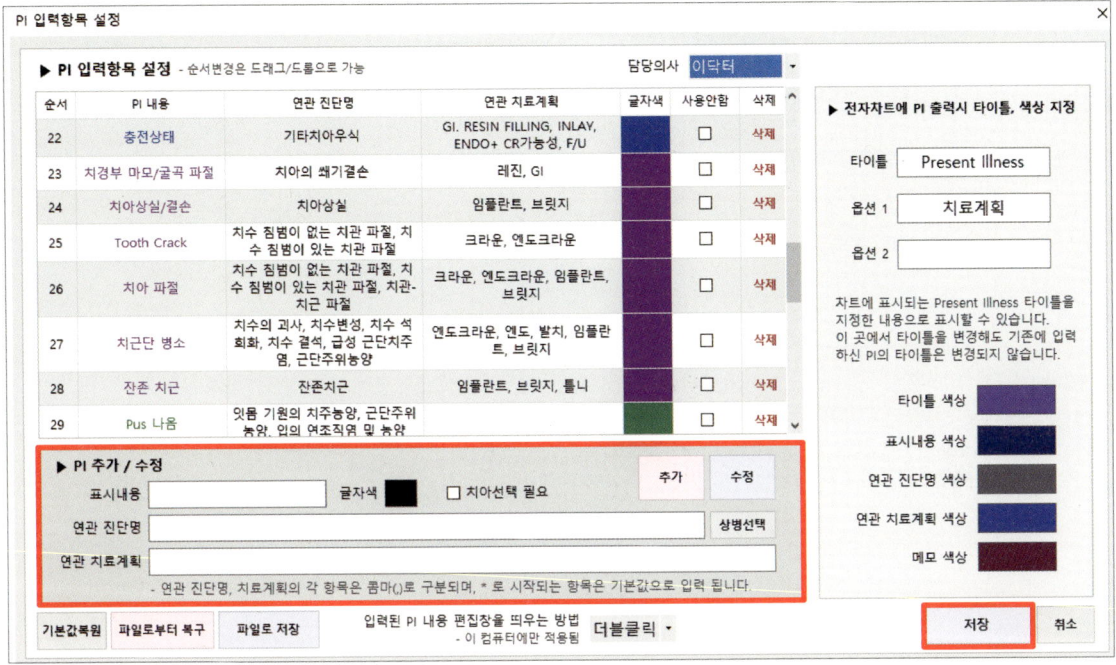

☑ [PI입력 창 날짜 설정 옆 톱니바퀴]

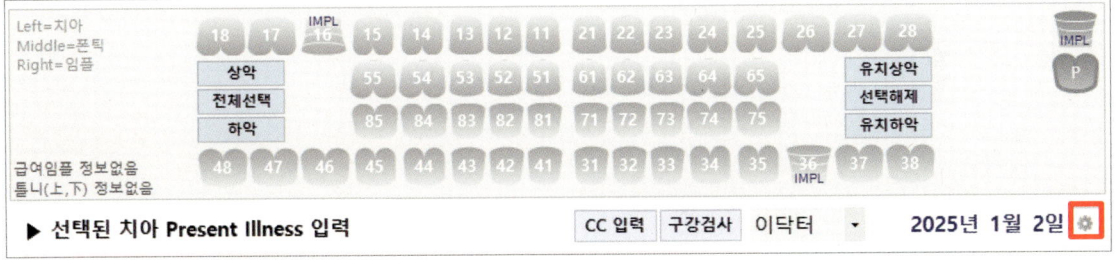

PI 항목설정을 사용하여 PI 표시내용, 연관 진단명, 연간 치료계획을 설정하실 수 있습니다. 또한 PI의 타이틀, 표시내용, 진단명, 치료계획, 메모 색상을 각각 설정하실 수 있습니다.

1. 치료 계획 입력방법

치료계획은 진료기록 이며, 전자서명 대상입니다. 비용과 관계없이 치료를 위해 작성하는 계획으로 전자차트가 포함된 덴트웹 Full버전에서만 제공됩니다. 전자차트에서 의사가 직접 작성하고 이후에 치료비용계획을 작성할 때 이를 참고하시면 됩니다.

ⓘ
① 계획#1 치식을 클릭하여 선택합니다.
② 진료계획 버튼에서 기존에 설정한 진료 묶음 버튼 내용을 클릭합니다.
③ 진료계획 버튼에서 원하는 내용이 없는 경우 치료 카테고리 선택에서
　 치료계획을 선택합니다.
④ 추가로 입력하고 싶은 내용이 있는 경우 수정이 가능합니다.
⑤ 선택한 치료 계획의 치료 계획을 확인하실 수 있습니다.
⑥ 계획#1과 관련된 다른 계획이 추가로 있다면 계획#2에 작성합니다.
⑦ 새로운 계획이 추가되는 경우 "새 치료계획 추가"를 선택하여 추가 작성합니다.

. 치료계획 활용방법

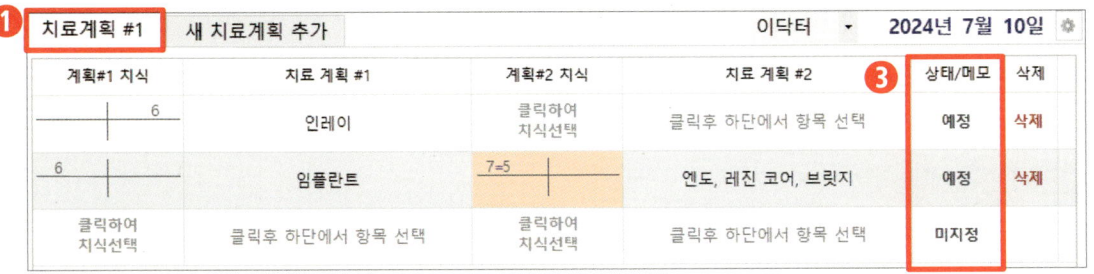

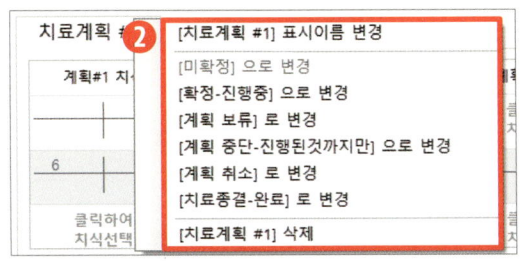

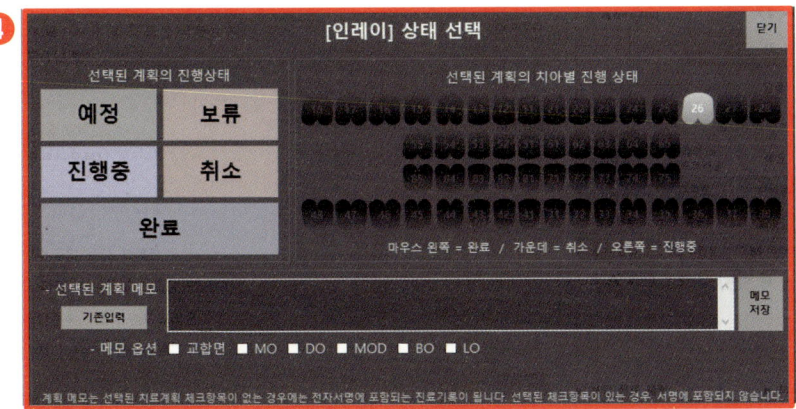

① 치료계획 #1을 마우스 우측 버튼으로 클릭하시면 치료계획 #1에 대한 진행 상황을 ②에 보이는 것처럼 변경하시거나 삭제하실 수 있습니다.

③ 치료계획 #1에 설정한 plan 각자의 상태 / 메모는 "예정"칸을 클릭하여

④ 화면으로 치료 진행상태를 설정하실 수 있으며 추가로 선택된 계획에 대한 메모를 작성할 수 있습니다.

치료계획 입력

3. 치료계획 버튼 수정방법

☑ [환경설정] - [치료계획, PI입력과 관련된 덴트웹 설정] - [치료계획 버튼 설정]

☑ [전자차트] - [치료계획 입력] - [우측상단 톱니바퀴]

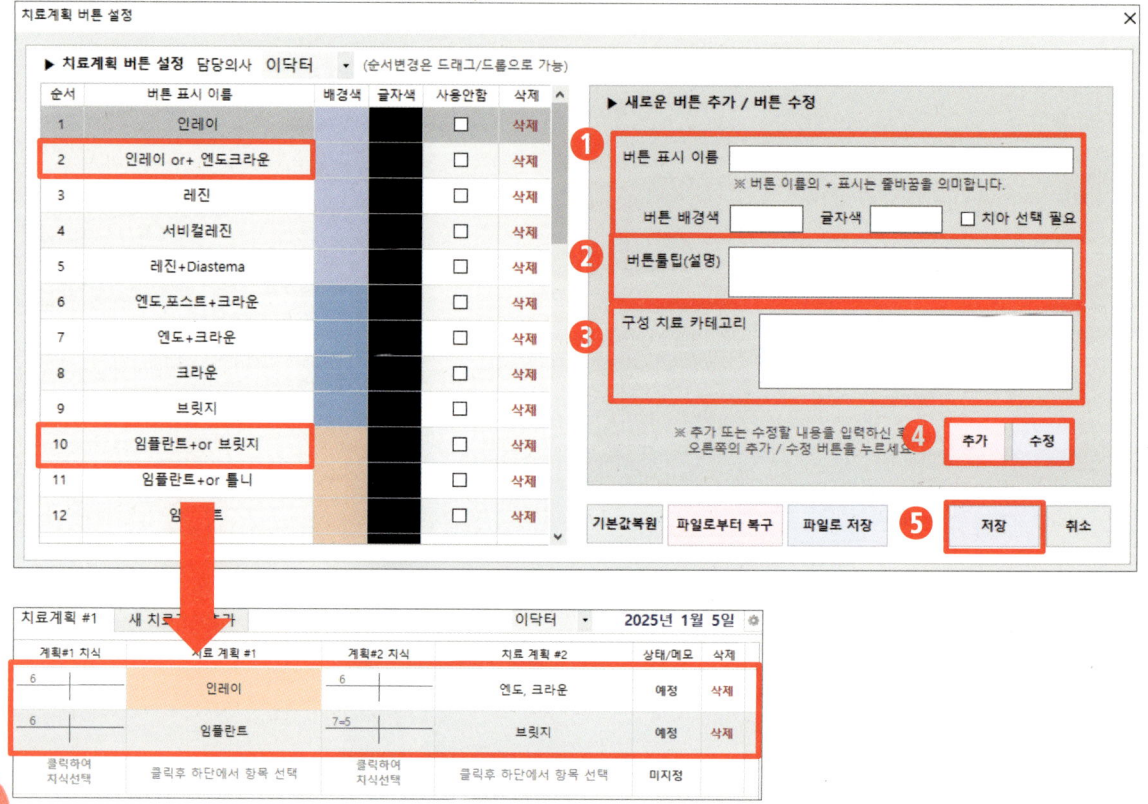

① 버튼 표시 이름 – 버튼 선택 창에 보여질 이름을 설정합니다. 동일 치아에 두가지 치료 방법이 있는 경우 "+" 버튼을 사용하여 기입합니다. "+"버튼을 사용하여 기입할 경우, 치료계획#1과 치료계획#2에 동시에 기입됩니다.
버튼 배경색, 글자 색 – 배경색과, 글자색을 원하는 색상으로 변경할 수 있습니다.
치아선택필요 – 치료에 치식이 필요한 경우 이 창에 체크 합니다.

② 버튼툴팁(설명) – 버튼에 마우스를 가까이 했을 때, 보여지는 버튼 설명입니다.

③ 구성 치료 카테고리 – 하단에 치료 카테고리 내용들을 입력합니다. 두가지를 입력하고 싶은 경우 ",(콤마)"를 삽입 합니다. 두가지 중 선택으로 기입 하고싶은 경우 ",또는"을 삽입하여 기입합니다.

④ 추가 또는 수정을 선택 후 ⑤저장합니다.

4. 치료 카테고리 수정방법

✅ [환경설정] - [치료계획, PI입력과 관련된 덴트웹 설정] - [치료 카테고리 설정]

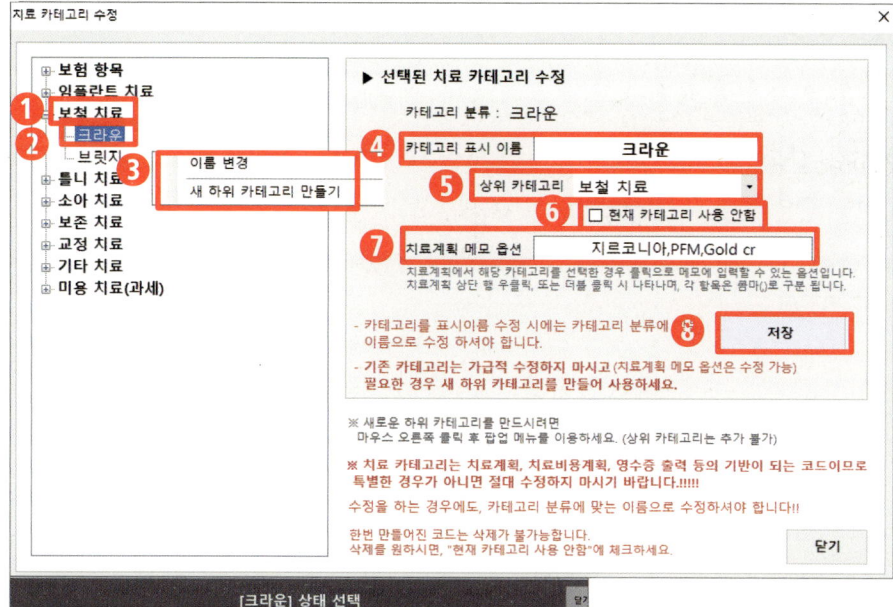

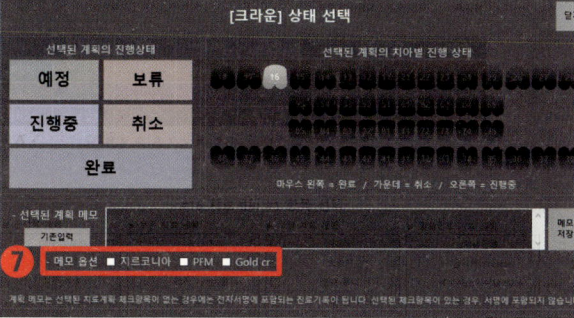

① 상위 카테고리 입니다. 상위 카테고리는 추가, 수정, 변경이 불가능합니다.

② 하위 카테고리 입니다.

③ 하위 카테고리에서 오른쪽 마우스 버튼을 클릭하시면 "이름변경",
   "새 하위 카테고리 만들기"가 가능합니다.

④ 하위 카테고리 표시 이름을 설정 하실 수 있습니다.

⑤ 만들고 싶은 하위 카테고리의 상위 카테고리를 설정할 수 있습니다.

⑥ 현재 카테고리를 사용하고 싶지 않은 경우 체크를 합니다.
   (한번 만든 카테고리는 삭제가 불가능합니다.)

⑦ 카테고리 사용 시 치료계획의 메모를 설정하실 수 있습니다.

⑧ 모든 설정을 완료 후 "저장"을 눌러줍니다.

치료비용계획 작성

1. 치료비용계획 입력방법

☑ [전자차트] - [우측환자정보] - [비용계획] - [새 비용 설명 작성]

☑ [환자상담] - [치료비용계획] - [새 비용 설명 작성]

치료비계획을 작성하시면, 해당 환자분께서 치료가 어디까지 진행되었는지,
남은 수납액은 얼마인지를 한눈에 볼 수 있습니다.

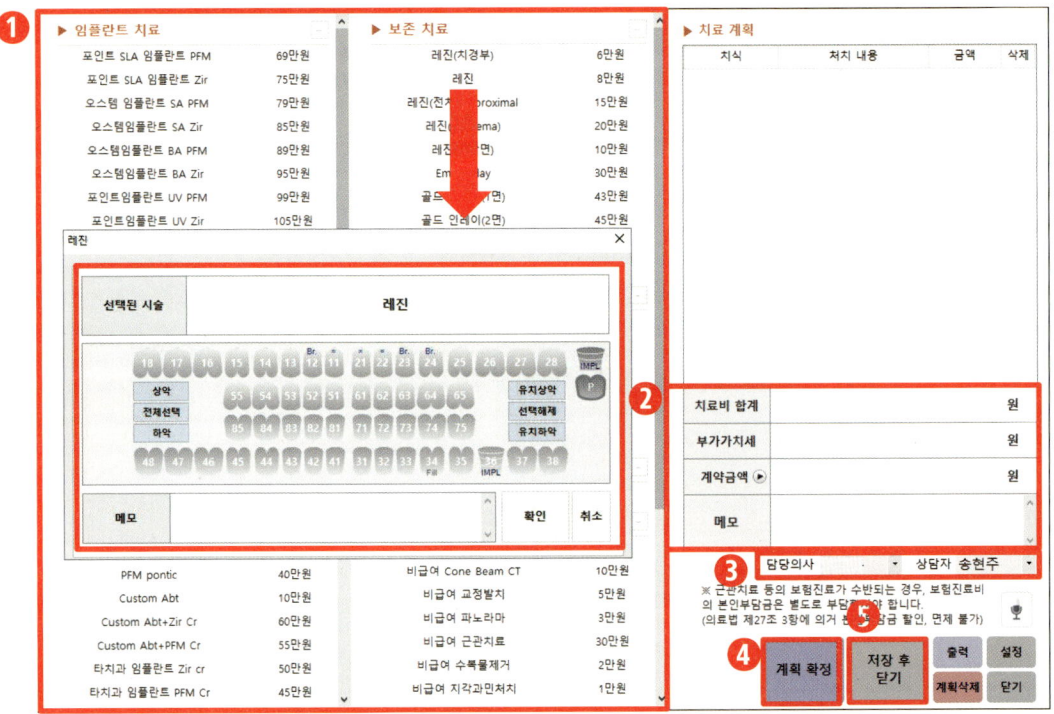

① 입력하고자 하는 치료를 선택 후 치식 선택, 메모 작성 후 확인을 누르면,
   우측 치료 계획창에 설정한 내용이 저장됩니다.

② 전체 치료비 합계를 확인 후 최종적으로 계약금액을 설정합니다.

③ 저장하기 전 담당의사/상담자를 설정합니다.

④ 계획을 진행하기로 한 경우, "계획확정"버튼을 눌러줍니다.

⑤ 상담은 진행했으나 아직 진행 미확정인 경우 "저장 후 닫기"를 눌러줍니다.

2. 치료비용계획 카테고리 설정방법

☑ [환경설정] - [치료계획,PI 입력과 관련된 덴트웹 설정] - [치료비용 수가표설정]
☑ [환자상담] - [치료비용계획] - [새 비용 설명 작성] - [설정(우측하단)]

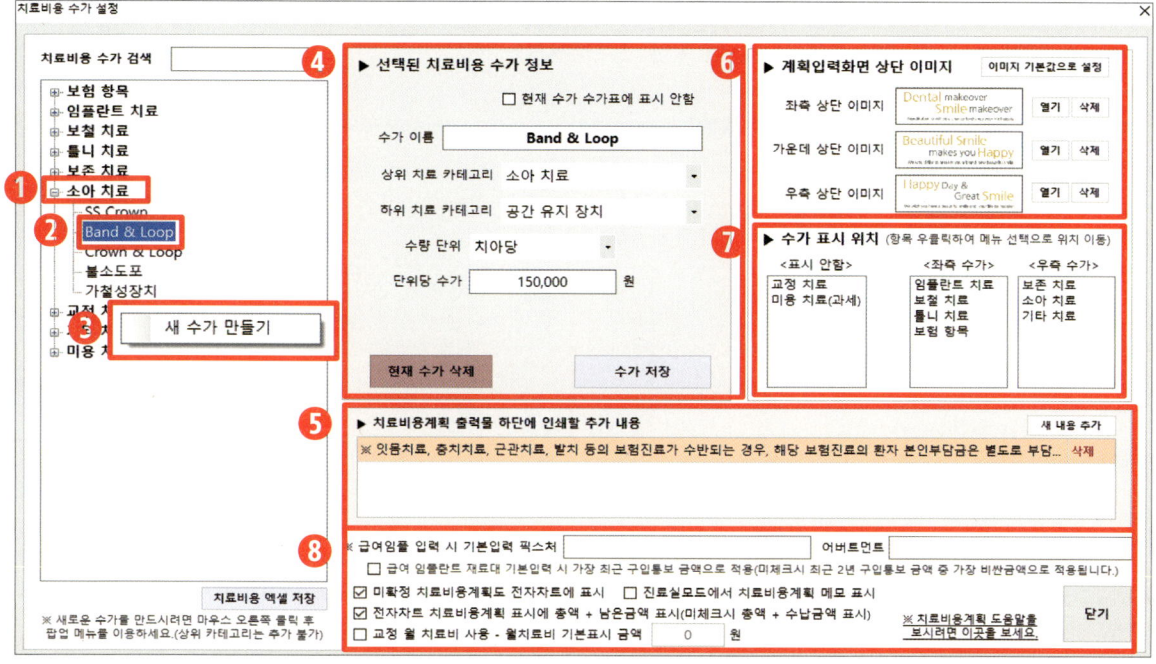

① 상위 카테고리입니다. 상위 카테고리는 수정이나 삭제가 불가능합니다.

② 수가 이름입니다. 이름 변경을 원하는 경우 더블 클릭하여 변경이 가능합니다.

③ 새 수가를 추가하고 싶은 경우 마우스 오른쪽 버튼을 클릭하여 "새 수가 만들기"
   를 클릭하여 새 수가를 추가합니다.

④ 수가 이름 – 원하는 수가 이름으로 설정합니다.

   상위 치료 카테고리 – 상위 카테고리를 설정합니다.(① 참고)

   하위 치료 카테고리 – [치료계획 – 치료 카테고리 설정]에서 설정한
                      하위 카테고리가 목록으로 나옵니다.

⑤ 치료비용계획 출력 시 하단에 인쇄할 내용을 추가 하실 수 있습니다.

   예시 화면처럼 본인부담금 수납에 관한 내용을 추가 하시면 좋습니다.

⑥ 계획입력 화면에서 나올 이미지를 설정합니다.

⑦ 새 비용 작성 화면에서 보여질 카테고리 순서를 정리합니다.

   표시를 원치 않는 경우 <표시 안함>으로 구분하시면 됩니다.

⑧ 추가적인 내용을 설정 후 닫기를 눌러줍니다.

3. 치료비용계획 활용방법

☑ [환자상담]-[새 비용 설명 작성]-[설정]

환자 상담 기능 중 치료 비용 계획서 활용 방법입니다.

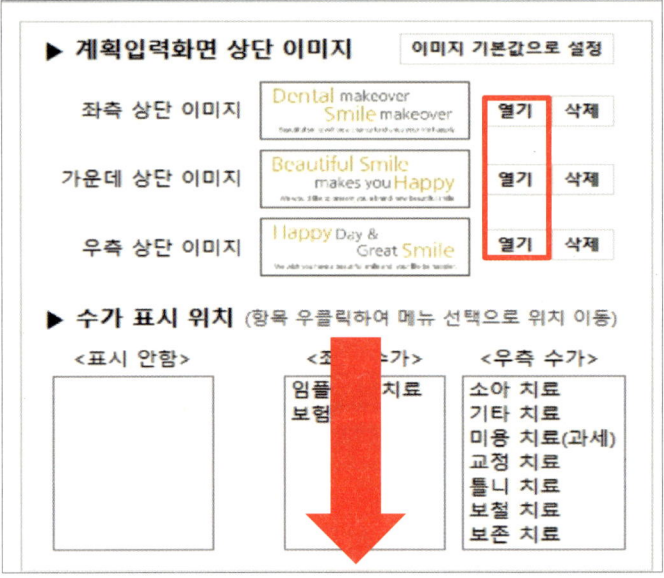

환자 상담 화면을 클릭한 후, 새 비용 설명 작성을 클릭하세요.
이어서 설정을 클릭한 뒤 이미지 설정에서 열기 버튼을 클릭해 우리 병원 로고를
넣어 사용해 주세요.

환자분과 나누었던 상담 내용 중 중요한 사항이나 환자분께서 기억해야 하는 내용은
치료 비용 계획서 하단을 활용해 보세요.
모든 환자에게 적용되는 내용은 출력물 하단에 인쇄할 내용에 추가해두면 치료비용계획서를
출력해드릴 때 항상 인쇄가 됩니다.
각 치료계획에 추가되는 내용은 메모에 작성하시면 비고란으로 작성되어 출력됩니다.

▶ 치료비용계획 출력물 하단에 인쇄할 추가 내용 　　　　　　　　　　　　　　새 내용 추가

※ 잇몸치료, 충치치료, 근관치료, 발치 등의 보험진료가 수반되는 경우, 해당 보험진료의 환자 본인부담금은 별도로 부담... 　삭제

치료 추가, 변동 가능성 설명드림 　　　　　　　　　　　　　　　　　　　　　　　　　　　삭제

▶ 치료 계획

치식	처치 내용	금액	삭제
1=3	지르코니아(전치부)	1,800,000	삭제
1 [진행중]	레진 코어	50,000	삭제
3	근관치료	보험본인부담	삭제

치료비 합계	1,950,000	원
부가가치세	0	원
계약금액 ▶	1,950,000	원
☐ 교정치료 월치료비	50,000	원
메모	#11 치아 신경치료 가능성 설명드림	

▶ 현재계획 세부내역 　계획확정 서명 받기 　- 계획 확정일 : 2025-09-03 　변경

상태	치식	치료 계획	메모	금액
예정	1=3	지르코니아(전치부)		1,800,000
진행중	1	레진 코어		50,000
예정	3	근관치료		보험본인부담
예정	3	포스트		100,000

계획 작성시 메모	#11 치아 신경치료 가능성 설명드림

▶ 치료비용계획 진료비 산정 내역

치식	시술 내용	메모	금액
1=3	지르코니아(전치부)		1,800,000 원
1	레진 코어		50,000 원
3	근관치료		보험본인부담
3	포스트		100,000 원

치료비 합계 : 1,950,000원

[비고] #11 치아 신경치료 가능성 설명드림

※ 잇몸치료, 충치치료, 근관치료, 발치 등의 보험진료가 수반되는 경우, 해당 보험진료의 환자 본인부담금은 별도로 부담하
셔야 합니다.(의료법 제27조 제3항에 의해 보험진료의 본인부담금을 할인, 면제하는 행위는 3년 이하 징역 또는 3천만원
이하 벌금 처벌을 받습니다.)
치료 추가, 변동 가능성 설명드림.

◀ 출력물

☑ [환자상담]-[치료비용계획]-[치료비용계획현황]

▶ 치료비용계획 현황   전자차트에서 입력한 치료계획 현황 보기

작성일	◉ 월별 2025 ▾ 년 01 ▾ 월 ○ 연도별 2025 ▾ 년 ○ 특정기간 2025-01-01 ▾ 부터 2025-01-05 ▾ 까지				엑셀저장
검색범위	☑ 미확정 계획 ☑ 진행중/수납완료 ☑ 진행중/수납미완료 ☑ 수납완료/치료종결 ☑ 미수금 (치료종결/수납미완료)			검색	
검색	환자검색 [ ] 내용검색 [ ] 검색 왼쪽 더블클릭 시 ◉ 환자선택 ○ 내용 보기 □ 남은금액 표시				출력

환자정보	작성일	진행상태	수납상태	치료계획	계약금액	현재수납액	최종내원	다음예약
박덴트(10)	2025-01-05	진행중	미완료	[예정] #46 : 지르코니아(구치부)	500,000	0	2025-01-05	
강덴트(15)	2025-01-05	진행중	미완료	[예정] 전악 : 불소도포	20,000	0	2025-01-05	
김혜영(56)	2025-01-05	진행중	미완료	[예정] #16 : 오스템 임플란트, 복잡 뼈이식	2,100,000	0	2025-01-05	
나리(57)	2025-01-05	진행중	미완료	[진행중] #16 : 오스템 임플란트, 단순 뼈이식 [예정] #46 : 지르코니아(구치부)	2,400,000	1,700,000	2025-01-05	

치료비용계획 현황을 원하는 작성일, 검색범위를 설정하여 검색할 수 있으며, 검색한 내용을 엑셀로 저장과 출력까지 함께 할 수 있습니다.
미수금이 있거나 미확정인 계획만 검색하여 리콜을 하거나 환자관리에 활용할 수도 있습니다.

4. 치료비용계획 진료차트에서 활용방법

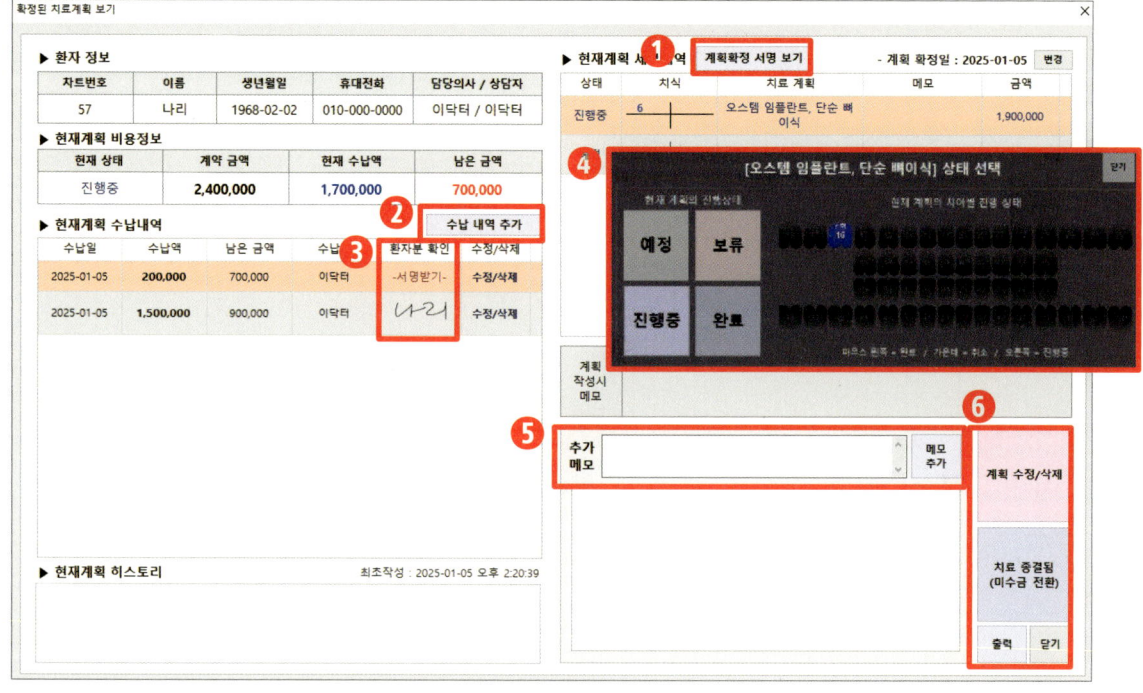

① 치료계획 확정하는 경우, 환자분께 동의 사인 받을 수 있습니다.

② 현재계획에서 수납 내역을 추가 할 수 있습니다.

③ 수납 내역에 대한 환자분 확인 서명을 받을 수 있습니다.

④ 현재계획 중 진행중인 세부내역의 상태를 "예정, 보류, 진행중, 완료"로 상태를
변경할 수 있습니다.

⑤ 추가로 메모 사항이 있을 경우 추가 하실 수 있습니다.

⑥ 계획 수정/ 삭제 – 계획을 수정 하거나 삭제할 수 있습니다.

치료 종결됨 – 치료 종결 시 선택합니다.

출력 – 치료비용계획을 출력하여 환자분께 드릴 수 있습니다.

<치료비용을 상담 했으나 진행이 확정되지 않은 경우>

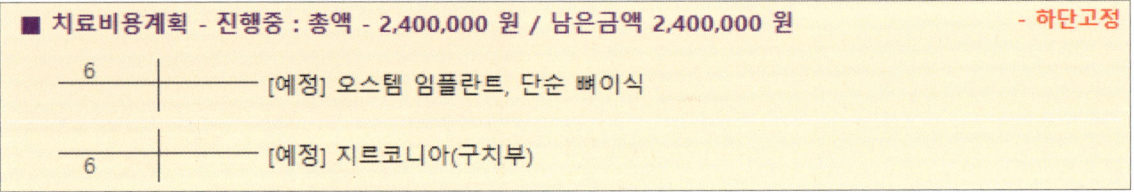

<치료비용을 상담 후 계획이 진행되고 있는 경우>

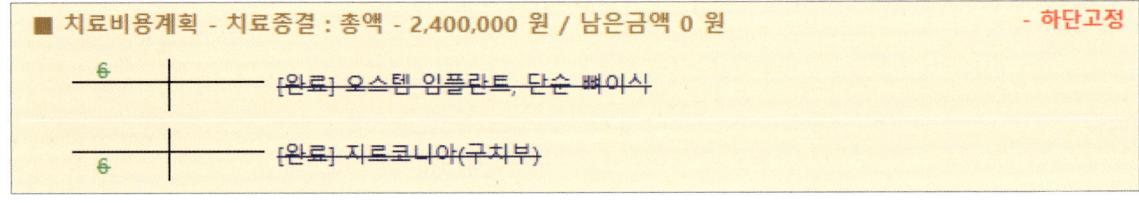

<치료비용을 상담 후 계획이 종결된 경우>

■ 치료비용계획 - 치료종결 : 총액 - 2,400,000 원 / 남은금액 0 원　　　　　- 하단고정

　　　6　──┼──── [완료] 오스템 임플란트, 단순 뼈이식

　　　6　──┼──── [완료] 지르코니아(구치부)

. 기존 문진표 커스텀 차트 등록방법

☑ [환경설정] - [진료와 관련된 덴트웹 설정] - [문진표 커스텀차트]

① PC에 사용하고 싶은 문진표 / 동의서를 PDF 파일 또는 이미지 파일로
준비합니다.
② 환경설정 → 문진표 커스텀 차트를 클릭합니다.
③ 파일로부터 새로 만들기, 파일로 저장에서 "PDF, 이미지 파일에서 만들기"를
선택하여 준비한 파일을 등록합니다.

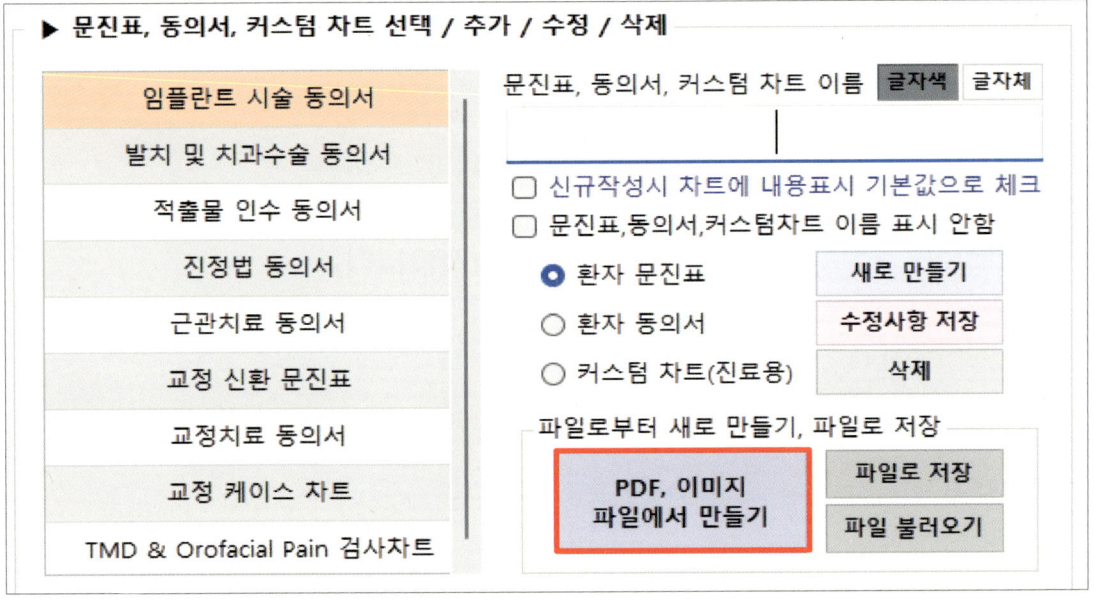

1. 동의서 서명 받는 방법 (덴트웹 프로그램)

① 덴트웹 데스크 화면에서 환자 선택 후 "문진표 동의서" 버튼을 선택합니다.

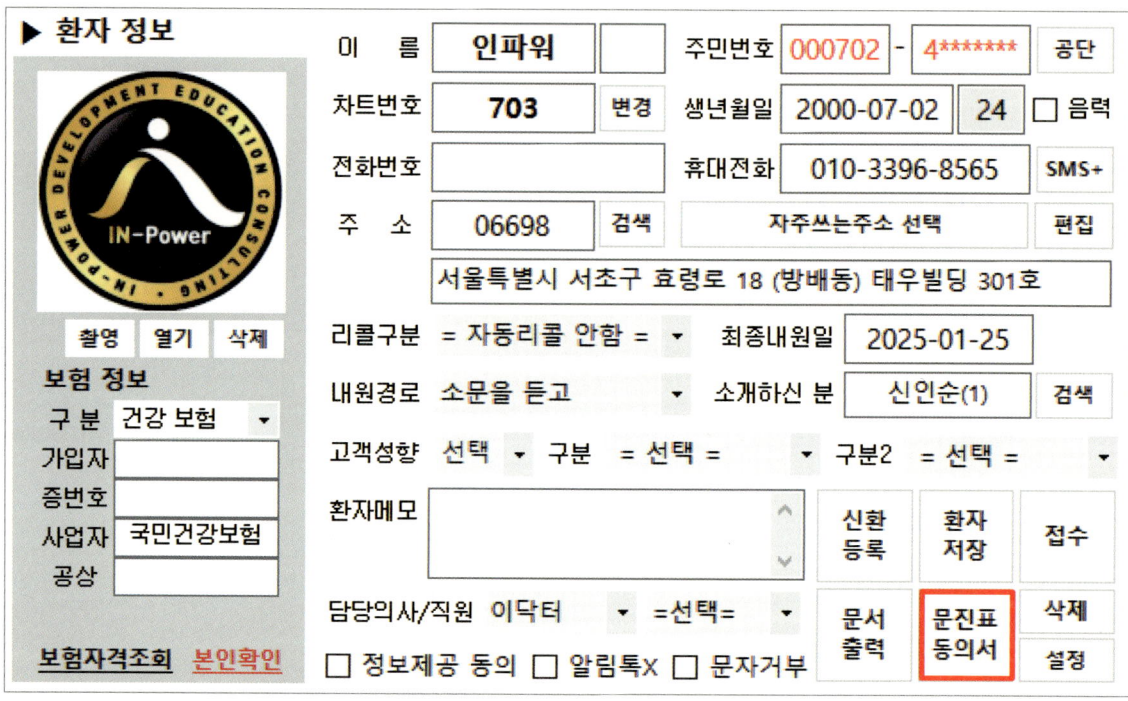

② 왼쪽 목록에서 원하는 문진표, 동의서를 선택합니다.

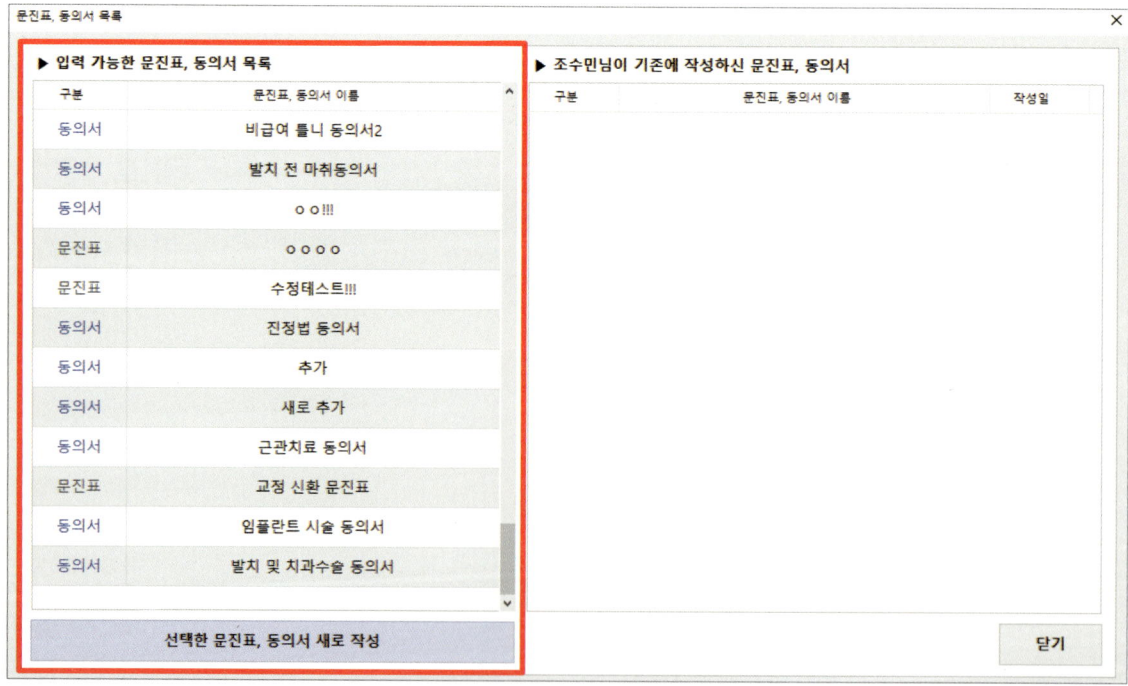

③ 동의서에 서명 받은 후 "저장 / 확인" 합니다.

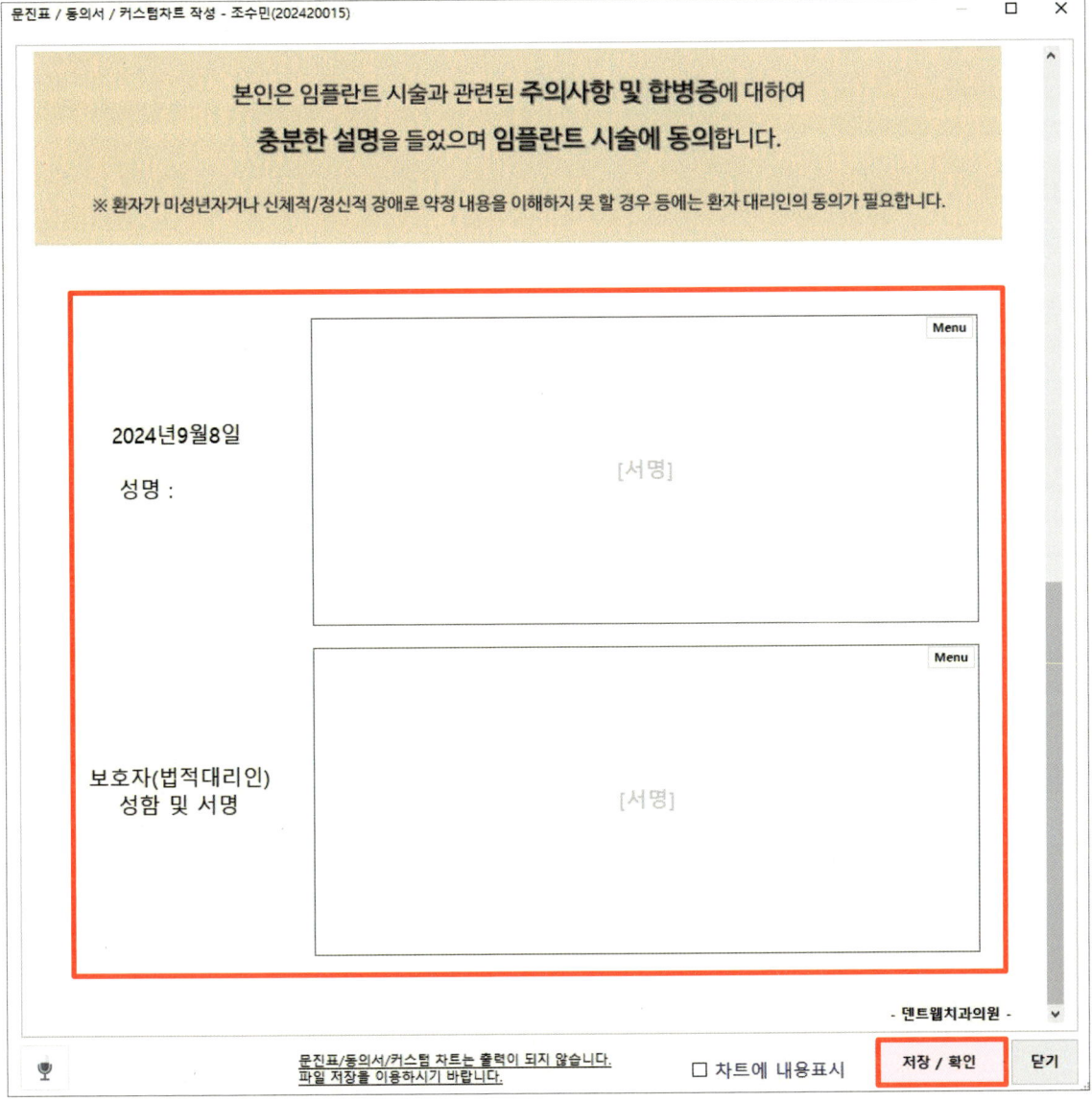

2. 동의서 서명 받는 방법 (덴트웹 고객용 프로그램)

① 덴트웹 고객용 프로그램에서 "동의서, 문진표 작성" 버튼을 선택합니다.

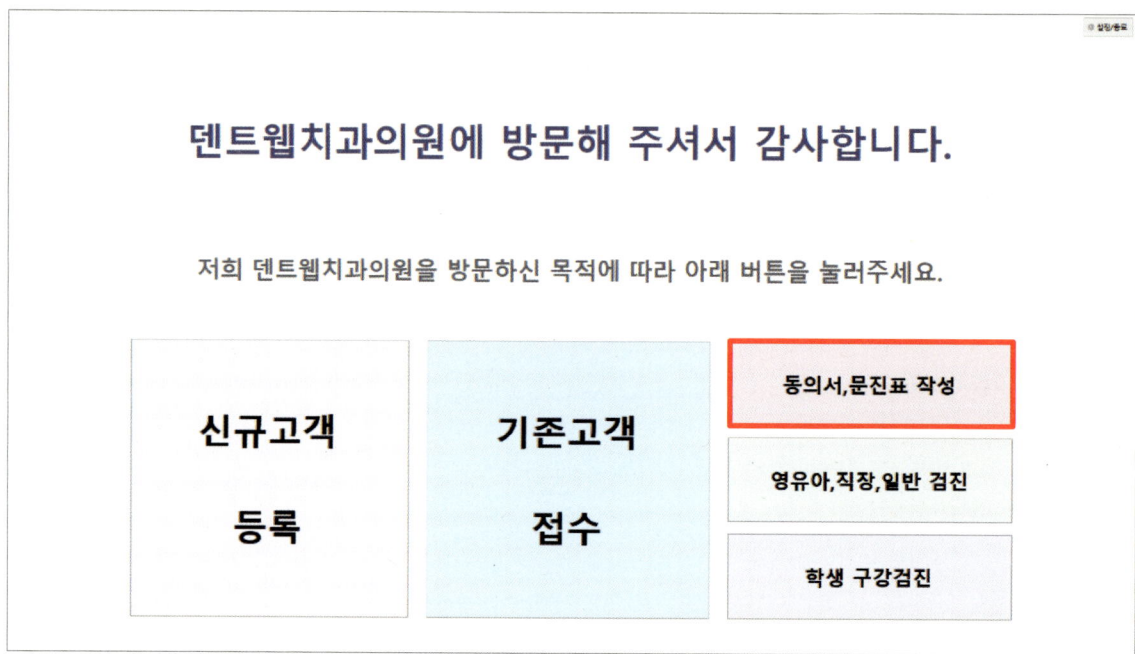

② 환자를 선택 후 "다음"으로 넘어갑니다.

▶ **등록된 환자분의 문진표 또는 동의서를 작성합니다.**

아래의 정보 중에서 고객님의 정보가 있다면, 선택하시고 "다음" 버튼을 눌러주세요.　　　　□ 수납완료자 포함

상태	성명/차트번호	생년월일	전화번호/학교
진료중	조조조(1076)	1969년 07월 02일	
진료중	김미수기(12156)	1943년 04월 02일	
진료중	김라미(18062308)	1990년 10월 31일	
진료중	조수민(202420015)	2001년 05월 16일	010-1004-10**
진료중	주민하하하(1731)	2010년 07월 31일	
진료완료	조은서(202420016)	2002년 05월 11일	010-9354-90**
진료완료	김민주(202420002)	2002년 07월 09일	010-0000-00**

목록에 고객님의 정보가 없다면, 직원에게 접수를 요청하시고 "새로고침"을 하시기 바랍니다.

새로고침		다음	취소

③ 필요한 동의서 선택 후 "다음 " 으로 넘어갑니다.

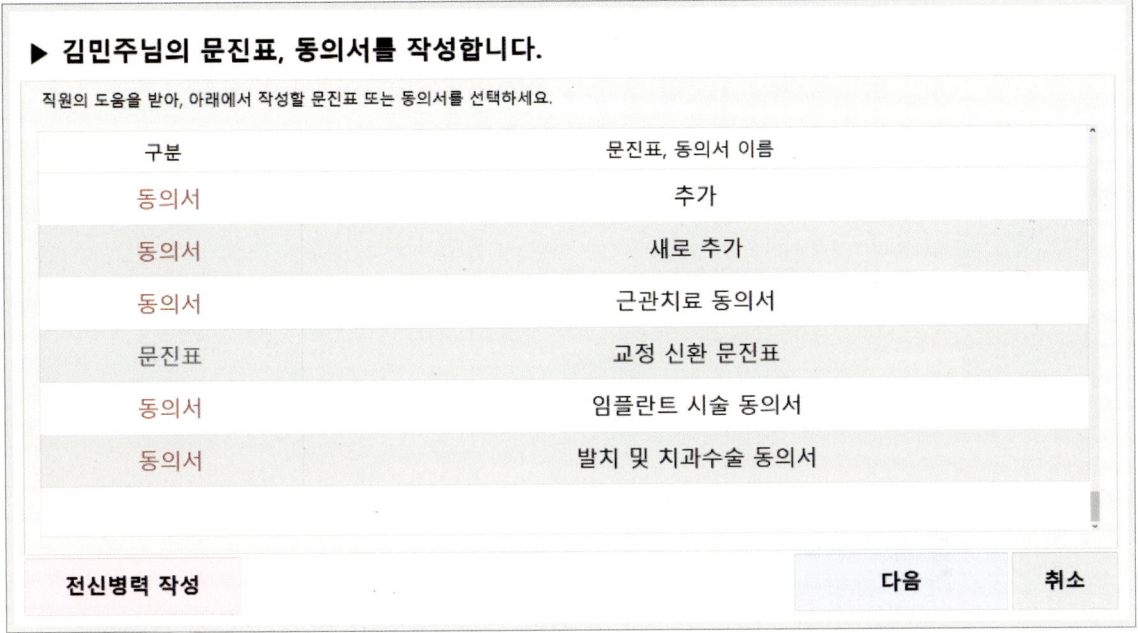

④ 동의서 설명 후 사인 받은 후 "저장/확인"합니다.

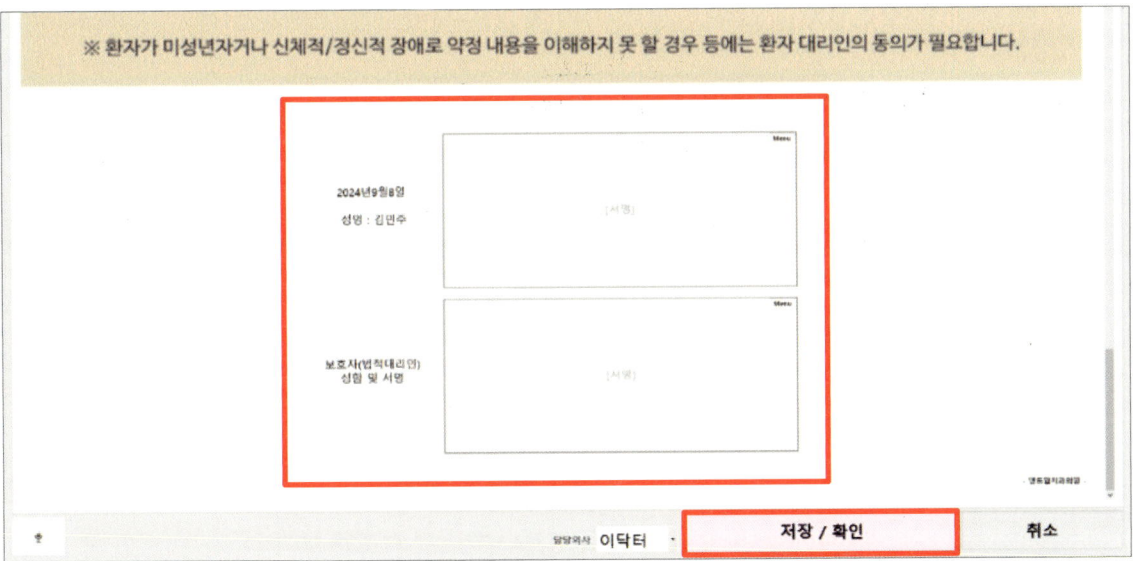

수술기록

1. 수술 기록지 작성하는 방법

☑ [전자차트] - [진료입력]

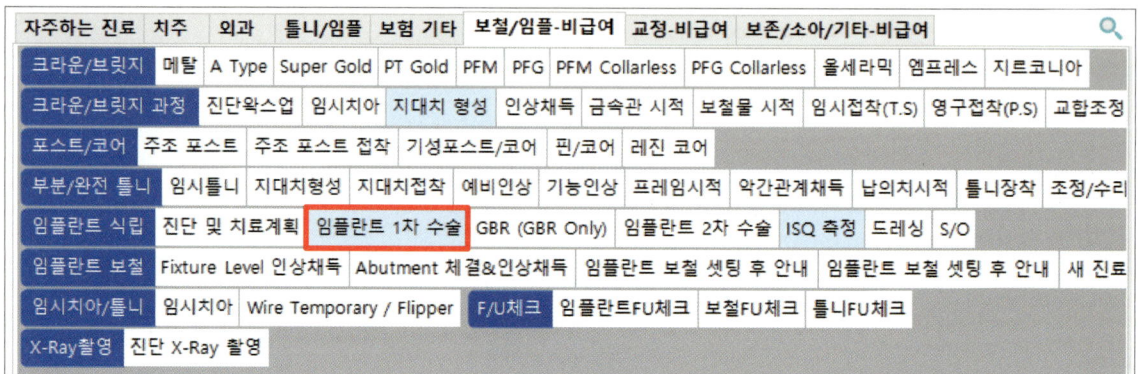

i

임플란트 1차 수술을 입력하면 수술 기록지를 작성하는 새 창이 생깁니다.
수술 기록을 작성 한 후 "확인"하면 진료차트에 내용이 입력됩니다.

비급여 수가 설정 시 IMPLOP로 시작하는 코드로 만들 경우
진료 입력 시 임플란트 수술 기록창이 생깁니다. (하단 사진 참고)

▶ 선택된 비급여 수가 정보 / 비급여 수가 추가

수가 코드 [   ]

- 수가코드는 알파벳과 숫자만 가능하며 5~9자 길이입니다.
- INLAY, RESIN으로 시작하는 코드의 경우 충전면 입력이 가능합니다.
- IMPLOP로 시작하는 코드의 경우 임플란트 수술기록창이 나타납니다.
- CBCT로 시작하는 코드의 경우 CT 판독문 입력창이 나타납니다.
- CROWN으로 시작하는 코드는 치식창에 Cr/Br로 표시됩니다.
- EXTRACT로 시작하는 코드는 발치(비급여 발치)로 인식됩니다.
- DOCUFEE 또는 NOTXFEE로 시작하는 코드는 세액공제 제외수가로 인식됩니다.

① 사용한 골이식재나 차폐막의 종류 등 추가적인 내용을 입력할 수 있습니다.
② 임플란트 스티커나 수술 진행 중 촬영하게 된 사진 등을 추가할 수 있습니다.
태블릿을 이용하면 바로 사진을 촬영하면서 동시에 저장을 할 수도 있습니다.

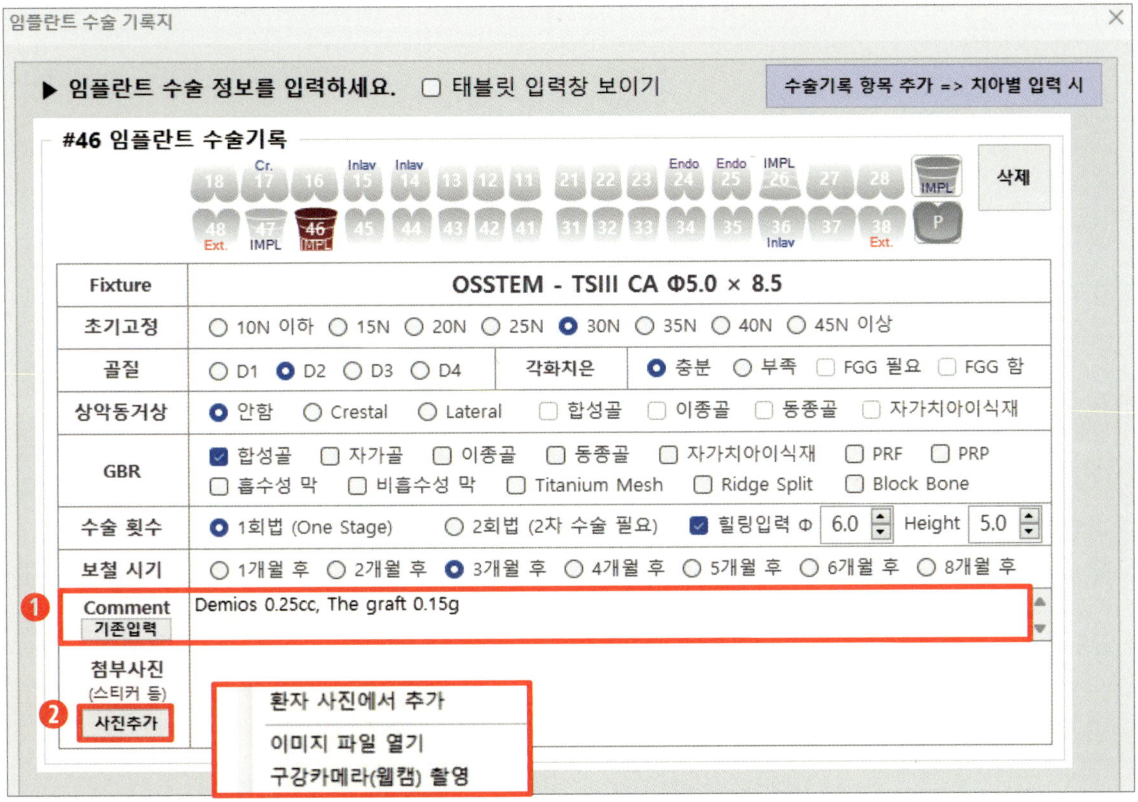

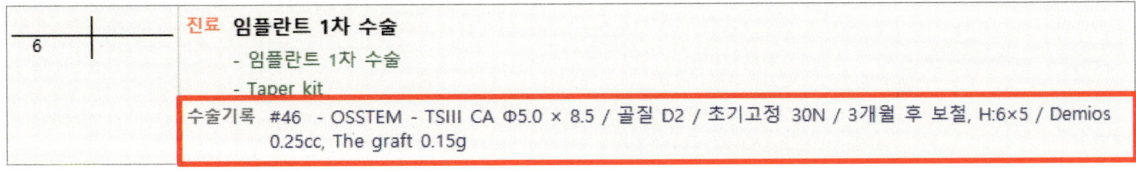

상병명 변경

1. 주상병/부상병

☑ [전자차트] - [진료 입력] - [상병 추가]

📢 진료를 입력할 때 상병명을 선택하게 되는데, 이때 주상병과 부상병을 구분하여 입력해 주어야 합니다. 주상병은 치료나 검사에 대한 환자의 요구가 가장 컸던 질환에 대한 상병이고, 부상병은 진료기간 중 주상병과 함께 있었거나 발생된 질환에 대한 상병입니다.

ⓘ ① 진료 입력 순서와 상관없이 주상병으로 지정한 상병명 앞에 V체크를 해주면 됩니다.

② 입력된 상병명을 더블클릭 해주면 상병명을 변경할 수 있습니다.

③ 상병추가 버튼을 클릭하면 나오는 아래 창에서 부상병명을 추가할 수 있습니다.

④ 아래 상병명 선택 창에서는 이전 기록에 사용되었던 상병명을 확인 후 선택할 수 있고, 새로운 상병명을 검색하여 선택할 수도 있습니다.

1. 내역설명 입력하는 방법

☑ [전자차트] - [진료 입력] - [기타내역]

📢

보험청구를 할 때 내역설명을 작성해야 하는 경우가 있습니다.
기타내역 창에서 내역설명을 좀더 편리하게 입력할 수 있습니다.

기타 내역 옆에 칸을 클릭하면 내용을 입력할 수 있는 창이 생깁니다.

Point ⭐

내역 설명은 각각 이유에 대해 자유롭게 작성하면 되지만 너무 일률적으로 작성하는 것은
지양 하는 게 좋습니다. 구구절절 내용을 쓰기보다는 간단하고 명확하게 작성해주는 것이
좋습니다.

2. 보관함 기능

☑ [전자차트]] - [스캔, 파일 클릭]

보관함 설정은 이렇게 해주세요!

보관함은 모든 환자분 차트에서 동일하게 보여집니다.

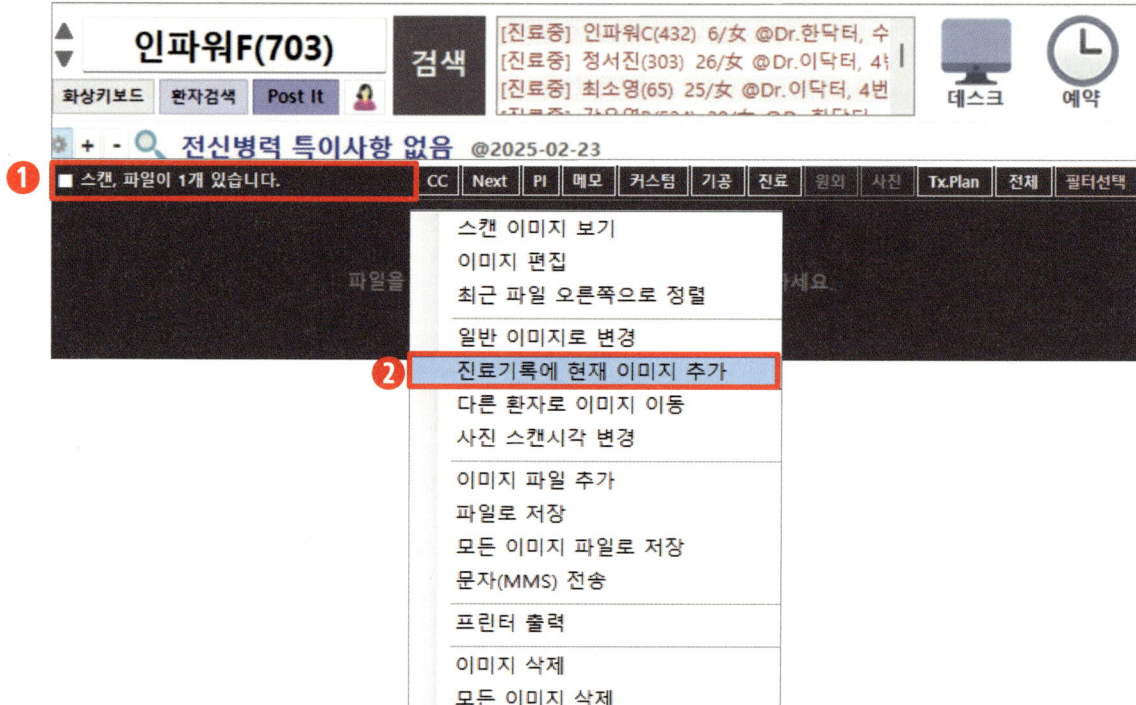

① 전자차트 화면을 클릭한 후, 스캔, 파일을 클릭해 주세요.

② 추가하고 싶은 이미지를 선택한 후 마우스를 우클릭하여 진료기록에
   현재 이미지 추가를 눌러 주세요.

명세서 단위와 줄번호 단위에 입력한 기타 내역이 각각 작성됩니다.

제출 자료 입력 등 특정 내역을 입력할 때 사용합니다.

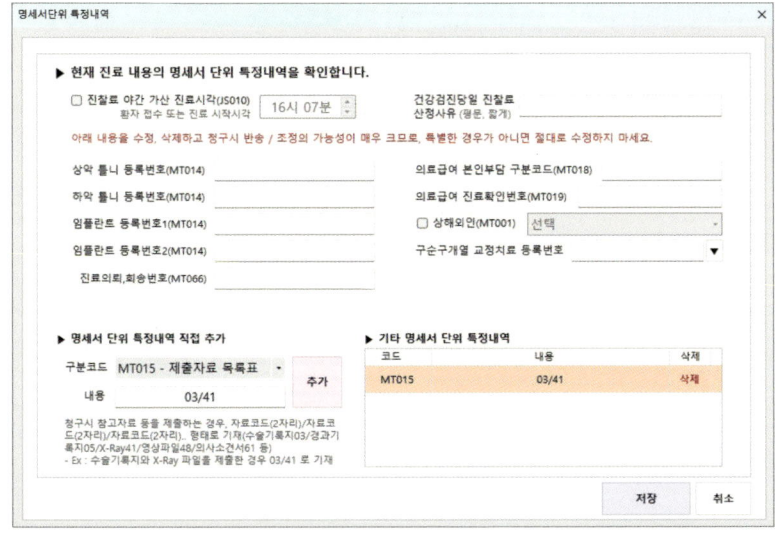

1. 원외처방 입력

☑ [전자차트] - [진료 입력] - [자주하는 진료] - [원외처방]

병원에서 자주 처방하는 약 묶음을 버튼으로 설정해 두면 쉽게 입력할 수 있습니다.
특히 테이퍼링이 필요한 스테로이드 계열 약이나 먹는 방법이 헷갈릴 수 있는 약은
투약 안내문을 만들어 두면 환자분들에게 안내할 때 활용하기 좋습니다.

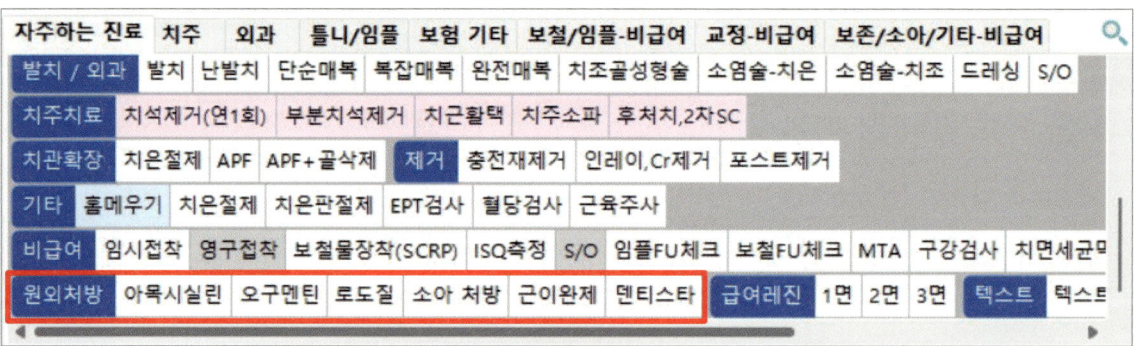

자주 처방하는 약을 묶어 원외처방 버튼을 만든 후, 이름을 병원에 맞게 설정해 두면 편리하게
처방할 수 있습니다.
Ex) 처방하는 상황에 맞게 설정하기 — 치주, 턱관절, 수술처방, 소아처방 등
     숫자나 알파벳으로 지정하여 설정하기 - 1번,2번,3번 / A,B,C 등

. 원외처방 입력

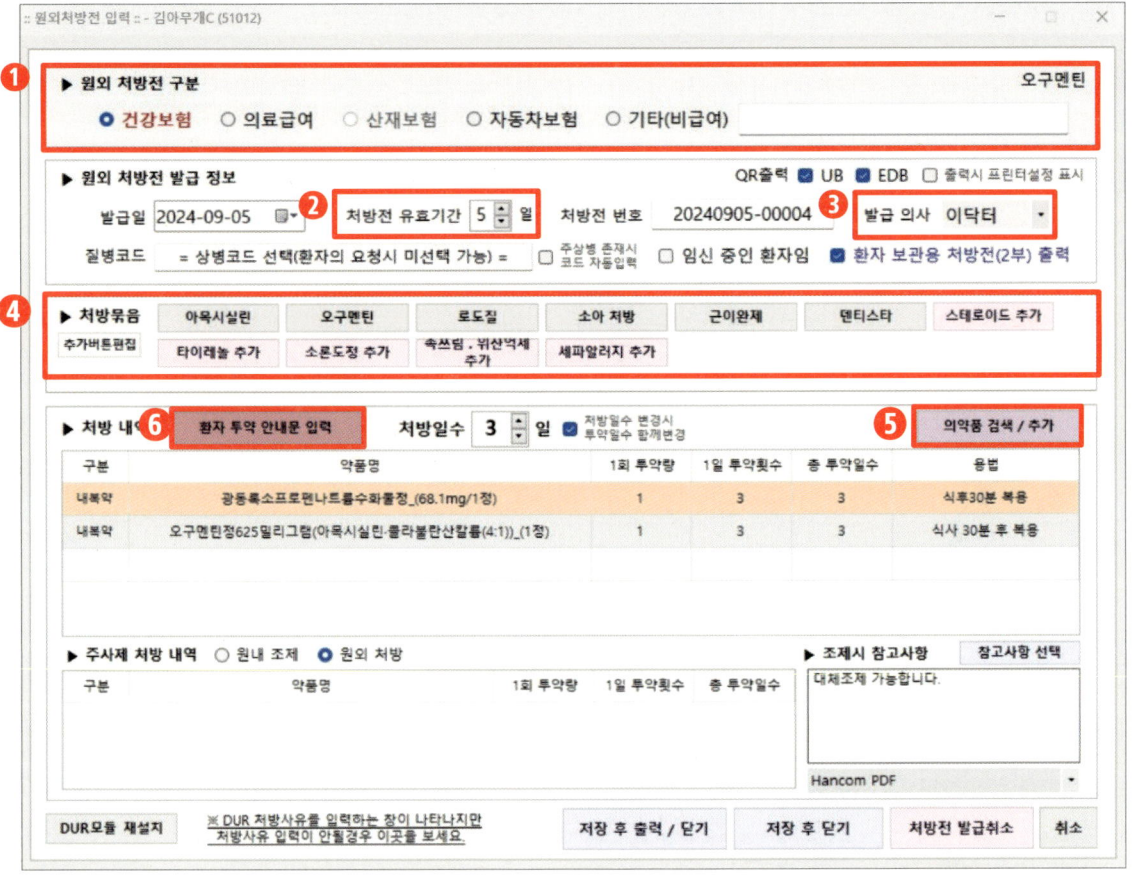

① 자격에 맞춰 구분을 선택해 줘야 합니다. 비급여 진료 후 처방전을
   발행할 때에는 기타(비급여)에 체크하면 됩니다.

② 처방전 유효기간은 일반적으로 의원급은 3~5일, 병원급은 7~14일로
   설정되어 있습니다. 꼭 필요한 경우에만 수정 해주는 게 좋습니다.

③ 원장님이 2분 이상인 경우에는 발급 전 꼭! 발급의사가 맞는지 확인해
   주셔야 합니다.

④ 기존에 설정해 놓은 처방 묶음 버튼에서 원하는 버튼을 선택해서 처방할 수
   있습니다.

⑤ 의약품 검색/추가에서 약을 추가할 수 있습니다.

⑥ 앞서 말씀드린 환자 투약 안내문은 이곳에서 입력해 출력할 수 있습니다.

2. 원외처방 투약 안내문 설정방법

☑ [환경설정] - [진료 관련 기타 설정] - [원외처방 투약 안내문]

원하는 내용으로 투약 안내문 편집 후 "추가" 또 는"수정" 후 "확인"을
선택합니다.

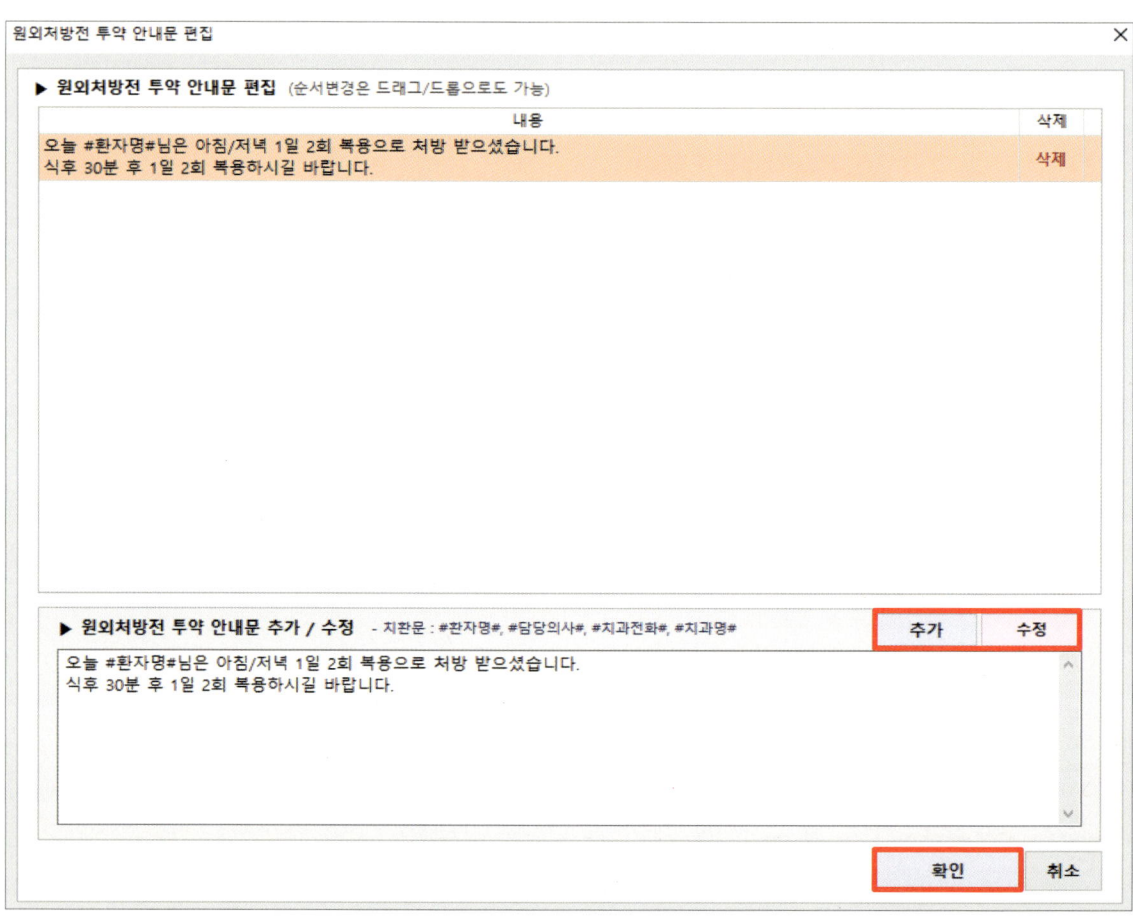

1. 장애인 진료 시

뇌 병변, 지적, 정신, 자폐성 장애인 진료 시 해당 버튼을 클릭하여
진찰료 및 진료비 가산을 적용합니다. (시각, 청각 장애인은 제외)

2. 임신부 진료 시

임신부 진료 시 체크 란에서 "임신부"를 선택하여 진료비 경감을 적용합니다.

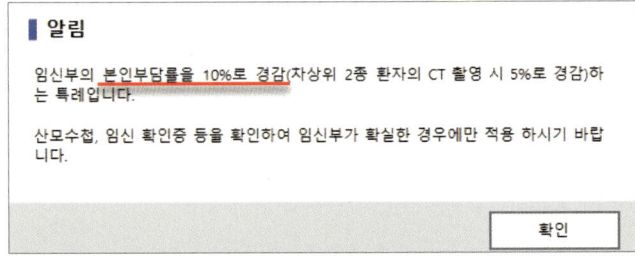

▌ 알림

임신부의 본인부담률을 10%로 경감(차상위 2종 환자의 CT 촬영 시 5%로 경감)하는 특례입니다.

산모수첩, 임신 확인증 등을 확인하여 임신부가 확실한 경우에만 적용 하시기 바랍니다.

확인

1. 치주낭 측정검사 입력하는 방법

☑ [전자차트] - [진료 입력] - [치주] - [치주낭 측정]

진단을 하거나 치주치료를 진행할 때 치주낭 측정 검사는 중요합니다.
이때 치주낭 측정 결과를 입력하는 방법입니다.

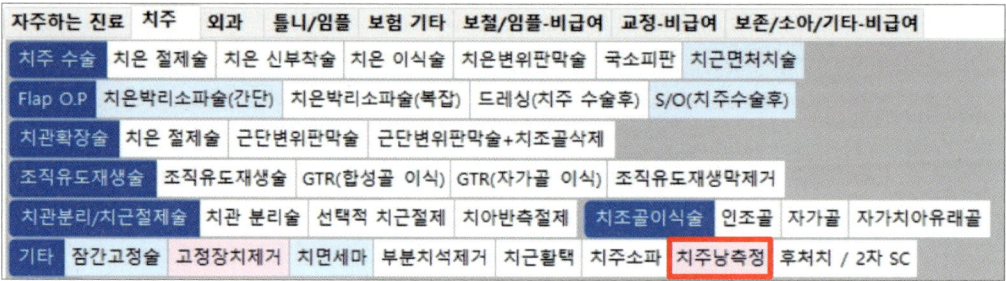

왼쪽 창에서 프루빙을 눌러 치주낭 측정 결과를
입력할 수도 있습니다.

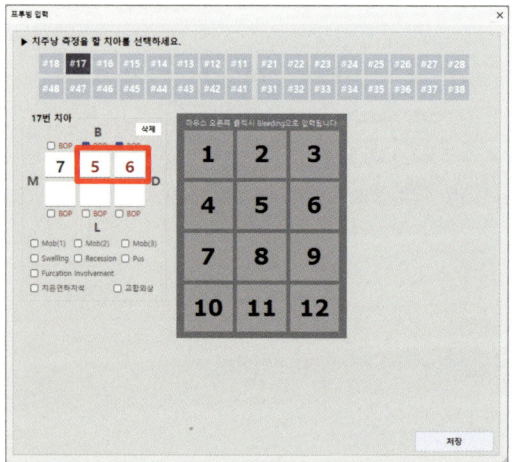

숫자 키패드를 이용해 수치를 입력할 때 마우스 오른쪽 버튼을 클릭하면
빨간색으로 입력되며 BOP에 체크가 됩니다.

I. C형 근관 입력하는 방법

신경치료를 할 때 C형 근관이면 행위료가 40% 가산됩니다.
C형 근관을 치료할 때 잊지 말고 입력해 주세요.

근관치료 행위를 입력하고 나면 근관치료 정보를 입력하는 창이 나옵니다.
이 창에서 근관 타입을 C형 근관으로 바꿔주면 됩니다.

근관치료 행위 버튼에서 마우스 오른쪽을 눌러 C형 근관 가산 적용을
선택할 수도 있습니다.

C형 근관을 가진 하악 제2대구치, 하악 제1소구치, 상악 제2대구치는 급여대상이 됩니다. 상기 치아가 아닌 영구치가 C형 근관일 경우에는 어떻게 청구해야 하는지 알아보겠습니다.

상기 치아가 아닌 경우 아래와 같은 알림이 뜹니다. 이 경우에는 C형 근관 가산을 적용한 후 보험 청구시에 진료기록과 방사선 사진을 함께 전송하여야 보험적용을 받으실 수 있습니다.

❚ C형 근관 가산 치아번호 확인

상/하악 제2대구치, 하악 제1소구치 이외의 치아에 C형근관 가산을 적용하는 경우, 심평원에 보험청구시 진료기록과 방사선사진 등을 전송해야 합니다(MT015 특정내역 기재).

정말 #16 치아에 C형 근관 가산을 적용 하시겠습니까?

| 예(Yes) | 아니오(N) |

진료일	**2025년 8월 15일** 　　보험구분 건강 보험
진찰료	공휴재진 　☐ 검진당일 ☐ 장애인 ☐ 임신부
진료의사	이닥터 　진료과 치주과 　결과 계속
상병명 상병추가	
기타내역	산정특례 **특정내역**
총진료비	0원 　　본인부담 　　　0원

프루빙 근관▲ 근관▼ XRay▲ XRay▼ 마취▲ 마취▼ 수가추가

명세서단위 특정내역

▶ 현재 진료 내용의 명세서 단위 특정내역을 확인합니다.

☐ 진찰을 야간 가산 진료시각(JS010) 17시 54분 　　건강검진당일 진찰료
　접수 또는 진료 시작시각 　　　　　　　산정사유 (방문, 합계)

아래 내용을 수정, 삭제하고 청구시 반송 / 조정의 가능성이 매우 크므로 특별한 경우가 아니면 절대로 수정하지 마세요.

상악 틀니 등록번호(MT014)　　　　　　의료급여 본인부담 구분코드(MT018)
하악 틀니 등록번호(MT014)　　　　　　의료급여 진료확인번호(MT019)
임플란트 등록번호1(MT014)　　　　　　☐ 상해외인(MT001) 선택
임플란트 등록번호2(MT014)　　　　　　구순구개열 교정치료 등록번호
진료의뢰.회송번호(MT066)

▶ 명세서 단위 특정내역 직접 추가　　　▶ 기타 명세서 단위 특정내역
구분코드 MT015 - 제출자료 목록표 ▾ [추가]　코드 　내용 　삭제
내용

청구시 참고자료 등을 제출하는 경우, 자료코드(2자리)/자료호드(2자리)/자료코드(2자리), 형태로 기재(수술기록지08/경과기록05/X-Ray41/영상화48/의사소견서61 등)
- Ex : 수술기록지와 X-Ray 파일을 제출한 경우 03/41 로 기재

[저장] [취소]

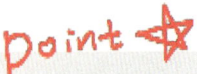

Point ☆

보험청구시 진료기록과 방사선 사진을 함께 전송해야 하기 때문에 특정내역에 들어가서 명세서단위 특정내역에 제출자료가 있다는 코드(MT015)를 꼭 입력해 주셔야 합니다.

1. 행위, 재료 추가

☑️ [전자차트] - [진료 입력] - [새 처치 추가] - [행위, 재료 추가]

진료를 입력할 때 묶음 버튼에 포함되어 있지 않은 행위나 재료, 의약품 등의 수가를 하나씩 추가할 수 있습니다.

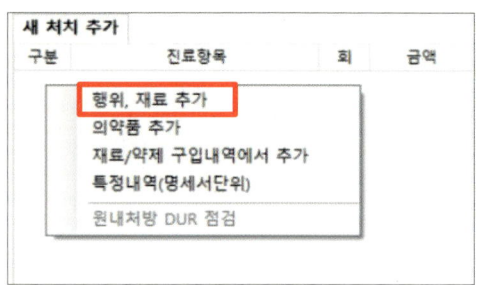

2가지 방법으로 입력할 수 있습니다.

① 새 처치 추가 → 마우스 오른쪽 버튼 클릭 → 행위, 재료 추가 선택

② 오른쪽 창에서 수가 추가 버튼을 클릭 → 행위, 재료 추가 선택

수가명이나 수가코드로 검색하여 원하는 행위나 재료를 추가로 입력할 수 있습니다.

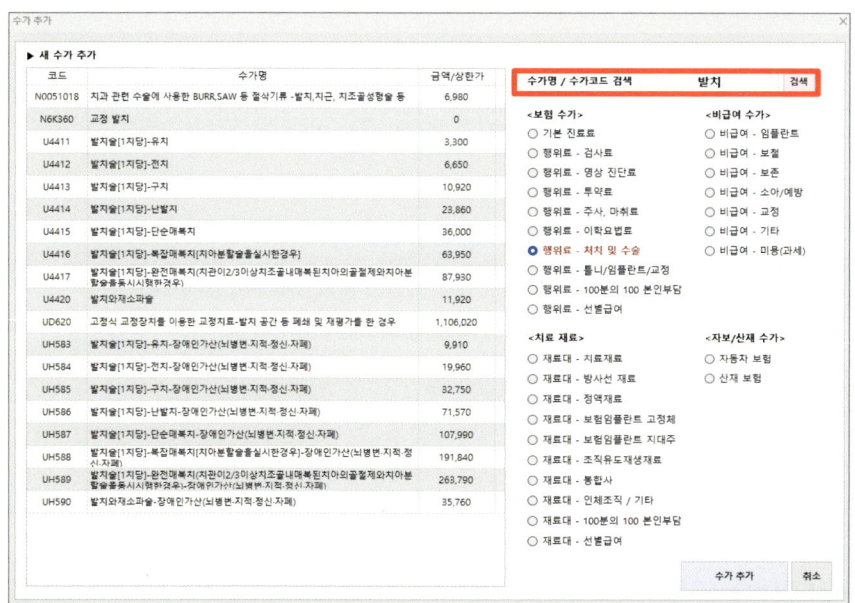

2. 비급여 수가 추가

☑ [전자차트] - [진료 입력] - [새 처치 추가] - [행위, 재료 추가] - [비급여 수가 추가]

코드	수가명	금액/상한가
N4G090	영구충전(GI)	0
N4G100	레진 충전 (1면)	70,000
N4G1001	레진 충전 (2면)	150,000
N4G1002	레진 충전 (3면 이상)	200,000
N4G1003	레진 충전 (파절)	100,000
N4G1004	레진 충전 (마모)	60,000
N4G1005	레진 충전 (1면)	70,000
N4G101	레진 충전(전치부)	150,000
N4G102	레진 충전(치경부)	60,000
N4G105	유치 레진 충전(구치부)	0
N4G106	유치 레진 충전(전치부)	0
N4G113	레진 충전(Diastema)	0
N4G120	충전물 연마	0
N4H010	Gold Inlay / Onlay	500,000
N4H020	Resin Inlay / Onlay	250,000
N4H030	Tescera Inlay / Onlay	80,000
N4H050	Synfony Inlay / Onlay	0
N4H070	Empress Inlay / Onlay	0
N4H170	레진충전(광중합)	0
N4H250	VitreBond	0
P0001	포세린인레이	300,000
RPT1001	레진1면	80,000

수가 추가

수가명 / 수가코드 검색 [   ] 검색

<보험 수가>
○ 기본 진료료
○ 행위료 - 검사료
○ 행위료 - 영상 진단료
○ 행위료 - 투약료
○ 행위료 - 주사, 마취료
○ 행위료 - 이학요법료
○ 행위료 - 처치 및 수술
○ 행위료 - 틀니/임플란트/교정
○ 행위료 - 100분의 100 본인부담
○ 행위료 - 선별급여

<비급여 수가>
○ 비급여 - 임플란트
○ 비급여 - 보철
◉ 비급여 - 보존
○ 비급여 - 소아/예방
○ 비급여 - 교정
○ 비급여 - 기타
○ 비급여 - 미용(과세)

<치료 재료>
○ 재료대 - 치료재료
○ 재료대 - 방사선 재료
○ 재료대 - 정액재료
○ 재료대 - 보험임플란트 고정체
○ 재료대 - 보험임플란트 지대주
○ 재료대 - 조직유도재생재료
○ 재료대 - 봉합사
○ 재료대 - 인체조직 / 기타
○ 재료대 - 100분의 100 본인부담
○ 재료대 - 선별급여

<자보/산재 수가>
○ 자동차 보험
○ 산재 보험

수가 추가   취소

> ℹ️ 행위, 재료 추가하는 창에서 비급여 수가를 선택 후 왼쪽 창에서 원하는 진료를 선택할 수도 있고 검색창에서 검색할 수도 있습니다.

Point ★

비급여 보고제도에서 보고해야 할 진료일 경우에는 그에 맞는 코드로 설정되어 있는 항목을 선택해 주셔야 합니다.
문서 발급 등 세액공제 제외항목은 DOCUFEE 또는 NOTXFEE 코드로 만들어진 항목으로 선택해야 합니다.

3. 의약품 추가

☑ [전자차트] - [진료 입력] - [새 처치 추가] - [의약품 추가]

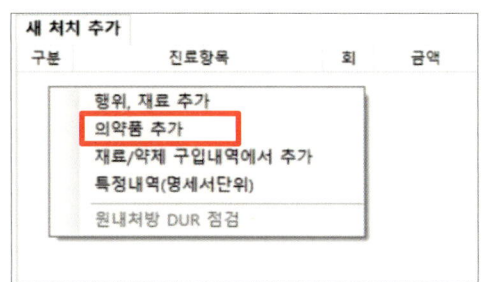

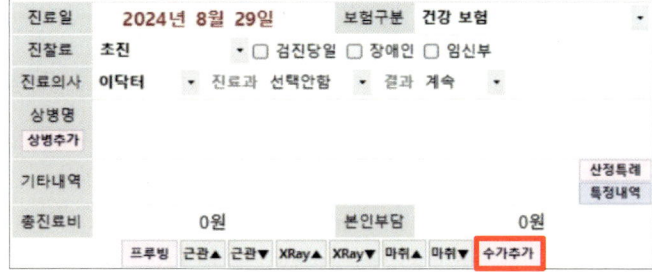

2가지 방법으로 입력할 수 있습니다.

① 새 처치 추가 → 마우스 오른쪽 버튼 클릭 → 의약품 추가 선택

② 오른쪽 창에서 수가 추가 버튼을 클릭 → 의약품 추가 선택

의약품을 검색하여 추가로 입력할 수 있습니다.

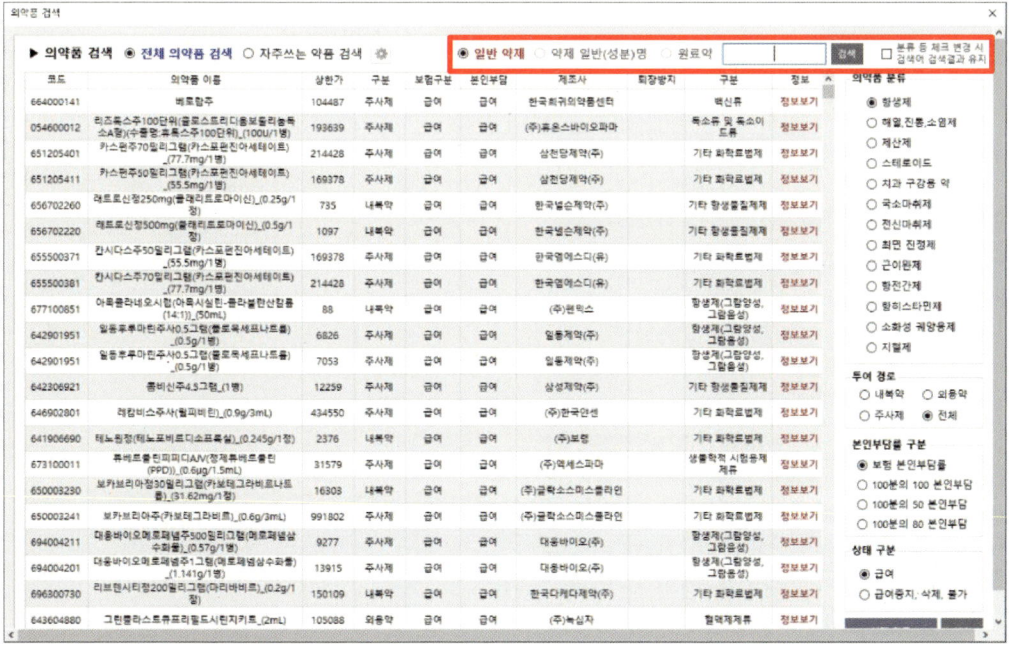

4. 재료/약제 추가

☑ [전자차트] - [진료 입력] - [새 처치 추가] - [재료/약제 구입내역에서 추가]

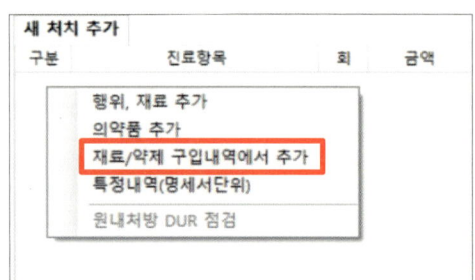

2가지 방법으로 입력할 수 있습니다.
① 새 처치 추가 → 마우스 오른쪽 버튼 클릭 → 재료/약제 구입내역에서 추가 선택
② 오른쪽 창에서 수가 추가 버튼을 클릭 → 재료/약제 구입내역에서 추가 선택

본원에서 구입, 신고하여 사용하고 있는 재료나 약제를 검색할 수 있고
청구 가능 횟수도 파악할 수 있습니다.

1. Fixture 설정 방법

☑ [환경설정] - [진료와 관련된 덴트웹 설정] - [임플란트 픽스처 설정]

📢 우리 병원에서 사용하고 있는 Fixture와 Abutment, File, Wire를 설정하여
진료 입력 시 간편하게 선택할 수 있습니다.

임플란트 픽스처 설정 ✕

▶ **임플란트 픽스처 설정** (순서변경은 드래그/드롭으로 가능)

순서	제조사	브랜드	사이즈	사용안함	삭제
1	Dentium	Bright	3507BS	☐	삭제
2	Dentium	Bright	3507	☐	삭제
3	Dentium	Bright	3509	☐	삭제
4	Dentium	Bright	3511	☐	삭제
5	Dentium	Bright	3513	☐	삭제
6	Dentium	Bright	4007BS	☐	삭제
7	Dentium	Bright	4007	☐	삭제
8	Dentium	Bright	4009	☐	삭제
9	Dentium	Bright	4011	☐	삭제

▶ **새로운 픽스처 추가 / 픽스처 수정**

제조사 | ▼

픽스처 브랜드 | | [추가]

픽스처 사이즈 | | [수정]

[기본값복원] [파일로부터 복구] [파일로 저장] [저장] [취소]

ℹ️ 현재 사용하고 있는 임플란트 픽스처를 추가하여 설정합니다.
사용하고 있지 않은 픽스처는 "사용 안함" 또는 "삭제"를 선택합니다.

설정된 픽스처 내용은 임플란트 수술 정보 입력 시 Fixture 란에서 선택할 수 있습니다.

▶ 임플란트 수술 정보를 입력하세요. ☑ 태블릿 입력창 보이기

#36 임플란트 수술기록

| 18 | 17 | 16 | 15 | 14 | 13 | 12 | 11 | 21 | 22 | 23 | 24 | 25 | 26 | 27 | 28 |
| 48 | 47 | 46 | 45 | 44 | 43 | 42 | 41 | 31 | 32 | 33 | 34 | 35 | 36 | 37 | 38 |

Fixture	

▶ 임플란트 픽스처 선택

제조사 선택 Dentium

브랜드 선택 SuperLine

SuperLine 3607
SuperLine 3608
SuperLine 3610
SuperLine 3612
SuperLine 4007
SuperLine 4008
SuperLine 4010
SuperLine 4012
SuperLine 4014
SuperLine 4507
SuperLine 4508

직접입력

선택완료 취소

2. Abutment 설정 방법

☑ [환경설정] - [진료와 관련된 덴트웹 설정] - [직접 입력 어버트먼트 설정]

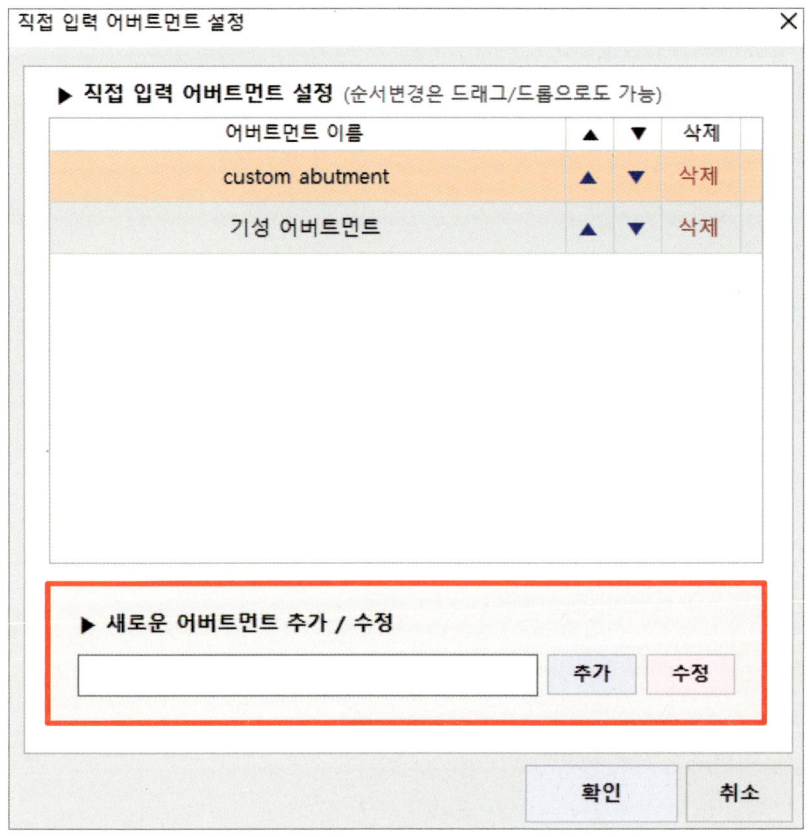

기본으로 설정되어 있는 어버트먼트를 제외하고
병원에서 사용하고 있는 어버트먼트를 추가하면 '직접 입력 어버트먼트 선택'
칸에 새로운 종류가 추가되어 어버트먼트를 선택할 수 있습니다.

3. Abutment 입력 방법

어버트먼트 정보를 입력할 때 종류와 사이즈를 선택할 수 있습니다.
앞장에서 설정된 어버트먼트 내용은 '직접입력 어버트먼트에서 선택'을 누를 경우 확인할 수 있고
사용한 어버트먼트를 추가로 작성할 필요 없이 선택하여 입력할 수 있습니다.

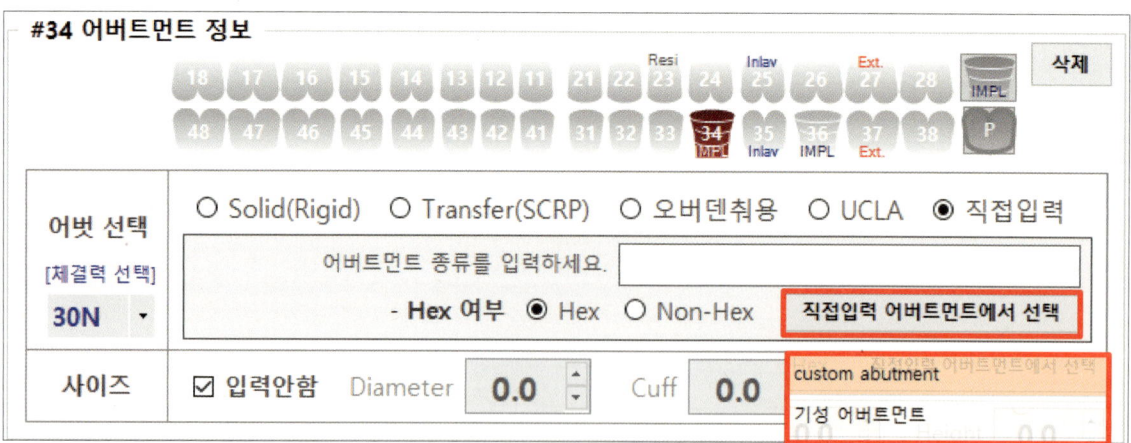

4. File 설정 방법

☑ [환경설정] - [진료와 관련된 덴트웹 설정] - [근관 확대파일 설정]

현재 사용하고 있는 근관확대 파일의 이름을 설정합니다.

사용하지 않고 있는 파일의 경우 사용 안함 칸에서 "False"를 선택 또는 "삭제"를 선택합니다.

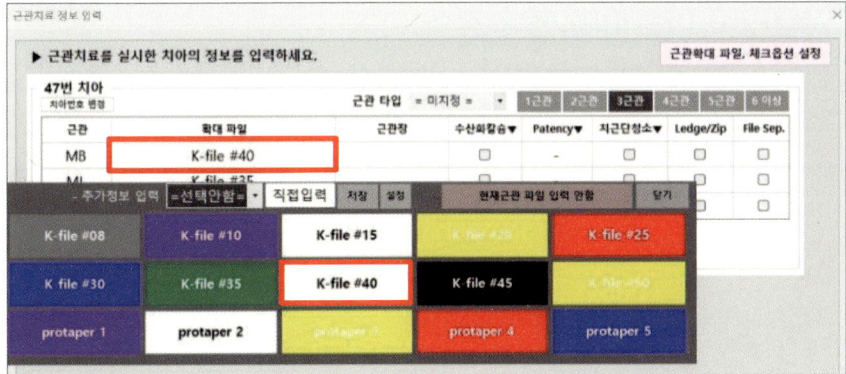

설정된 파일 내용은 추후 근관장 정보 입력 시

각 근관의 확대파일 칸을 클릭하면 설정한 파일의 종류를 선택할 수 있습니다.

5. Wire 설정 방법

☑ [환경설정] - [진료와 관련된 덴트웹 설정] - [교정와이어 설정]

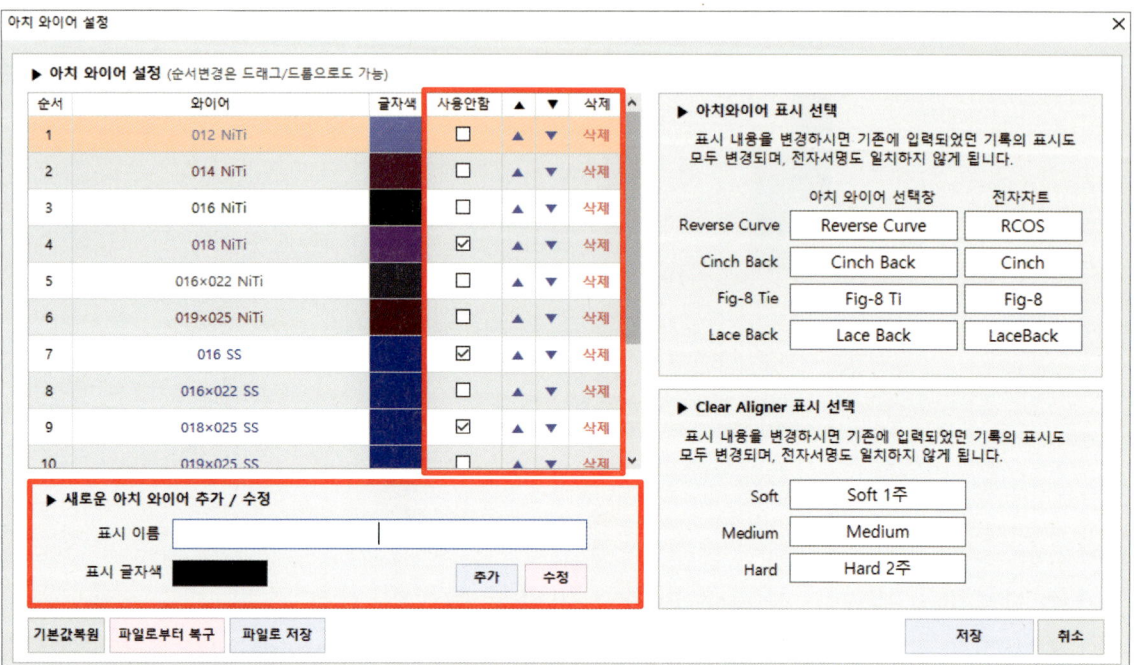

현재 사용하고 있는 교정 와이어의 이름을 설정합니다.

사용하지 않고 있는 와이어의 경우 "사용 안함" 선택 또는 "삭제"를 선택합니다.

1. 행위 추가정보 설정 방법

☑️ [환경설정] - [진료와 관련된 덴트웹 설정] - [행위 추가정보 설정]

📢 진료 입력된 행위에 함께 쓰인 재료나 진료 내용 등을 추가로 작성할 때 사용하면 좋습니다.
원하는 내용으로 설정을 변경할 수 있습니다.

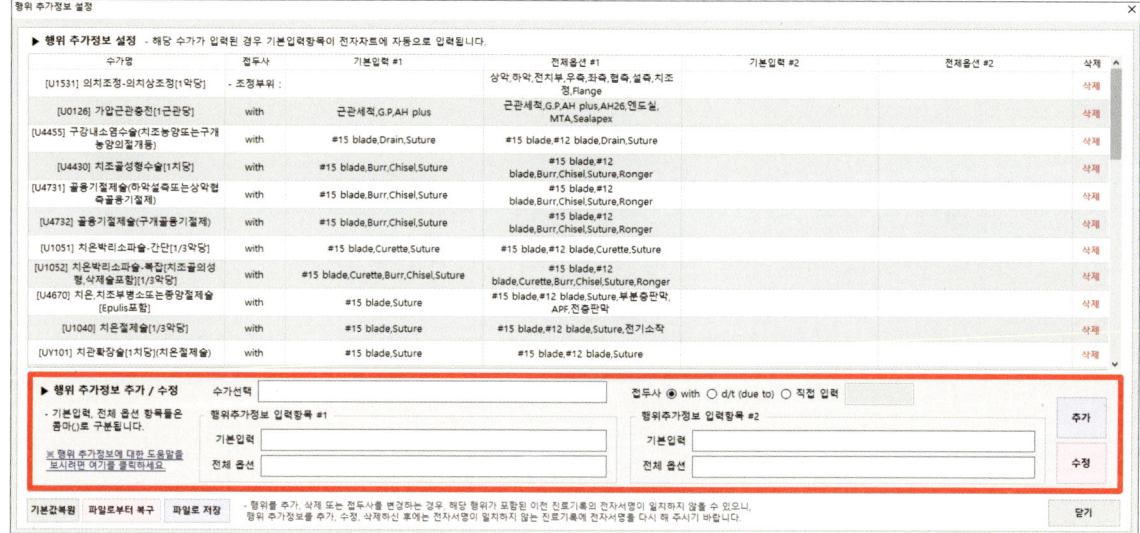

① 원하는 수가를 선택합니다.
② 접두사를 설정합니다. (수가와 함께 입력되는 추가 정보들을 설명해주는
   접두사를 알맞게 설정합니다.)
③ 기본입력 : 기본적으로 선택 될 옵션을 작성합니다.
   전체옵션 : 수가 선택 시 나올 옵션들을 작성합니다.

2. 행위 추가정보가 설정된 화면

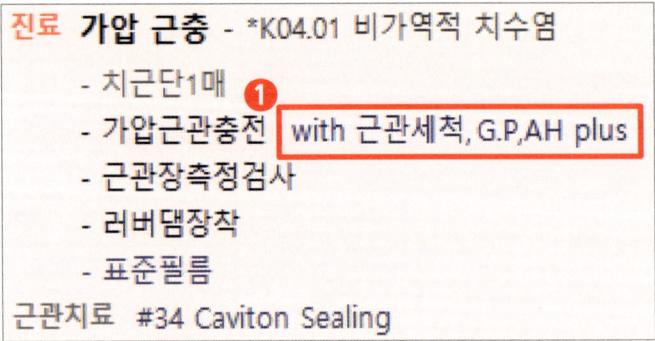

① 내용 변경을 원하는 경우 파란 글씨를 선택하면 내용을 변경할 수 있습니다.
② 아래 화면에서 원하는 내용으로 선택 및 직접 입력 칸에서 직접 내용 입력 후
"확인"을 눌러서 저장합니다.

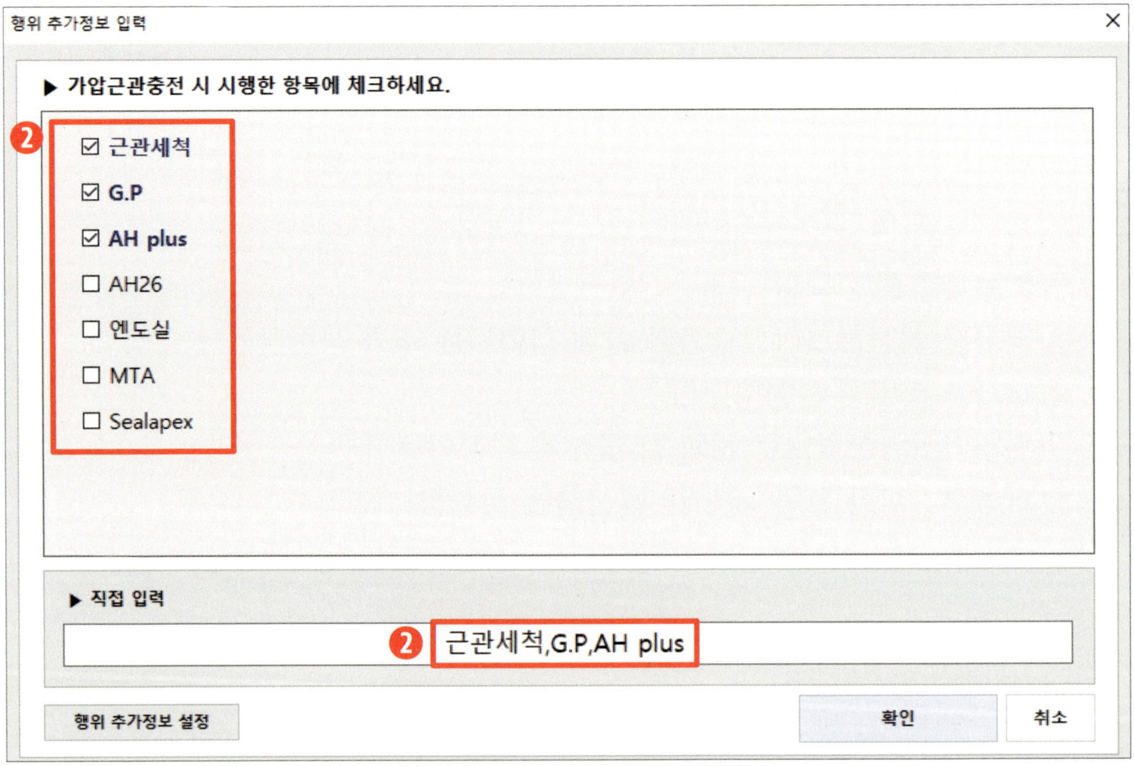

행위 추가정보 입력 ✕

▶ **가압근관충전 시 시행한 항목에 체크하세요.**

② ☑ 근관세척
☑ G.P
☑ AH plus
☐ AH26
☐ 엔도실
☐ MTA
☐ Sealapex

▶ **직접 입력**

② 근관세척,G.P,AH plus

행위 추가정보 설정   확인   취소

1. 재료/약제 일괄 변경

☑ [환경설정] - [수가조회/일괄 변경/기록 삭제] - [재료/약제 일괄 변경]

💡 진료 내역에 있는 재료/약제를 변경할 때에는 기간을 설정하여 변경합니다.
잘못 변경하게 될 경우 대량 조정 및 삭감의 우려가 있으니 조심해서 사용해야 합니다.

1. 진료 메모 작성 방법

☑ [전자차트] - [진료 입력] - [하단 창에서 메모 작성]

진료탭 아래에 진료와 관련된 내용을 메모로 작성할 수 있고 환자와 관련하여
기억해야 될 부분이나 전달해야 할 부분을 히든 메모를 통해 작성해두면 좋습니다.

처치탭 선택 후 하단 화면에 직접 작성 후 "진료 메모 저장"을 눌러 저장합니다.

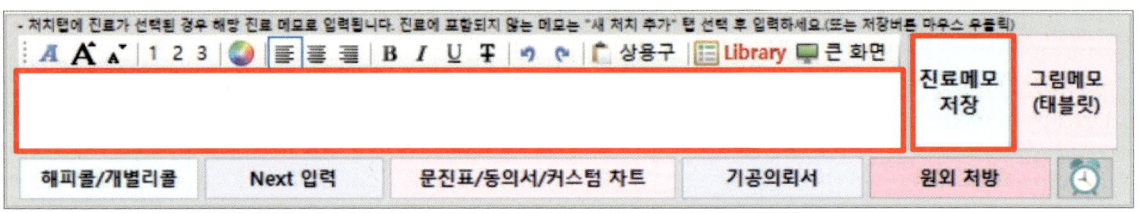

큰 화면 선택 후 새창에서 진료 메모 입력 후 "저장"을 눌러 저장합니다.

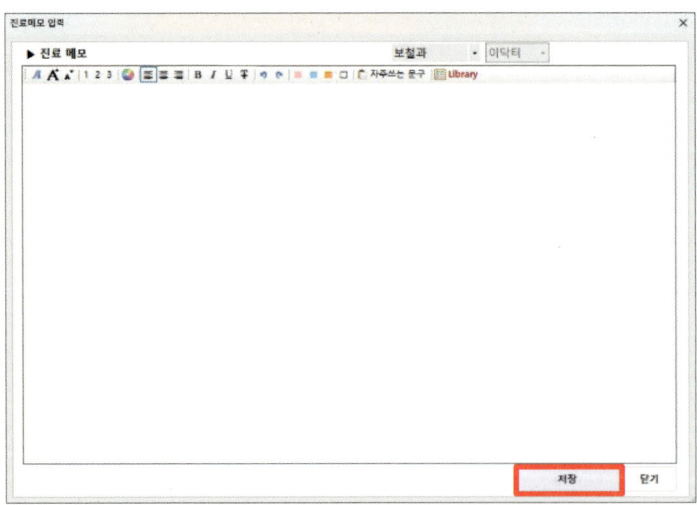

2. 히든 메모 작성 방법

☑ [전자차트] - [진료 입력] - [하단 창에서 큰 화면]

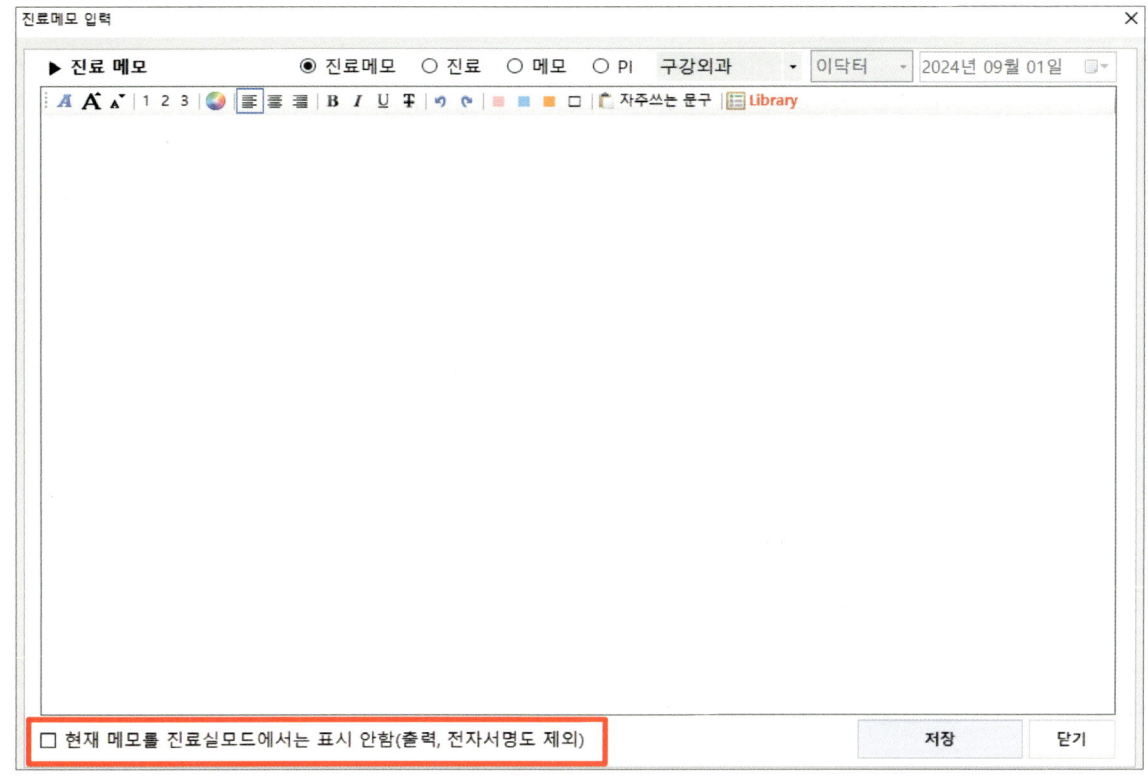

① 큰 화면 선택 후 새창에서 진료메모 입력 후 하단에
   "현재 메모를 진료실 모드에서는 표시 안함" 선택 후 저장합니다.
② 진료 행위에 메모를 작성하는 것은 히든 메모로 저장되지 않습니다.
③ 히든 메모로 저장하려면 새처치 추가 후 새창에서 메모를 작성해야 합니다.
④ 히든 메모는 전자서명이 되지 않기 때문에 진료 내용을 적는 것은
   주의해야 합니다.
⑤ 진료 메모 작성 후 "마우스 오른쪽 버튼 클릭→ 숨김 메모로 변경"을 선택하여
   히든 메모로 변경할 수도 있습니다.

3. 진료 메모 기본폰트 설정방법

☑ [환경설정] - [진료 관련 기타 설정] - [진료 메모 기본폰트 설정]

원하는 내용으로 기본폰트 및 색상 설정 후 폰트 적용을 선택합니다.

① 각 항목마다 원하는 기본폰트 및 색상 설정 후, 폰트 적용을 선택합니다.
② "모든 사용자에게 폰트 적용"은 직원 정보에 등록된 사용자에게 모두 적용되고 최고관리자만 적용할 수 있습니다. "선택된 사용자에게 폰트 적용"은 현재 변경하고 있는 사용자 설정만 바뀌게 됩니다.
③ 프리셋 1,2,3은 메모 작성 후 버튼을 눌렀을 때 지정해 둔 글씨 스타일로 빠르게 변경 할 수 있게 저장해 두는 것입니다.

. 체어 등록

☑ [환경설정] - [기타 설정] - [체어 목록 설정]

체어 등록을 하시면 보다 편리하게 환자분들의 위치를 손쉽게 파악하실 수 있습니다.

① 우리 병원의 체어에 맞춤으로 체어 목록을 설정합니다.

체어 목록의 경우 우리 병원 유니트 체어 이름에 맞춰서 목록을 편집해주시면 한눈에 보기 쉽도록 환자분들의 위치를 파악할 수 있습니다. "상담 대기중"을 추가하시면 원장님 검진 후 상담을 대기하고 계신 환자분을 파악하기에 더욱 용이하게 사용하실 수 있습니다.

2. 체어 등록 활용방법

데스크 화면에서 접수 환자 목록에서 변경하고자 하는 환자분의 "체어"칸을 설정하시면 원하고자 하는 체어로 변경이 가능합니다.

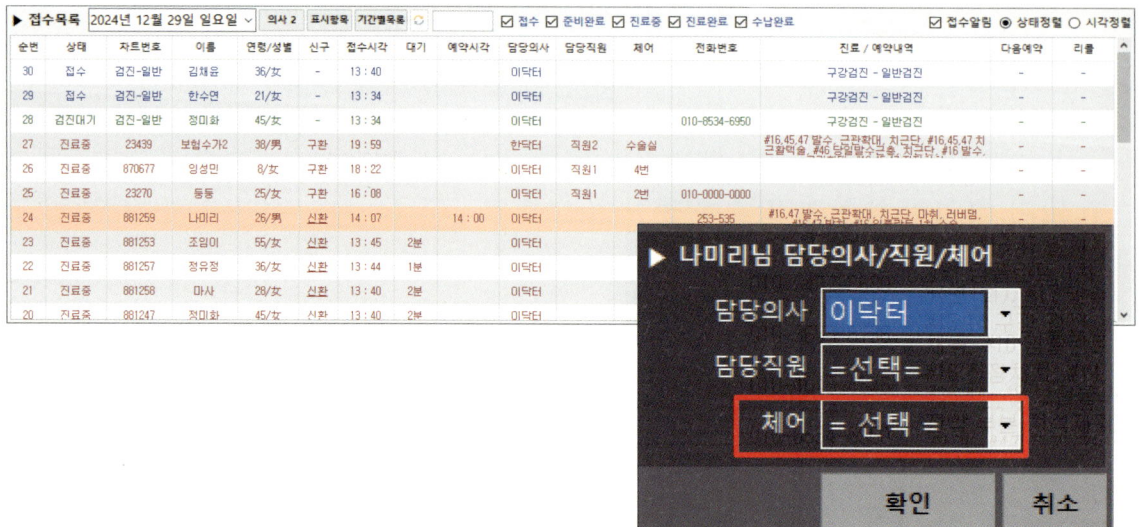

point ☆

상담을 대기 중인 환자분이 누구인지 환자가 어느 체어에서 진료 중인지 헷갈리셨다면 우리 병원의 체어 목록으로 설정하여 활용해 주시면 보다 편리하게 환자분의 위치를 파악 하실 수 있습니다.

1. 직원 등록 방법

☑ [환경설정] - [직원정보]에서 어시스트에 등록할 직원 정보 등록(기초기능 part 참고)

2. 접수된 환자 목록에서 어시스트 등록 방법

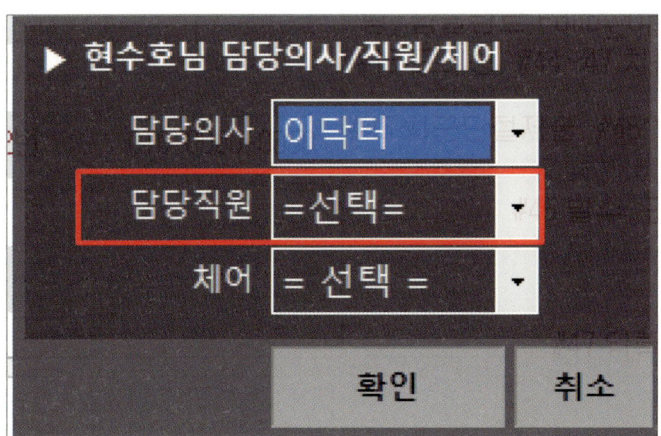

접수된 환자 목록에서 마우스 오른쪽 버튼을 클릭 →

담당의사/ 직원/ 체어 변경 선택 → 담당직원을 선택할 수 있습니다.

3. 전자차트에서 어시스트 등록 방법

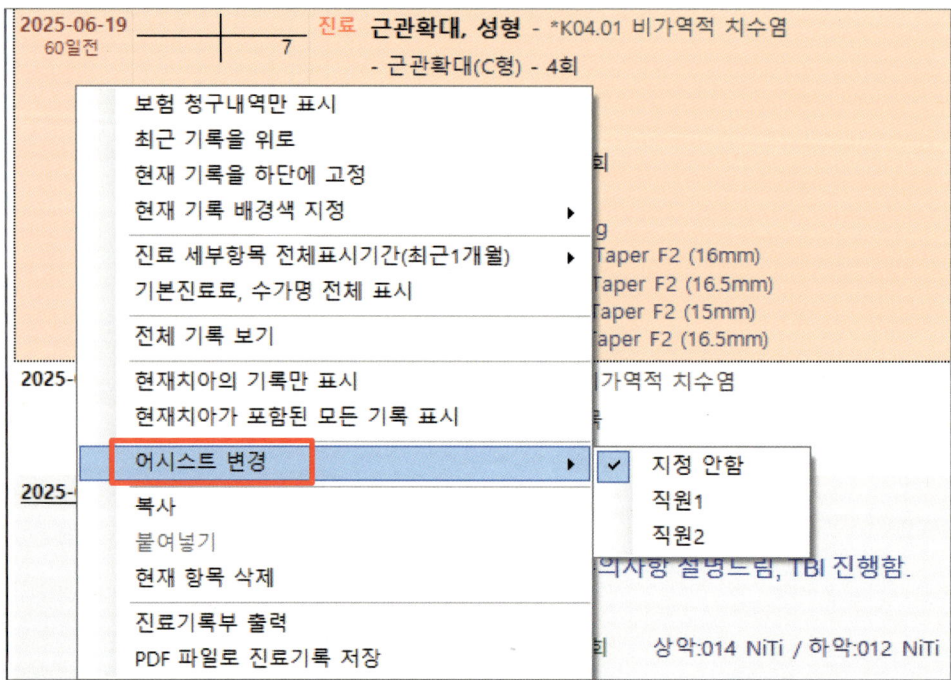

전자차트 화면에서 마우스 오른쪽 버튼을 클릭 → 어시스트 변경에서 어시스트를 등록할 수 있습니다.

4. 어시스트 확인 방법

전자차트 좌측 날짜 밑에서 어시스트 확인이 가능합니다.

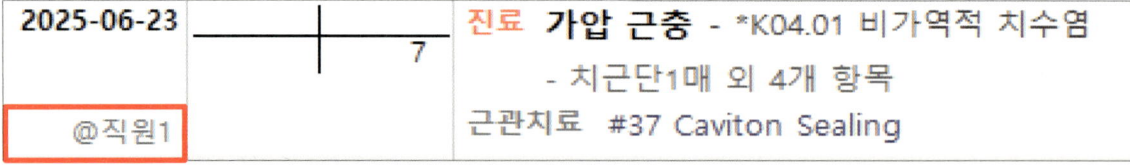

I. 거래처 설정

☑ [환경설정] - [기타설정] - [거래처 설정]

거래처 설정을 통해 거래처의 전화번호나 사업자 등록번호 등을 등록해 두면 좋습니다.

거래처 설정 ✕

- ⊞ **기공소**
- ⊟ **재료 주문**
  - 오스템임플란트(주)
  - 지씨코리아
  - 광주보건덴탈
  - 디브이몰
  - (주)이덴트
  - (주)세일글로벌
  - (주)케이덴탈
  - (주)덴티움 연구센터
  - 오스템임플란트(주)
  - 예스덴탈
  - 한국코닥
  - 강동덴탈
  - 디오
  - 네오 임플란트
- ⊞ **진료 장비**
- ⊞ **진료의뢰**
- **검사의뢰**
- ⊞ **기타**

▶ **거래처 설정**

거래처 종류	재료 주문 ▾	☐ 사용안함
거래처 이름	**예스덴탈**	
사업자등록번호	616 - 27 - 28324	
전화번호	1544-2275	팩스번호 02-6366-2107

전화번호 휠클릭 시 Open API 통화내역에서 전화번호 추가 가능

거래은행		예금주	
계좌번호			
이메일주소		@ = 직접입력 = ▾

덴트웹 SMTP 사용시 nate.com은 메일수신이 되지 않습니다.

| 담당자 이름 | | 휴대전화 | |
| 메모 | | |

[거래처 삭제]   [저장]

※ 새로운 거래처를 만드시려면 왼쪽 목록에서 마우스 오른쪽 클릭 후 "새 거래처 만들기"를 선택하세요.

[닫기]

왼쪽 거래처 목록에서 원하는 곳에 마우스 오른쪽 버튼을 클릭하여 새거래처 만들기를 선택한 후 거래처 설정에 있는 내용을 작성해 주면 새 거래처 만들기를 추가할 수 있습니다.

거래처 설정

① 거래처를 등록하면 거래처에서 전화 올 때 팝업으로 안내가 됩니다.

② 재료를 주문하는 거래처를 등록해두면 재료신고를 할 때 구입처 항목에서 쉽게 선택하여 입력할 수 있습니다.

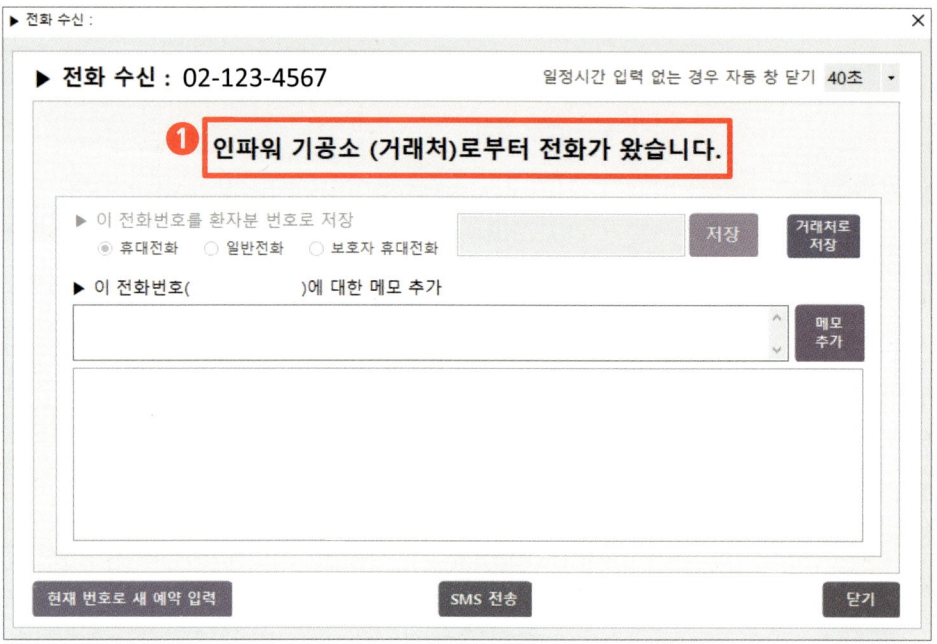

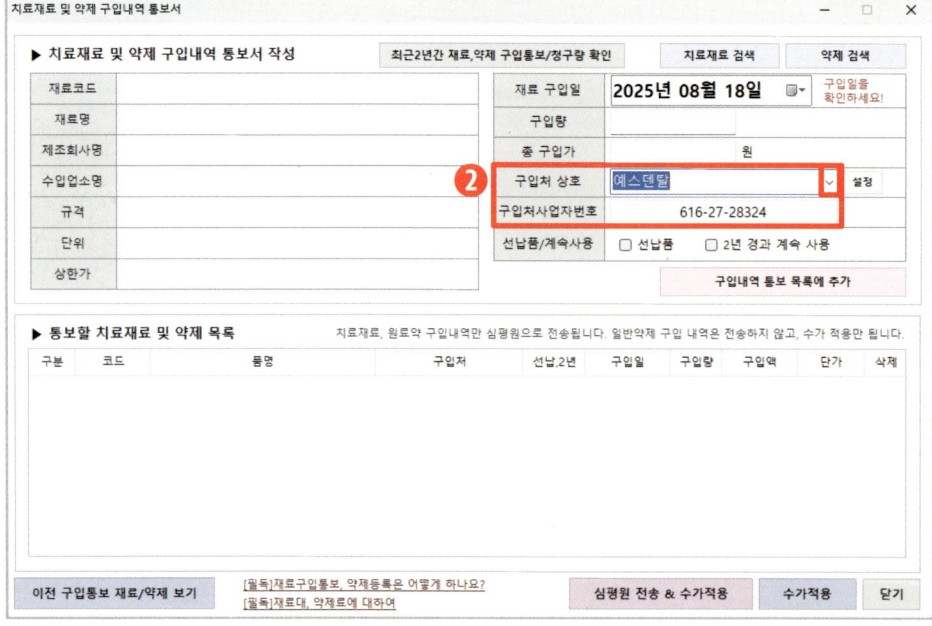

1. 우리 치과 거래 기공소 추가 방법

☑ [환경설정] - [기타설정] - [거래처 설정]

기공의뢰서를 덴트웹에 작성하여 진료기록에도 남겨둘 수 있고
SMTP 기능을 사용하여 기공의뢰서를 간편하게 기공소로 메일로 보낼 수 있습니다.

기공의뢰서를 작성하기 전 의뢰할 기공소를 먼저 거래처에 추가합니다.
① 거래처 설정 왼쪽 목록에서 마우스 오른쪽 버튼을 클릭하여
　　"새 거래처 만들기'를 선택합니다.

② 우측 거래처 설정 목록을 작성합니다.
   (필수 기재사항 : 거래처 종류, 거래처 이름)

▶ 거래처 설정

거래처 종류	기공소 ▾ ☐ 사용안함
거래처 이름	**인파워 기공소**

사업자등록번호   [ ] - [ ] - [ ]

전화번호   010-3396-8565   팩스번호
전화번호 휠클릭 시 Open API 통화내역에서 전화번호 추가 가능

거래은행   [   ]   예금주
계좌번호   [   ]
이메일주소   [   ] @ = 직접입력 = ▾
덴트웹 SMTP 사용시 nate.com은 메일수신이 되지 않습니다.

담당자 이름   [   ]   휴대전화
메모   [   ]

거래처 삭제   저장

※ 새로운 거래처를 만드시려면 왼쪽 목록에서 마우스
오른쪽 클릭 후 "새 거래처 만들기"를 선택하세요.   닫기

이메일 주소를 입력하시면,
덴트웹의 SMTP기능을
사용하실 수 있습니다 !

③ 왼쪽 목록에 기공소 이름이 잘 저장 되었는지 확인합니다.

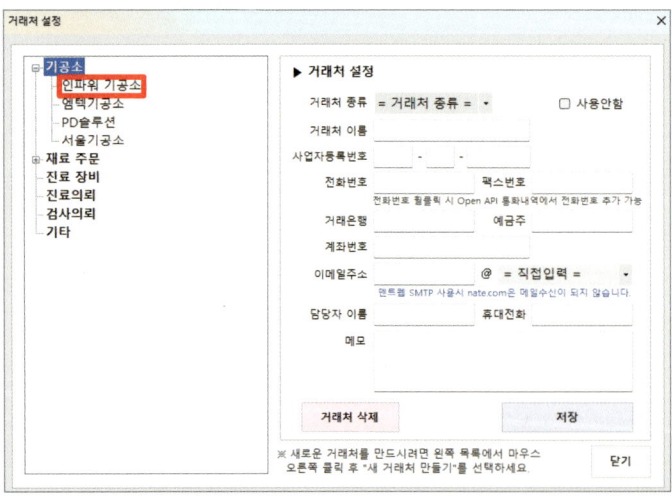

2. SMTP 설정 방법

☑ [환경설정] - [SMTP 설정]

 덴트웹 SMTP 서버 사용 또는 SMTP가 설정된 다른 이메일 계정을 설정합니다.

SMTP 서버 설정　　　　　　　　　　　　　　　　　　　　　　　　　　×

▶ 이메일 발송시 사용되는 SMTP 서버를 설정합니다.　　　　　　☑ 덴트웹 SMTP 서버 사용

　덴트웹 SMTP 서버 사용 시, no_reply@dentweb.co.kr로 메일이 발송되며, 메일이 스팸 처리될 수 있으니 주의 바랍니다.

SMTP 서버는 이메일 발송을 담당하는 서버로, 병원 메일주소 메일 공급자의 SMTP 서버를 사용하시면 됩니다.
다른 이메일 계정이 있으시다면, 다른 계정을 이용하셔도 됩니다.

　　SMTP 서버 주소　[　　　　　　　　　　▾]　☐ SSL 암호화 연결

　　SMTP 포트번호　[　　　　　]

　　로그인 아이디　[　　　　　　]　　　아이디를 입력하세요.

　　로그인 비밀번호　[　　　　　　]　　　비밀번호를 입력하세요.

　　발신 이메일 주소　[　　　　　　]　　　비밀번호를 입력하세요.

[입력한 정보로 테스트메일 발송]　※ 해당 이메일 계정의 환경설정에서 SMTP/IMAP를 허용하셔야 합니다.

※ SMTP 서버 설정 방법에 대한 설명은 이곳을 클릭하세요.　　　[확인]　[취소]

💡 덴트웹 외의 SMTP서버 이용할 경우 보안강화로 인한 전송오류가 날 수 있으니 되도록이면 간편하게 사용 가능한 덴트웹 SMTP서버를 사용하시는 것이 좋습니다!

3. 기공물 종류 설정 방법

① ✅ [환경설정] - [진료와 관련된 덴트웹 설정] - [기공물 종류 설정] 에서 수정이
　가능합니다.

② 기공의뢰서 → 기공물 종류 설정 선택 시 수정이 가능합니다.

기공의뢰서 작성　　　　　　　　　　　　　　　　　　　　　　　　　　　　　✕

▶ 기공 의뢰서　　　　　　　　　　　　　　　　　담당의사 [　　　] ▾　　[이현욱님 예약검색]

| 의뢰 기공소 | **인파워 기공소** ▾ | 의뢰일 | 2024년 07월 11일 ▦▾ | 납품 요구일 | **2024년 07월 18일 - 09시** ▦▾ |

환자정보 [　　] [검색]　생년월일 [　　　]　　의뢰종류　◉ 의뢰　○ 수정　○ 재제작

[새 기공물 추가 #1] 새 기공물 추가 #2

▶ 치식

Left=치아
Middle=폰틱
Right=임플

[상악] [전체선택] [하악]　　　　　　　　　[유지상악] [선택해제] [유지하악]

IMPL　P

▶ 기공물 종류　◉ 크라운/브릿지　○ 인레이　○ 임플란트　○ 틀니　○ 교정 장치　○ 기타

▶ 상세 선택
☐ 골드 Cr(A Type)　☐ 메탈 Cr　☐ 엠프레스 Cr　☐ 지르코니아 Cr　☐ PFM Cr
☐ PFM 캡 제작　☐ PFM Porcelain Build-up　☐ PFG Cr　☐ PFG 캡 제작
☐ PFG Porcelain Build-up　☐ 브릿지로 묶어주세요.　☐ Collarless로 해 주세요.
☐ 컨택 빡빡하게　☐ 넓게 면컨택으로　☐ 남성형 치아형태　☐ 여성형 치아형태

▶ 쉐이드 ◉ Vita Classic　○ Vita 3D Master　　▶ 태블릿입력 [배경없음] [전치쉐이드] [구치쉐이드] [상하악아치] [치열 정면] ▯

- 절단(교합면) 1/3 색상 [=선택=] ▾　　　　　　　　　　　　　　　　　　　　　　Menu
- 중간 1/3 색상 [=선택=] ▾
- 치경부 1/3 색상 [=선택=] ▾
- 투명층 [없음] ▾

▶ Pontic Type [= 폰틱 종류 =] ▾

▶ 기타 요구 사항 상용구　[기존입력]
[　　　　　　　　　　　　　]

▶ 첨부사진　[사진추가]
- 이메일 발송시 첨부됨

[기공물 종류 설정] [그림입력 배경화면 설정]　　　　[전자서명]　[기공의뢰서 이메일 전송]　[저장/출력/닫기] [저장/닫기] [닫기]

기공의뢰서 이메일 전송 기능을 사용하시려면 거래처 설정에서 기공소를 등록할 때
이메일 주소를 입력해야 합니다.

4. 기공물 종류 예시

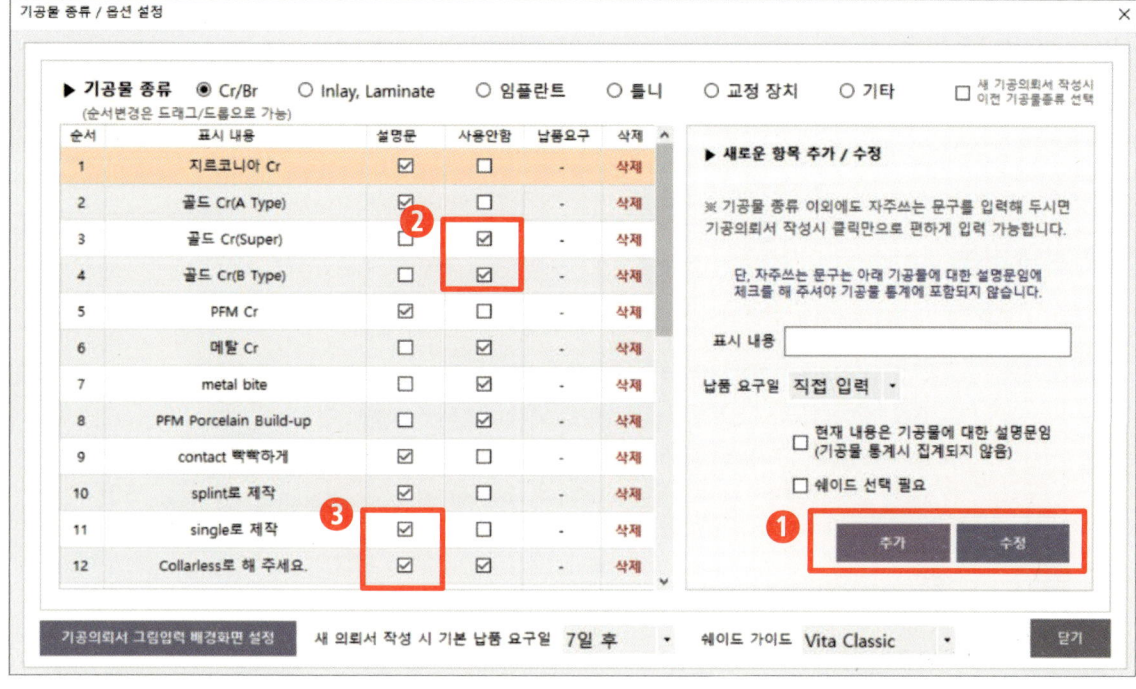

ⓘ

① 원하는 기공물 종류를 추가하거나 수정할 수 있습니다.
　순서 변경은 좌측 기공물 종류에서 드래그/드롭으로 가능합니다.

② 목록에서 보이지 않게 하려면 사용 안함에 체크하거나 삭제 할 수 있습니다.

③ 자주 쓰는 문구를 입력해두면 선택만으로 빠르게 기공의뢰서를 작성할 수
　있습니다. 이때 설명문에 체크해야 기공물 통계에 포함되지 않습니다.

◆ 종류별 예시

① 크라운

▶ 기공물 종류	◉ 크라운/브릿지	○ 인레이	○ 임플란트	○ 틀니	○ 교정 장치	○ 기타
▶ 상세 선택	☐ 지르코니아 Cr ☐ 골드 Cr(A Type) ☐ Allceramic ☐ PFZ Cr ☐ PFM Cr ☐ 메탈 Cr					
	☐ 라미네이트 ☐ metal bite ☐ PFM 캡 제작 ☐ PFM Porcelain Build-up					
	☐ contact 빡빡하게 ☐ splint로 제작 ☐ single로 제작 ☐ Collarless로 해 주세요.					
	☐ bite adding ☐ shade 수정 ☐ contact adding ☐ hook 달지 마세요. ☐ 임시치아					

기공의뢰서 작성

② 인레이

▶ **기공물 종류** ○ 크라운/브릿지 ● 인레이 ○ 임플란트 ○ 틀니 ○ 교정 장치 ○ 기타

▶ **상세 선택** ☐ 골드 인레이 ☐ 세라믹 인레이 ☐ 레진 인레이 ☐ 인레이 교합 안되게 해주세요.
☐ contact 빡빡하게 해주세요.

③ 임플란트

▶ **기공물 종류** ○ 크라운/브릿지 ○ 인레이 ● 임플란트 ○ 틀니 ○ 교정 장치 ○ 기타

▶ **상세 선택** ☐ PFM 보철 ☐ 지르코니아 보철 ☐ 골드 보철(A Type) ☐ 커스텀 어버트먼트
☐ 기성 어버트먼트 ☐ 지르코니아 어버트먼트 ☐ SCRP type ☐ screw type
☐ cement type ☐ Hex로 해주세요. ☐ Non-hex로 해주세요. ☐ hole 없애주세요.
☐ hook 달지 마세요. ☐ metal bite ☐ bite adding ☐ contact adding ☐ shade 수정

④ 틀니

▶ **기공물 종류** ○ 크라운/브릿지 ○ 인레이 ○ 임플란트 ● 틀니 ○ 교정 장치 ○ 기타

▶ **상세 선택** ☐ 개인 트레이 ☐ recording base ☐ 기초상 제작 ☐ frame ☐ 치아 배열 ☐ 틀니 완성
☐ 메쉬로 넣어주세요 ☐ AP bar로 해주세요 ☐ Palatal Plate로 해주세요
☐ Lingual bar로 해주세요 ☐ Lingual plate로 해주세요 ☐ 틀니 Rebase ☐ 틀니 Relining
☐ 인공치 추가 ☐ 틀니 수리 ☐ Flexible(Valplast) Denture ☐ 임시 틀니 ☐ flipper

⑤ 교정 장치

▶ **기공물 종류** ○ 크라운/브릿지 ○ 인레이 ○ 임플란트 ○ 틀니 ● 교정 장치 ○ 기타

▶ **상세 선택** ☐ Fixed 리테이너 ☐ Hawley 리테이너 ☐ Circumferential 리테이너 ☐ T.P.A
☐ Clear 리테이너 ☐ Bionator ☐ Twin Block ☐ FR III 장치 ☐ RPE 장치 ☐ Banded R.P.E
☐ Schwarz 장치 ☐ Palatal Expansion 장치 ☐ Quad Helix ☐ Pendulum ☐ Lingual Arch

⑥ 기타

▶ **기공물 종류** ○ 크라운/브릿지 ○ 인레이 ○ 임플란트 ○ 틀니 ○ 교정 장치 ● 기타

▶ **상세 선택** ☐ 이갈이 장치(Hard) ☐ Casting Post(Metal) ☐ Casting Post(Gold) ☐ 진단 왁스업
☐ 임시 치아 ☐ 공간유지장치(Band & Loop) ☐ 공간유지장치(Crown & Loop)
☐ 공간유지장치(가철식) ☐ Distal Shoe ☐ SSCR

1. Next 입력

진료가 끝난 후 Next를 입력할 때 내용과 함께 소요시간 및 예약시기 등을
버튼으로 설정해 두면 좀더 빠르고 쉽게 다음 예약 내용을 작성할 수 있습니다.

ⓘ ① 진료차트 화면 하단에서 "Next 입력"을 선택하여 Next를 입력하실 수 있습니다.

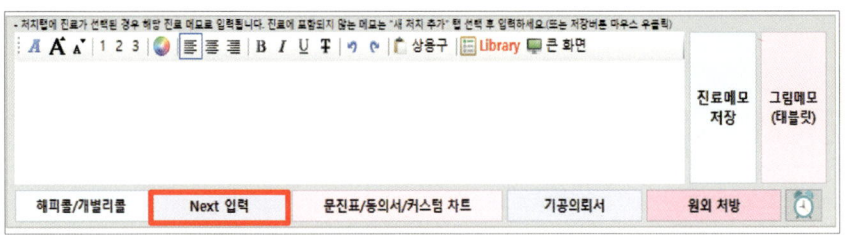

ⓘ ② "기타 다음진료 목록"에서 미리 설정한 Next를 선택하여 Next를 자동입력 또는
하단에서 직접 Next내용 입력 후 소요시간 및 다음 예약 시기를 설정합니다.

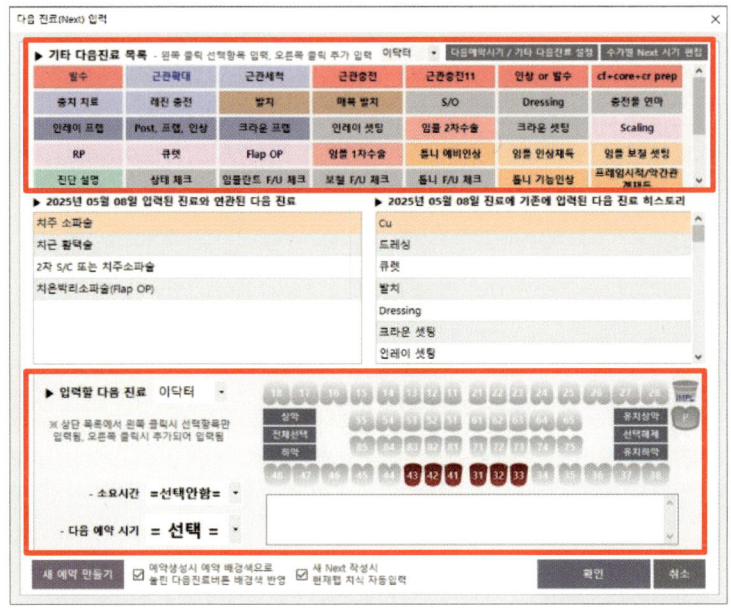

2. Next 내용 수정 방법

ⓘ ① 상단에 "다음예약시기 / 기타 다음진료 설정"을 선택하여 "다음 진료 목록" 내용을 수정합니다.

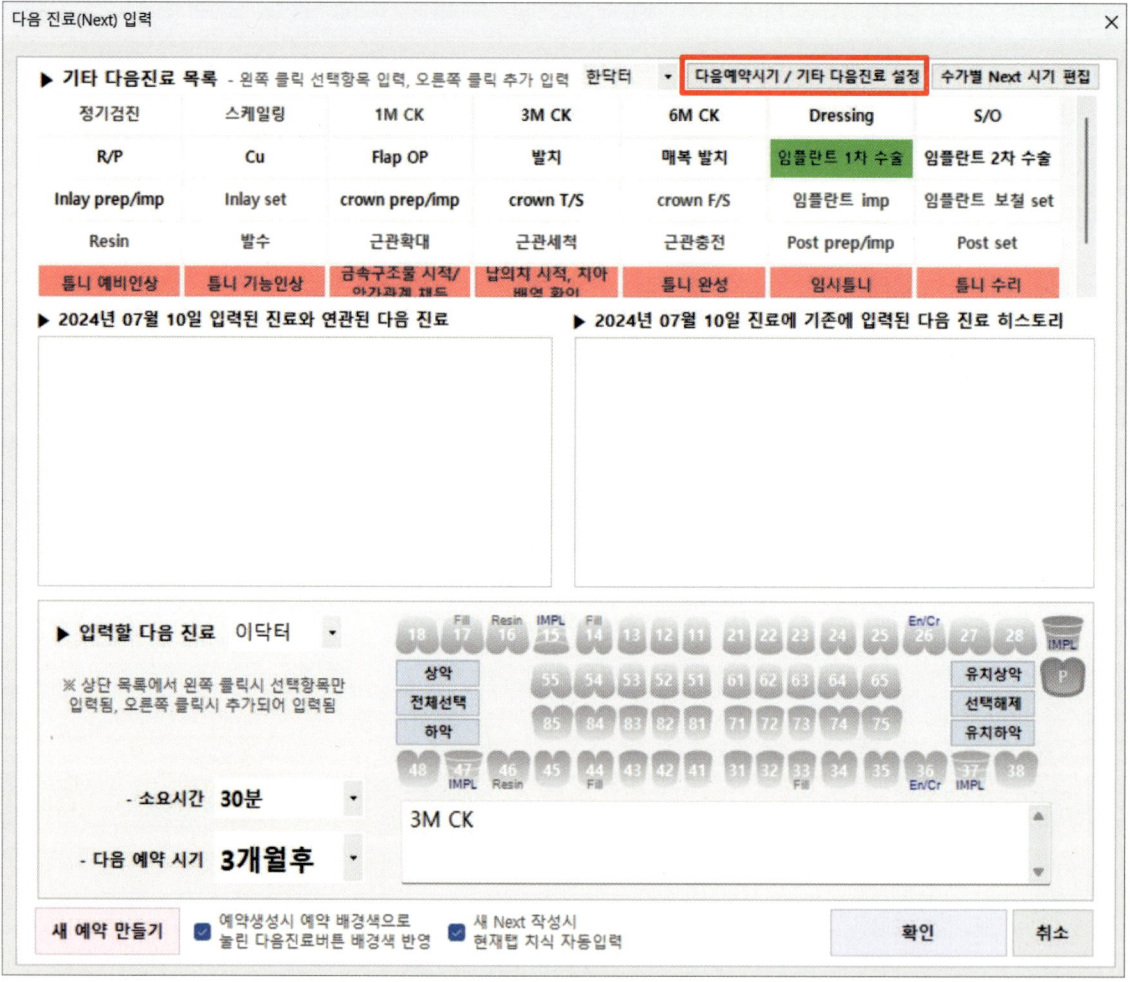

② "새로운 다음 진료(Next) 추가 / 수정"에서 내용 및 버튼 배경색, 버튼 글자색을 결정하고 소요시간, 시기까지 선택 후 "추가" 또는 "수정"을 선택합니다.

다음 진료(Next) 내용 수정 ✕

▶ **다음 진료(Next) 내용 수정** (순서변경 드래그/드롭으로 가능)　　　　담당의사 한닥터 ▾

순서	다음 진료 (Next)	소요시간	배경색	글자색	시기	삭제
11	발치	30분		■	-	삭제
12	매복 발치	60분		■	-	삭제
13	임플란트 1차 수술	90분	■	■	-	삭제
14	임플란트 2차 수술	60분		■	2개월후	삭제
15	Inlay prep/imp	60분		■	-	삭제
16	Inlay set	30분		■	4일후	삭제
17	crown prep/imp	90분		■	-	삭제
18	crown T/S	30분		■	1주후	삭제
19	crown F/S	15분		■	1주후	삭제

▶ **새로운 다음 진료(Next) 추가 / 수정**　　　　- 수정 완료 후 아래 확인 버튼을 누르셔야 저장 됩니다.

내용 [　　　　　　　　　]　　소요시간 =선택안함= ▾　　[추가]　[수정]

버튼 배경색 ■　　버튼 글자색 ■　　시기 = 선택안함 ▾

▶ **다음 진료 입력시 기본값으로 입력될 다음진료 시기**

● 기본값 1주후 ▾　　○ 마지막 입력값 사용

☐ 교정진료시 1개월 후

다음 예약이 있는경우 ☑ 전자차트 마지막 Next에 다음예약일, 내용 표시　☑ 예약 시각 요일 표시

[기본값복원] [파일로부터 복구] [파일로 저장] [현재의사 버튼 다른 의사로 복사]　　　　[확인] [취소]

진료 묶음버튼 설정

1. 진료 묶음 버튼 설정 버튼 설명

☑ [환경설정] - [진료와 관련된 덴트웹 설정] - [진료 묶음 버튼 설정]

전자차트에서 기록되는 진료 카테고리를 설정할 수 있습니다. 수정하는 과정에서 예기치 못한 상황이 생길 수 있기 때문에 여러가지를 수정할 때에는 가운데 아래쪽에 있는 " 현재 의사 진료 묶음버튼 파일로 저장 " 을 먼저 진행하시는 것이 좋습니다.

① 최상위그룹

② 중그룹

③ 버튼이름

④ 진료이름

⑤ 버튼속성 (다음 페이지 참고)

① 일반 항목 : 새 처치 탭으로 분리되어 입력됩니다.

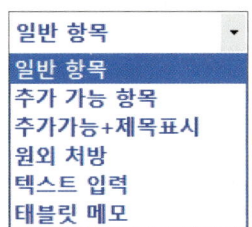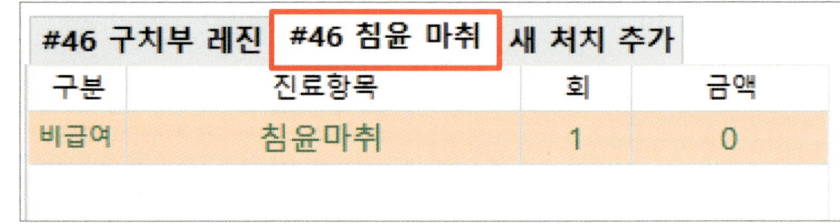

② 추가 가능 항목 : 이미 입력된 기존 처치 탭에 추가로 입력됩니다.

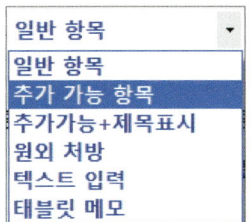

③ 추가기능+제목표시 : 이미 입력된 기존 처치 탭에 추가로 입력과 동시에
기존 진료 이름에 추가된 버튼의 진료이름이 더해집니다.

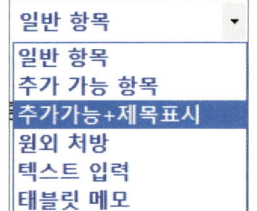

④ 원외처방 : 약처방전 묶음 설정 시 이 속성으로 설정합니다.

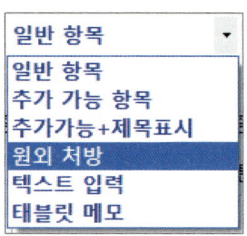

원외 처방으로 버튼 설정을 하지 않고 의약품을 설정하실 경우 원외처방전 발행 창이 나오지 않습니다.

⑤ 텍스트 입력 : 자주 사용하는 텍스트 메모를 버튼에 지정할 수 있습니다.

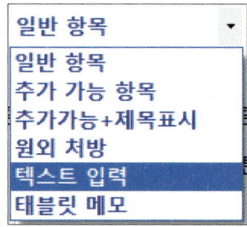

우리 병원만의 메모 내용을 텍스트로 작성하여 하단고정해서 보고 싶으실 때 사용하시면 유용하게 활용 가능합니다.

⑥ 태블릿 메모 : 자주 사용하는 태블릿 메모를 버튼에 지정해 두실 수 있습니다.

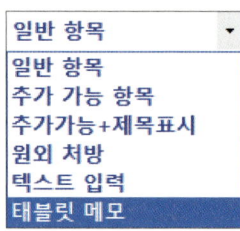

. 진료 묶음 버튼 설정 방법

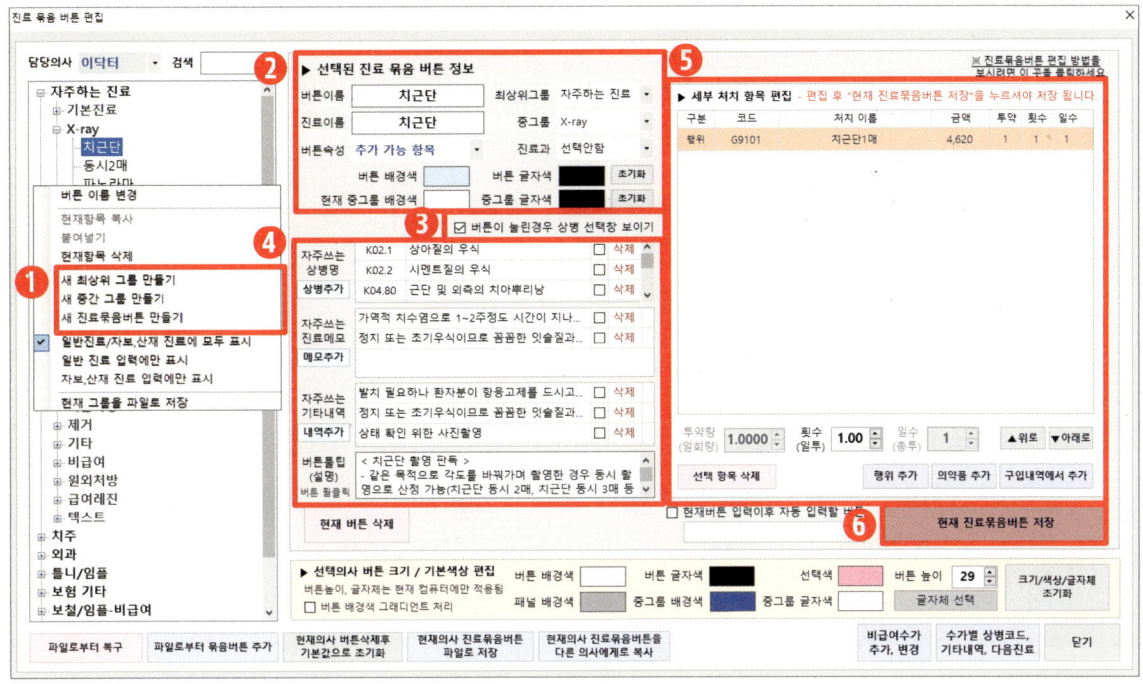

① 좌측 목록에서 마우스 오른쪽 버튼을 클릭하여 새 그룹을 만듭니다.

② 버튼의 이름 / 진료 이름 / 그룹 / 색상 등 원하는 내용 항목들을 설정합니다.

③ 버튼이 눌린 경우 상병 선택창 보이기를 선택 할 경우, 따로 상병명을 선택하지 않고 바로 체크 해 둔 상병명이 자동으로 선택되어 상병명이 입력됩니다.
(단, 진료에 해당하는 상병명을 지정하여 선택할 수 없으니 되도록이면 자주 쓰는 상병명으로만 추가 후 내가 원하는 상병명을 진료 후 직접 선택할 수 있도록 하는 것이 좋습니다.)

④ 자주 쓰는 상병명, 진료 메모, 기타내역, 버튼 툴팁을 설정 합니다.

⑤ 세부 처치 항목에 행위, 의약품, 재료 등을 추가합니다. (세부내용 뒷장 참고)

⑥ 모든 설정을 끝낸 후 "현재 진료 묶음 버튼 저장"을 클릭합니다.

<세부처치 항목 추가 시>

행위 추가
의약품 추가
재료/약제 구입내역에서 추가
원외처방시 전액본인부담으로 처방
원외처방시 비급여로 처방
원외처방 용법 입력(현재 진료묶음버튼에만 적용)
원외처방 용법 입력(해당 약제 전체에 적용)
선택 항목 삭제

행위 추가 - 환경설정에서 추가한 진료 행위를 추가 하실 수 있습니다.

의약품 추가 - 리도카인, 아티카인 등 ample 및 의약품을 추가 하실 수 있습니다.

재료/약제 구입내역에서 추가 - 재료신고를 한 재료를 구입내역에서 빠르게 찾아 추가하실 수 있습니다.

. 상단 고정/하단 고정 설정방법

전자차트 내용 중 환자분 진료 시 지속적으로 참고해야 할 중요한 포인트가 되는 내용이 있는 경우 상단 고정/하단 고정 기능을 이용하여 쉽게 파악 하실 수 있습니다.

전자차트에서 마우스 오른쪽 버튼 클릭하여 해당 내용을 상단에 고정할지 하단에 고정할지 선택이 가능합니다.

<최근 기록이 위로 설정되어 있는 경우 – 상단 고정>

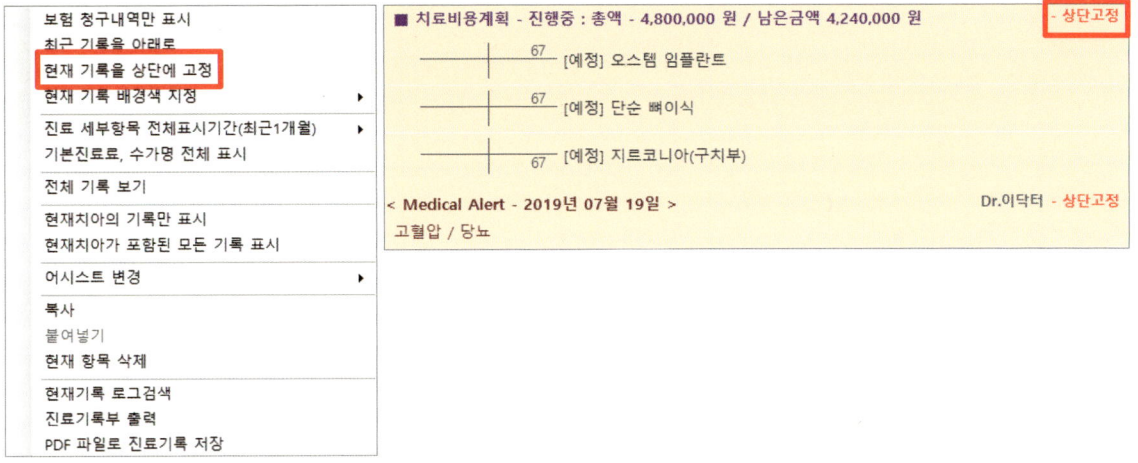

<최근 기록이 아래로 설정되어 있는 경우 – 하단 고정>

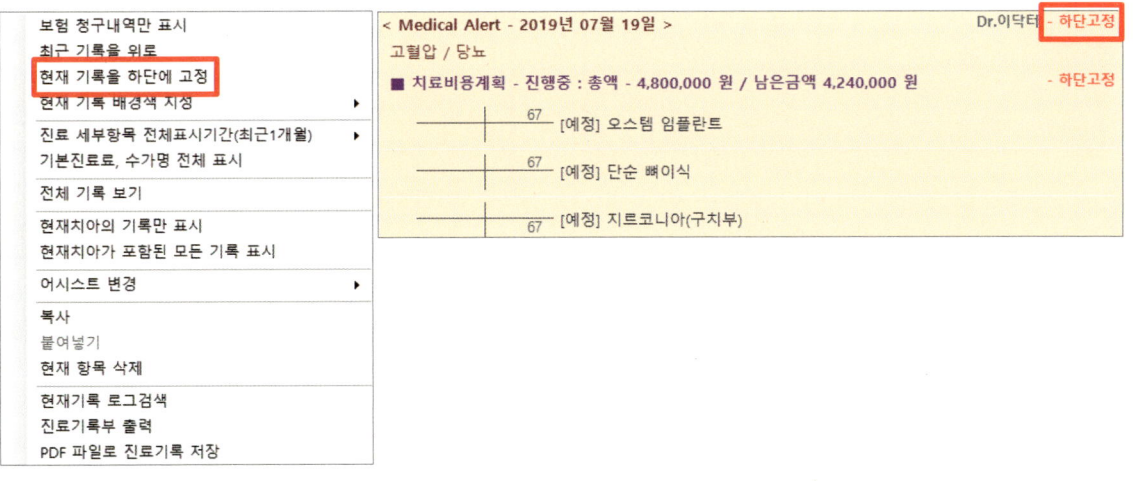

1. 중요내용 배경색 변경

전자차트 내용 중 중요한 내용은 차트 배경색 변경 기능을 사용하고 부가적인 기능들을 사용하여 차트를 보기 편하게 변경하실 수 있습니다.

① 배경색을 변경하고 싶은 차트 선택 후 마우스 오른쪽 버튼을 클릭하여 현재 기록 배경색 지정을 선택합니다.

② 단축키를 사용하지 않고 내가 원하는 색상으로 배경색을 선택합니다.

③ 설정해 놓은 배경색을 삭제합니다.

④ 배경색 단축키를 설정하면 차트 선택 후 해당 숫자를 누르면 해당 숫자의 배경색으로 색이 자동으로 변경됩니다.

⑤ 단축키의 색상을 한눈에 보여줍니다.

2. 동의서 차트에 표시

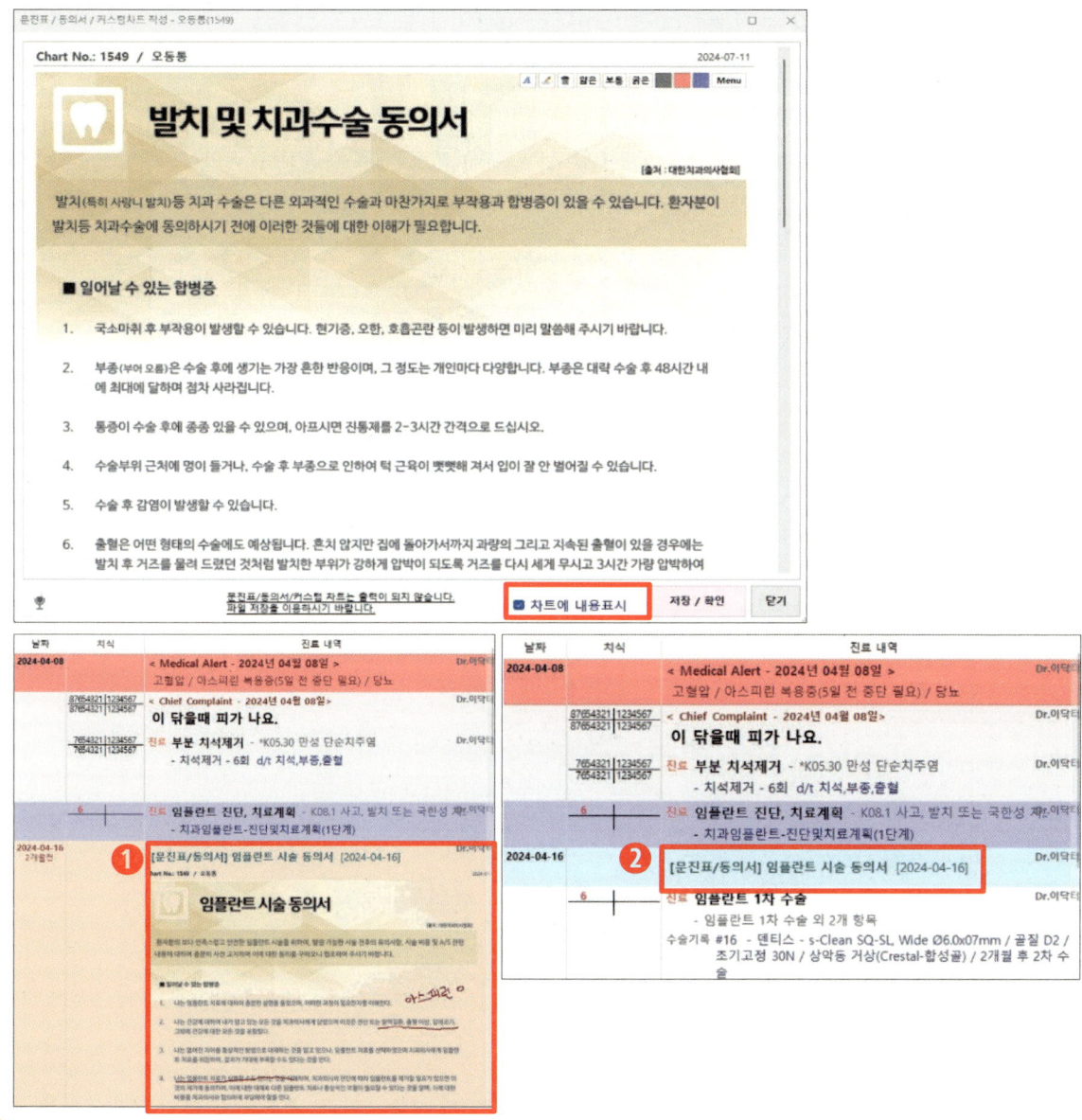

동의서 받을 때 "차트에 내용 표시"에 체크하게 되면 ① 사진처럼 차트에 동의서 내용
전체가 들어가게 되고, 전체 차트 내용이 길어지게 됩니다.
"차트에 내용 표시"를 체크하지 않으면 ② 사진처럼 동의서 이름만 들어가서
차트가 깔끔하게 유지 되므로, 필요시에만 "차트에 내용표시" 클릭해서
전체 내용을 확인 하실 수 있도록 설정 하시는 것이 좋습니다.

3. 프리셋 지정

☑ [환경설정] - [진료 관련 기타 설정] - [진료 메모 기본폰트 설정]

☑ [전자차트] - [진료입력] - [1/2/3 숫자 마우스 오른쪽 버튼 클릭]

차트에 기록되는 폰트의 글씨체, 색상 등을 병원의 스타일에 맞춰 선택 할 수 있습니다. 또한 프리셋을 지정하고 사용할 경우에는 메모가 어떤 내용인지를 파악하기에 조금 더 용이합니다.

이에 따라 프리셋 #1,2,3에 경우에는 원장님께서 중요하게 하신 말씀이나 환자분의 불만 등 중요도에 따라서 설정하거나 원장님 코멘트 / 데스크 기록 / 진료실 기록 등으로 나눠서 설정하면 조금 더 편리하고 직관적으로 메모를 남길수 있습니다.

4. 진료 세부항목 표시

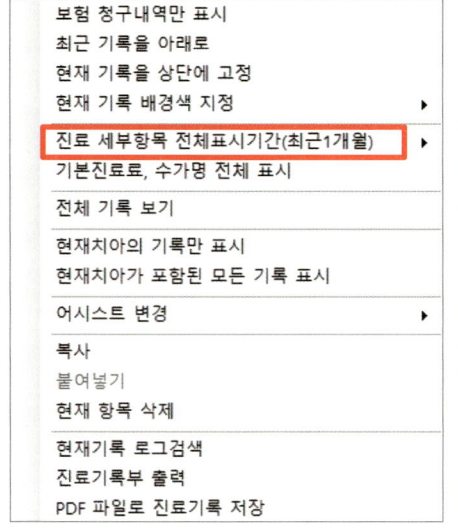
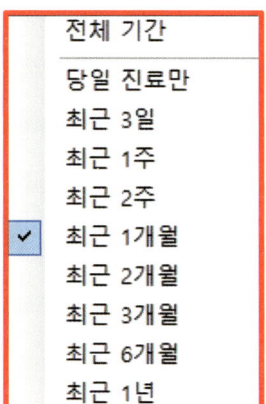

\<세부항목 표시된 경우\>

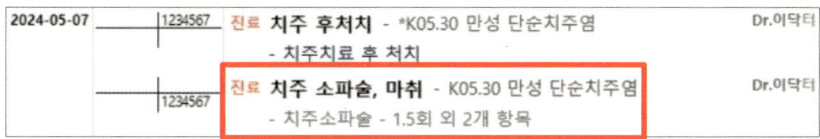

\<세부항목 표시가 되지 않은 경우\>

진료 세부항목을 전체 기간 동안 전체 표시를 하면 차트 양이 길어집니다.
원하는 기간만큼 설정하여 오래된 차트는 간단하게 표시되도록 하면 차트를
깔끔하게 관리하실 수 있습니다.
(보험 진료 청구 전에 내용을 다시 확인하는 경우에는 최근 1개월 이상으로
체크 해주시는 것이 편리합니다.)

1. 진료기록 편집 가능 상태로 전환 버튼 활성화 방법

☑ [전자차트] - [진료입력]

덴트웹에서는 수납이 완료될 경우 진료 내역을 변경하실 수 없습니다.

따라서 진료기록 편집 가능 상태로 변경 버튼을 눌러 전환시켜야 합니다.

전악 파노라마	새 처치 추가		
구분	진료항목	회	금액
행위	파노라마 일반	1	14,760

진료일	2025년 1월 5일	보험구분	건강 보험
진찰료	초진	□ 검진당일 □ 장애인	
진료의사	이닥터	진료과 선택안함	결과 계속
상병명	☑ K02.1 상아질의 우식		삭제
	상병추가		
기타내역			산정특례 / 특정내역
총진료비	1,031,270원	본인부담	1,009,300원
	진료기록 편집 가능 상태로 전환		

1. 구강검진 설정

☑ [환경설정] - [구강검진 설정]

구강검진 설정을 통해 구강 검진 후 결과서에 작성되는 내용을 쉽게 선택할 수 있게
설정해 둘 수 있고 건강검진 포털과 연결시켜 쉽게 조회, 등록할 수 있습니다.
구강검진 환자는 진료로 이어질 수 있기 때문에 적극적으로 시행하면 좋습니다.

구강검진에 자주 쓰는 내용들을 설정할 수 있습니다.
검진 포털 API 키를 입력하여 구강검진 환자의 검진자격 조회를 할 때 편리하게
이용할 수 있습니다.

2. 구강검진 대상자 등록 (덴트웹 프로그램)

☑ [구강검진] - [새 구강검진 대상자]

새 구강검진 대상자 입력   ✕

| 영유아, 일반, 생애전환기, 학교밖 구강검진 대상자 | 학생 구강검진 대상자 |

이 름 [   ] [검색]   주민번호 [   ] - [   ]   수진자
                                                                        자격조회

휴대전화 [010   ]   전화번호 [   ]

이 메 일 [   ] @ = 직접입력 =   ▼
        ※ 이메일과 주소는 기재시 건강보험 공단으로 전송되나, 필수 입력항목은 아닙니다.

주 소 [   ]

검진구분 ○ 일반검진 ○ 생애검진 ○ 학교밖   - 영유아 ○ 2세 ○ 3세 ○ 4세 ○ 5세

검진의사 [이닥터   ▼]   체어 [= 선택 =   ▼]

[초기화] [일괄 입력 대상자 검색]   [확인   ] [취소]

> ⓘ 새 구강검진 대상자 입력창에서 환자의 내용을 입력 한 후 공단에 검진 대상자
> 확인 후 등록합니다.
> 환자에게 구강검진 문진표를 받고 검진 진행 후 결과를 입력합니다.
> 환자가 병원에 등록되어 있는 경우 환자를 선택 한 후 구강검진 탭으로 이동하면
> 환자 정보는 자동으로 입력되어 조회만 진행하면 됩니다.

3. 구강검진 대상자 등록 (덴트웹 고객용 프로그램)

덴트웹치과의원에 방문해 주셔서 감사합니다.

저희 덴트웹치과의원을 방문하신 목적에 따라 아래 버튼을 눌러주세요.

신규고객

등록

기존고객

접수

동의서,문진표 작성

영유아,직장,일반 검진

학생 구강검진

▶ 구강검진 대상자 등록을 진행합니다.

아래 정보를 입력하신 후 "자격조회 문진입력" 버튼을 눌러주세요.

성 명

주민번호

휴대전화

전화번호
(선택)

자격 조회

문진 입력

이메일
(선택)

@ = 선택하세요 =

주소
(선택)

취소

태블릿 PC나 키오스크로 환자가 직접 접수하는 경우 "영유아,직장,일반 검진"으로 들어가서 구강검진 대상자 등록을 진행한 후 문진표를 작성하면 됩니다.

4. 구강검진 문진표 / 검진결과 입력

환자가 문진표를 작성하면 검진 후 검진 결과를 입력합니다.

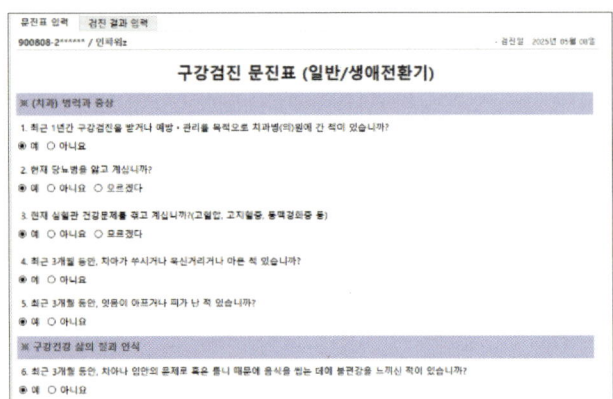

5. 검진 당일 진료 시

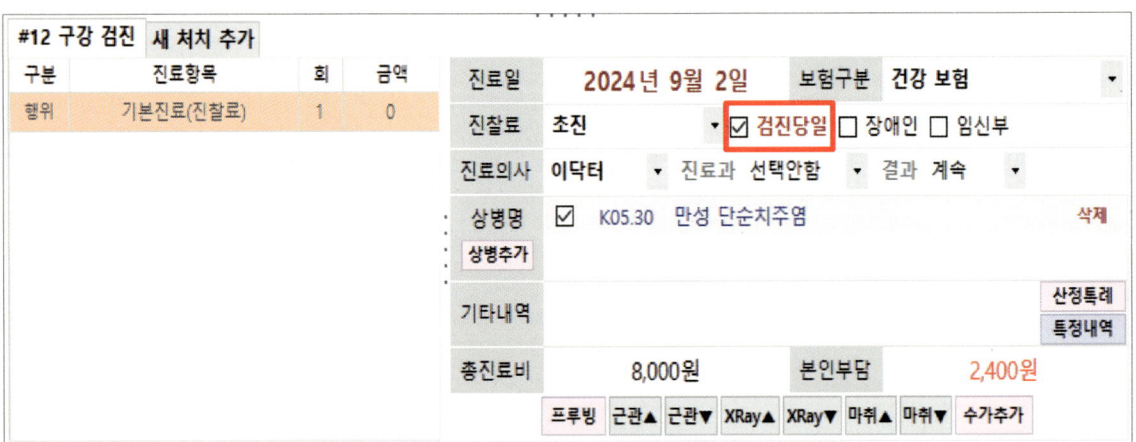

구강검진 당일 보험 진료를 하는 경우 "검진당일"을 선택하여
진찰료 50%만 산정합니다. (학교 구강검진은 해당사항이 없습니다.)

6. 구강검진 청구

☑️ [구강검진] - [구강검진 조회/청구](우측 하단)

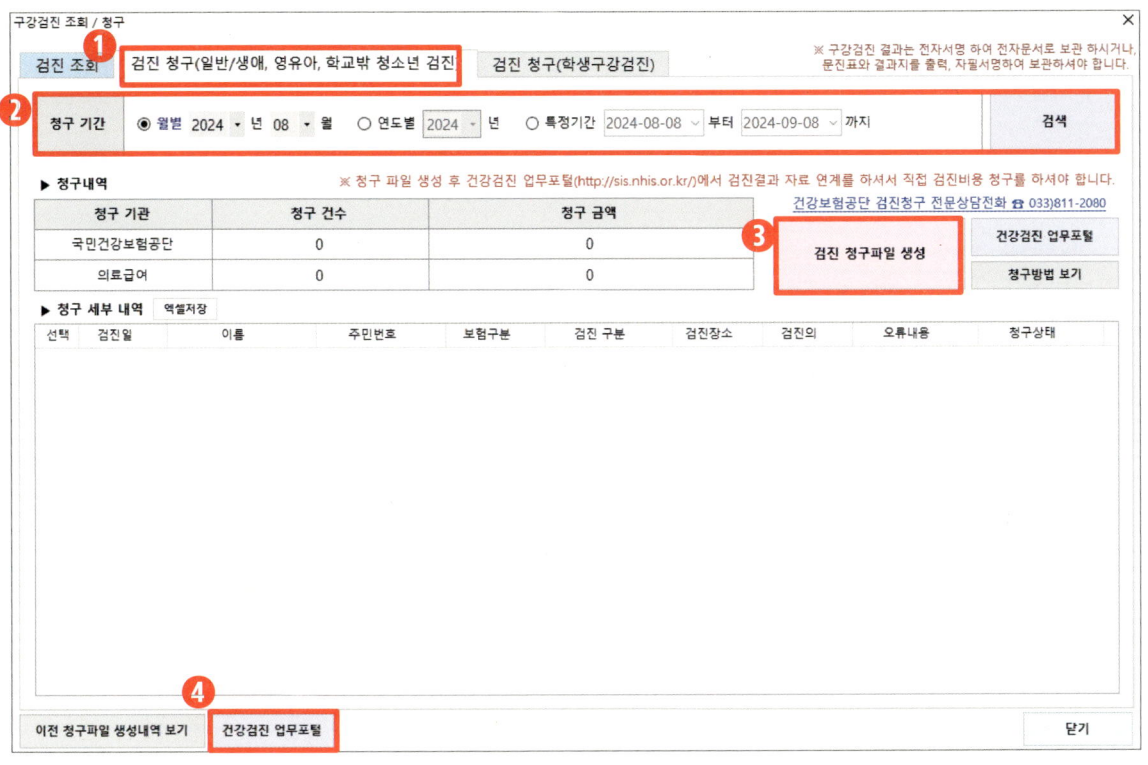

① 검진 청구(일반/생애, 영유아, 학교 밖 청소년 검진)를 선택합니다.

② 청구기간을 선택 후 검색합니다.

③ 검진 청구 파일을 생성합니다.

④ "건강검진 업무포털" 버튼 통해서 건강검진 업무포털 사이트에서 구강검진 내역을 청구합니다.

1. 전자서명

☑ [전자서명]

진료기록 작성 후 전자서명 방법입니다.

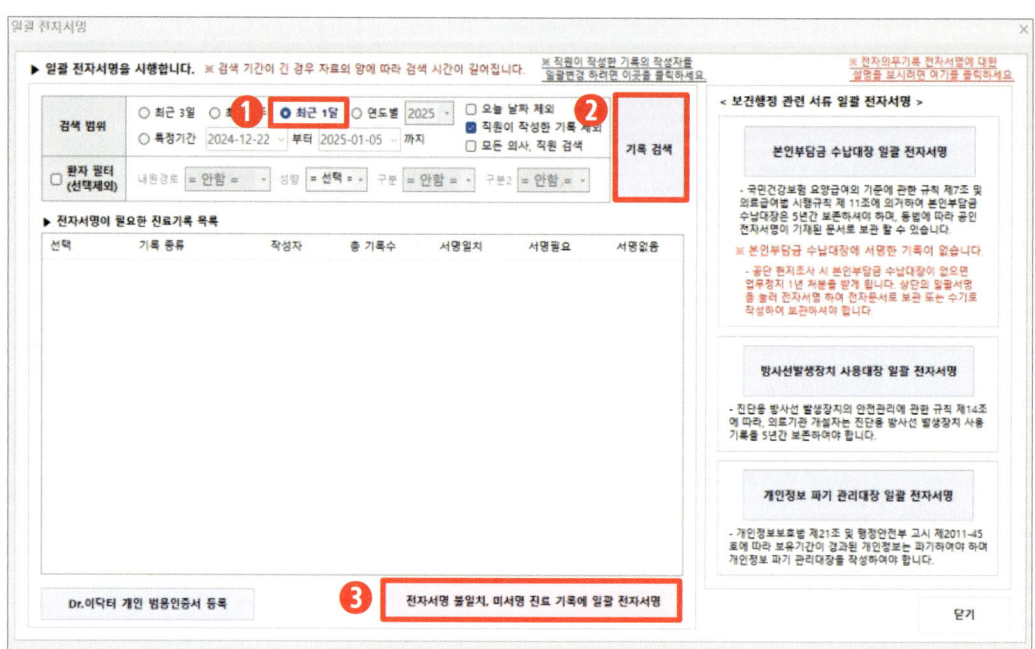

① 전자서명 화면을 클릭한 후 최근 1달로 체크해 주세요.
② 기록을 검색해 주세요.
③ 전자서명 불일치 및 미 서명 진료 기록부를 선택한 후 일괄 전자서명을
   클릭해 주세요.

의료법 22조 1항에 따라 의료인은 의료 행위에 관한 모든 행위를 상세히 기록하고
서명하도록 되어 있습니다. 그러므로 덴트웹에 직종이 치과의사로 등록되어 있는 아이디만
전자서명이 가능하며 전자서명이 없는 진료기록부는 의료법 위반에 해당 되니 꼭 유의해 주세요.

. 보관함 기능

☑️ [전자차트]] - [스캔, 파일 클릭]

보관함 활용은 이렇게 해주세요!

보관함은 모든 환자분 차트에서 동일하게 보여집니다.

① 전자차트 화면을 클릭한 후 스캔, 파일을 클릭해 주세요.

② 추가하고 싶은 이미지를 선택한 후 마우스를 우 클릭하여
   진료기록에 현재 이미지 추가를 눌러 주세요.

보관함 기능

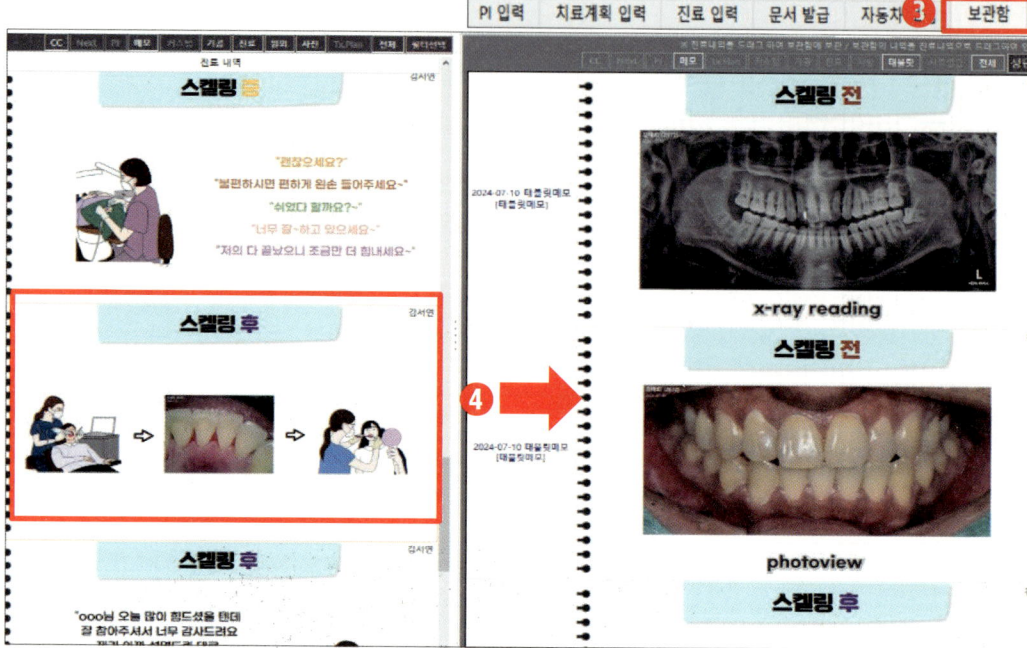

③ 보관함을 클릭해 주세요.

④ 진료기록에 추가한 이미지를 오른쪽 보관함으로 드래그해 주세요.

진료실 내에서 일률적으로 이루어지는 작업들은 간단하게 보관함 기능을 활용하여 공유해 보세요.

1. 수납

덴트웹 연동 단말기를 활용하고 있나요? 덴트웹 연동단말기를 사용한다면 카드전표를 기록하지 않더라도 환자와 카드전표를 매칭하기 용이합니다.
덴트웹 연동 단말기는 PR컴퍼니의 카드단말기로, 덴트웹과 연동되어 치과 차트를 관리할 수 있습니다.

*덴트웹 연동 단말기 관련 문의 : PR컴퍼니(1599-8898)

덴트웹 연동 단말기의 장점은 무엇이 있을까요?
1. 덴트웹과 연동되어 치과 차트를 관리할 수 있습니다.
2. 전표를 보관할 필요가 없습니다.
3. QR 결제가 가능한 패드가 설치될 수 있습니다.

☑ [데스크] – [검색] – [카드 승인, 매입 내역]
　따로 기재하지 않아도 연동된 단말기 승인 내역을 볼 수 있습니다.

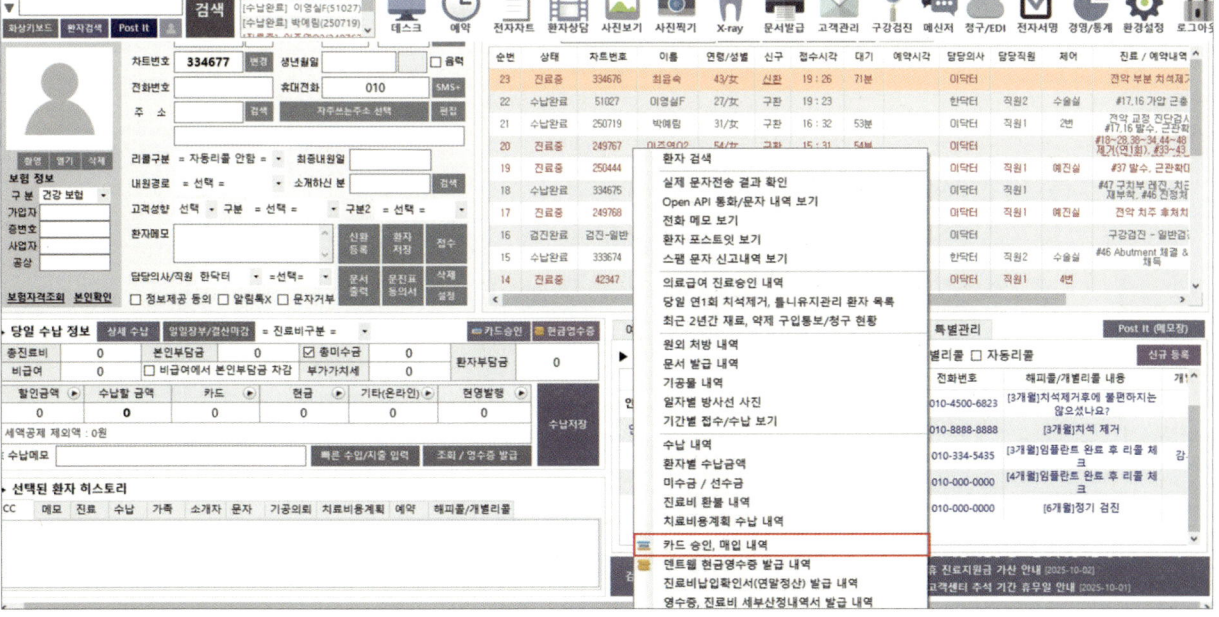

1. 수납

☑ [데스크] – [당일 수납정보] – [상세 수납]

　카드, 현금, 계좌이체, 지역화폐등의 결제를 나누어서 수납을 저장할 수 있습니다.

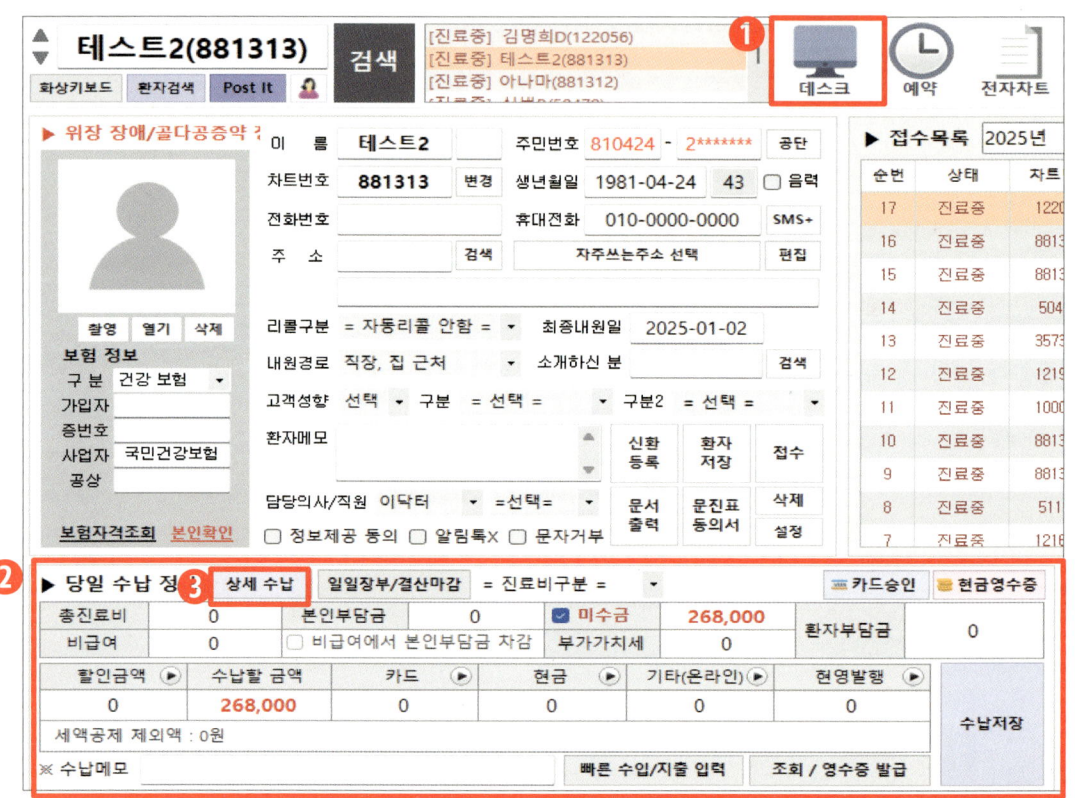

　수납을 어떻게 구분하면 좋을까요?

① 카드 : 신용카드 및 체크카드로 결제할 때 사용합니다.

② 현금 : 현물 지폐로 수납하는 경우 사용합니다. 현금으로 수납 시
　 현금영수증 발행을 의무화 합니다.

③ 기타(온라인) : 계좌이체, 지역화폐 결제는 이 칸을 이용하여 수납합니다.
　 계좌이체의 경우 현금영수증 발행이 가능하므로 수납 후 현금영수증 발행을
　 해주세요. (지역화폐는 현금영수증 발행 불가)

④ 할인 금액 : 당일에 할인 내역을 입력하면 수납액에서 할인 금액만큼 자동으로
　 차감됩니다.

. 상세 수납

☑ [데스크] – [당일 수납정보] – [상세 수납]

카드, 현금, 계좌이체, 지역화폐등의 결제를 나누어서 수납을 저장할 수 있습니다.

▶ 당일 수납 정보	상세 수납	일일장부/결산마감	= 진료비구분 = ⑬			💳 카드승인	💴 현금영수증
총진료비 ① 65,570		본인부담금 ② 19,600	☑ 미수금 ③ 0			환자부담금 ⑦ **19,600**	
비급여 ④ 0	⑤☐ 비급여에서 본인부담금 차감		부가가치세 ⑥ 0				
할인금액 ▶	수납할금액 ▶	카드 ▶	현금 ▶	기타(온라인) ▶	현영발행 ▶		
⑧ 0	⑨ 19,600	0	0	0	⑩ 0	수납저장	
⑪ 세액공제 제외액 : 0원		⑫ 치료비용계획 수납에 포함 [#36 PFM 크라운 : 남은 금액 = 400,000원]					
※ 수납메모			빠른 수입/지출 입력	조회 / 영수증 발급			

이미지 출처 : 덴트웹 사용설명서

상세 수납 정보 화면을 자세히 살펴볼까요?

① **총 진료비** : 오늘의 보험 진료비, 비급여 진료비(부가가치세 제외)를 합한 총 진료 금액입니다.

② **본인부담금** : 건강보험, 의료급여환자 진료시의 보험 본인부담금입니다.

③ **미수금/선수금** : 환자의 미수금/선수금입니다. 기본적으로는 어제까지의 미수금만 집계되지만 옵션에 따라 집계 기준이 달라질 수 있으며 옵션은 [환경설정] - [수납 설정] - [데스크화면 당일수납 미수금 표시 옵션] 에서 설정할 수 있습니다. 체크박스에 체크를 하시면 수납할 금액(⑨)에 미수/선수금이 반영됩니다. "특정시점 이전 미수/선수금 무시" 기능을 사용해 특정 시점 이후의 미수/선수금만 집계할 수도 있습니다.

④ **비급여** : 오늘의 비급여 진료비입니다. (부가가치세 제외)

⑤ **비급여에서 본인부담금 차감** : 보험 진료와 비급여 진료를 동시에 한 경우, 비급여 진료비 총액에서 보험 진료의 본인부담금을 할인하여 수납 합니다. (비급여 진료비가 보험 본인부담금만큼 할인 되는 것)

⑥ **부가가치세** : 라미네이트, 미백 등의 부가가치세 과세 대상 진료를 시행한 경우 부가가치세가 부여되는 곳 입니다.

1. 상세 수납

☑ [데스크] – [당일 수납정보] – [상세 수납]

⑦ **환자부담금** : 오늘의 총 진료에 대한 보험 본인부담금 + 비급여 진료비 + 부가가치세를 더한 금액으로 환자분이 부담하셔야 할 총 진료비입니다.

⑧ **할인금액** : 백원단위 절사, 가족, 직원 할인 등을 입력합니다. 할인율은 [환경설정] – [할인구분 설정] 에서 설정 할 수 있습니다.

⑨ **수납할 금액** : "환자 부담금"에서 "할인 금액"을 뺀 금액으로 환자분이 실제 결제하셔야 할 금액입니다. ④미수금/선수금에 체크하면 미수금/선수금도 반영하여 계산됩니다.

- **카드/현금/통장입금** : 환자분이 결제한 금액을 결제 수단별로 입력합니다. 각 결제 수단 위에 있는 ▶ 버튼을 누르면 수납할 금액이 자동으로 입력됩니다.

⑩ **현영 발행** : 현금, 통장 수납액 중에서 현금영수증을 발행한 금액입니다.

⑪ **소득공제 제외금액** : 미용 목적 진료 또는 환자분이 원하는 경우 국세청 소득공제 신고에서 제외합니다. 교정 진료, 라미네이트, 미백 등 부가가치세 과세 대상 진료 수납의 경우 자동으로 소득공제 제외 금액으로 입력됩니다.

⑫ **치료비용계획 수납에 포함** : 환자분이 진행하기로 하신 치료비용계획의 일부를 수납하는 경우 이곳을 클릭하면 진행중인 치료비용계획의 목록이 표시되며 수납한 금액이 치료비용계획 수납으로 저장됩니다.

1. 상세수납에서 비급여 진료 추가하기

☑ [데스크] – [당일 수납정보] – [상세수납] – [비급여 진료비 추가]

우리 치과의 비급여 항목 수가가 진료 코드에 기록되어 있지 않거나 비급여 진료의 진료비를 매달 분납 결제 하는 경우 상세수납 창에서 비급여 진료비를 추가하여 수납할 수 있습니다.

비급여 진료비 추가

☑ [데스크] – [당일 수납정보] – [상세수납] – [비급여 진료비 추가]
  - [수납구분] – [수납내용] – [금액입력] – [확인]

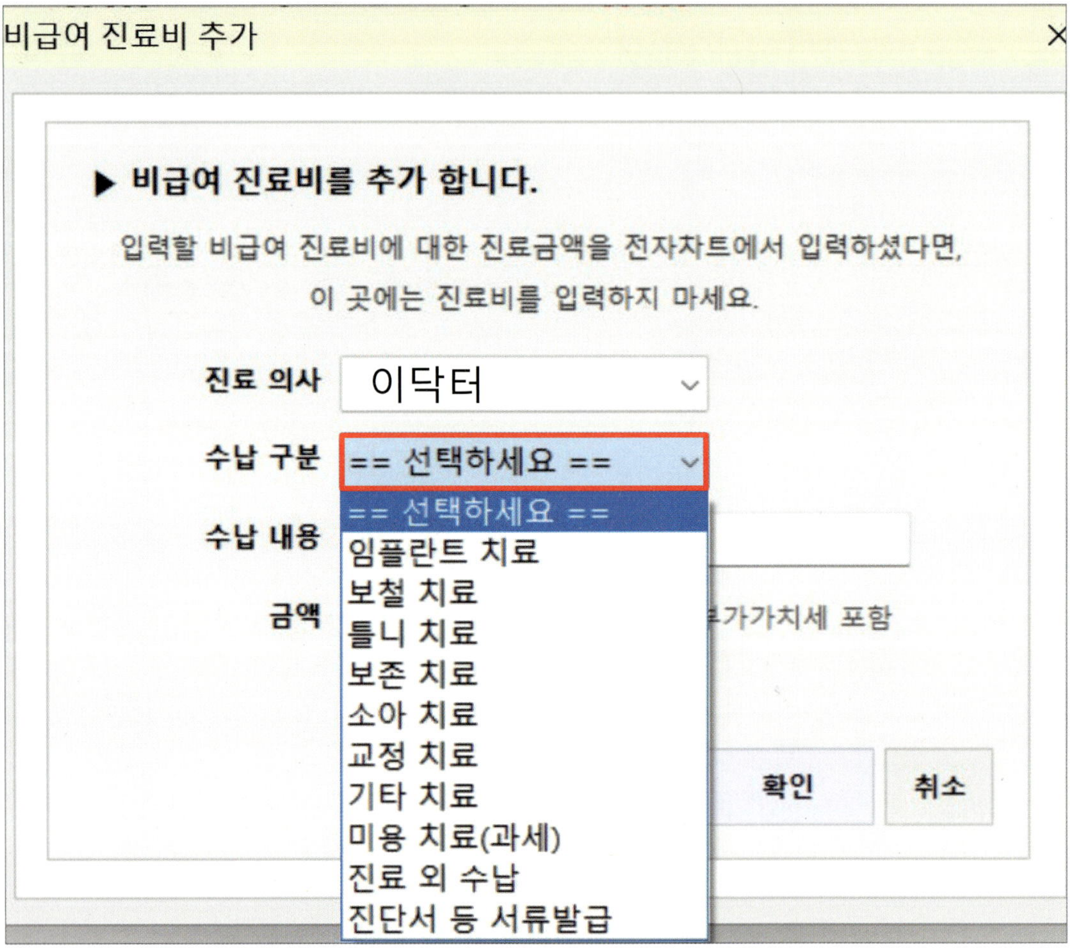

비급여 진료비 추가 ✕

▶ **비급여 진료비를 추가 합니다.**

입력할 비급여 진료비에 대한 진료금액을 전자차트에서 입력하셨다면,
이 곳에는 진료비를 입력하지 마세요.

진료 의사 이닥터 ⌄

수납 구분 == 선택하세요 == ⌄

== 선택하세요 ==
임플란트 치료
보철 치료
틀니 치료
보존 치료
소아 치료
교정 치료
기타 치료
미용 치료(과세)
진료 외 수납
진단서 등 서류발급

수납 내용

금액 ~가가치세 포함

확인   취소

① 수납 구분을 눌러 오늘 수납할 비급여 진료 항목을 선택합니다.
② 미용치료(과세)항목 선택 시 부가세가 자동으로 계산되어 표시됩니다.
③ 교정치료, 구강용품 판매와 같은 진료 외 수납, 진단서 등 서류발급을 선택한
   경우 '공제 제외' 수가로 구분됩니다.

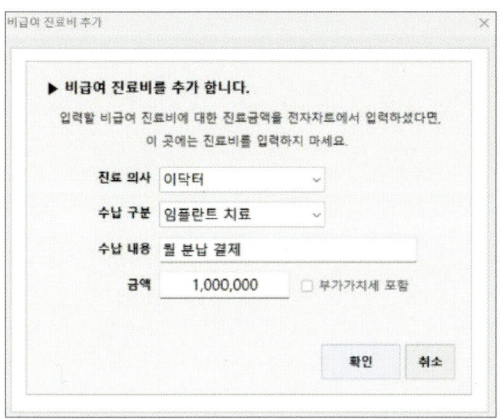

Point ★

병원마다 수가코드에 비급여 진료비를 등록하여 사용하기도 하고 위와 같이 비급여 진료비를
추가하여 사용하기도 합니다. 병원의 상황에 맞게 활용해 보세요.

1-1. 카드로 결제 시 수납방법

① [카드합계]의 화살표를 클릭합니다.

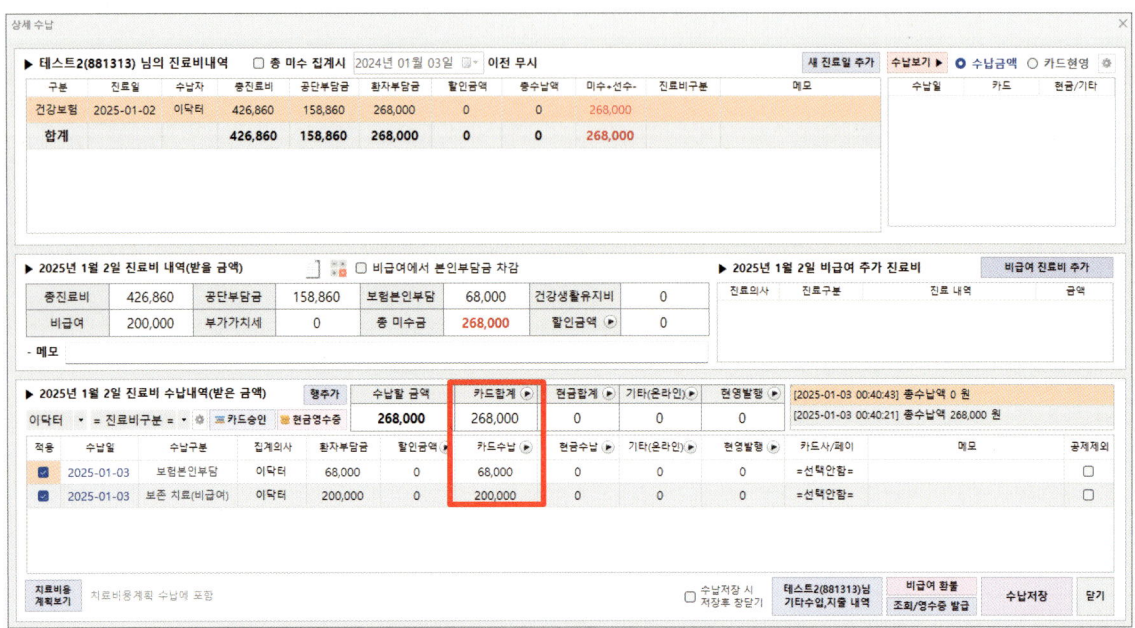

② [카드승인]버튼을 클릭합니다.

③ 수납액 확인 후 카드승인 버튼을 누르면 단말기에서 '삑' 하는 알림이 울립니다.

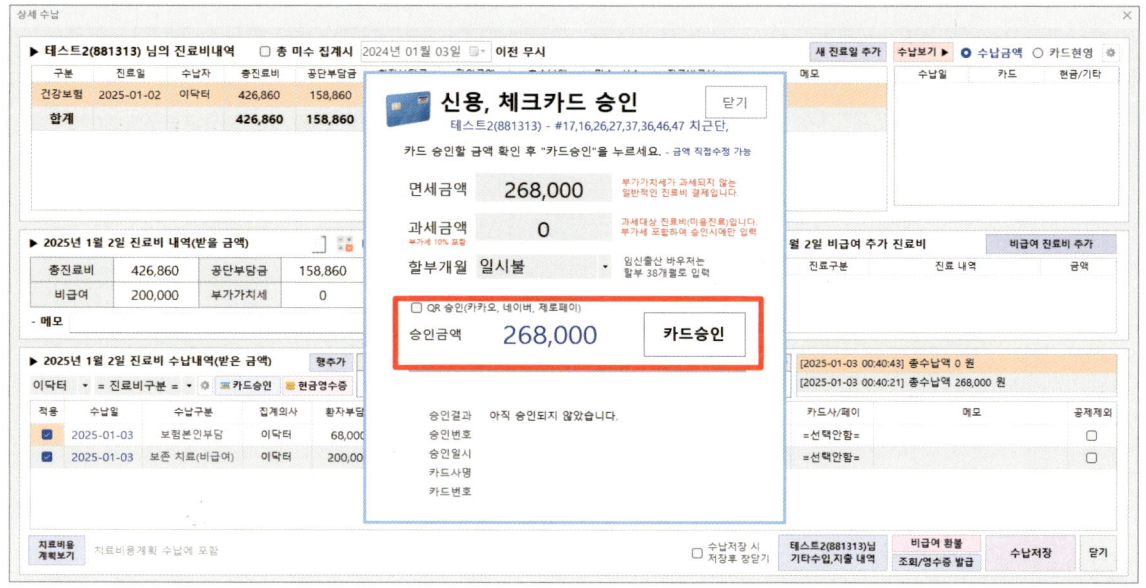

④ 카드를 단말기에 삽입하거나 휴대폰으로 카드 결제 시 단말기에 휴대폰을 인식합니다. (단말기 본체에서는 보통 측면에 위치해 있습니다.)

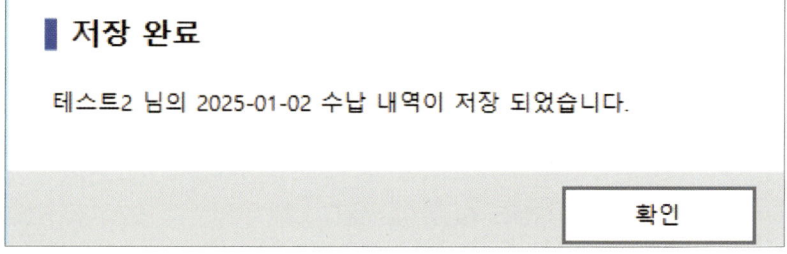

덴트웹 연동 카드 단말기를 사용하는 경우 카드승인 기능을 사용하면 영수증과 환자를 매칭하지 않아도 되기 때문에 데스크 업무가 한결 쉬워집니다!

일반 카드 단말기를 사용하는 경우는 단말기에서 카드 결제를 진행 후 카드승인 매입 내역에서 환자를 매칭하면 됩니다. (7. 가족이 당일에 같이 진료를 받고 한 번에 결제를 진행할 경우 참고)

1-2. 카드 여러 개로 결제 시 수납방법

① [카드승인]에서 각각의 금액을 따로 입력하여 결제를 나누어 진행합니다.

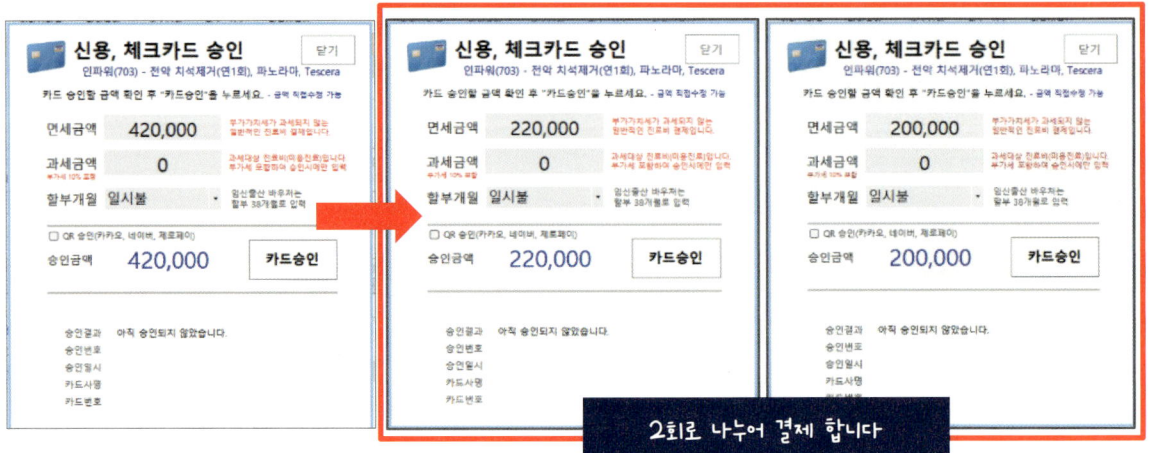

42만원의 진료비를 2개의 카드로 나누어 결제할 경우

카드승인 버튼을 눌러 22만원을 먼저 결제 한 뒤 한번 더 카드승인 버튼을 누르면 차액인
20만원이 자동으로 팝업 됩니다. 2번 나누어 결제를 진행하세요.

1-3. 현금과 카드를 동시에 사용할 때 수납방법

① [당일 수납 정보]에서 각각의 금액을 따로 입력해 줍니다.

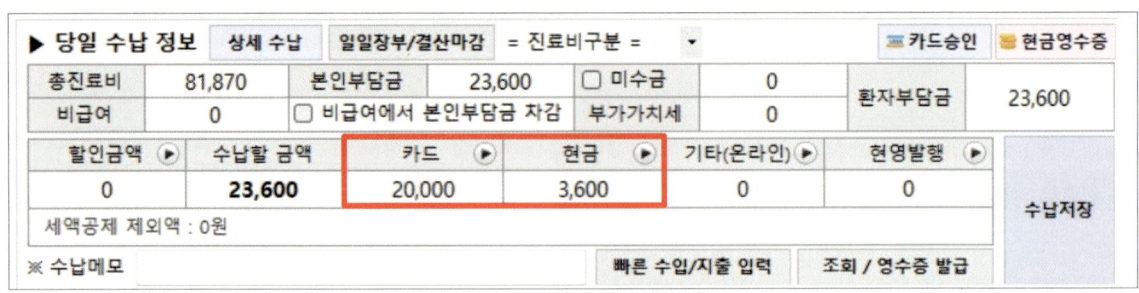

2. 할부

✅ [데스크] – [당일 수납정보] – [상세수납] – [카드승인] – [할부개월]

일시불부터 12개월까지 환자가 원하는 만큼 할부로 결제할 수 있습니다.

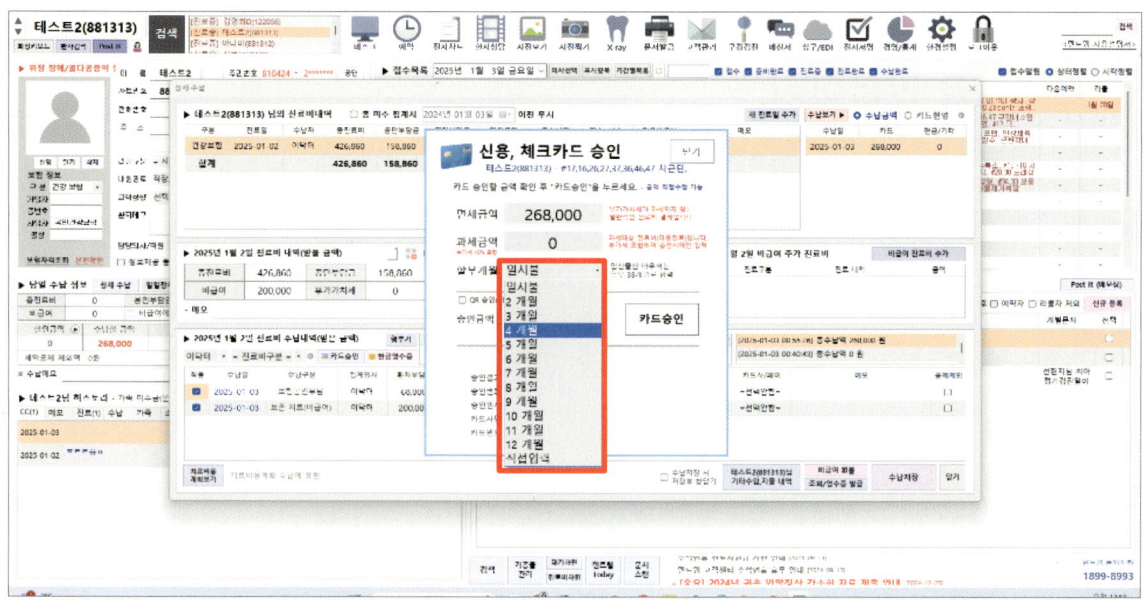

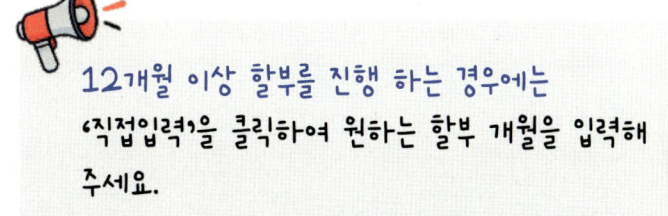

12개월 이상 할부를 진행 하는 경우에는 '직접입력'을 클릭하여 원하는 할부 개월을 입력해 주세요.

카드사별로 무이자 할부 개월 수와 적용기간이 상이하니 병원별로 카드사별 무이자 혜택 내용을 정리해서 데스크에 비치해 주세요.

📢
현금영수증은 덴트웹에서 발급 또는 카드 단말기에서 발급 하실 수 있습니다.
덴트웹에서 발급하면 덴트웹에서 취소도 가능하니 단말기 발급보다 편리합니다.

3. 현금영수증 발급하기

덴트웹 연동 단말기를 활용하여 현금영수증 발행이 가능합니다.

☑ [데스크] – [당일 수납정보] – [현금 화살표 클릭] – [수납저장] - [현영발행]
   – [현금영수증]

▶ 덴트웹에서 현금영수증 발급

- 현금영수증을 덴트웹에서 발급함 (카드단말기 사용X)
- 장부(회계장부, 진료비수납내역)에 현영발급액을 기입함
- 단말기가 아닌 덴트웹 프로그램을 통해 발급한 현금영수증이므로, "덴트웹 현영 발급내역"에 발급내역이 항상 기록됨
- 덴트웹에서 현금영수증을 발행한 경우 해당 내역은 매일 자정에 국세청으로 전송됩니다.

▶ 카드 단말기에서 현금영수증 발급

- 현금영수증을 카드단말기에서 발급함
- 장부(회계장부, 진료비수납내역)에 현영발급액을 기입함

---

point ⭐

치과는 '보건업'에 해당되는 현금영수증 의무발행 대상 업종입니다.
이 경우 거래 건당 10만원 이상 현금 거래 시 소비자가 요구하지 않더라도 현금영수증을
발행해야 합니다. 건당 10만원 미만인 경우에도 원칙적으로 발행을 해야 하지만 의무대상은
아닙니다. 현금영수증 미발행의 경우 가장 빈번히 적발되는 경우는 고객들이 연말정산 기간이 돼
연말정산 처리할 때 발생합니다. 만약 현금영수증이 미발행되거나 과소하게 발행된 경우에는
해당 금액만큼 공제를 못 받기 때문에 세액공제를 확인하다가 적발되는 경우가 많습니다.
현금영수증 미발행이 적발된 경우 현금영수증에 미발행된 가액의 20%를 가산세로 적용 받을
수 있기 때문에 현금, 계좌이체 시 금액에 상관없이 현금영수증 발급을 하시는 것을 추천
드립니다.

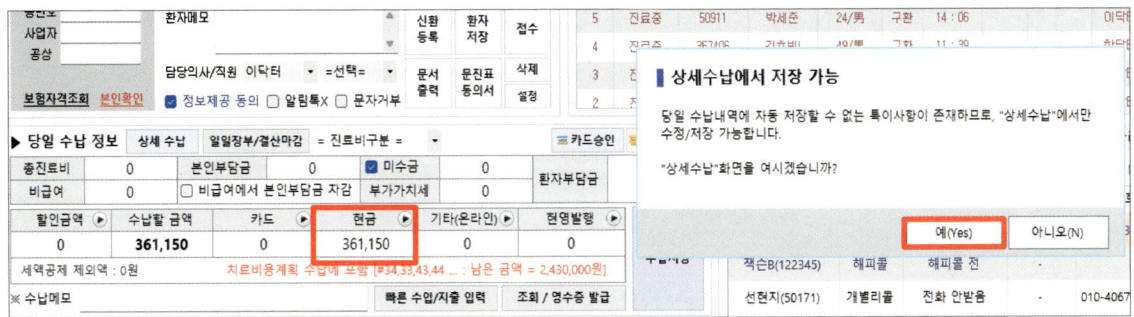

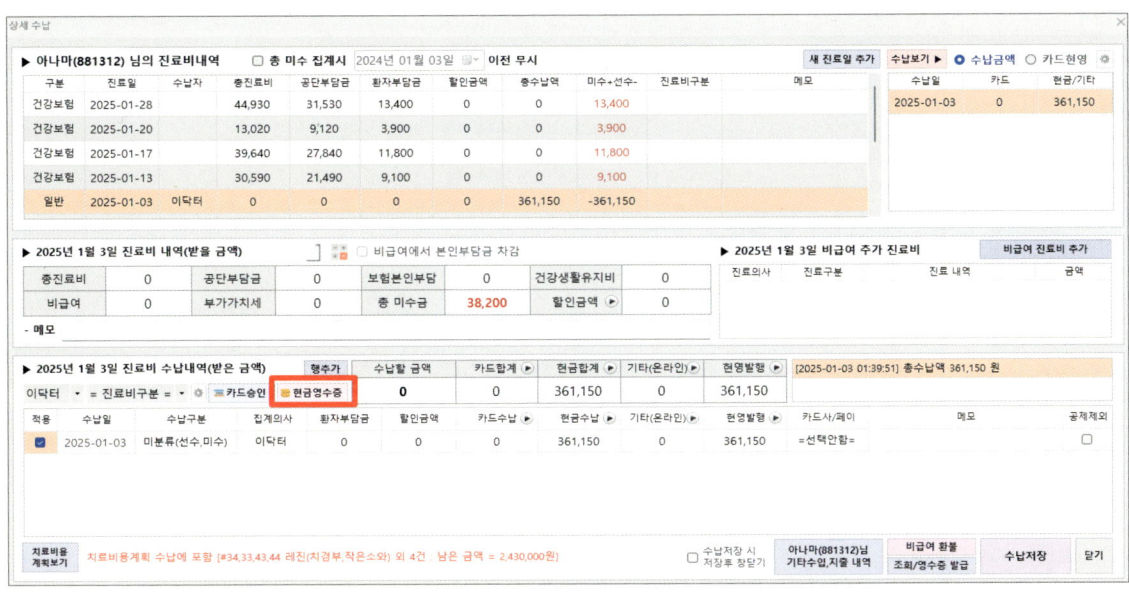

3. 현금영수증 발급하기

☑ [주민번호 승인 또는 휴대전화번호 승인] – [현금영수증 발급]

덴트웹 연동 단말기를 활용하여 현금영수증 발행이 가능합니다.

현금영수증을 발급하지 않는다고 하시는 환자분은 어떻게 처리해야 하나요?

→ '현금영수증 자진발급 번호로 발급' 하세요.

한 번이라도 현금영수증을 발급한 환자는 기존 발급 내역이 저장되기 때문에 다음 내원 시 간편하게 현금영수증을 발급 할 수 있습니다.

4. 임산부 바우처를 사용할 경우

임산부 바우처란?

임산부에게 진료비 일부를 지원하는 카드이며, 진료비 및 약제비 구입시 사용이 가능합니다.

지원금 : 단태아 100만원, 다태아 200만원

지원대상 : 임산부, 2세 미만 영유아 대상

임산부 바우처 사용기간 : 신청일로부터 출산일 이후 2년 까지 사용 가능

지원대상

임산부 / **건강보험**

임신·출산(유산·사산 포함)이 확인된
건강보험 가입자 또는 피부양자 중
임신·출산 진료비 지원 신청자

(2세 미만의 영유아의 법정대리인 포함)

임산부에게 건강한 태아의 분만과
산모의 건강관리를 위하여
진료비 일부를 국민행복카드로
지원합니다.

혜택

진료비 / **100만원**

임신 1회당 100만원 이용권
국민행복카드 지원
(다태아 임산부는 140만원 지원)
※ 분만 취약자 20만원 추가

신청

방문

Step 1
산부인과 방문
신청서상의 임신·출산
확인란 확인

Step 2
가까운
국민건강보험공단지사
또는 카드 영업점방문

Step 3
건강보험 임신·출산
진료비지급신청서 제출
국민행복카드
신청/발급

온라인신청 : BC카드 ▶ 롯데카드 ▶ 삼성카드 ▶
KB국민카드 ▶ 신한카드 ▶

사용방법

국민행복카드 결제

국민행복카드를 이용하여
전국 요양기관에서 본인부담금 결제

※ 카드 수령 후 분만예정(출산·유산진단)일로부터 2년
까지

이미지 출처 : 보건복지부

임산부 바우처 카드로 결제 시 무이자 할부를 38개월로 입력합니다.

☑ [데스크] – [당일 수납정보] – [카드승인] – [할부개월]
  – [직접입력] – [38개월로 변경]

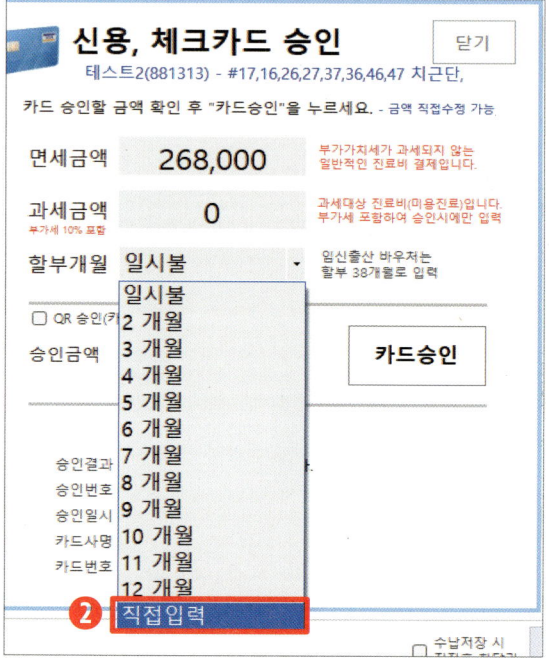

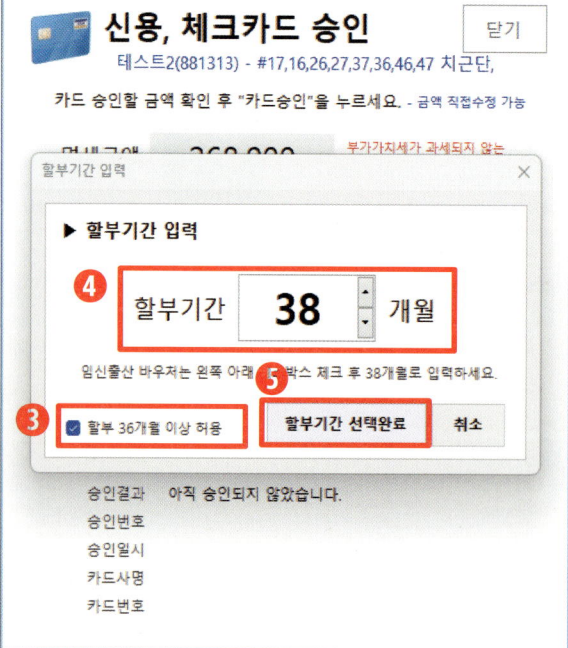

할부 36개월 이상 허용 체크 박스를
클릭한 후에 38개월로 수동 입력하고
'할부기간 선택 완료'를 누르면
임산부 바우처 카드로 결제가 가능합니다.

▌할부기간이 36개월을 초과합니다.

36개월을 초과하는 할부개월은 카드사 포인트 사용 등의 특수한 경우에만 이용됩니다.

그래도 할부 개월을 38개월로 입력 하시겠습니까?

❻ 예(Yes)　아니오(N)

신용, 체크카드 승인

테스트2(881313) - #17,16,26,27,37,36,46,47 치근단,　닫기

카드 승인할 금액 확인 후 "카드승인"을 누르세요. - 금액 직접수정 가능

| 면세금액 | 268,000 | 부가가치세가 과세되지 않는 일반적인 진료비 결제입니다. |
| 과세금액 부가세 10% 포함 | 0 | 과세대상 진료비(미용진료)입니다. 부가세 포함하여 승인시에만 입력 |

❼ 할부개월　38 개월　▼　임신출산 바우처는 할부 38개월로 입력

☐ QR 승인(카카오, 네이버, 제로페이)

승인금액　268,000　**❽ 카드승인**

승인결과　아직 승인되지 않았습니다.
승인번호
승인일시
카드사명
카드번호

아래와 같이 경고창이 뜨더라도 당황하지 말고 '예'를 클릭해주세요 할부개월이 38개월로 변경되었다면 맞게 설정 하신거에요. 그 다음은 카드결제 방법과 동일합니다.

5. 영수증 재인쇄 기능

방금 발행한 영수증은 덴트웹 연동 단말기를 이용하여 손쉽게 재발행 할 수 있습니다.
또한 덴트웹 프로그램을 이용하여 재발행도 가능합니다.
환자분이 영수증을 안 받겠다고 하셨다가 다시 발급을 원하는 경우 아래의 방법을 활용하여
쉽게 재발행 할 수 있어요.

☑ [입력]버튼 누르기 - '재인쇄하겠습니까?' - [예 : 0번]
 ① 덴트웹 연동 단말기에서 재인쇄 하는 방법

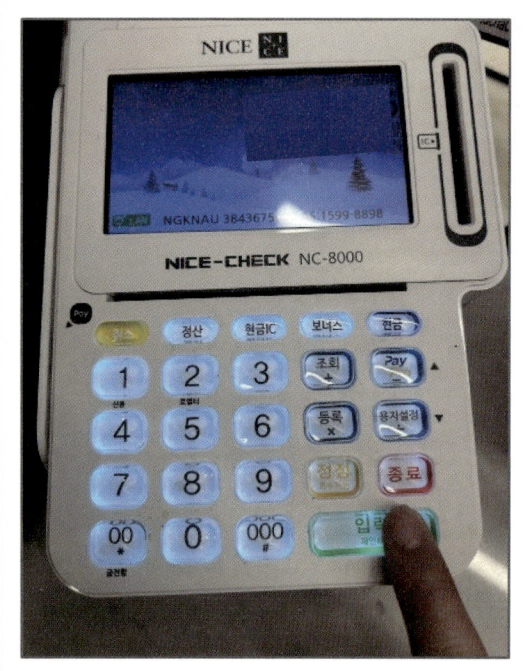
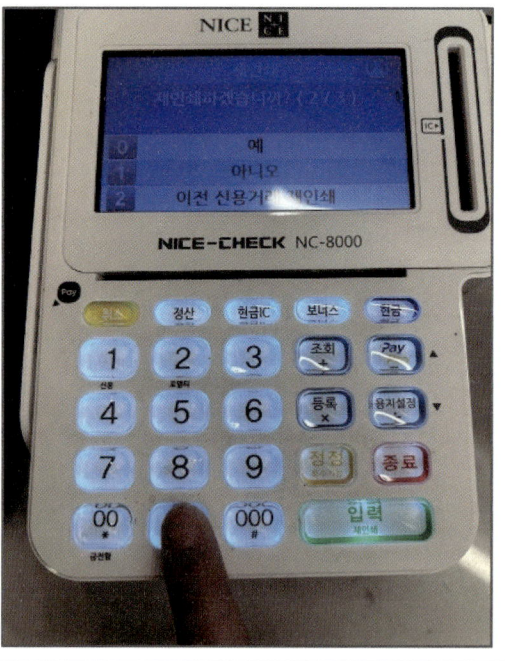

치과 진료비 영수증은 5년간 보관해야 합니다. 진료비 계산서·영수증에 대한 세부산정내역은 해당
영수증이 보관되는 기간 내에 확인이 가능하도록 해야 하므로 영수증 보관 꼭 기억하세요.

☑ [상세수납] – [수납보기] – [해당금액 우클릭] – [고객용 전표인쇄]

② 덴트웹 프로그램에서 재인쇄 하는 방법

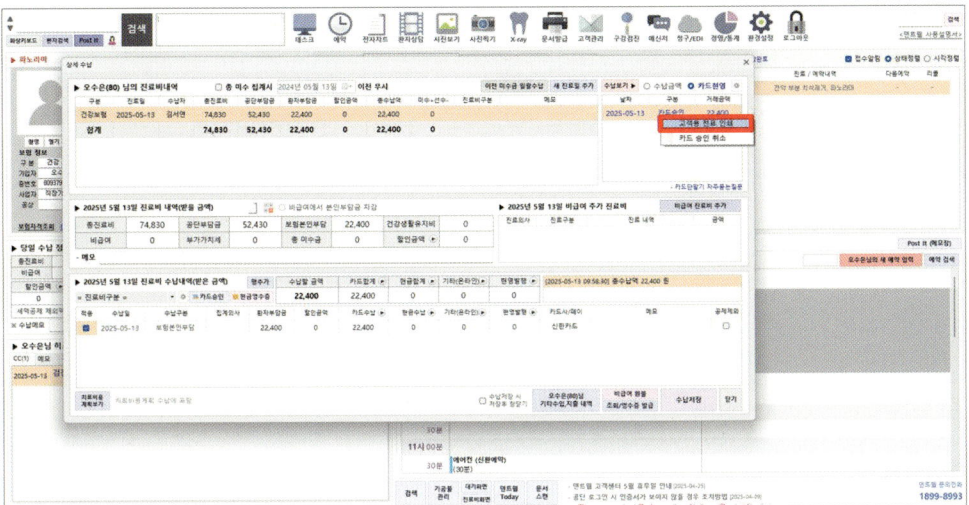

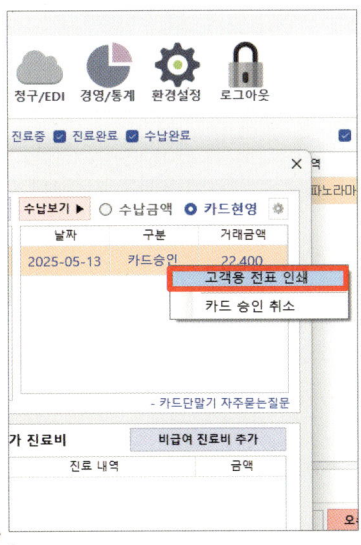

💡 지나간 영수증을 재발행해야 하는 경우가 있습니다. 덴트웹 연동 단말기를 사용하고 덴트웹 프로그램에서 결제를 했다면 지나간 카드영수증을 재발행 하기가 쉽습니다. 편리한 수납 관리를 위해 단말기에서 직접 결제하기 보다는 덴트웹 프로그램에서 승인하여 결제하시기를 추천드립니다!

6. 예약내용 출력기능

☑ [예약] – [환자선택] – [예약입력 창 우측 하단] – [카드단말 출력]

덴트웹 연동 단말기를 활용하면 환자의 다음 예약일을 영수증과 함께 출력할 수 있습니다.

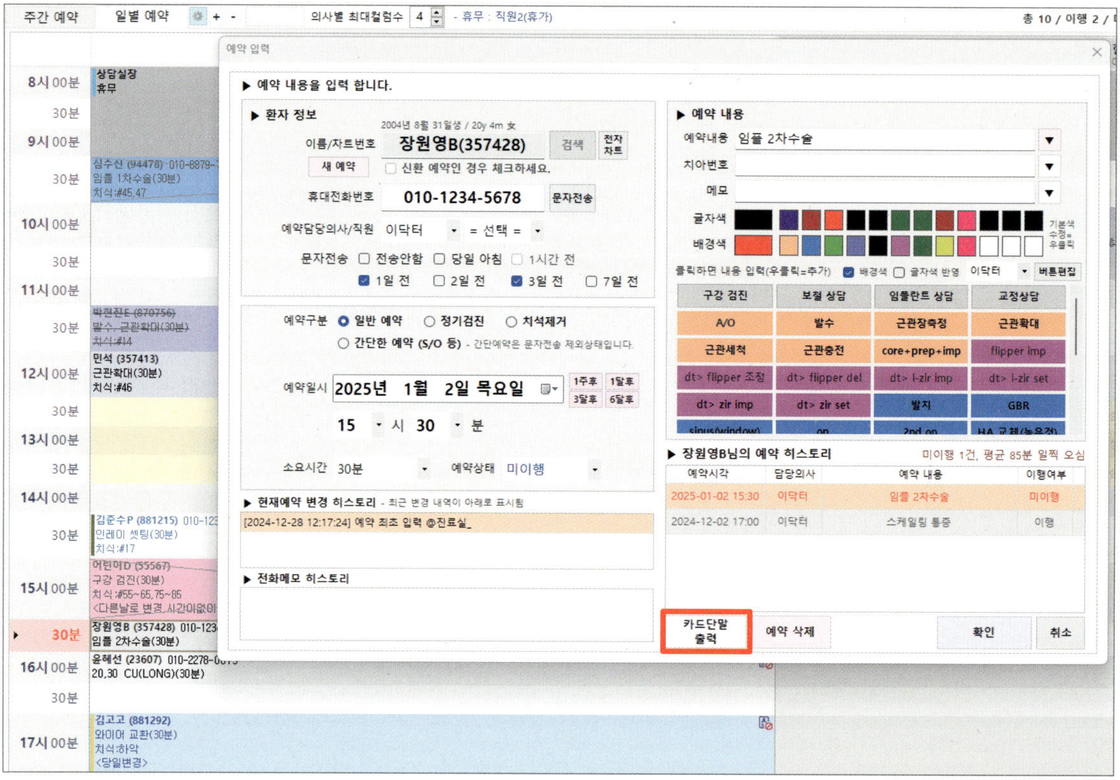

스마트폰 사용이 어려우신 어르신들께 영수증과 함께 다음 내원 일을 영수증으로 같이 출력해주세요! 예약 일을 잊을 일이 많이 줄어들어 예약 부도율을 낮출 수 있고 재내원률을 높일 수 있습니다. 작은 배려지만 환자분들에게 감동 포인트를 제공할 수 있는 방법이니 꼭 기억하세요!

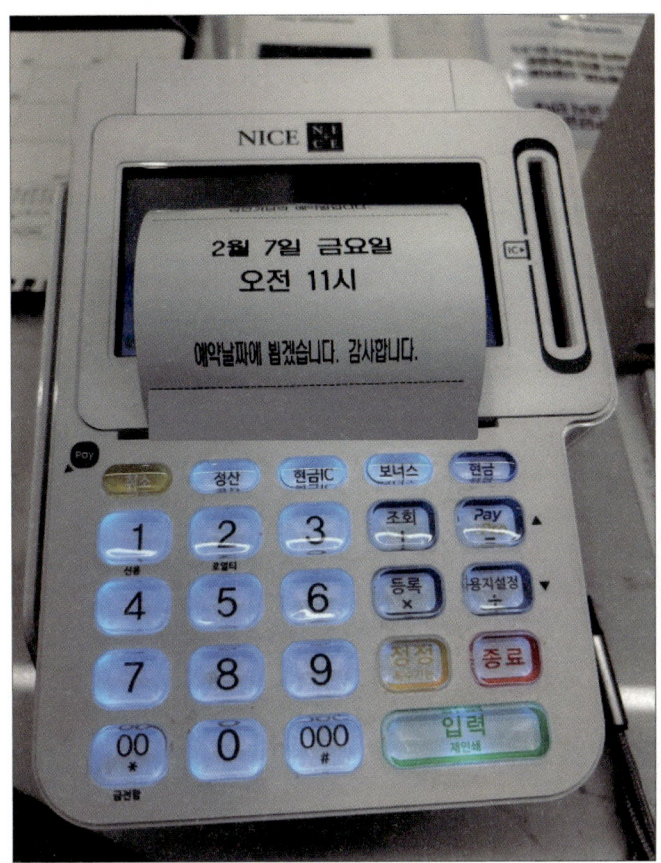

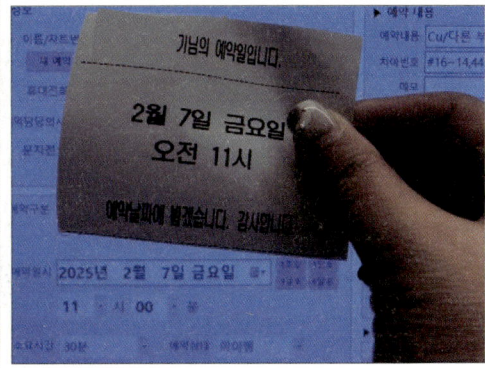

스마트폰 사용이 어려우신 어르신들에게는 영수증과 함께 다음 내원일을 영수증으로 같이 출력해 드리면 예약일을 잊을 일이 많이 줄어들어 예약 부도율을 예방 할 수 있어 재내원률을 높일 수 있습니다. 작은 배려지만 환자분들에게 감동 포인트를 제공할 수 있는 방법이니 꼭 기억하세요!

7. 가족이 당일에 같이 진료를 받고 한번에 결제를 원할 경우

덴트웹 연동 단말기를 활용하여 결제할 때는 개별적으로 카드결제 하는 것을 추천하지만 가족이 함께 내원하여 결제를 한번에 진행할 경우 덴트웹 연동 단말기 카드승인이 아닌 단말기에서 직접 결제를 한 뒤에 카드 승인 내역에 메모를 해줍니다.

☑ [데스크] 하단 [검색] 클릭 – [카드승인 매입내역]

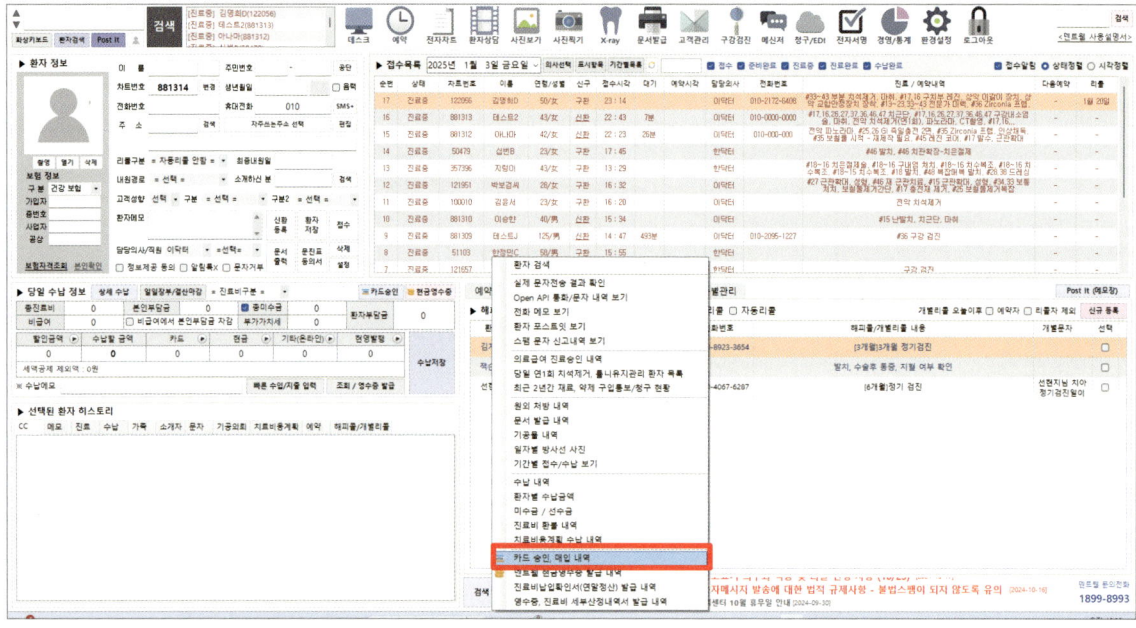

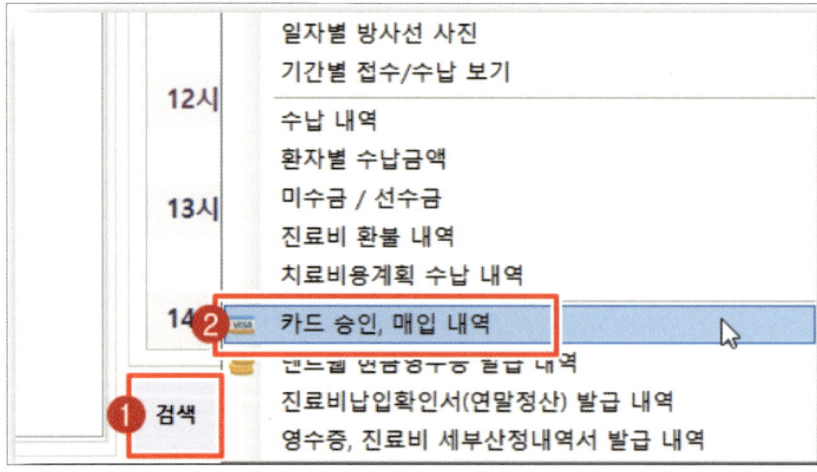

☑ [데스크] 하단 [검색] 클릭 – [카드승인 매입내역]

　[메모] - 환자이름 기재 후 [확인]

카드단말기에서 직접 결제를 한 뒤에 카드 승인 내역을 확인하면 [단말기 승인]이라고 수납자가
기재되어 있습니다. 수납자 옆 메모를 클릭하여 같이 수납한 환자분 이름을 기록해 둡니다.

1. 과세 항목 수납

☑ 방법 1 : 빠른 수입 항목 중 구강위생용품 판매 시 [상세수납창]

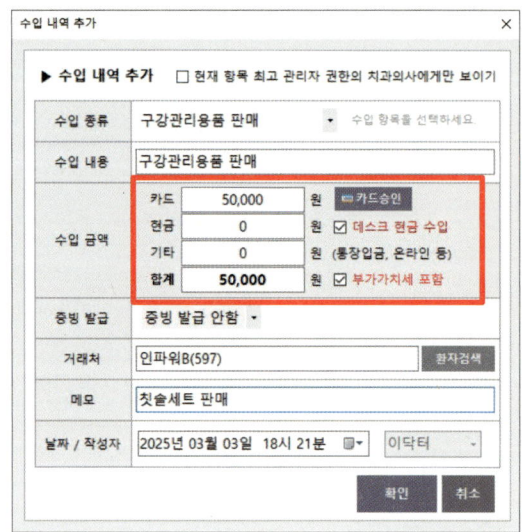

> 구강위생용품 판매 시 부가가치세 별도로 수납하지만 정액 판매 시 부가가치세 포함 체크박스를 클릭한 후 수납합니다.

☑ 방법2 : 부가세별도 진료시 [상세수납창]

📢 구강위생용품 판매 등 과세항목 수납 시 부가가치세를 별도로 입력하거나 정액 수납 시 부가가치세 포함 체크가 필요합니다. 미백/라미네이트 등 과세항목 진료 시 부가가치세 별도 입력하여 수납합니다.

ⓘ ①~③ 미백, 라미네이트 등 부가가치세 별도 시 부가가치세 수납행을 추가로 입력합니다.

④ 수납 전 부가가치세 별도 금액 확인 후 수납합니다.

✅ 방법 1 : [환자검색] – 진료검색의 진료 카테고리 '미용 치료(과세) 비급여' 입력

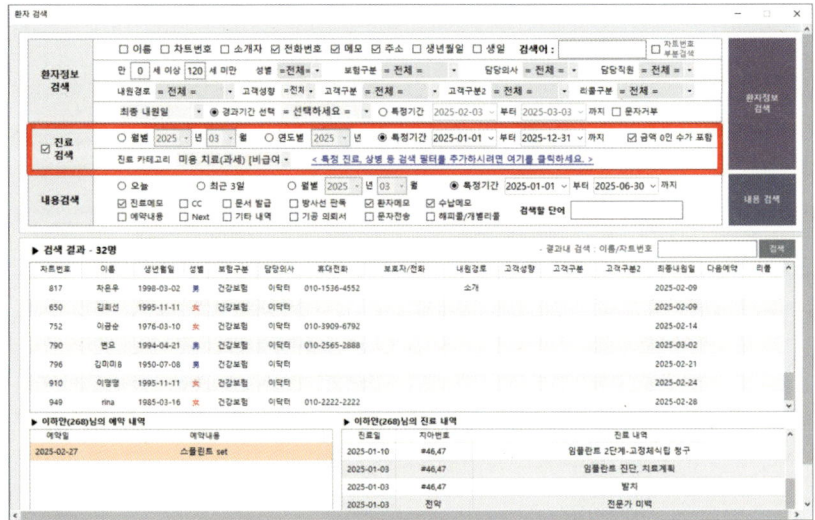

✅ 방법 2 : [경영/통계] – 진료비 통계 – 진료항목별 통계

진료항목	환자수	진료횟수	진료금액	횟수비율	금액비율
틀니 치료 (비급여)	21	31	10,978,500	0.6%	2.1%
보존 치료 (비급여)	150	594	35,759,999	10.9%	7.0%
소아 치료 (비급여)	72	126	355,100	2.3%	0.1%
교정 치료 (비급여)	59	204	11,160,000	3.8%	2.2%
기타 치료 (비급여)	251	631	27,100,000	11.6%	5.3%
미용 치료(과세) (비급여)	32	110	19,645,819	2.0%	3.8%
진료 외 수납 (비급여)	23	39	221,999	0.7%	0.0%

진료 기간 ○ 월별 2025 ▾ 년 03 ▾ 월 ● 연도별 2025 ▾ 년 ○ 특정기간 2025-03-01 ~ 부터 2025-03-03 ~ 까지

▶ 2025년 진료항목별 횟수, 진료 금액   ※ 보험은 총진료비로 계산 ☑ 금액 0 포함 엑셀저장

부가가치세 신고 시 또는 부가가치세 별도의 진료를 검색할 경우 검색 기능을 활용해보세요.
또는 경영/통계에서도 부가가치세 별도의 진료를 한 환자와 수납금액 등을 확인할 수 있습니다.

Point ⭐

[미용 치료(과세) (비급여)] 검색을 통해 환자리스트와 비용을 확인하기 위해 진료 시 입력하는
행위 코드는 비급여 수가 상세구분이 [미용 치료(과세) (비급여)]로 설정되어 있어야 검색됩니다.

2. 세액 공제 진료 입력

미용, 성형수술 비용 및 건강증진 의약품 구입 비용은 소득공제 대상에 포함되지 않으므로 라미네이트, 치아미백, 잇몸미백, 치아교정 진료 수납시 세액 공제 제외 코드를 활용하여 수납합니다.

미백치료 입력 시 부가세 별도 항목이므로 10%의 부가세가 추가로

상세수납창 확인 시 공제제외에 체크가 된 모습을 확인할 수 있습니다.

만약 청구하고자 하는 비급여행위가 없는 경우 비급여 행위를 추가할 수 있습니다.

이 때 비급여 코드는 'DOCUFEE' 또는 'NONTXFEE'로 시작되는 코드로 생성합니다.

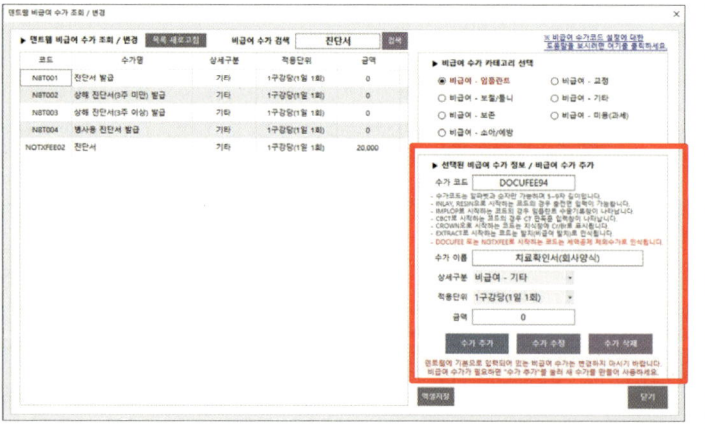

Point ⭐

제증명 서류를 발급 할 시 덴트웹 기본 설정된 문서 외 치료확인서(당사양식), 차트 등 추가 설정하여 사용할 수 있습니다. 메모 기능보다 버튼을 눌러 행위 입력하여 사용해보세요.

1. 구강위생용품 판매 시 빠른 수입 입력

☑ [수납창] - [빠른 수입/지출] - [구강관리용품 판매]

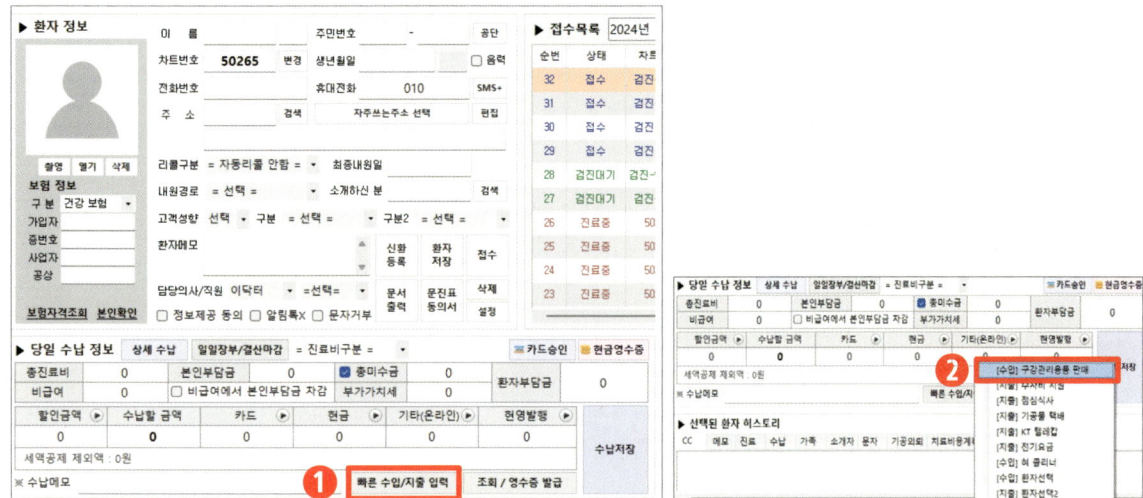

구강위생용품 판매 후 수입을 입력하는 방법은 여러가지가 있습니다.
인파워 병원컨설팅 그룹에서는 빠른 수입 입력 방법을 활용하시기를 추천 드립니다.

ⓘ

① 데스크화면의 당일 수납 정보 칸에서 [빠른 수입/지출 입력] 클릭합니다.
② 구강관리용품 판매 클릭 후 수납금액을 입력합니다.

빠른/수입 지출 기능은 고정적인 수입/지출의 금액이나 구강용품판매, 주차비 지급, 식대 등의 지출
등을 간편하게 입력할 수 있는 기능입니다. 추후 구강위생용품 판매 금액을 통계로 관리하기도
용이하므로 구강위생용품 판매 후에는 빠른 수입 기능을 이용해보세요.

병원에서 발생한 기타 수입과 지출 내역 입력 시 빠른 수입/지출 입력 기능을 활용하세요.
덴트웹에서 병원의 수입/지출을 총괄하여 관리할 수 있으므로 편리합니다.

2. 빠른 수입/지출 입력

☑ [경영/통계] - 우측 중앙[빠른 수입,지출 추가]

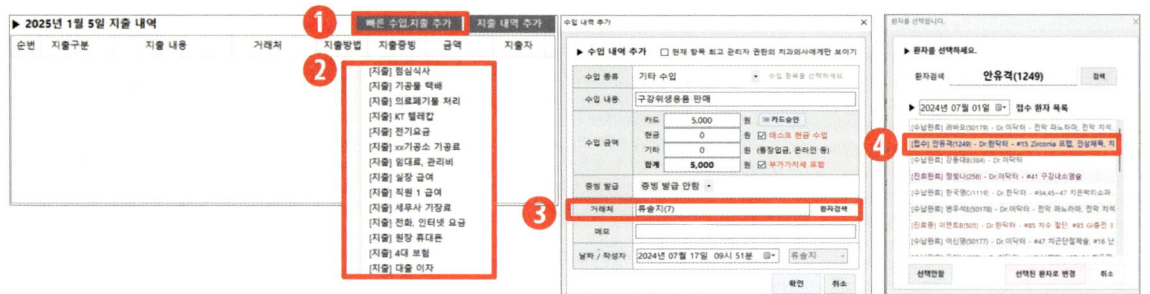

① 경영/통계에서 우측 중앙의 빠른 수입,지출 추가 버튼을 클릭합니다.
② 점심식사, 택배, 의료폐기물 처리비용 등 해당되는 수입/지출 항목을 클릭합니다.
   해당되는 수입/지출 항목이 없을 경우 아무 버튼이나 눌러 상세 창에
   기입합니다.
③ 거래처에 환자 선택 혹은 거래처를 입력합니다.
④ 환자 선택 시 예약 내역에서 선택하거나 검색하여 선택할 수 있습니다.

Point ☆

빠른 수입 지출 항목은 최고관리자가 직접 [환경설정] ― [기타설정]에서 수정할 수 있습니다.
이 때 금액은 0원으로 설정하여 관리합니다.
구강위생용품 판매 비용의 경우 진료기록부에 처방 목록을 입력하고, 수입 내역은 진료기록부가 아닌
빠른 수입/지출 항목에서 관리하면 추후 수입 통계를 확인하기가 용이합니다.

📢 빠른 수입/지출의 내용을 적절하게 수정하여 사용해보세요.
보다 세분화 하여 수입과 지출을 관리할 수 있습니다.

☑ [환경설정] – [기타 설정] – [수입/지출 항목설정]

수입 / 지출 계정항목 설정 ✕

▶ 수입/지출 계정항목을 설정합니다.

- 수입 항목			- 지출 항목	
항목이름	사용안함		항목이름	사용안함
보건소 무료틀니 진료비 입금	☐		복리후생비	☐
폐금 처리 대금 입금	☐		일반 소모품	☐
기타 수입	☐		일반 치과 재료	☐
칫솔세트	☐		골드 구입	☐
치간칫솔	☐		브라켓 구입	☐
치실	☐		의약품 구입	☐
미백치약	☐		임플란트 구입	☐
잇몸치약	☐		장비 구입	☐
구강유산균	☐		수선비	☐
			의료폐기물 처리	☐

▶ 수입 계정항목 추가 / 수정

수입항목 이름 [구강유산균]

추가 수정 삭제

▶ 지출 계정항목 추가 / 수정

지출항목 이름 [ ]

추가 수정 삭제

빠른 수입,지출 입력 설정

닫기

⭐ Point

진료 외 수입 중 구강위생용품을 판매하는 경우 수입항목을 세분화하여 관리하도록 추천 드립니다.
칫솔, 치약, 치간 칫솔, 치실, 구강 유산균 등의 세부 분류를 통해 정확한 판매 금액을 확인하여
판매전략을 세울 수 있습니다.

요양병원 입원환자 수납방법

1. 요양병원 입원환자 내원 시 진료 및 수납방법

☑ [전자차트] - [진료입력]

요양병원 입원환자가 내원했을 때 진료 및 수납을 하는 방법입니다.

자주 내원하지는 않지만, 간혹 내원하는 경우가 있기 때문에 알아 두시면 도움이 됩니다.

구분	진료항목	회	금액
행위	즉일충전처치[1치당]	1	11,720
행위	복합레진충전(글래스아이노...	1	9,580
행위	충전물연마[1치당]	1	970
재료	FUJI IX GP EXTRA (1-1 PAC...	1	870

#46 GI 즉일충전 1면 | 새 처치 추가

진료일 : 2025년 1월 5일   보험구분 : 일반(비급여)

진찰료 : 초진 ☐ 검진당일 ☐ 장애인 ☐ 임신부

진료의사 : 이닥터 진료과 보존과 결과 계속

상병명 : ☑ K03.18 치아의 기타 명시된 마모   삭제

상병추가

기타내역   산정특례   특정내역

총진료비 39,650원   **본인부담** 39,650원

프루빙 근관▲ 근관▼ XRay▲ XRay▼ 마취▲ 마취▼ 수가추가

	00000000000	증번호		건강생활유지비	
상					
트					
부		본인부담금이 있는 환자입니다.			
례					
관					

요양병원 입원중 환자 - 진료의뢰서가 없으면 전액 본인부담입니다.   확인

ⓘ

① 보험구분을 일반(비급여)로 입력합니다.

② 총진료비 = 본인부담금 금액이 일치하는지 확인합니다.

1. 의료급여 환자의 진료

📢 의료급여 환자가 내원했을 때는 청구하는 방식은 같지만 수납하는 부분에서 차이가 있습니다.
수진자 조회 시 보험자격 구분을 반드시 확인 후 진료합니다.

접수 시 자격구분의 의료급여 여부를 반드시 확인합니다.

의료급여 환자의 진료

▶ 당일 수납 정보 [상세 수납] [일일장부/결산마감] = 진료비구분 = ❶ [의료급여 진료승인] [💳카드승인] [💵현금영수증]

| 총진료비 | 31,270 | 본인부담금 | 1,000 | ☐ 미수금 | 0 | 환자부담금 | 1,000 |
| 비급여 | 0 | ☐ 비급여에서 본인부담금 차감 | | 부가가치세 | 0 | | |

할인금액 ▶	수납할 금액	카드 ▶	현금 ▶	기타(온라인)▶	현영발행 ▶	수납저장
0	1,000	0	0	0	0	

세액공제 제외액 : 0원

※ 수납메모 [   ] [빠른 수입/지출 입력] [조회 / 영수증 발급]

의료급여 진료 승인   ✕

▶ **김복순B님의 의료급여 진료 승인을 요청 합니다.**

진료 승인 요청 내역을 확인하시고 승인 버튼을 누르세요.

급여틀니, 급여임플, 틀니유지관리행위 진료를 한 경우
건강생활 유지비는 사용할 수 없습니다.

진료일	2025년 01월 02일
건강생활유지비 청구액	1,000
	- 건강생활유지비 잔액 : 6,000원
기관 부담금	30,270
환자 본인일부부담금	0
처방전 발급시 처방전번호	

상세진료과목 ⦿ 치과 일반 ◯ 급여틀니,유상유지관리 ◯ 급여임플란트

본인부담 구분코드 == 본인부담 구분코드 선택 ==   ▼

진료의뢰기관기호 == 의뢰기관 선택 ==   ▼   ☐ 타 기관으로 다시 진료의뢰

❷ [진료승인 요청]   [취소]

ℹ️ 의료급여 진료승인 버튼을 클릭하면, 의료급여 1종 수급권자가 외래진료를 받는 경우 본인부담금으로 사용할 수 있도록 비용일부를 지원하는 제도인 건강생활유지비를 차감 할 수 있습니다. (건강생활유지비가 남아있는 경우 본인부담금을 환자에게 수납하는 것보다 우선 차감되어야 합니다.)

Point ☆

공단에 수진자 조회를 했을 때 의료급여 자격인 환자들은 자격여부가 의료급여로 뜹니다.

이때 데스크 화면에서 구분과 보장자를 한번 더 확인합니다.

1. 요양병원 입원환자 내원 시 진료 및 수납방법

☑ [데스크] - [조회 / 영수증발급]

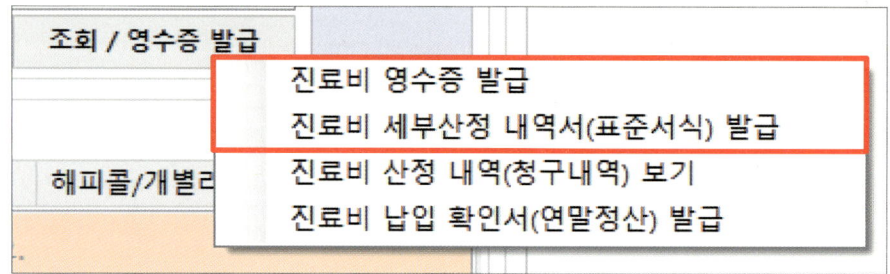

조회 / 영수증 발급	
	진료비 영수증 발급
	진료비 세부산정 내역서(표준서식) 발급
	진료비 산정 내역(청구내역) 보기
해피콜/개별리	진료비 납입 확인서(연말정산) 발급

ℹ 병원에 내원 시 요양병원과 치과에서 각각 청구를 하는 이중청구를 방지하기 위해 진료비 전액(요양급여비용의 100분의 100)을 본인 부담으로 수납하고 차후 요양병원에서 청구하여 정산을 합니다.
진료비 세부산정 내역서(표준서식)발급과 진료비 영수증 발급을 같이 해드리면 요양병원에서 환자에게 진료비 및 약제비를 정산하여 환불해 줍니다.
(이때, 위탁진료병원 요양기호 및 원장님의 면허번호도 기재해야 합니다.)

▌. 비급여 환불 기록 방법

☑ [상세 수납] - [비급여 환불]

환자분께서 환불을 요청하는 경우 덴트웹에서는 환불 내용을 쉽게 기록할 수 있습니다.

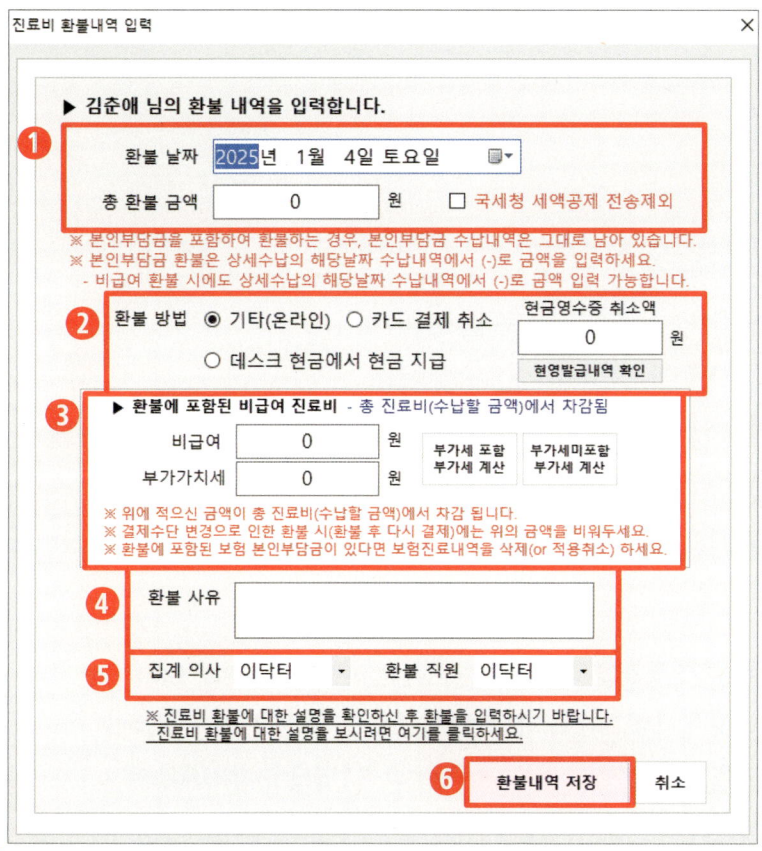

① 환불 날짜, 총 환불 금액을 설정합니다.

② 환불 전 결제 방식을 확인 후 환불 방법을 체크 합니다.

③ 환불에 포함된 비급여 진료비를 설정합니다.

   (금액을 작성하지 않으면 환불 금액만큼 수납 금액에 미수금으로 남게 됩니다.)

④ 환불 사유를 입력합니다.

⑤ 담당 원장님 / 환불을 진행한 직원을 선택합니다.

⑥ 환불 내역을 저장합니다.

2. 본인부담금 환불 기록방법

적용	수납일	수납구분	집계의사	환자부담금	할인금액	카드수납	현금수납	기타(온라인)	현영발행	카드사/페이	메모	공제제외
☑	2025-01-04	보험본인부담	이닥터	11,300	0	11,300	0	0	0	=선택안함=		☐

▶ 2025년 1월 4일 진료비 수납내역(받은 금액) | 행추가 | 수납할 금액 11,300 | 카드합계 11,300 | 현금합계 0 | 기타(온라인) 0 | 현영발행 0 | [2025-01-04 20:10:31] 총수납액 11,300 원

① 보험 본인부담금 추가수납 행 추가
비급여 추가수납 행 추가
수납금액 모두 지우기

적용	수납일	수납구분	집계의사	환자부담금	할인금액	카드수납	현금수납	기타(온라인)	현영발행	카드사/페이	메모	공제제외
☑	2025-01-04	보험본인부담	이닥터	11,300	0	11,300	0	0	0	=선택안함=		☐
☑	2025-01-05	본인부담금 수납	이닥터	0	0	-11,300	0	0	0			☐

▶ 2025년 1월 4일 진료비 수납내역(받은 금액) | 행추가 | 수납할 금액 11,300 | 카드합계 11,300 | 현금합계 0 | 기타(온라인) 0 | 현영발행 0 | [2025-01-04 20:12:13] 총수납액 11,300 원

② (좌측 행 표시)

① 상세 수납 내역에서 본인부담금 환불 하고자 하는 날짜를 클릭 후,
   진료비 수납내역 칸에서 마우스 우측 버튼 클릭한 후
   "보험 본인부담금 추가 수납 행 추가"를 선택합니다.
② 수납일을 환불 진행 하는 날짜로 선택 후 결제 내역에서 '-'처리하여 환불액을
   작성합니다.

진료비 환불 내역 창을 사용하면 본인부담금의 환불 내역은 그대로 미수금 처리가 되어
수납을 받아야 하는 금액으로 남게 됩니다. 따라서 본인부담금 환불이 진행되는 경우에는
꼭 위와 같은 방법으로 하시는 것을 권장 드립니다. 위의 방법은 본인부담금 뿐 아니라
"비급여 추가수납 행 추가"를 사용하시면 비급여 환불 기록 방법으로도 사용이 가능합니다.

1. 카드 승인 취소 방법

☑ [상세 수납] - [수납보기] - [카드현영]

> 덴트웹에 단말기가 연동되어 있는 경우, 카드 영수증이 없더라도 카드 취소를 단말기와
> 연동시켜 덴트웹 프로그램 내에서 손쉽게 하실 수 있습니다.

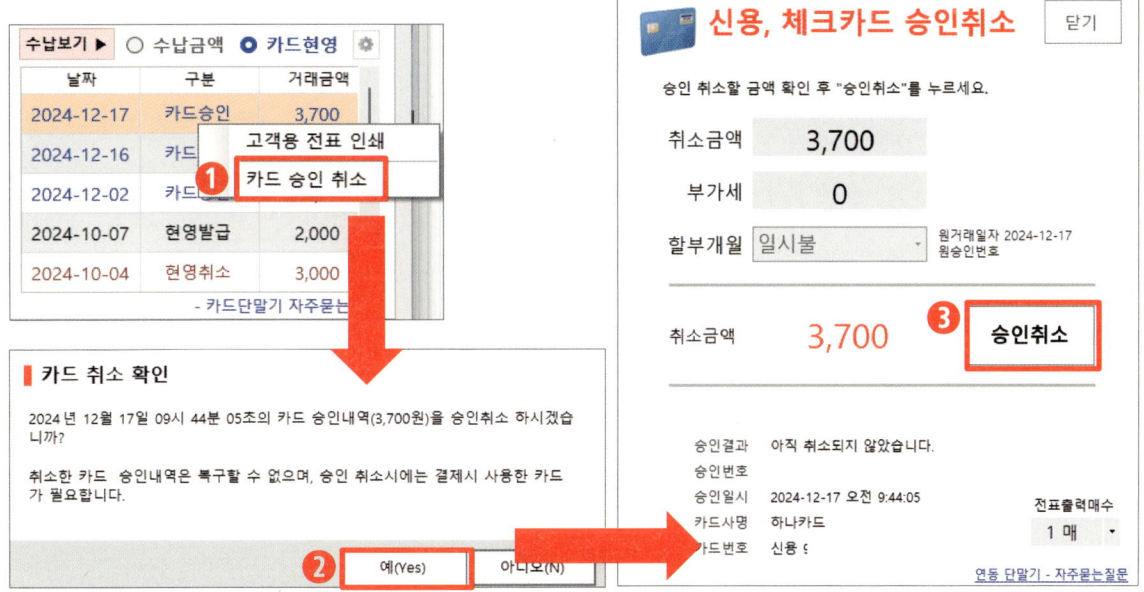

① 카드 취소하고자 하는 일자의 카드 내역에 마우스 오른쪽 버튼을 클릭하여
　"카드 승인 취소"를 선택합니다.

② 카드 취소 확인창에서 "예(Yes)"버튼을 클릭합니다.

③ 카드 취소 내역을 확인 후 "승인취소"를 누르고 취소한 카드를 단말기에
　투입하여 카드 취소를 진행합니다.

2. 카드 승인 취소 후 재결제

카드 승인 취소 후 재결제 하는 경우, 보험 본인부담금 추가 수납 행 추가 (비급여 내역 취소 후 재결제인 경우 – 비급여 추가 수납 행 추가) 선택 후 – 수납 처리와, 추가 수납 행을 다시 만들어서, 재결제 내역을 기록해줍니다.

추후 결제내역이 헷갈릴 수 있으니 메모에 "카드취소 후 재결제"라는 메모를 남겨 주시면 좋습니다.

1. 총 미수금을 확인 후, 미수금 처리 할 경우

✅ [상세 수납] - [진료비 내역(받을 금액)] - [총 미수금]

📢 미수금이 남아있는 경우 덴트웹 에서는 쉽게 확인 하실 수 있으며,
특히 본인부담금은 미수금이 남아있지 않도록 수납 시 관리를 해 주셔야 합니다.

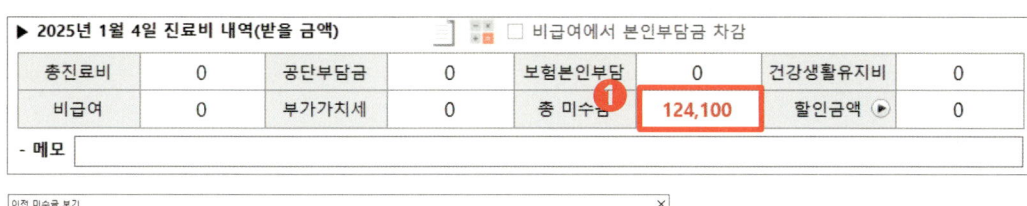

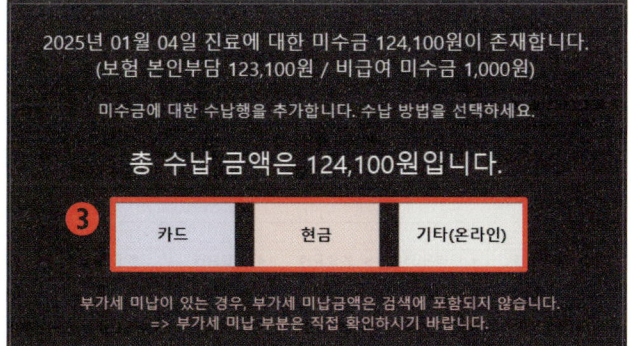

미수금 처리

① 총 미수금에 뜨는 금액을 클릭합니다.

② 이전 미수금 보기 창에서 나오는 미수금 중 당일에 수납하고자 하는 미수금을
   클릭합니다.

③ 미수금의 결제 방식을 선택합니다.

④ 상세 수납 – 받은 금액에 수납 방식이 잘 저장 되었는지 확인합니다.
   이때, 미수금 처리한 경우, 자동으로 수납 메모에 "이전 미수금 수납"이라는
   메모가 기입됩니다.

2. 특정 날짜의 미수금을 처리할 경우

✅ [상세 수납] - [진료비 내역]

① 미수금을 처리하고자 하는 특정 날짜를 선택합니다.

② 날짜를 선택하고 하단에 수납내역(받은 금액)칸을 보시면, 수납일에 자동으로 오늘 날짜로 설정된 것을 확인하실 수 있습니다.

③ 미수금의 결제 방식을 선택합니다.

④ 결제 진행 이후 진료비 내역에서 "미수+선수-"칸에서 미수금을 처리한 날짜의 미수금이 없는 것을 확인하실 수 있습니다.

비급여에서 급여진료비 차감

1. 같은 날짜의 비급여 진료비용에서 급여진료비용 차감하는 경우

☑ [상세 수납]

📢 비급여에서 급여진료비용 차감을 원하는 경우 덴트웹에서는 상세 수납창에서
'비급여에서 본인부담금 차감' 기능을 활성화 시키면, 수납 금액을 쉽게 변경하실 수 있습니다.

▶ 2025년 1월 5일 진료비 내역(받을 금액)			☐ 비급여에서 본인부담금 차감			
총진료비	1,049,800	공단부담금	39,400	보험본인부담	10,400	건강생활유지비	0
비급여	1,000,000	부가가치세	0	총 미수금	1,036,800	할인금액 ▶	0

- 메모

▶ 2025년 1월 5일 비급여 추가 진료비			비급여 진료비 추가
진료의사	진료구분	진료 내역	금액
이닥터	임플란트 치...	implant	1,000,000

▶ 2025년 1월 5일 진료비 수납내역(받은 금액)	행추가	수납할 금액	카드합계 ▶	현금합계 ▶	기타(온라인) ▶	현영발행 ▶
이닥터 ▼ = 진료비구분 ▼ ♦ ☑ 카드승인 ☑ 현금영수증		1,010,400	0	0	0	0

적용	수납일	수납구분	집계의사	환자부담금	할인금액	카드수납	현금수납	기타(온라인)	현영발행 ▶	카드사/페이	메모	공제제외
☑	2025-01-05	보험본인부담	이닥터	10,400		0	0	0	0	=선택안함=		☐
☑	2025-01-05	임플란트 치료(비...	이닥터	1,000,000		0	0	0	0	=선택안함=		☐

[2025-01-05 00:17:16] 총수납액 0 원
[2025-01-05 00:17:12] 총수납액 1,010,400 원

▶ 2025년 1월 5일 진료비 내역(받은 금액)			☑ 비급여에서 본인부담금 차감			
총진료비	1,039,400	공단부담금	39,400	보험본인부담	10,400	건강생활유지비	0
비급여	989,600	부가가치세	0			할인금액 ▶	26,400

- 메모

▶ 2025년 1월 5일 비급여 추가 진료비			비급여 진료비 추가
진료의사	진료구분	진료 내역	금액
이닥터	임플란트 치...	implant	1,000,000

▶ 2025년 1월 5일 진료비 수납내역(받은 금액)	행추가	수납할 금액	카드합계 ▶	현금합계 ▶	기타(온라인) ▶	현영발행 ▶
이닥터 ▼ = 진료비구분 ▼ ♦ ☑ 카드승인 ☑ 현금영수증		1,000,000	1,000,000	0	0	0

적용	수납일	수납구분	집계의사	환자부담금	할인금액	카드수납	현금수납	기타(온라인)	현영발행 ▶	카드사/페이	메모	공제제외
☑	2025-01-05	보험본인부담	이닥터	10,400	0	10,400	0	0	0	=선택안함=		☐
☑	2025-01-05	임플란트 치료(비...	이닥터	989,600	0	989,600	0	0	0	=선택안함=		☐

[2025-01-05 00:32:15] 총수납액 1,000,000 원
[2025-01-05 00:17:16] 총수납액 0 원

ℹ️ 같은 날짜에 비급여 진료, 급여 진료 비용이 모두 있는 상황에서 비급여 진료
비용에서 급여 진료 비용 차감을 원하시는 경우 상세 수납 창에서
"비급여에서 본인부담금 차감"창을 체크하여 활성화 시키면 수납할 금액이
비급여 비용 총액으로 바뀝니다.

 단, 본인부담금의 경우 의료법 제27조3항에 의거하여 본인부담금의 면제나 할인, 금품제공,
교통편의 제공 등은 금지되어 있으므로 일률적인 사용은 지양 해야 합니다.

1. 수납자 지정 변경 설정방법

☑ [환경설정] - [기타 설정] - [수납 설정]

📢 수납을 받을 경우 수납자의 직원 이름으로 변경이 필요합니다.
덴트웹의 경우 로그인 한 사람의 이름으로 자동으로 변경되기 때문에 로그인한 사람과 수납자가
다를 경우 꼭 이름 변경을 해 주셔야 합니다.

수납 설정 ✕

▶ 전체 컴퓨터에 적용되는 수납 관련 설정   ☑ 상세수납에서 수납자 지정, 변경 허용

데스크화면 당일수납 미수금 표시 옵션	○ 어제까지의 미수금만 표시 (오늘 받을금액, 오늘 수납액 미포함) ◉ 오늘을 포함한 현재까지의 미수금 표시 (오늘 받을금액, 오늘 수납액 포함) ○ 어제까지의 미수금 + 오늘 받을금액만 표시 (오늘 수납액 미포함)
☐ 이전 미수/선수금 무시	모든 환자 미수/선수 집계 시 1900년 01월 01일 이전 수납 무시 => 이전 수납 무시 도움말
☐ 진료실모드에서는 진료비,본부금 표시안함	진료실모드에서는 전자차트화면 오른쪽 아래에 총 진료비 / 본인부담금을 표시하지 않습니다. (단, 숨김 포스트잇, 숨김메모를 표시하도록 되어 있는 컴퓨터에서는 이 설정이 무시됩니다.)
☑ 환자열람용 진료비화면 자동 닫기 시간	환자 열람용 진료비 화면 버튼을 누른 후 30초 ▾ 가 지나면 자동으로 닫힙니다. 자동닫기를 하지 않는 경우 버튼을 한번 누르면 열리고, 다시 버튼을 누르면 창이 닫힙니다.
☑ 치료비용계획 남은금액 표시에서 완료 계획 제외	수납내역 "치료비용계획 수납"에 포함한 남은 금액 표시할 때, 완료된 계획은 미수금이 남아 있더라도 남은 금액에 포함하지 않음(진행중인 계획의 남은 금액만 표시함)
☐ 권한있는 직원 외에는 새 수납 입력 제한	최고관리자, 권한있는 직원(직원 세부권한설정에서 "새 수납입력, 상세수납 보기" 권한을 부여받은 직원) 외에는 새 수납입력, 상세수납 보기 불가
☐ 새 수납행 입력 시 수납일을 진료일로 입력	상세수납에서 아랫부분의 수납내역 입력 시, 이전 진료일에 새 수납내역을 추가할 때 기본 입력되는 수납일을 진료 일로 입력 - 체크 해제 시 또는 이전 수납일 수납내역 수정권한 없는 경우 오늘날짜로 입력됨
카드단말기 연동 및 부가가치세 관련 옵션	☐ 부가가치세 입력 막기 - 미용진료 없는 면세사업자 치과만 체크 ☑ 제로페이, 카카오머니 기타(온라인) 저장 ☐ 이 컴퓨터에 단말기가 연결되지 ☐ 192.168.0.100 접수부 단말기 연결된 컴퓨터에서 않은 경우, 단말기 연결된 다른 ☐ 192.168.0.113 DESK1 덴트웹이 정상적으로 실행 컴퓨터의 단말기와 원격 연동 중에만 연동 가능합니다.

☐ 수납 시 현금영수증 발급액이 입력되면 현금영수증 발급창을 표시 합니다.   ☐ 덴트웹에서 현금영수증 발행하지 않음
☑ 교정 진료금액을 수납한 경우, 의료비 세액공제 제외금액으로 자동 입력 합니다.
☐ 환자 열람용 진료비 화면에 기존 누적 미수금을 표시 합니다.   ☑ 환자 히스토리 가족 미수금에 본인 미수금 포함
☐ 일일장부에 당일 수납 변경되었으나 당일 수납내역에 없는 환자목록을 표시하지 않습니다.
☐ 일반모드에서 환자를 선택하였을 때, 이전 미수금이 있는 경우 미수금이 있음을 알립니다.
☑ 미수금 있을 경우, 전자차트화면 오른쪽 아래 환자부담금 빨간색으로 표시   ☑ 미수금 계산시 당일 진료비도 포함
☐ 학생 치과주치의사업 대상자의 홈메우기 본인부담금 면제시 진찰료 존재여부를 체크하지 않습니다.
☑ 학생 치과주치의사업 대상자의 방사선, 치석제거도 할인입력창에서 행위별 본인부담 면제 여부를 체크할 수 있도록 합니다.
☐ 할인액, 건생비가 있는 경우 전자차트 화면에 환자 본인부담금을 표시할 때 본인부담금에서 할인액, 건생비를 차감하여 표시합니다.
☑ 최고 관리자인 치과의사만 열람 가능한 수입,지출내역의 열람 권한 없는 직원이 통계 조회 시, 해당 수입,지출내역은 합계금액에 합산하지 않음

진료내역 없는 진료비,수납금 0인 진료일 행 삭제   닫기

ℹ️ "상세 수납에서 수납자 지정, 변경 허용" 버튼을 눌러야 상세 수납 창에서 수납자를
변경하실 수 있습니다.

2. 상세 수납 창에서 수납자 변경 방법

☑ [상세 수납] - [진료비 수납내역(받은 금액)]

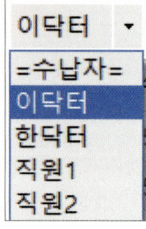

수납자의 경우 덴트웹 로그인 직원의 이름으로 자동으로 설정됩니다. 따라서 수납자와 로그인 한 직원이 다를 경우, 꼭 상세 수납 창에서 변경하여 저장해 주셔야 합니다. 변경 후에는 꼭 우측 하단의 "수납저장"을 눌러 주셔야 합니다. 저장 이후 상세 수납 – 진료비내역에서 수납자 이름이 변경된 것을 확인하실 수 있습니다.

▌. 수납 메모 작성방법

☑ [상세 수납]

📢 수납 시 기재하고 싶은 추가 내용이 있는 경우, 수납 메모 칸을 사용하시면 유용하게
사용하실 수 있습니다.

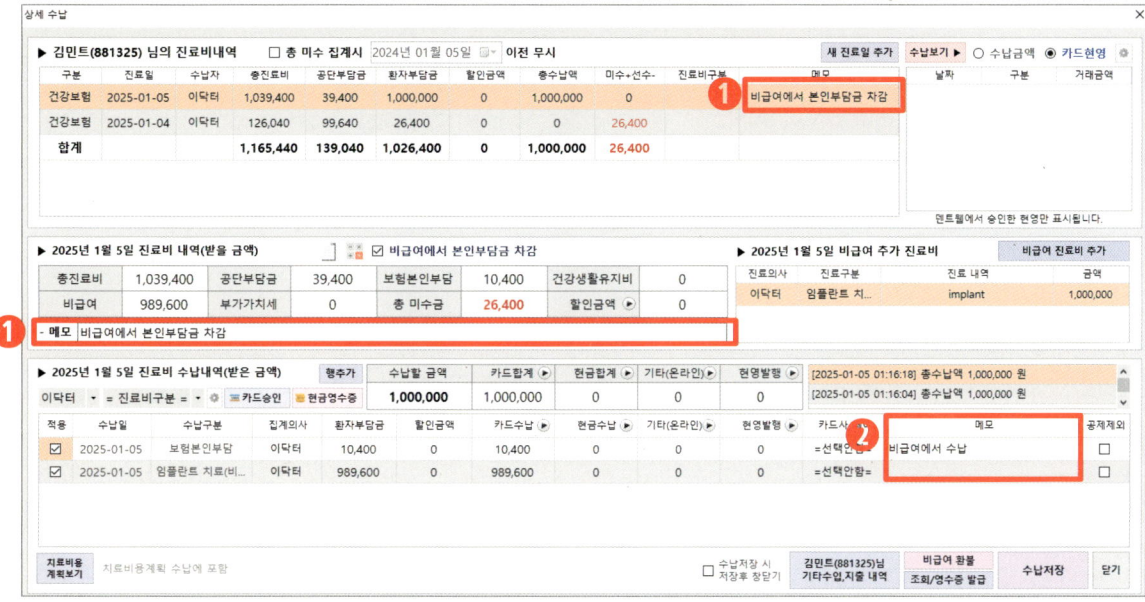

① [진료비 내역(받은 금액)]에서 메모를 작성하시면 상세 수납 내역 창의 상단에
위치한 [진료비내역]에서 메모 내역을 확인 하실 수 있습니다.

② [진료비 수납내역(받은 금액)]에서 각 수납 내역 행에 대한 메모를 남기실 경우
[진료비내역]에서 해당 수납 일의 수납 내용을 클릭하지 않으면 메모 내역을 확인
하실 수 없습니다.

할인 구분

1. 할인구분 설정 방법

☑ [환경설정] - [기타 설정] - [할인 구분 설정]

📢 할인 구분을 설정해 놓으면 진료비용계획 작성 시 할인 폭을 쉽게 설정하실 수 있습니다.

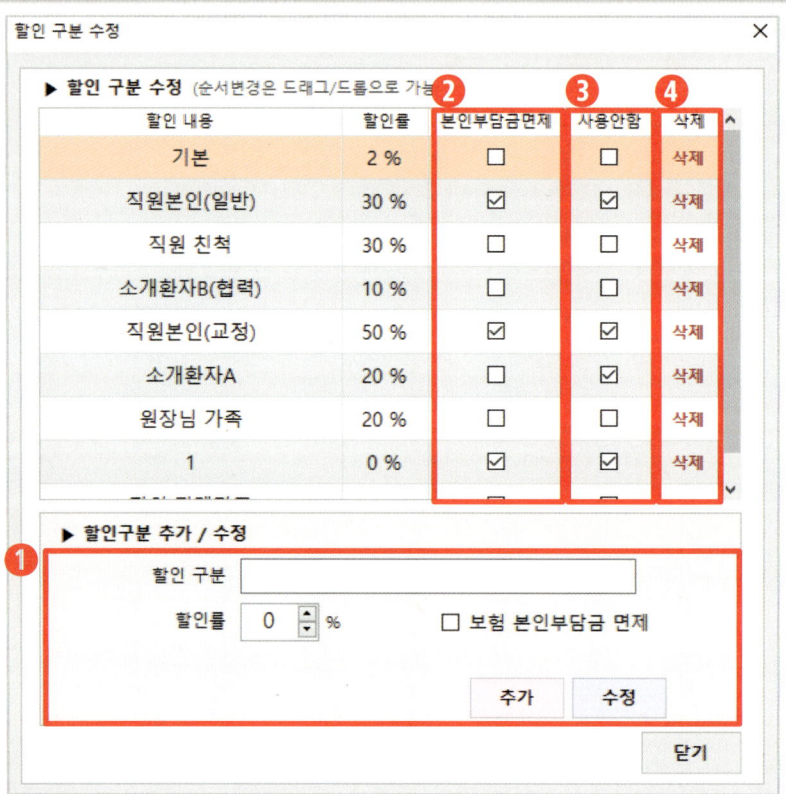

ⓘ

① 할인구분 추가를 원하는 경우 할인 구분 & 할인율을 설정 후 "추가"버튼을 눌러 생성합니다. 기존에 설정한 할인 내용 & 할인율을 수정 하고싶은 경우 상단에서 수정하고자 하는 내용 선택 후 할인 구분 & 할인율을 수정 후 "수정"버튼을 눌러줍니다.

② 본인 부담금 면제를 하고싶은 경우 박스에 체크 후 하단에 "수정"버튼을 눌러 저장합니다.

③ 할인 구분 내용을 삭제하지는 않지만 활성화를 원하지 않는 경우 박스에 체크 후 하단에 "수정"버튼을 눌러 저장합니다.

④ 할인 구분 내용을 삭제 원하는 경우 클릭하여 삭제합니다.

1. 카드수수료 설정 방법

✅ [환경설정] - [기타 설정] - [카드수수료 설정]

📢 덴트웹 연동 단말기를 사용하지 않을 경우 카드 수수료율을 설정하여 수수료를 제외한 정확한 수입을 쉽게 파악하실 수 있습니다.

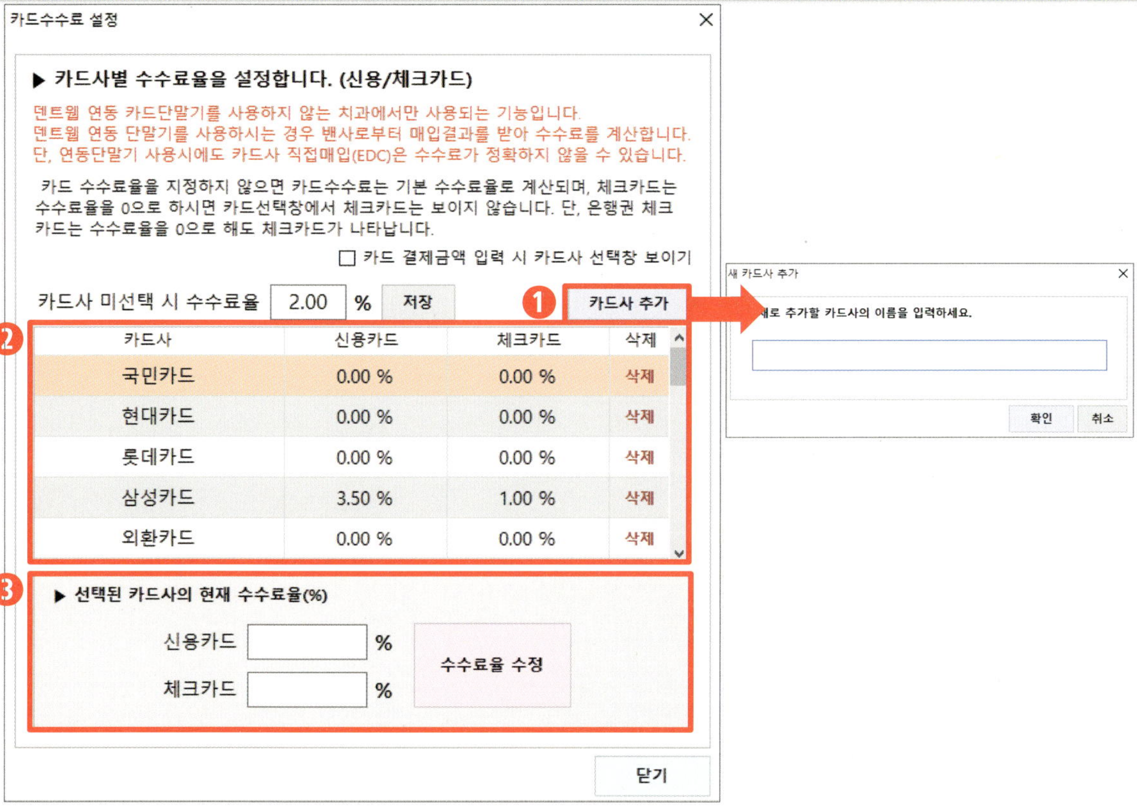

카드수수료 설정 ✕

▶ **카드사별 수수료율을 설정합니다. (신용/체크카드)**

덴트웹 연동 카드단말기를 사용하지 않는 치과에서만 사용되는 기능입니다.
덴트웹 연동 단말기를 사용하시는 경우 밴사로부터 매입결과를 받아 수수료를 계산합니다.
단, 연동단말기 사용시에도 카드사 직접매입(EDC)은 수수료가 정확하지 않을 수 있습니다.

카드 수수료율을 지정하지 않으면 카드수수료는 기본 수수료율로 계산되며, 체크카드는
수수료율을 0으로 하시면 카드선택창에서 체크카드는 보이지 않습니다. 단, 은행권 체크
카드는 수수료율을 0으로 해도 체크카드가 나타납니다.

☐ 카드 결제금액 입력 시 카드사 선택창 보이기

카드사 미선택 시 수수료율 2.00 %   저장   ❶ 카드사 추가

새 카드사 추가 ✕

새로 추가할 카드사의 이름을 입력하세요.

[   ]

확인   취소

❷

카드사	신용카드	체크카드	삭제
국민카드	0.00 %	0.00 %	삭제
현대카드	0.00 %	0.00 %	삭제
롯데카드	0.00 %	0.00 %	삭제
삼성카드	3.50 %	1.00 %	삭제
외환카드	0.00 %	0.00 %	삭제

❸ ▶ **선택된 카드사의 현재 수수료율(%)**

신용카드 [   ] %

체크카드 [   ] %   수수료율 수정

닫기

💡 덴트웹 연동 단말기를 사용하시면 따로 카드 수수료를 설정하지 않아도 자동으로 카드 수수료율을 계산해줍니다.

① 하단 목록에 원하는 카드사가 없는 경우, "카드사 추가"를 선택하여 새로 추가할 카드사의 이름을 입력합니다.

② 카드사 수수료율을 변경할 카드사를 해당목록에서 선택합니다.

③ 선택된 카드사의 현재 수수료율을 작성 후 "수수료율 수정"버튼을 누릅니다.

1. 보험청구 사전점검

☑ [청구/EDI] - [심평원 EDI 문서작성/수신]

청구 전 사전 점검 서비스는 요양기관이 명세서를 청구하기 전에 청구 오류 사전 점검 서비스를 이용하여 확인된 오류를 수정, 보완 후 청구하도록 하는 서비스입니다.

실 청구 이전에 점검 목적으로만 송신하는 기능이며 이를 잘 활용하면 심사조정을 예방 하는데 도움이 될 수 있습니다.

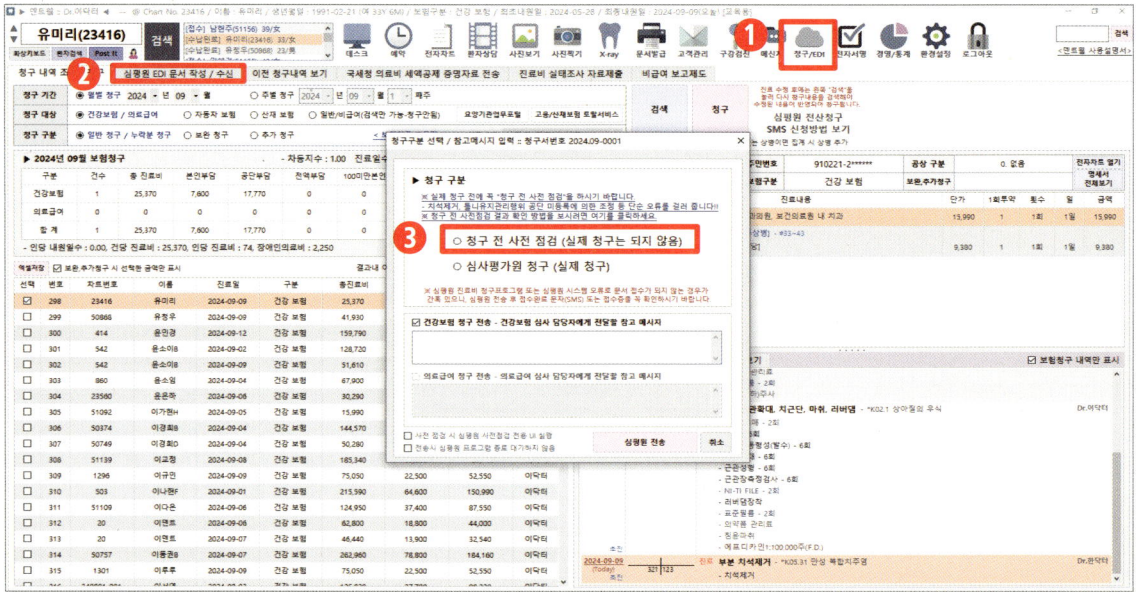

ⓘ

① 청구/EDI 버튼을 클릭합니다.

② 심평원 EDI 문서작성/수신 버튼을 클릭합니다.

③ 사전 점검을 전송하고자 하는 연, 월을 확인 한 후 청구 전 사전 점검을 전송합니다.

. EDI 문서 수신 방법

☑ [청구/EDI] - [EDI 문서수신]

📢 덴트웹에서도 심결 통보서, 반송증, 정산 심사 내역서 등을 확인 할 수 있습니다.
다만, EDI문서를 수신해야만 청구프로그램에서도 확인이 가능합니다.

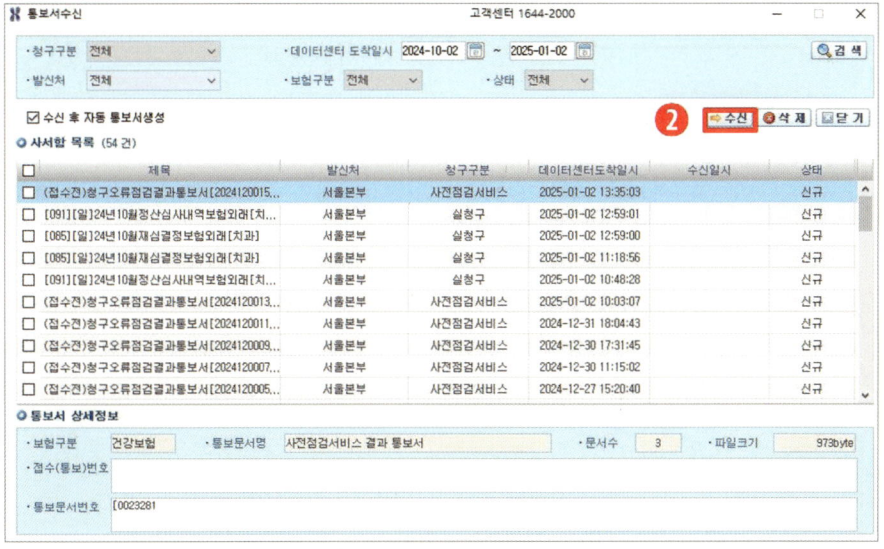

EDI문서 수신 시 상단에 접수/반송증, 심사결과 통보서, 정산심사 내역서,
보완자료요청서, 이의신청,재심사결정서에 모두 체크가 되어있는지 확인 후
수신합니다.

1. 추가 청구

☑ [청구/EDI] - [청구 내역 조회/청구] - [추가 청구]

📢 기존에 청구하였으나 진료내역의 일부가 누락된 경우 그 누락 내역만을 추가로 청구하는 것입니다.

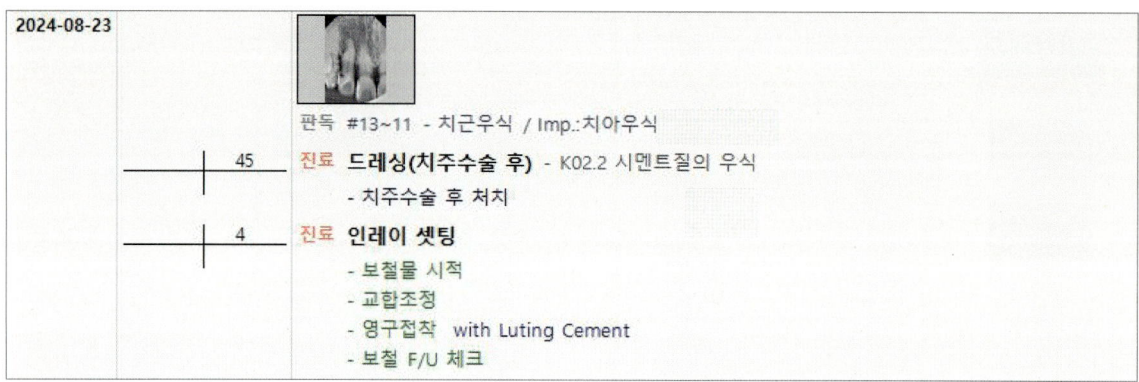

예시)
8월 23일 진료에 치근단촬영을 했으나 치근단촬영을 빠뜨리고 청구한 경우

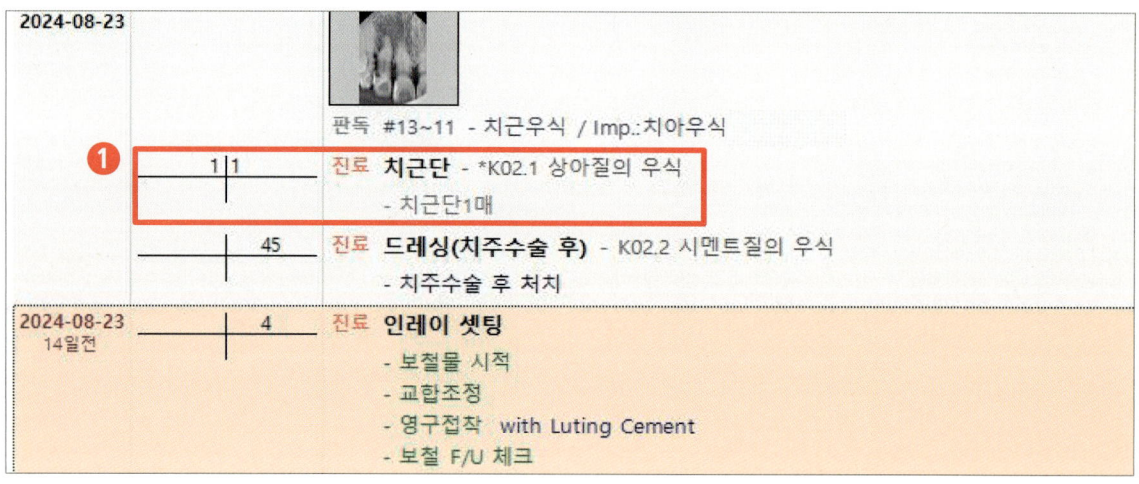

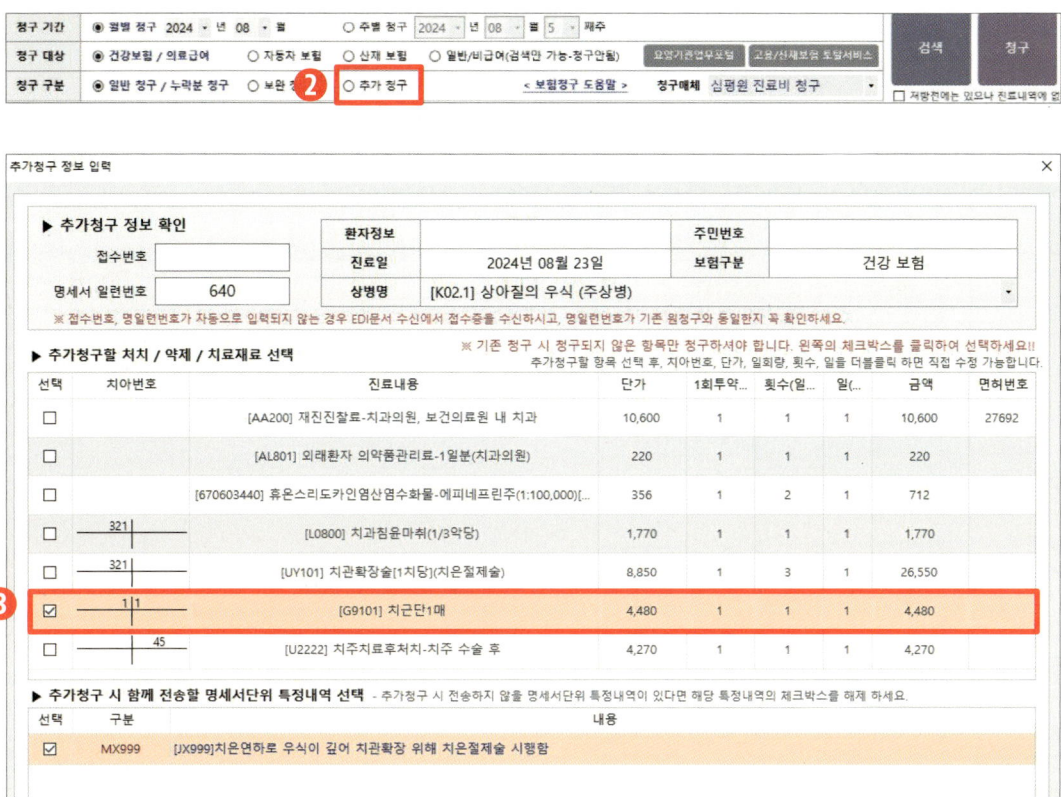

① 추가 청구의 경우 전자차트에서 추가 청구 할 진료내역을 입력합니다.

② 청구/EDI-청구 구분-추가 청구 클릭합니다.

③ 추가 청구를 할 진료 행위만 클릭합니다.

　(이때, 이미 청구된 진료 행위를 같이 클릭하면 중복 청구가 되어 반송이 될 수 있으니 주의해야 하며 추가 청구 후 심평원 심사자료 업로드에서 자료를 업로드를 해야 청구 건이 반송되지 않습니다.)

1. 누락 청구

☑ [청구/EDI] - [청구 내역 조회/청구] - [누락 청구]

📢 진료내역의 전체가 누락된 경우 그 누락내역을 청구하는 것이 누락 청구 입니다.

2024-09-09 (Today) @직원2	321|123	진료 **부분 치석제거** - *K05.31 만성 복합치주염 - 치석제거 d/t 치석,부종,출혈
	7	진료 **Gold 인레이 프렙, 인상채득** - 와동형성 - 베이스 충전 - 인상채득 - 임시충전 - Gold Inlay / Onlay #47(MO) - 전달마취

예시)
9월 9일 진료 전체가 누락되었을 때

환자정보	유미리 (23416)	주민번호	910221-2******	공상 구분	0. 없음	전자차트 열기
진료일	2024년 09월 09일	보험구분	건강 보험	보완,추가청구		명세서 전체보기

치아번호	진료내용	단가	1회투약	횟수	일	금액
	[1] AA100 - 초진진찰료-치과의원, 보건의료원 내 치과	15,990	1	1회	1일	15,990
321|123	K05.31 만성 복합치주염 [주상병] - #33~43 [2] U2232 - 치석제거[1/3악당]	9,380	1	1회	1일	9,380

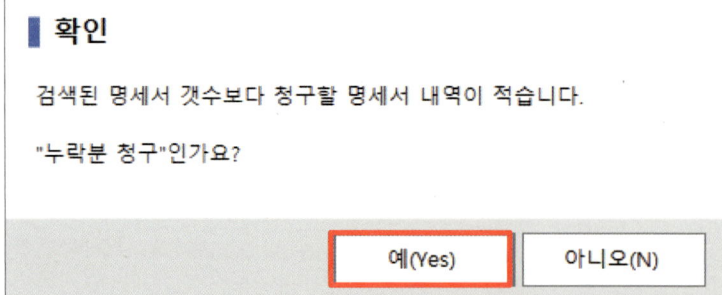

▌확인

검색된 명세서 갯수보다 청구할 명세서 내역이 적습니다.

"누락분 청구"인가요?

예(Yes)   아니오(N)

. 보완 청구
☑ [청구/EDI] - [청구 내역 조회/청구] - [보완 청구]

📢 지급 불능처리가 되었을 때는 **보완 청구**를 합니다.

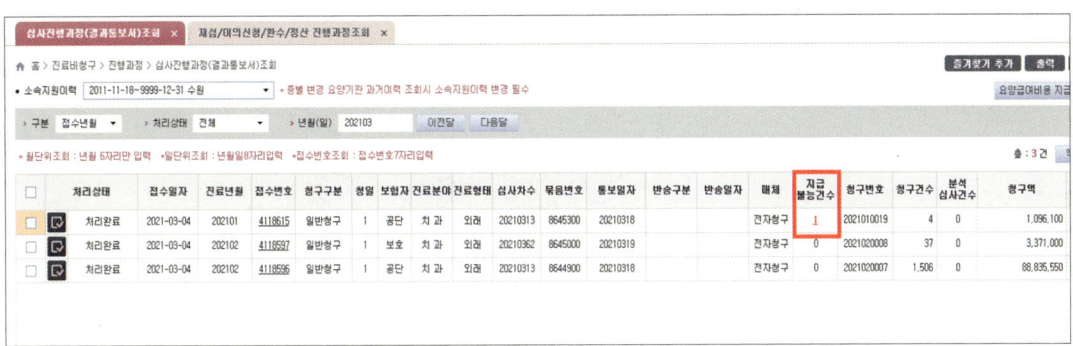

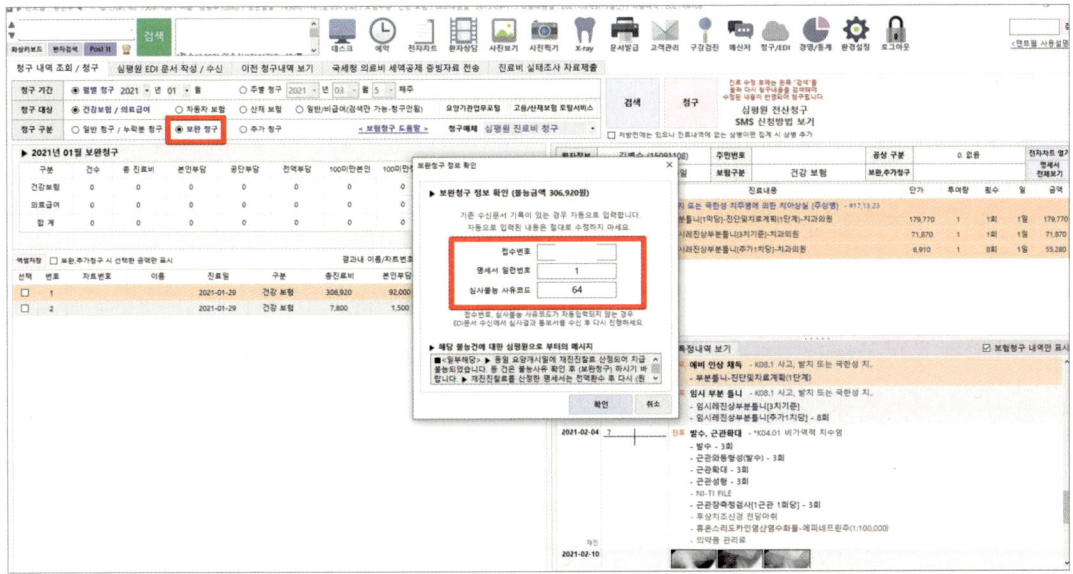

이전 청구 내역 확인하기

1. 이전 청구 내역 확인 방법

☑ [청구/EDI] - [이전 청구 내역보기]

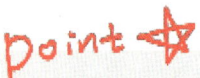

이전에 청구 내역을 확인하는 방법입니다.

의료급여, 건강보험, 사전점검 일자까지 확인이 가능합니다.

| 청구 내역 조회 / 청구 | 심평원 EDI 문서 작성 / 수신 | 이전 청구내역 보기 | 국세청 의료비 세액공제 증명자료 전송 | 진료비 실태조사 자료제출 | 비급여 보고제도 |

▶ 이전 청구 내역

진료월	청구번호	전송시각	보험구분	건수	총진료비	본인부담금	청구액	청구구분	접수번호	인당내원일	건당진료비	인당진료비	보기
2024년 06월	2024060004	2024-07-04 14:27:28	사전점검(급여)	11	2,350,180	138,360	2,211,820	일반청구		1.63	73,058	119,254	청구서 보기
2024년 06월	2024060003	2024-07-04 14:27:28	사전점검(보.)	797	58,811,680	17,432,300	41,379,380	일반청구		1.63	73,058	119,254	청구서 보기
2024년 06월	2024060002	2024-07-04 12:20:36	사전점검(급여)	11	2,350,180	138,360	2,211,820	일반청구		1.63	73,058	119,254	청구서 보기
2024년 06월	2024060001	2024-07-04 12:20:36	사전점검(보.)	797	58,811,680	17,432,300	41,379,380	일반청구		1.63	73,058	119,254	청구서 보기
2024년 04월	2024040006	2024-06-04 15:47:06	의료급여	6	343,060	4,000	339,060	일반청구		1.64	63,740	104,324	청구서 보기
2024년 04월	2024040003	2024-06-04 15:47:04	건강보험	832	53,882,270	16,002,900	37,879,370	일반청구		1.64	63,740	104,324	청구서 보기
2024년 05월	2024050020	2024-06-04 15:44:28	의료급여	10	947,120	9,500	937,620	일반청구		1.65	66,380	109,703	청구서 보기
2024년 05월	2024050019	2024-06-04 15:44:28	건강보험	894	62,154,690	18,441,900	43,712,790	일반청구		1.65	66,380	109,703	청구서 보기
2024년 05월	2024050018	2024-06-04 15:41:56	의료급여	10	947,120	9,500	937,620	일반청구		1.65	66,380	109,703	청구서 보기
2024년 05월	2024050017	2024-06-04 15:41:56	건강보험	894	62,154,690	18,441,900	43,712,790	일반청구		1.65	66,380	109,703	청구서 보기
2024년 05월	2024050016	2024-06-04 15:41:07	의료급여	10	947,120	9,500	937,620	일반청구		1.65	66,380	109,703	청구서 보기
2024년 05월	2024050015	2024-06-04 15:41:07	건강보험	894	62,154,690	18,441,900	43,712,790	일반청구		1.65	66,380	109,703	청구서 보기
2024년 05월	2024050014	2024-06-04 15:40:19	의료급여	10	947,120	9,500	937,620	일반청구		1.65	66,380	109,703	청구서 보기
2024년 05월	2024050013	2024-06-04 15:40:19	건강보험	894	62,154,690	18,441,900	43,712,790	일반청구		1.65	66,380	109,703	청구서 보기
2024년 05월	2024050012	2024-06-04 15:34:57	의료급여	10	947,120	9,500	937,620	일반청구		1.65	66,380	109,703	청구서 보기
2024년 05월	2024050011	2024-06-04 15:34:57	건강보험	894	62,154,690	18,441,900	43,712,790	일반청구		1.65	66,380	109,703	청구서 보기
2024년 05월	2024050010	2024-06-04 15:33:45	의료급여	10	947,120	9,500	937,620	일반청구		1.65	66,380	109,703	청구서 보기
2024년 05월	2024050009	2024-06-04 15:33:45	건강보험	894	62,154,690	18,441,900	43,712,790	일반청구		1.65	66,380	109,703	청구서 보기
2024년 05월	2024050008	2024-06-04 13:02:33	사전점검(급여)	10	947,120	9,500	937,620	일반청구		1.65	66,380	109,703	청구서 보기
2024년 05월	2024050007	2024-06-04 13:02:32	사전점검(보.)	894	62,154,690	18,441,900	43,712,790	일반청구		1.65	66,380	109,703	청구서 보기
2024년 05월	2024050006	2024-06-04 13:00:35	사전점검(급여)	10	947,120	9,500	937,620	일반청구		1.65	66,380	109,703	청구서 보기
2024년 05월	2024050005	2024-06-04 13:00:13	사전점검(보.)	894	62,154,690	18,441,900	43,712,790	일반청구		1.65	66,380	109,703	청구서 보기
2024년 05월	2024050004	2024-06-04 13:00:13	사전점검(급여)	10	947,120	9,500	937,620	일반청구		1.65	66,380	109,703	청구서 보기
2024년 05월	2024050003	2024-06-04 13:00:13	사전점검(보.)	894	62,154,690	18,441,900	43,712,790	일반청구		1.65	66,380	109,703	청구서 보기
2024년 05월	2024050001	2024-06-04 12:58:33	사전점검(급여)	10	947,120	9,500	937,620	일반청구		1.65	66,380	109,703	청구서 보기

엑셀 저장

Point ☆

이전에 청구 내역을 모두 볼 수 있는 화면입니다.

건강보험자격과 의료급여자격이 따로 구분되어 확인이 각각 가능합니다.

. 명일련 번호 확인 방법

☑ [청구/EDI] - [이전청구 내역보기]

📢 환수신청을 할 때 명일련번호가 필요하기 때문에 이전 청구 내역에서 명일련번호를 확인합니다.

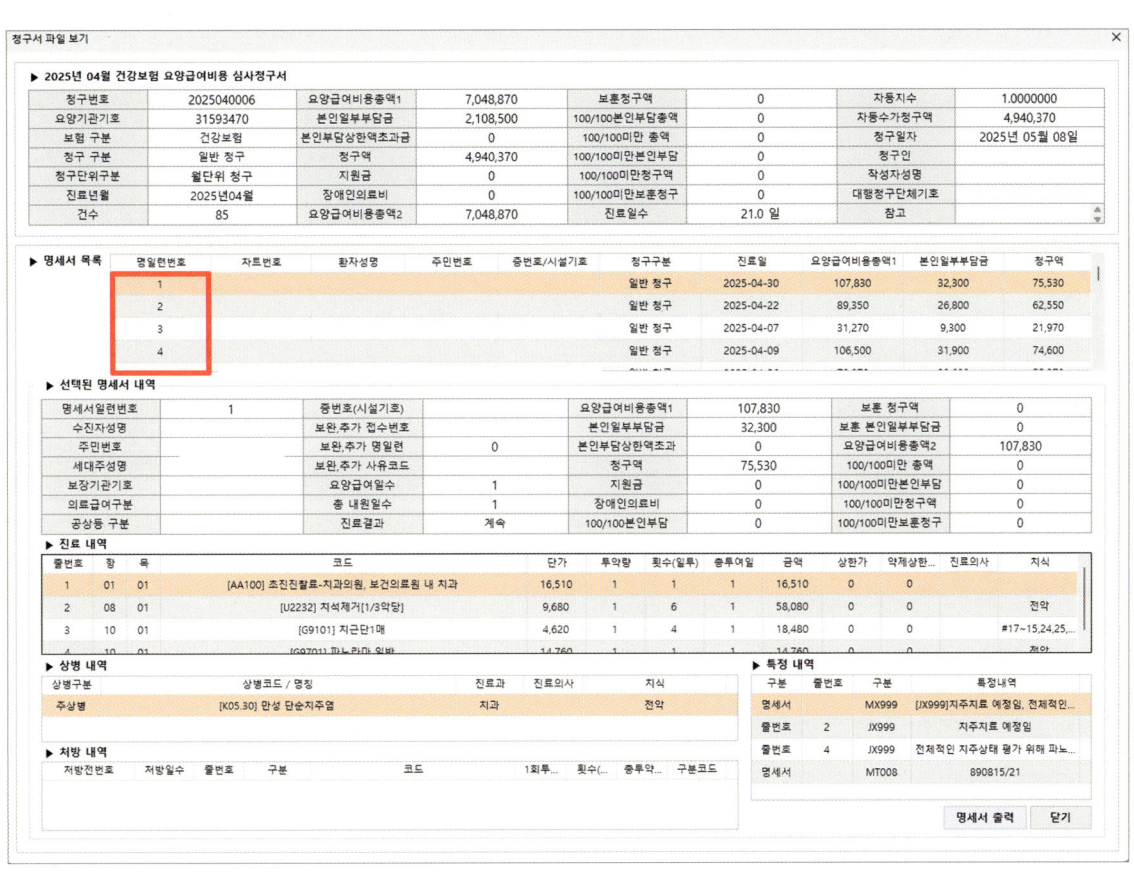

1. 자동차 보험 청구

✅ [청구/EDI] - [청구 내역 조회/청구] - [자동차 보험 청구]

자동차보험 진료 후 청구 할 때는 보험 구분을 반드시 확인 후 청구합니다.

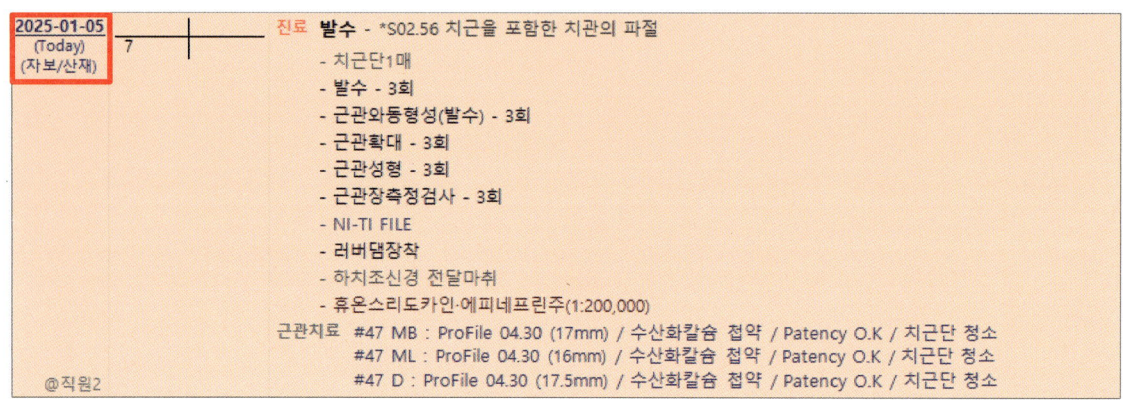

환자분의 자동차보험 회사, 사고접수번호, 지급보증번호까지 입력하고 보험 구분을 자동차 보험임을 확인 한 후 청구합니다.

① 청구대상 – 자동차보험

② 청구 구분 – 일반 청구/누락분 청구

③ 청구할 환자 선택 후 전송

재료대 신고 방법

1. 재료대 신고 방법

☑ [청구/EDI] - [심평원EDI문서 작성/수신]- [치료재료 및 약제 구입내역 통보서 작성]

📢 치료재료를 청구하려면 반드시 재료대 신고를 해야 합니다.
치과치료재료급여 목록에 등재된 품목만 청구 가능합니다.

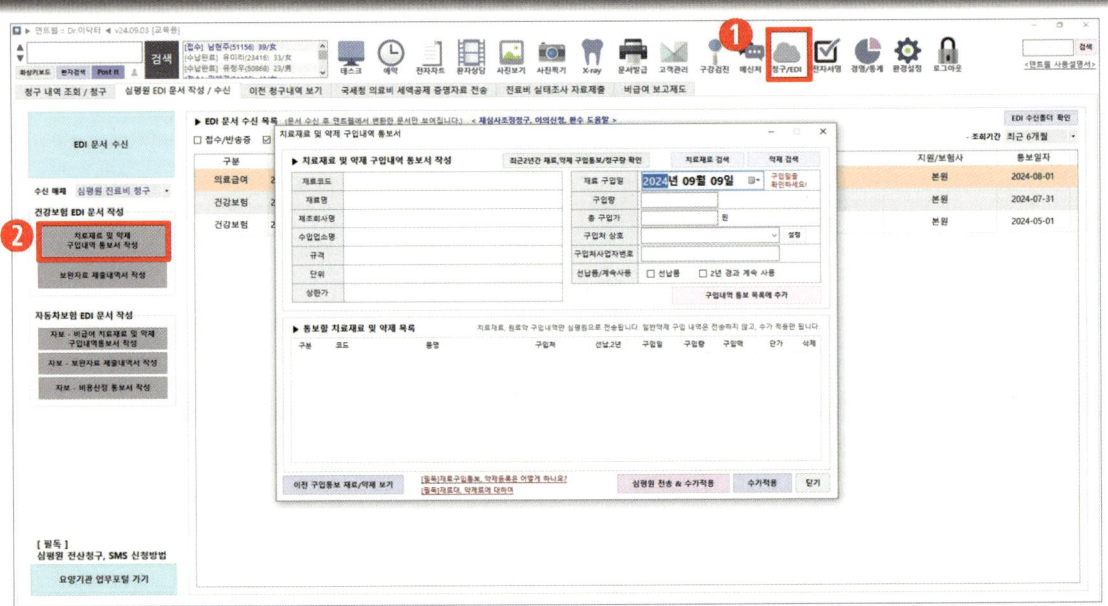

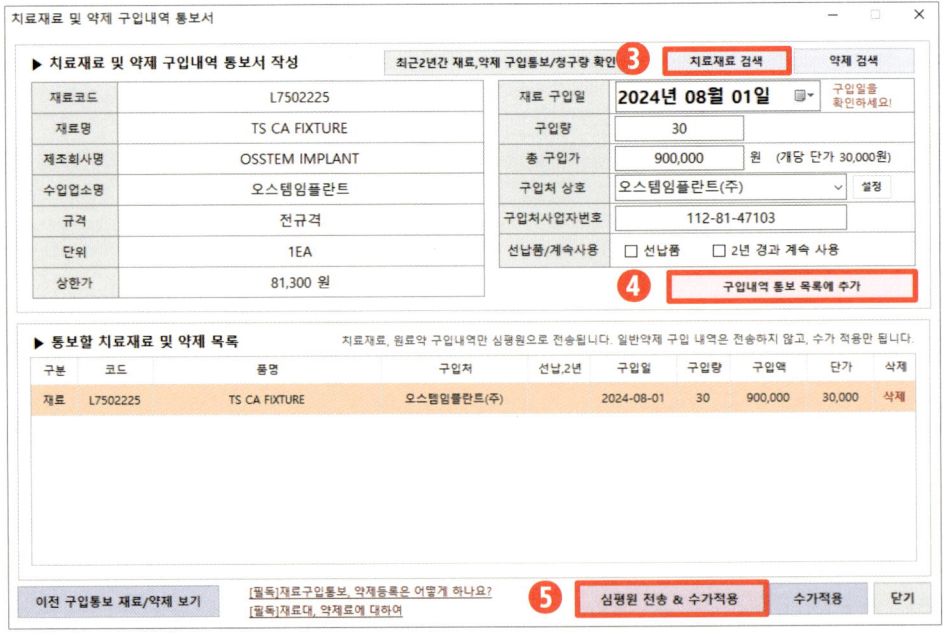

치료재료 검색 후 재료 구입일 및 구입량, 총 구입가, 구입처 상호 등을 입력합니다.
올바르게 입력 되었는지 확인 후 구입 내역 통보 목록에 추가 버튼을 클릭한 후
심평원 전송 & 수가전송 버튼을 클릭하면 재료대 신고가 완료됩니다.

Point ☆

① 재료대는 반드시 구입일로 신고
② 치료 재료는 상한가보다 비싸게 구입했더라도 상한가 까지만 인정
③ 상한가보다 저렴하게 구입한 경우 실 구입가로 청구
④ 구입 시 마다 신고가 원칙, 재료대는 반드시 구입일로 신고
⑤ 동일 품목을 재구입 없이 계속 사용시 유효기간은 2년이며 만료일 도래하기 1개월 전부터
    연장신고
⑥ 치과치료재료급여 목록에 등재된 품목만 청구 가능

치료재료 구입량, 청구량 확인 방법

1. 치료재료 구입량, 청구량 확인 방법

☑ [청구/EDI] - [치료재료 및 약제 구입내역 통보서 작성] - [최근 2년간
   재료, 약제구입통보/청구량 확인]

📢 최근2년간 치료재료, 약제 구입 내역 통보 현황을 확인 할 수 있습니다.
누적 구입통보 숫자, 청구 가능횟수, 누적 청구횟수를 비교하여 현황을 관리 합니다.

ℹ️ 첫 구입통보, 누적 구입 통보량, 청구 가능횟수, 누적 청구횟수는 최근 2년 이내의
첫 구입통보(수가적용)일을 기준으로 계산됩니다.

. 심사결과통보서 확인

☑ [청구/EDI] - [심평원 EDI문서 작성/수신]

월말청구를 전송 한 후 심사결과통보서가 나오면 덴트웹 청구프로그램에서도 확인이 가능합니다.

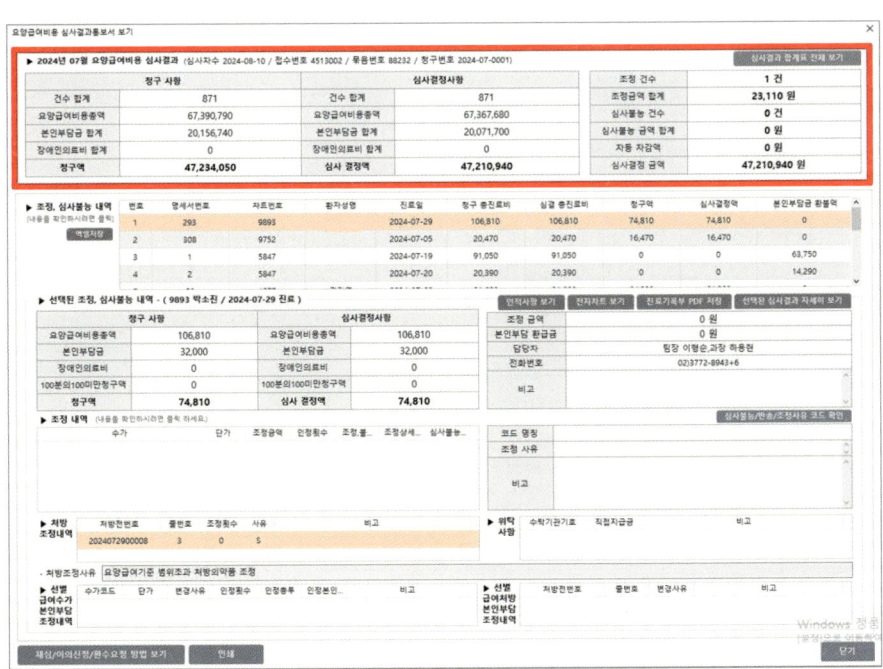

반드시 EDI 문서수신을 해야 덴트웹에서 심사결과통보서 확인이 가능합니다.

1. 사보험 서류 발급과정

📢 덴트웹을 이용한 사보험 서류 발급 과정입니다.
모든 발급 내역이 시스템에 저장되어 추후 확인이나 재발급이 간편합니다.

보험서류 신청서를 작성 합니다. (양식은 병원마다 상이합니다)

보험 서류 신청서 작성이 완료되면 제증명 수수료를 수납하세요.
이때 진료 묶음 버튼에 문서 발급 버튼을 설정하면 더욱 편리합니다.

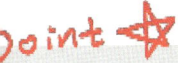

DOCUFEE 또는 NOTXFEE로 시작하는 코드로 수가를 추가해주세요.
비급여보고제도의 보고항목과 이름이 같게 구성해주세요.

문서발급 버튼 설정방법입니다.

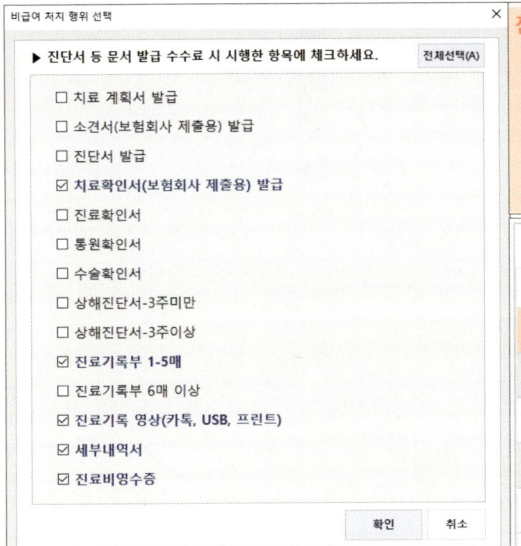

진료 **진단서 등 문서 발급 수수료**
- 치료확인서(보험회사 제출용) 발급
- 진료기록부 1-5매
- 진료기록 영상(카톡, USB, 프린트)
- 세부내역서
- 진료비영수증

진단서 등 문서 발급..	**새 처치 추가**		
구분	진료항목	회	금액
비급여	치료확인서(보험회사 제...	1	10,000
비급여	진료기록부 1-5매	1	1,000
비급여	진료기록 영상(카톡, USB...	1	5,000
비급여	세부내역서	1	0
비급여	진료비영수증	1	0

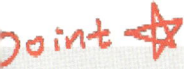

진료기록부에 기존에 발급된 문서 기록이 남기 때문에 추후 재발행이나 새로운 진료 진행 시 미리 서류 업무를 준비할 수 있어 편리합니다.
제증명 수수료는 병원마다 상이하므로 아래 두 가지 방법 중 하나를 선택해 사용하세요.

① 수가 설정 시 항목당 수가를 적용하는 방법
② 수가 설정 시 금액을 비워두고 버튼 입력 시 총액을 입력하는 방법

2. CC 설정으로 사보험 서류 수령 환자 관리하기

☑ [환경설정]–[진료 관련 기타 설정] - [CC 설정]

 CC에 사보험 서류 수령을 설정해 주세요.

환자 내원 시 응대가 더 편리합니다. (서류 발급 시 진찰료는 발생하지 않습니다.)

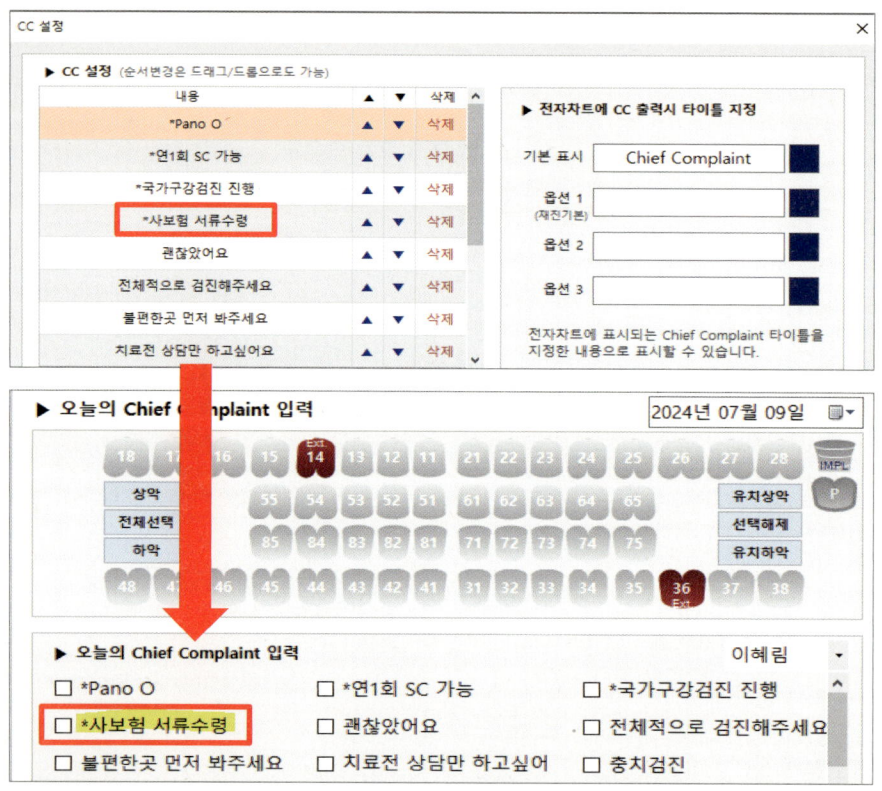

 CC설정에 사보험 서류 수령 문구를 추가해 주세요.

사보험 서류만 수령하러 오시는 경우에도 접수를 진행하여 진료기록부에 기록을 해두는 것이 좋습니다.

3. 자주 쓰는 문구 설정 기능 활용하기

☑ [환경설정]–[진료 관련 기타 설정] - [자주 쓰는 문구 설정]

자주 쓰는 문구 설정을 이용해 진료 메모를 설정해 두시면 병원 구성원 간 소통이 더 편해집니다.

▶ 자주쓰는 문구를 설정합니다.

■ 단축키로 입력 가능한 일반 상용구

- 치환문 : #오늘날짜#, #현재시각#, #작성자#
진료실모드에서 작성자는 현재 선택된 의사로 치환됩니다.

-Ctrl + 1	*네이버영수증 리뷰참여
-Ctrl + 2	*사보험 서류 작성중
-Ctrl + 3	*사보험 서류 작성 완료 : 데스트에 보관중 #작성자#
-Ctrl + 4	*실손보험 서류 발급 / 세부내역서, 영수증

자주 쓰는 문구를 단축키로 설정해 주세요.

자주 쓰는 문구 설정 사용 예

진료 진단서 등 문서 발급 수수료
  - 세부내역서
  - 진료비영수증
  - 치료확인서(보험회사 제출용) 발급
메모 *사보험 서류 작성 완료 데스크에 보관중
  수령완료

---

*사보험 서류 작성중

- 하단고

□사보험 종류 : 약사   □가입일 : 18.07.23-28.07.23   □ 100%보장 / 감액기간 / 면책기간

*보장내용
□크라운 보장금액 : 연간 3개 20m+특약 20m   / □인레이 : 치아당 12m / 레진 5m
□IMPL 보장금액 : 연간3개 70m+특약70m

*제출서류목록(크라운부터 진료기록부 필요)
치료확인서 / 진료기록부 / 세부내역서 / 영수증 / 치료전후 X-ray

4. 텍스트 진료버튼 사용하여 사보험 보장 내용 기록하기

☑ [환경설정]–[진료와 관련된 덴트웹 설정] - [진료 묶음 버튼설정]

진료 묶음 버튼의 속성을 텍스트 입력으로 설정하면 자주 쓰는 메모를 버튼으로 편리하게 불러올 수 있습니다.

▶ 선택된 진료 묶음 버튼 정보

버튼이름	사보험	최상위그룹	자주하는진료 ▼
진료이름	사보험보장내용	중그룹	문서/수납 ▼
버튼속성	텍스트 입력 ▼	진료과	선택안함 ▼

버튼 배경색 / 버튼 글자색 / 초기화
현재 중그룹 배경색 / 중그룹 글자색 / 초기화
☐ 버튼이 눌린경우 상병 선택장 보이기

자주쓰는 상병명
[상병추가]

▶ 텍스트 편집

☐ 사보험 종류 :   ☐ 가입일 :   ☐ 100%보장 / 감액기간 / 면책기간

*보장내용
☐ 크라운 보장갯수 :
☐ 인레이 보장갯수 :
☐ 레진 보장갯수 :   ☐ 보장금액 :
☐ IMPL 연간보장 갯수 :   ☐ 보장금액 :
☐ 뼈이식 보장가능여부 :   O / X   ☐ 보장금액 :

*제출서류목록
치료확인서 / 진료기록부 / 세부내역서 / 영수증 / 치료전후 X-ray

진료 묶음 버튼 설정에서 새 진료 묶음 버튼 만들기를 선택합니다.
이때 버튼 속성을 텍스트 입력으로 선택하여 버튼을 설정합니다.

Point ☆

텍스트 메모 버튼을 활용하면 환자의 사보험 정보(보험사, 가입일, 보장 기간 등)를 쉽게 관리할 수 있고 각 항목별 보장 내용을 기록한 후 하단 고정을 해두면 상담 시 유용하게 활용할 수 있습니다.
또한, 치과에서 환자에게 유익한 부분을 세심하게 챙겨 줌으로써 라포 형성이 가능하며 보다 전문적인 상담을 제공하는 병원 이미지를 구축하여 신뢰도를 높일 수 있습니다.

사보험 환자관리만 잘해도 우리 치과에 좋은 고객경험관리를 제공 할 수 있습니다.
덴트웹을 활용하여 사보험 환자를 관리해 보세요.

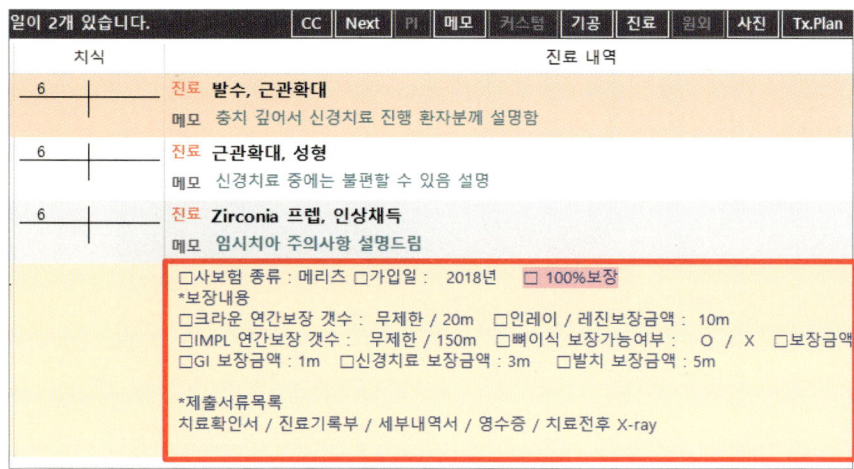

사보험 환자는 일반 환자에 비해 치료 동의율과 금액 동의율이 높습니다.
따라서 단순히 사보험 유무만 체크하는 것이 아니라 보장 내용과 보장 기간 등을 확인해
추후 치과 치료 시 활용해 보세요. 이를 통해 구신환 창출은 물론 차별화된 치과라는 이미지를
만들 수 있습니다.

5. 스캔 기능을 사용하여 사보험 약관 보관하기

사보험 약관 스캔 하여 보관하기

(Medical Alert 아래 스캔 파일 업로드 창을 이용합니다)

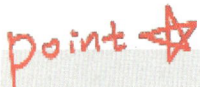

아직도 덴트웹에 초진 차트만 스캔하고 계신가요?

환자가 사보험 약관을 가져오셨다면 동의를 구한 후 사보험 약관을 스캔해 보관하세요.

자세한 보장 내용을 확인할 수 있어 상담 및 치료 진행 시 유용한 자료가 됩니다.

사보험 문서 발급을 사본으로 보관하고 계신가요?

스캔 기능을 이용해 발급된 문서를 스캔하여 보관하세요. 누락 및 중복 기록을 방지할 수 있습니다.

. 진료비 영수증 발급

☑ [데스크] - [조회/영수증 발급]

진료비 영수증 발급 방법입니다.

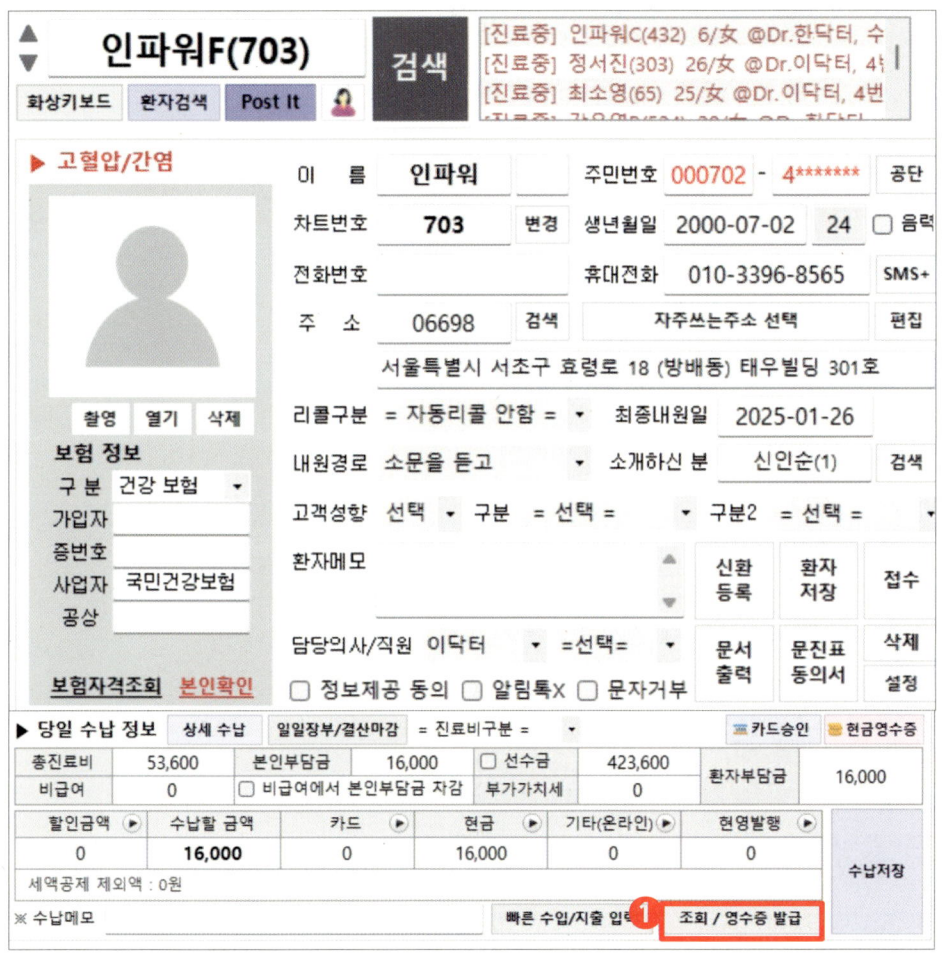

① 데스크 화면에서 조회/영수증 발급을 클릭합니다.

② 진료비 영수증 발급

진료비 세부산정 내역서(표준서식) 발급

진료비 산정 내역(청구내역) 보기

진료비 납입 확인서(연말정산) 발급

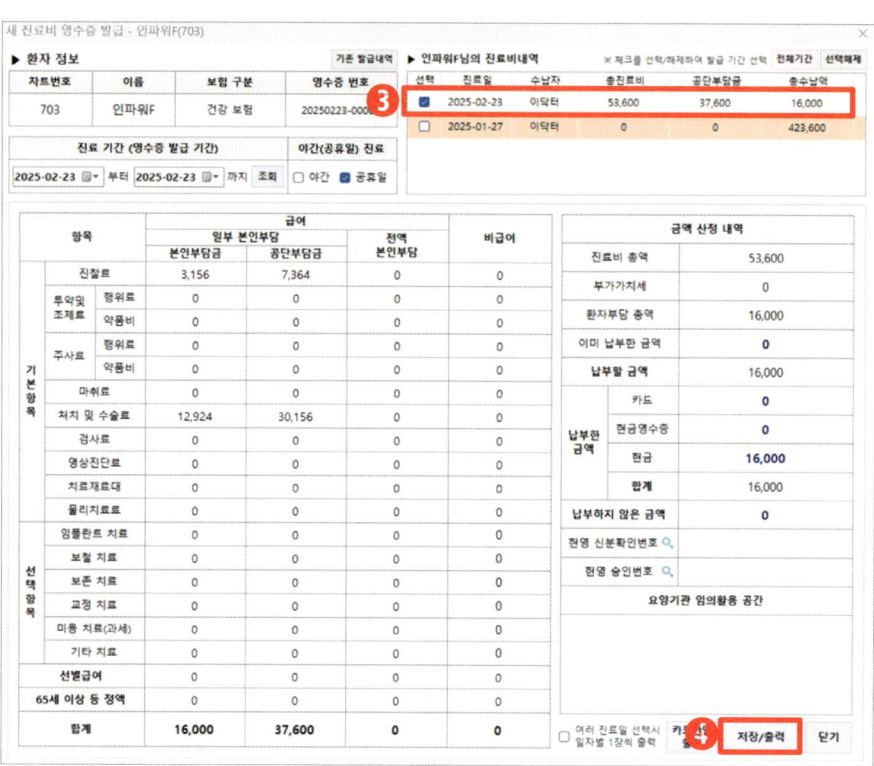

② 진료비 영수증 발급을 클릭합니다.

③ 영수증 발급을 원하는 날짜에 체크합니다.

④ 저장/출력을 클릭합니다.

Point ☆

여러 진료일을 선택한 경우 각 일자별로 영수증을 발급하려면 체크 박스에 체크를 선택한 후

출력하세요. 일자별로 각각 출력됩니다.

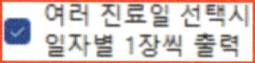

2. 납입확인서 발급

☑ [데스크] - [조회/영수증 발급]

납입 확인서 발급 방법입니다.

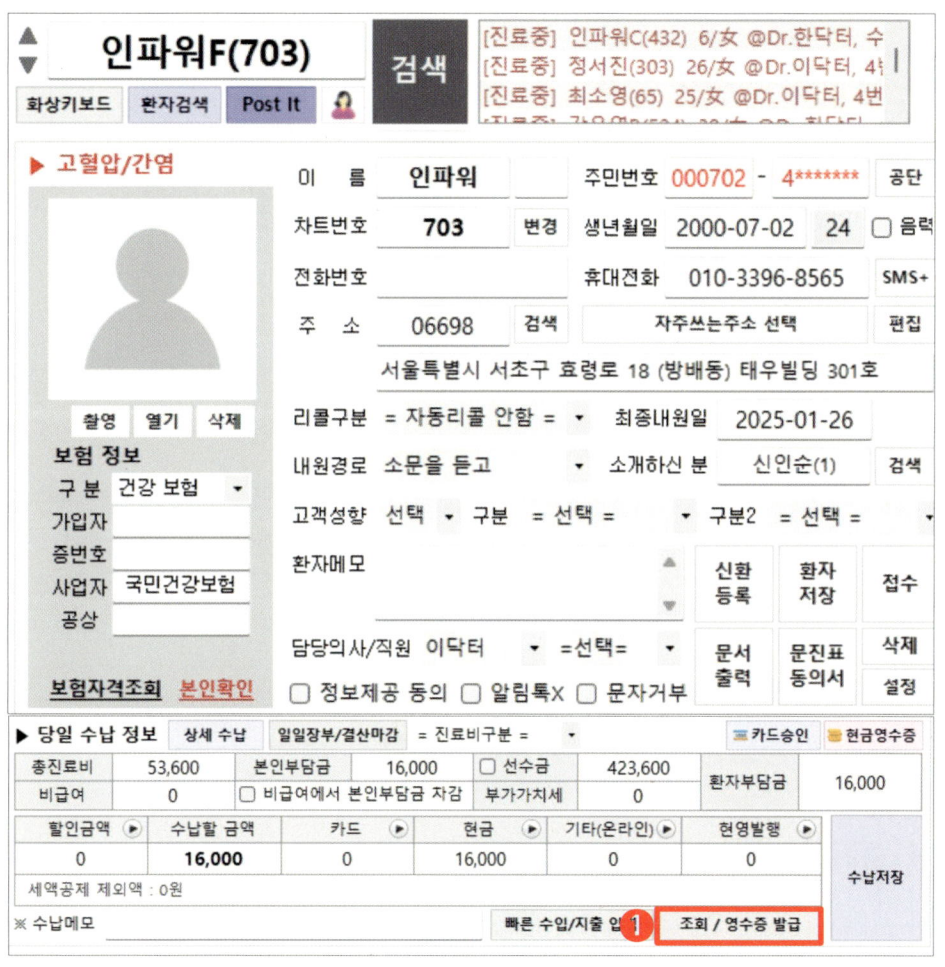

① 데스크 화면에서 조회/영수증 발급을 클릭합니다.

서류발급

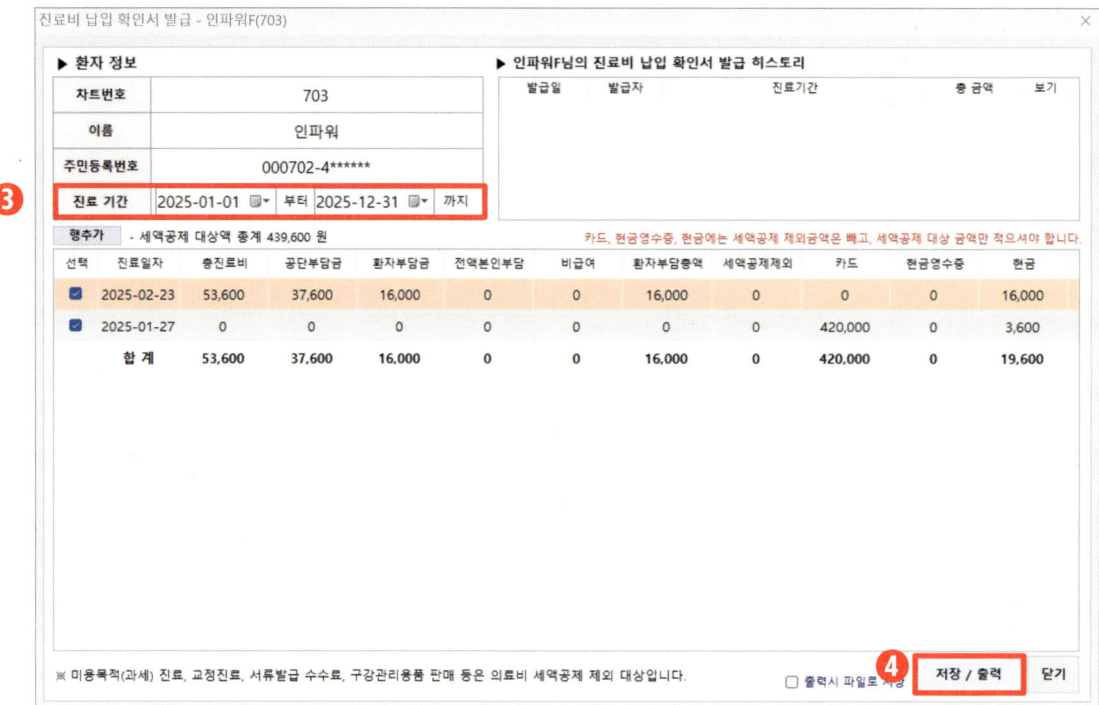

② 진료비 납입 확인서(연말정산) 발급을 클릭합니다.
③ 진료 기간을 설정합니다.
④ 저장/출력을 클릭합니다.

Point ☆

과세 진료, 교정 진료, 서류 발급 수수료, 구강관리용품 판매 등은 의료비 세액 공제 제외 대상입니다. 서류 발급 시 해당 항목을 한 번 더 확인한 후 발급해 주세요.

3. 세부산정 내역서 발급

☑ [데스크] - [조회/영수증 발급]

세부산정 내역서 발급 방법입니다.

진료비 영수증과 달리 세부산정 내역서는 어떤 치료를 받았는지 항목별로 자세히 확인할 수 있는 영수증이에요!

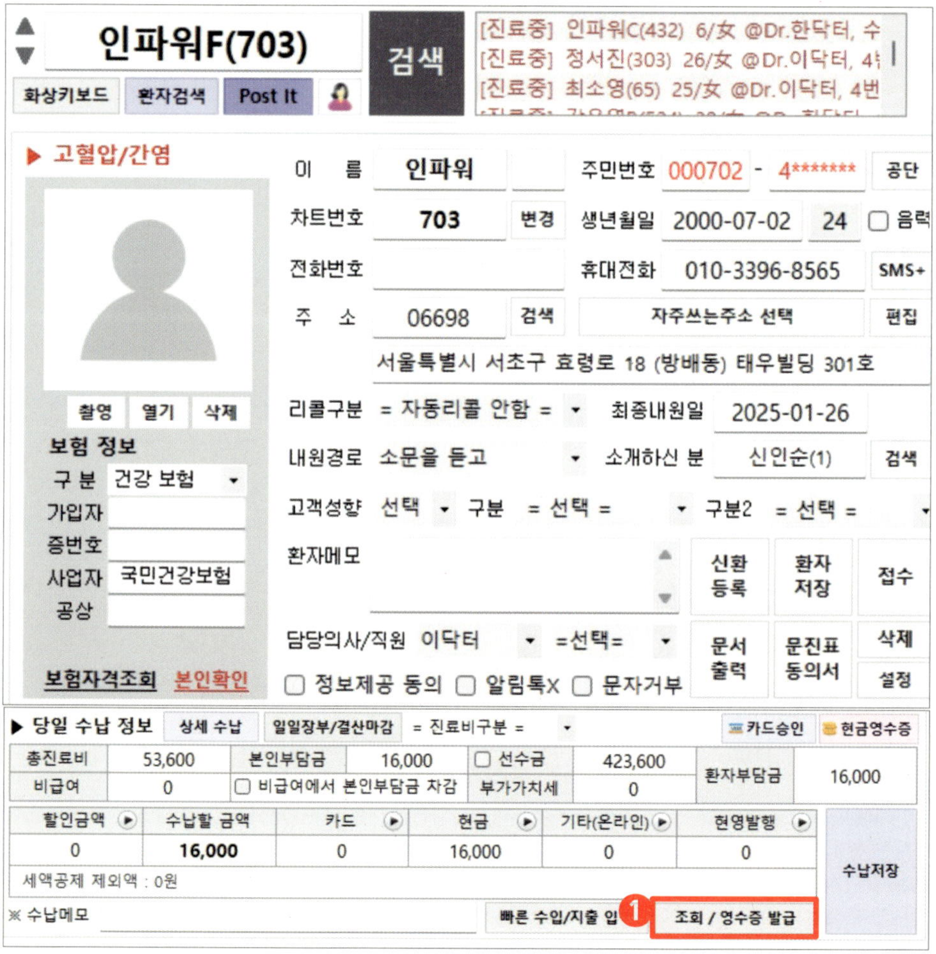

▲▼ **인파워F(703)**	검색	[진료중] 인파워C(432) 6/女 @Dr.한닥터, 수 [진료중] 정서진(303) 26/女 @Dr.이닥터, 4 [진료중] 최소영(65) 25/女 @Dr.이닥터, 4번

화상키보드 | 환자검색 | Post It

▶ 고혈압/간염

이 름	인파워	주민번호	000702 - 4*******	공단
차트번호	703 변경	생년월일	2000-07-02 24 ☐ 음력
전화번호		휴대전화	010-3396-8565 SMS+
주 소	06698 검색	자주쓰는주소 선택	편집

서울특별시 서초구 효령로 18 (방배동) 태우빌딩 301호

촬영 | 열기 | 삭제

보험 정보
구 분 | 건강 보험
가입자 |
증번호 |
사업자 | 국민건강보험
공상 |

보험자격조회 | 본인확인

리콜구분 = 자동리콜 안함 = ▼   최종내원일 2025-01-26
내원경로 소문을 듣고 ▼   소개하신 분 신인순(1) 검색
고객성향 선택 ▼ 구분 = 선택 = ▼   구분2 = 선택 = ▼
환자메모

담당의사/직원 이닥터 ▼ =선택= ▼

신환등록 | 환자저장 | 접수
문서출력 | 문진표동의서 | 삭제 / 설정

☐ 정보제공 동의 ☐ 알림톡X ☐ 문자거부

▶ 당일 수납 정보   상세 수납   일일장부/결산마감 = 진료비구분 = ▼   🟦카드승인 🟧현금영수증

| 총진료비 | 53,600 | 본인부담금 | 16,000 | ☐ 선수금 | 423,600 | 환자부담금 | 16,000 |
| 비급여 | 0 | ☐ 비급여에서 본인부담금 차감 | 부가가치세 | 0 | | |

| 할인금액 ▶ | 수납할 금액 | 카드 ▶ | 현금 ▶ | 기타(온라인) ▶ | 현영발행 ▶ | |
| 0 | **16,000** | 0 | 16,000 | 0 | 0 | 수납저장 |

세액공제 제외액 : 0원

※ 수납메모   빠른 수입/지출 입 ❶ **조회 / 영수증 발급**

---

① 데스크 화면에서 조회/영수증 발급을 클릭합니다.

서류발급

② 진료비 세부산정 내역서(표준서식) 발급을 클릭합니다.

③ 발급 기간을 설정합니다.

④ 발급 희망 날짜 체크박스에 체크합니다.

⑤ 저장/출력을 클릭합니다.

4. 진단서

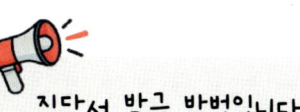 [전자차트] - [문서발급] - [진단서]

진단서 발급 방법입니다.

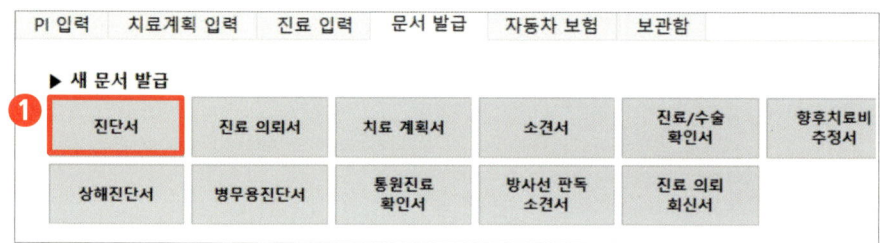

① 전자차트 화면을 클릭한 후 문서발급 항목에서 진단서를 선택해 주세요.

② 진단서 작성 후 저장/출력을 클릭해 주세요.

5. 소견서

☑ [전자차트] - [문서발급] - [소견서]

소견서 발급 방법입니다.

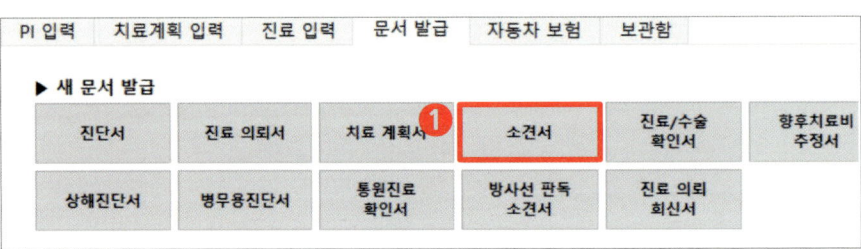

① 전자차트 화면을 클릭한 후 문서발급 항목에서 소견서를 선택해 주세요.

② 소견서 작성 후 저장/출력을 클릭해 주세요.

6. 수술확인서

☑ [전자차트] - [문서발급] - [진료/수술확인서]

수술확인서 발급 방법입니다.

① 전자차트 화면을 클릭한 후 문서발급 항목에서 진료/수술확인서를
   선택해 주세요.
② 진료/수술확인서를 작성한 후 저장/출력을 클릭해 주세요.

7. 차트 출력

✅ [전자차트]

차트 출력 방법 입니다.

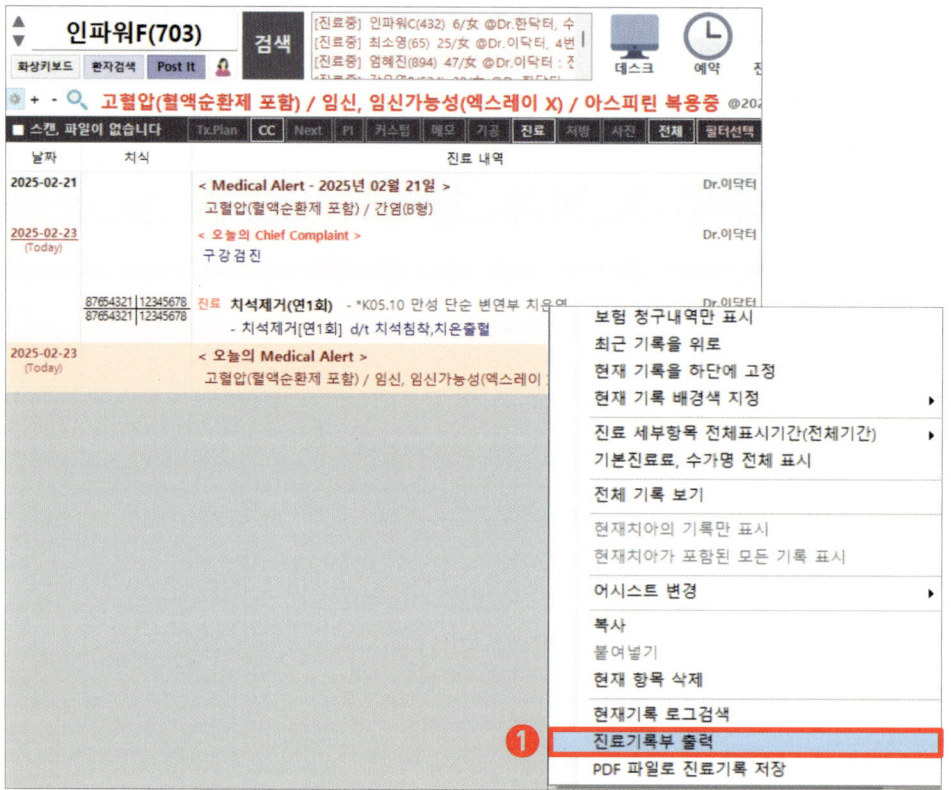

① 전자차트 화면을 클릭한 후 차트 위에서 마우스 우측 버튼을 눌러
진료기록부 출력을 선택해 주세요.

출력할 항목 선택　　　　　　　　　　　　×

◉ **현재 차트 내용 출력(전자서명 무관)**　　　전체 선택　전체 해제

- ☐ CC (Chief Complaint)　　　　　☐ 다음 치료 (Next)
- ☑ 진료 기록　☐ 주상병만 출력　☐ Medical Alert
- - 출력제외 ☐ 상병 ☐ 내역 ☐ 메모　☐ 서류발급 내역 (내용은 출력 안됨)
- ☑ 원외 처방 내역　　　　　　　☐ 기공의뢰서 (내용은 출력 안됨)
- ☐ 진료 메모　　　　　　　　　☐ 방사선 판독문
- ☐ 진료 메모 태블릿　　　　　　☐ 문진표 / 커스텀 차트 (내용은 출력 안됨)
- ☐ PI (Present Illness)　　　　　☐ 환자 사진
- ☐ 치료 계획　　　　　　　　　☐ 치료비용계획

※ 일부내용을 제외하고 출력 시, 일부 사본 출력으로 표시됩니다.(기공의뢰서, 환자사진, 비용계획 제외)

☐ 특정기간 진료기록만 출력　[2025년1월25일] 부터　[2025년9월29일] 까지

☐ 진료시각 '시'까지만 출력　☐ 전자서명여부 출력 안함　☑ '대조필'란 출력

○ **최종 전자서명 된 기록만 출력 - 중복(수정 전 서명) 제외**

○ **전자서명 된 모든 기록 출력 - 중복(수정 전 서명) 기록 포함**

　☐ 기타내역설명(MX999, JX999) 출력 안함　☐ 상단부분 출력 안함

☐ 현재 진료내역에 표시되어 있는 기록만(처식, 작성자 등 필터) 출력
☐ 진료시각 출력 안함(텍스트 메모로 진료시각을 기재한 경우)

②　　[출력]　　취소

② 출력할 항목을 선택 한 후 출력 버튼을 클릭해 주세요.

💡 출력할 항목은 데스크마다 다르게 설정될 수 있으니 모든 데스크에서 동일하게 출력되길 원하신다면 동일 항목으로 체크해 주세요!

8. 치료 전, 후 사진

✅ [데스크] - [문서 출력] - [보험회사 제출용 치료 전,후 사진]

📢 치료 전, 후 사진 출력 방법 입니다.

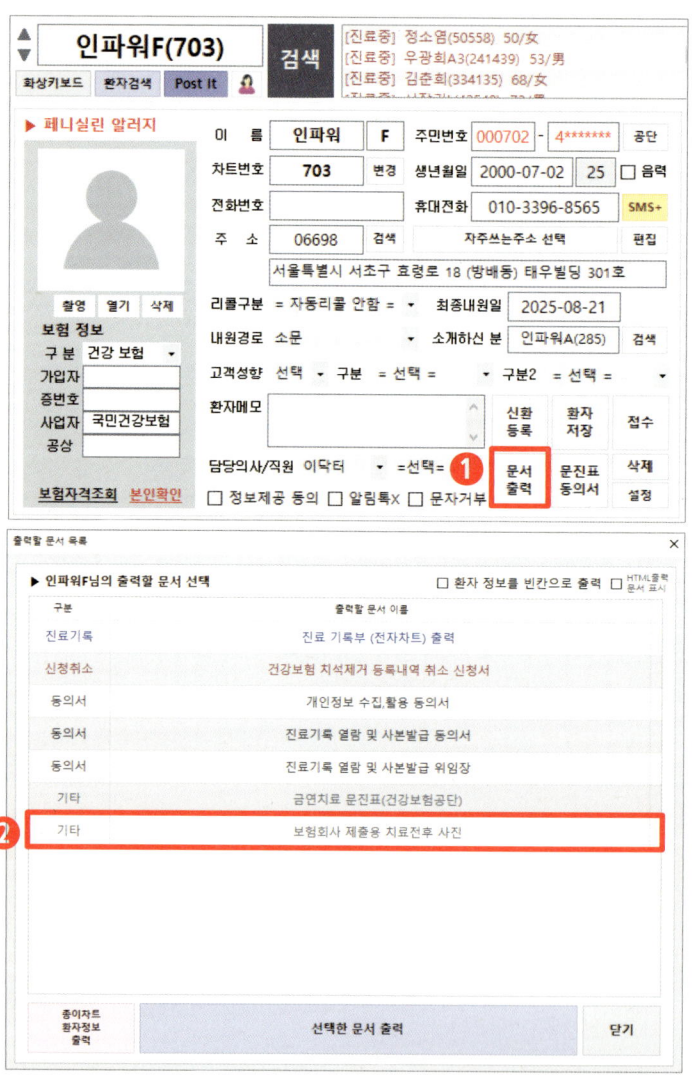

① 데스크 화면을 클릭한 후 문서 출력을 선택해 주세요.
② 보험회사 제출용 치료 전,후 사진을 클릭해 주세요.

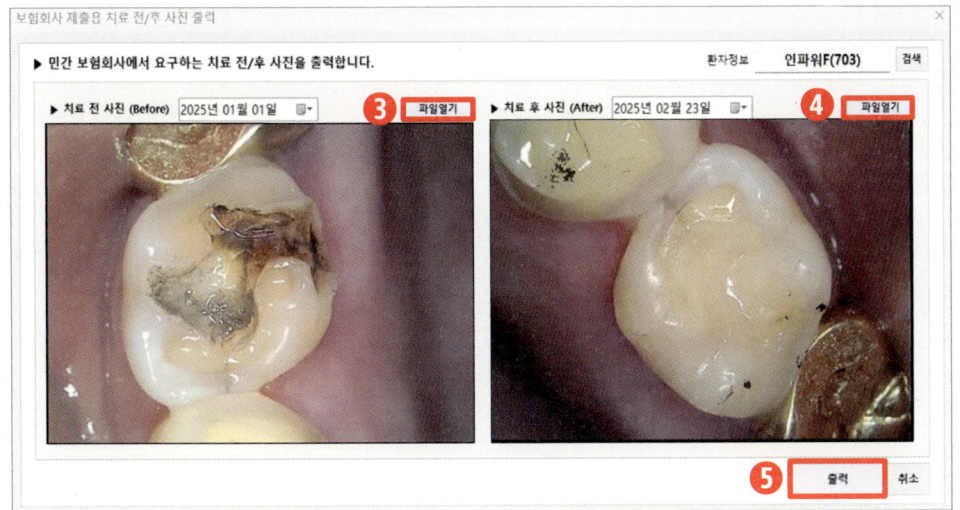

③ 치료 전, ④ 치료 후 사진을 선택 후 ⑤ 출력을 클릭해 주세요.

1. 자동 리콜 등록

☑ [데스크] - [설정] - [환자인적사항설정]

📢 치료가 끝난 환자 정기검진 설정은 이렇게 합니다.
예약표에 입력하지 않아도 덴트웹 기본 리콜 기능인 자동리콜 기능을 활용하면 손쉽게 환자에게
정기검진 리콜을 할 수 있습니다.

① ☑ **자동리콜 구분, 문자 자동전송 사용**   < 자동리콜 도움말을 보시려면 여기를 클릭 >

②
구분	리콜주기	만료시기	일괄적용	신환기본	삭제
기본리콜	6개월마다	최종내원 후 24개월까지	일괄적용	☐	삭제
소아환자	3개월마다	최종내원 후 12개월까지	일괄적용	☐	삭제
치주환자	4개월마다	최종내원 후 36개월까지	일괄적용	☐	삭제
임플란트	3개월마다	최종내원 후 24개월까지	일괄적용	☐	삭제

문자거부환자, 스팸신고번호, 오늘 이후 유효한 예약, 리콜이 있는 환자에게는 문자가 전송되지 않습니다.
문자는 "SMS 전송설정" => "리콜 알림"의 리콜문자 자동전송 시각의 요일별 전송시각에 발송 됩니다.

자동리콜 구분명   [새 리콜구분 저장] [현재내용 저장] 내용 수정 후 "현재내용저장"!!

③ 최종 내원일로부터 [3 ▲▼] 개월마다 문자전송 / 최종 내원일로부터 [12 ▲▼] 개월 까지

④
1회차 문자내용	2회차 문자내용	3회차이상 문자내용	MMS첨부

2, 3회차 문자내용을 입력하지 않은 경우, 1회차 문자내용으로 전송 **⑤** ☐ 정보제공 동의자만 전송

☑ 주민등록번호 변경시 수진자 조회   ☐ 자동 수진자 조회 안함 **⑥** [저장] [닫기]
☐ 같은 주민번호로 새 차트 생성허용   ☐ 차트번호 특수문자 허용

ⓘ

① [자동리콜 구분, 문자 자동전송 사용]에 체크가 되어 있어야
   문자가 자동전송 됩니다.
② 리콜구분(기본리콜, 임플란트환자, 교정환자 등), 리콜주기(3개월 등)
   일괄 적용하여 관리합니다. [신환기본]에 체크하면 기본적으로 신환
   등록하는 모든 환자에게 동일하게 자동 리콜이 적용됩니다.
③ 리콜 주기를 설정합니다. 언제까지 환자에게 리콜 문자가 전송 되게 할지
   최종 내원일로부터 N개월 입력 합니다.
④ 리콜 구분에 맞는 문자 내용을 설정할 수 있습니다.
⑤ 신환 등록 시 정보 제공 동의 확인 후 설정합니다.
⑥ 설정 후 저장 버튼을 누릅니다.

리콜 기능을 활용한 차별화된 환자관리! 이렇게 해보세요.

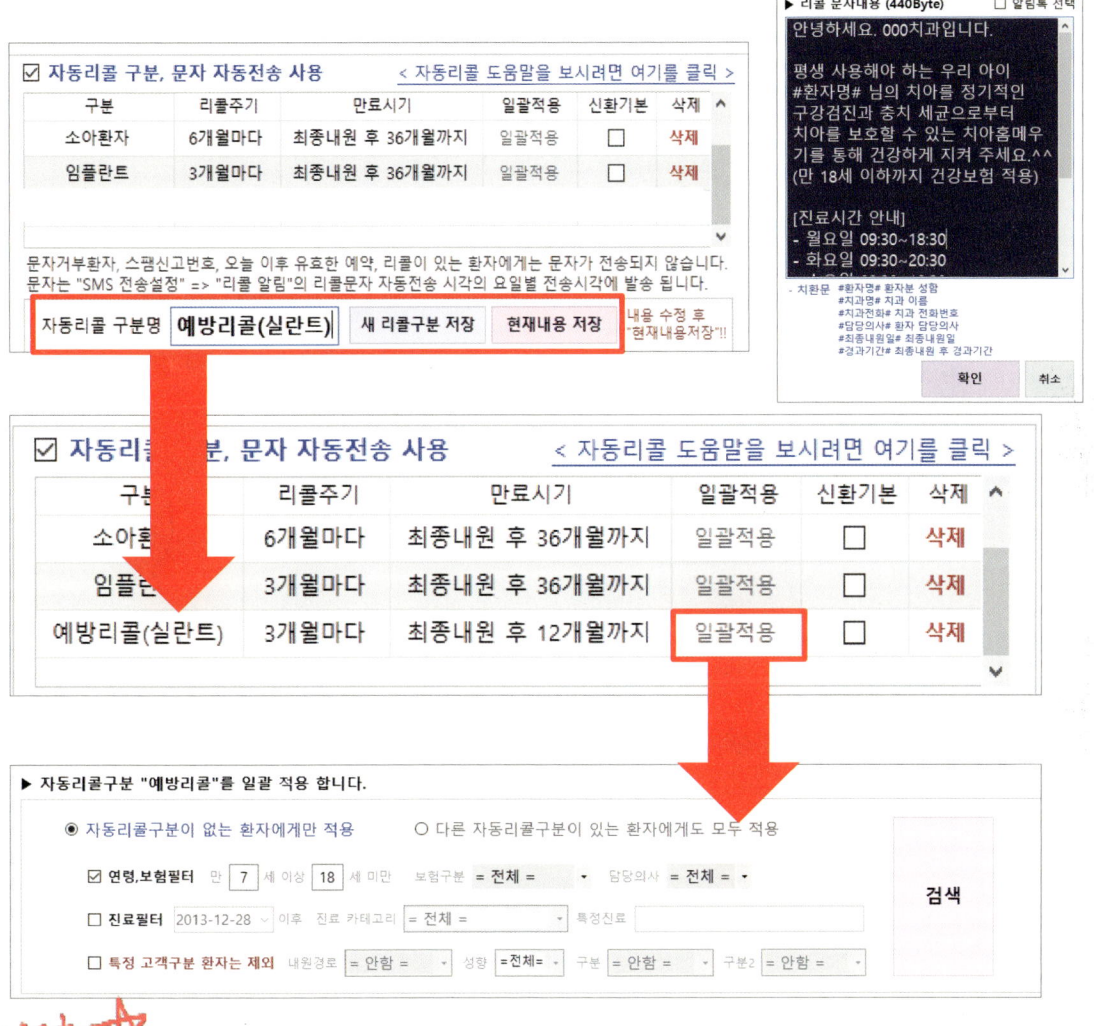

Point ☆

그동안 리콜 관리하느라 힘드셨죠?

이젠 관리하고자 하는 환자군에게 맞춤 자동 리콜을 설정해 보세요.

임플란트, 교정, 예방 등 환자군을 설정할 때 진료 필터에서 카테고리를 설정하면 편리하게
설정하여 사용할 수 있습니다.

우리 병원만의 환자 관리 시스템을 만들어 자동 리콜 기능을 활용하면 환자에게 적절한 시기에
정기검진 안내를 놓치지 않고 할 수 있습니다.

2. 개별 리콜 등록

☑️ [환자클릭]- 데스크 화면 왼쪽 하단 [해피콜/개별리콜 등록]

기본 리콜 설정인 자동 리콜 외에도 환자 개개인마다 개별 리콜을 설정할 수 있습니다.
개별 리콜을 사용하면 환자마다 리콜 시기를 다르게 관리할 수 있습니다.
문자 자동 전송을 설정할 수도 있고 보다 차별화된 리콜 서비스를 제공하기 위해 전화나
맞춤 문자 전송도 가능합니다. 개별 리콜 기록도 남기에 활용도가 높습니다.

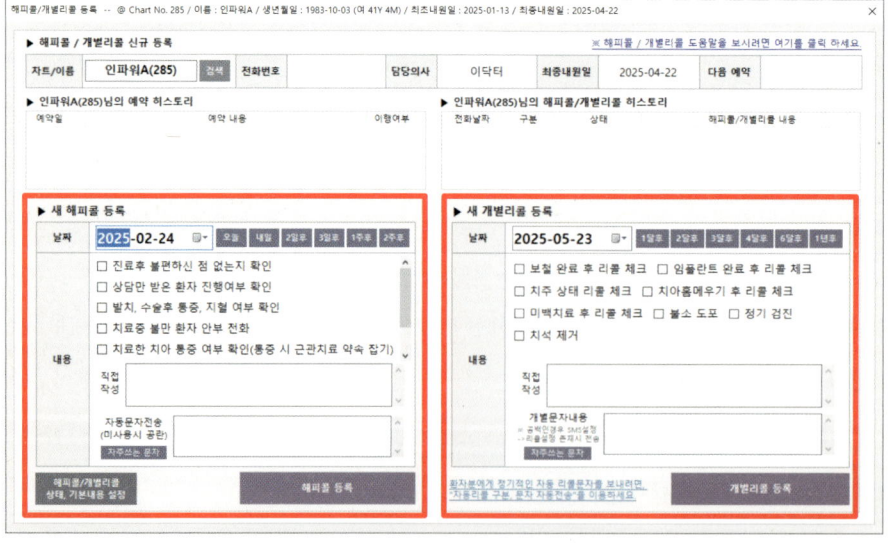

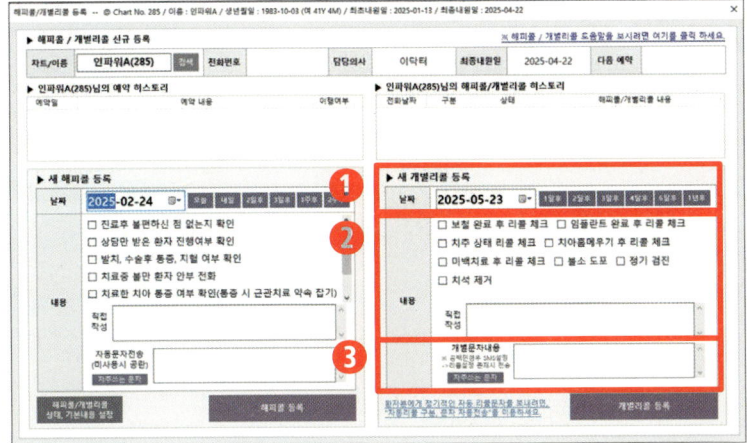

① 날짜를 설정을 합니다. 1달 후/2달 후 등 버튼을 이용하면 편리하게 설정할 수 있습니다.

② 개별 리콜 내용을 클릭합니다.

개별 리콜 내용 추가/변경은 해피콜/개별 리콜 등록화면의 [해피콜/개별리콜 상태, 기본내용 설정] 에서 할 수 있습니다.

[직접설정] 클릭 시 환자 개인별로 리콜 사유를 다르게 입력할 수 있습니다.

③ 문자 자동전송을 원하는 경우 설정하여 사용합니다.

자동 전송을 원치 않는 경우 빈칸으로 남겨둡니다.

개별 리콜과 해피콜은 같은 창에서 등록하지만 동시 등록은 불가능합니다.

 클릭 후 클릭 시 해피콜/개별 리콜 등록 가능합니다.

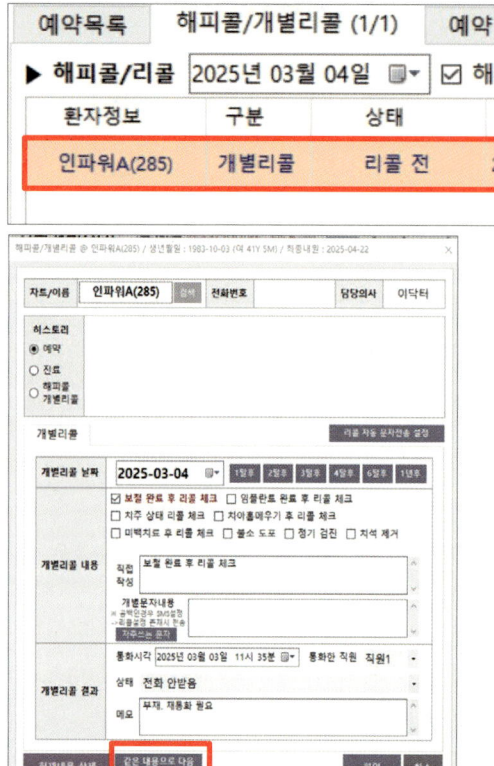

리콜 후 통화가 연결이 안 된 경우 재 리콜 등록이 필요한 경우 **같은 내용으로 다음 개별리콜 등록** 기능을 활용해 재 리콜 등록을 할 수 있습니다.

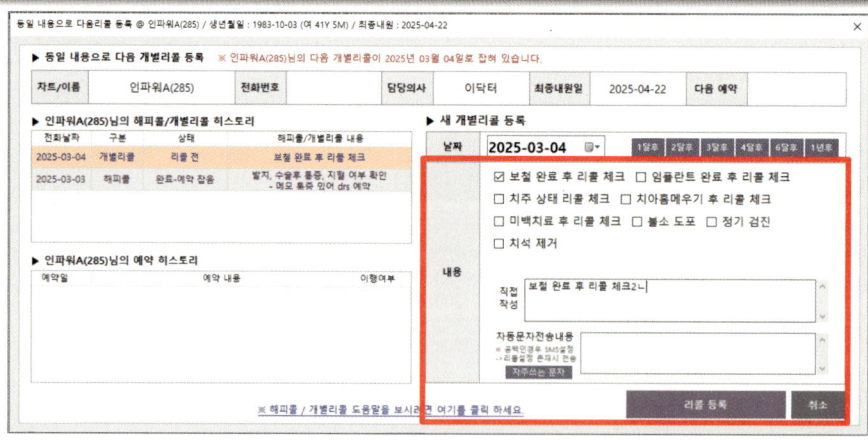

동일한 내용으로 재 리콜 등록 시 몇 번째 리콜 등록인지 넘버링을 하면 다음 리콜 시 해당 내용을 확인할 수 있어 넘버링을 추천 드립니다.

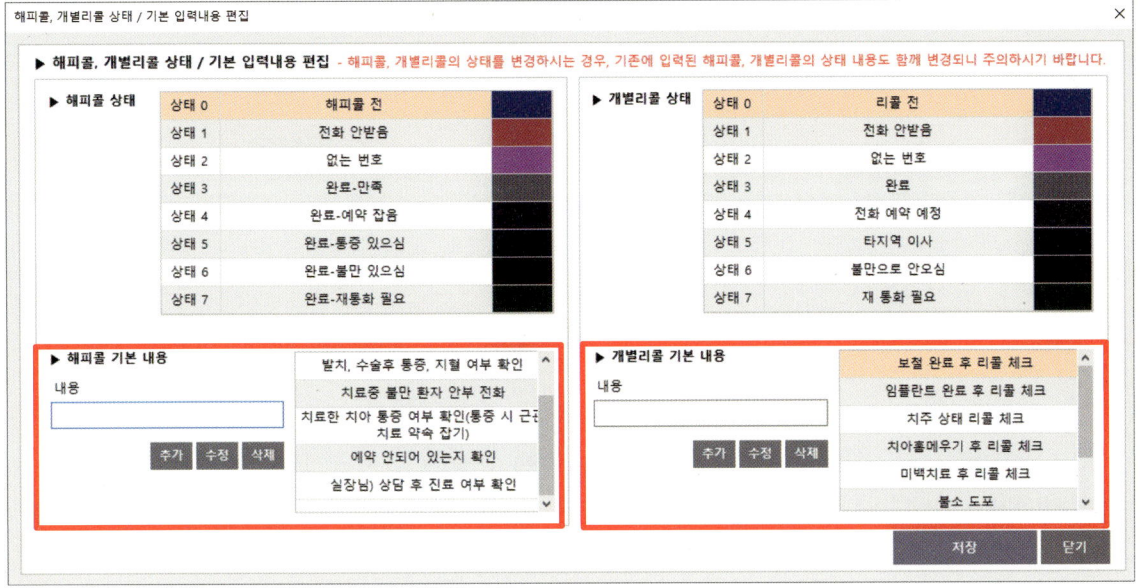

해피콜과 개별 리콜의 내용은 [해피콜/개별리콜 상태, 기본내용 설정] 에서 변경할 수 있습니다.
자주 사용하는 문구를 넣어 설정해 보세요.

기본 셋팅 되어있는 설정 외에도 병원에서 자주 사용하는 문구를 넣어보세요.
임플란트 보철 셋팅 후 1개월 정기검진, 임플란트 보철 셋팅 후 3개월 정기검진
치주 상태 확인 1개월 정기검진, 치주 상태 확인 3개월 정기검진
교정 Debonding 후 1개월 정기검진, 교정환자 정기검진, 소아환자 정기검진 등
세분화해서 사용하는 것을 추천 드립니다.

☑ [고객관리] – 하단의 [내원중단 환자] 클릭

| 예약 미이행 환자 | 특별관리 환자 | **내원중단 환자** | 미수금 내역 | 고객불만사항 |

▶ 내원 중단 환자 검색 - 행위수가가 입력된 진료에 대해서만 검색되며, 검색기간 이후 내원자, 오늘 이후 예약, 개별리콜자는 제외됩니다.

최종내원일 검색 | 2025-03-03 ▦▾ 부터 이전 3개월 ▾ 까지 | ☐ 최종내원일≥최종예약일 제외 | 나이 0 세 ~ 120 세 | **검색**

환자정보	전화번호	담당의사	최종 진료 내용	최종내원일	최종예약일
진세연(875)	010-3595-8406	이닥터	교정 진단검사, Debonding, #46 Bite Raising, #17,16 치주낭 측정검사, #13 지각과민처치, 레진 코어, Zirconia 프렙, 인상채득, #14,13 ...	2025-03-01	2025-03-01
이미지B(651)		이닥터	#17 All Ceramic 프렙, 인상채득	2025-03-01	-
박성진(182)		이닥터	#36 보통처치, #13~23,33~43 전문가 미백	2025-02-22	2025-02-22
이원주(102)		이닥터	아치와이어 교환, 투명교정장치	2025-03-01	-
임경수(744)	010-4011-3559	이닥터	#21~27 지각과민처치, #21~27 치근확택술	2025-03-01	

📢 예약 후 미내원 환자, 취소 환자 등을 관리하기 위해 [내원중단 환자] 검색 기능을 활용합니다. 내원중단 환자 검색을 통해 치료 중 중단 후 미내원 한 환자, 취소 후 미내원 한 환자 등을 검색할 수 있고 리콜 관리를 통해 환자의 내원을 유도할 수 있습니다.

💡 최종 내원 일 / 최종 예약일 / 최종 진료 내용을 확인하여 환자마다 개별 리콜 또는 해피콜 등록하여 내원을 유도합니다. 이때 검색되는 최종 진료 내용은 마지막 입력 행위를 기준으로 검색되므로 메모로 진료를 입력하지 않고 원하는 행위가 없을 때는 비급여 행위 코드를 생성하여 활용하는 것이 좋습니다.

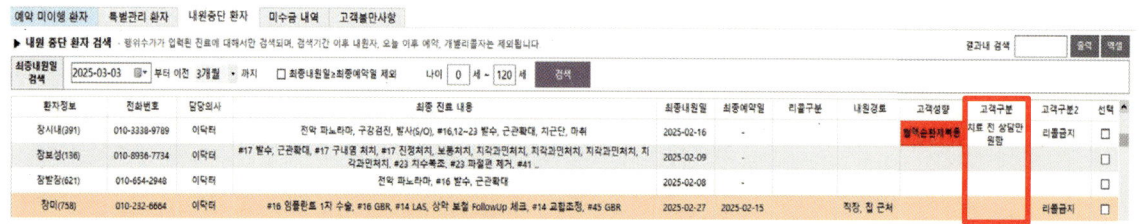

Point ⭐

고객구분2를 리콜에 관련된 내용으로 설정하면 내원 중단 환자를 검색해서 리콜을 등록 할 경우 리콜을 거부 한 환자, 해외 거주중인 환자 등을 구분하여 리콜을할 수 있습니다.

3. 해피콜 등록

☑ [환자클릭]-왼쪽 하단 [해피콜/개별 리콜 등록]

근관치료 후, 발치 후, 임플란트 수술 후 환자에게 해피콜을 통해 환자의 상태를 파악할 수 있습니다. 자동 리콜과 마찬가지로 자동 문자도 전송 가능하고 문자를 수정하여 환자에게 맞춤으로 전송할 수도 있습니다. 필요한 경우 전화 통화 후 관리할 수 있습니다.

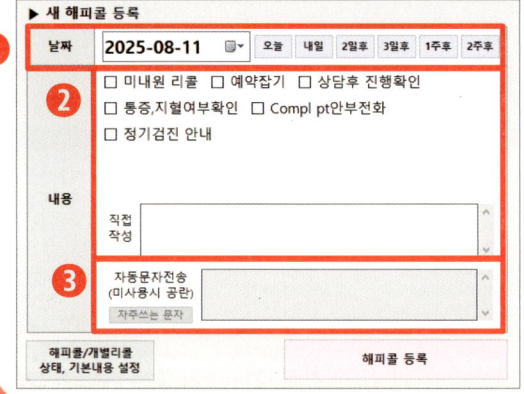

① 날짜를 설정을 합니다. 오늘, 내일 등 버튼을 이용하면 편리하게 설정할 수 있습니다.

② 해피콜 내용을 클릭합니다.

해피콜 내용 추가/변경은 [해피콜/개별리콜 상태, 기본내용 설정] 에서 할 수 있습니다.

[직접 설정] 클릭 시 환자 개인별로 해피콜 사유를 다르게 입력할 수 있습니다.

③ 문자 자동 전송을 원하는 경우 설정하여 사용합니다.

자동 전송을 원치 않는 경우 빈칸으로 남겨둡니다.

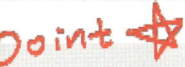

치료 시 통증이 심했던 환자, 수술 시 혈전용해제 등을 중단 후 다시 복용해야 하는 환자, 발치 후 출혈 여부 확인이 필요한 환자, 특별히 치료 후 관리가 필요한 환자 등을 관리할 때 덴트웹을 활용해 보세요. 해피콜은 환자에게 세심히 케어 받는 느낌을 주어 긍정적인 병원 이미지를 만들 수 있습니다. 덴트웹 해피콜 등록 시 매일 해피콜을 해야 하는 환자를 놓치지 않고 관리할 수 있고 기록을 남기기도 편리합니다.

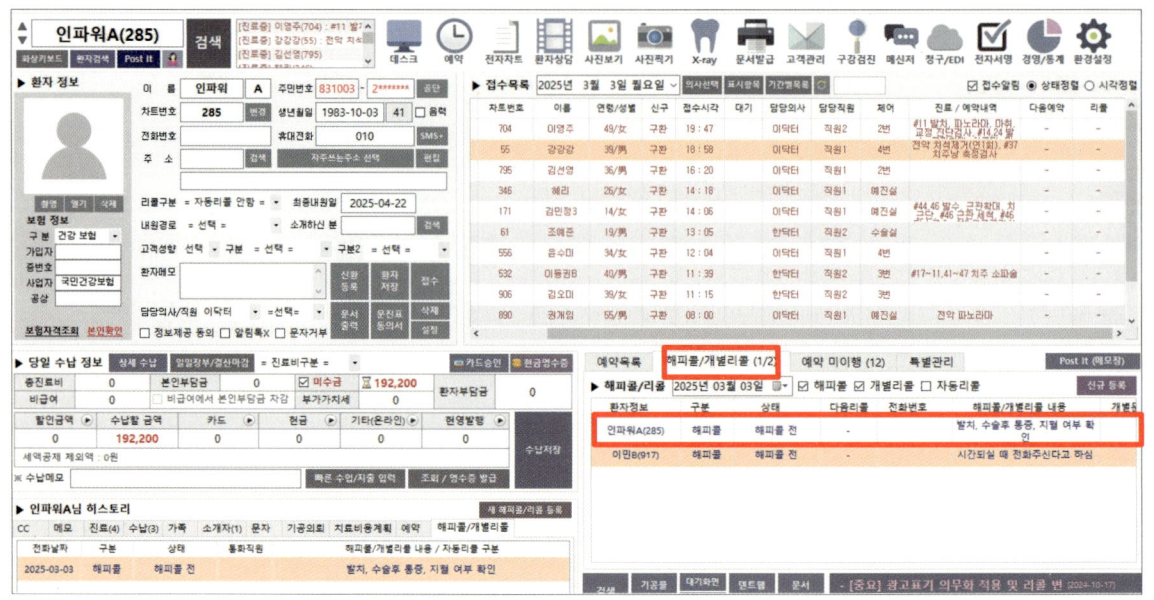

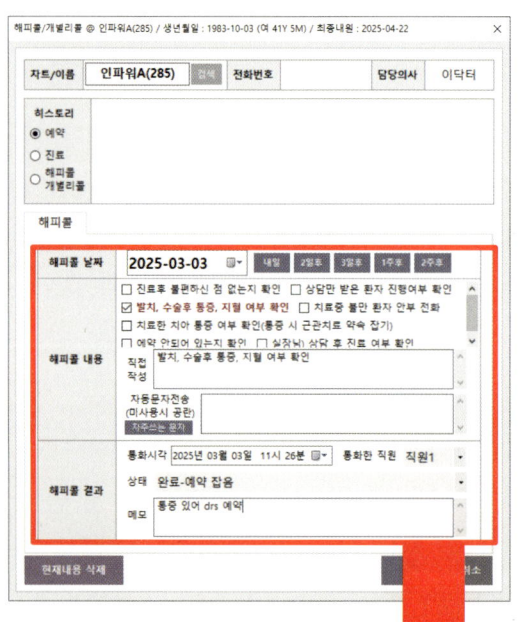

해피콜 후
해피콜을 시행한 직원의 이름과
통화 내용을 작성합니다.

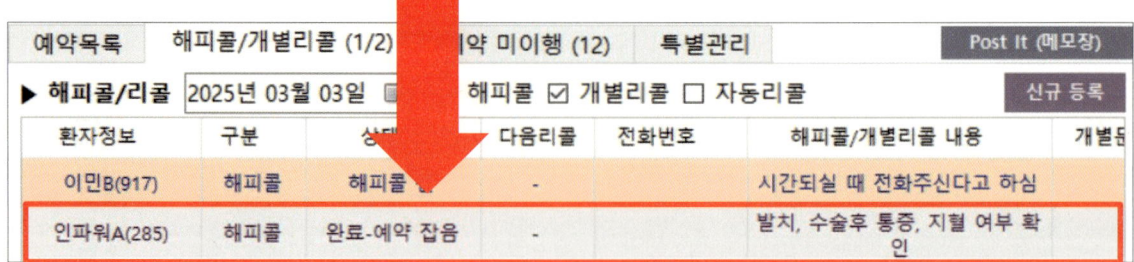

4. 특별환자관리 등록

☑ [고객관리] - [새 특별환자등록]
  또는 [데스크]-왼쪽 하단[특별관리] - [새 특별환자등록]

📢 우리 병원에서 특별히 신경을 써서 관리해야 하는 환자를 덴트웹을 통해 별도로 관리할 수 있습니다. 특별환자관리 기능을 활용하면 환자를 놓치지 않고 계속 관리가 가능합니다.

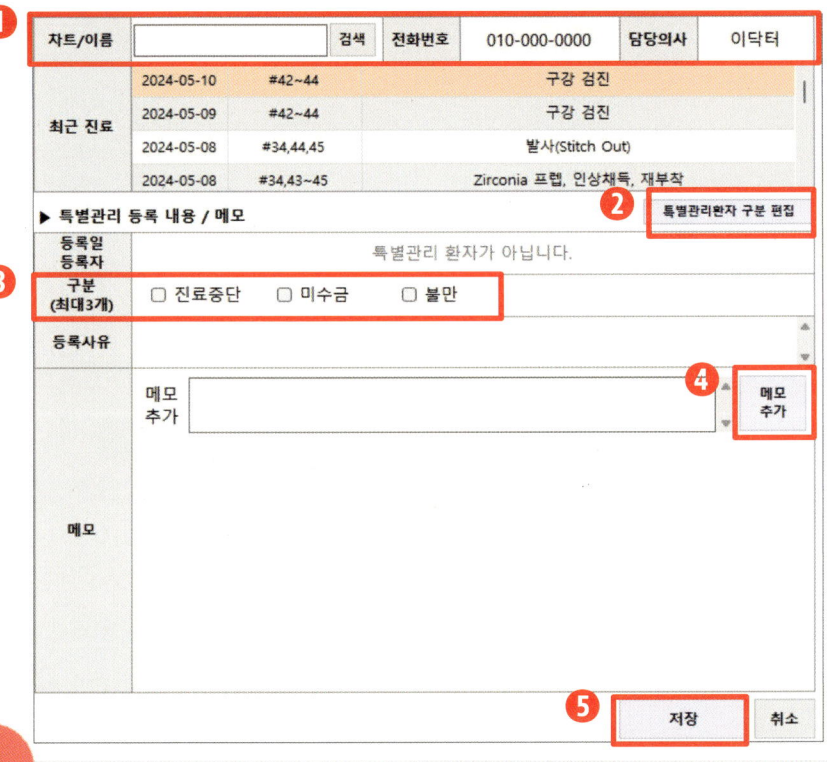

① 환자이름/차트번호를 입력하여 등록할 수 있습니다.
② [특별관리환자 구분 편집] 를 통해 본원에서 특별환자관리 구분을 설정할 수 있습니다.
③ 특별환자관리 사유를 클릭합니다.
④ 구분에 없는 사유로 관리 시 메모 작성 후 메모추가를 클릭 합니다.
⑤ 저장버튼을 누릅니다.

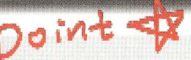 Point ☆

특별환자관리기능은 진료가 중단된 환자, 미수금이 남은 환자, VIP 등 관리에 활용합니다.

환자관리

특별환자관리 기능을 사용 할 때 우리 병원에서 사용하는 특별 환자 분류를 수정하여 설정 할 수 있습니다.

5. 불만고객관리

☑ [고객관리] - [새 고객 불만 등록]

우리 병원에 컴플레인(불만)이 발생했을 경우 불만고객관리를 이용해 컴플레인의 재발을 방지하고 환자를 보다 세심하게 케어할 수 있습니다.

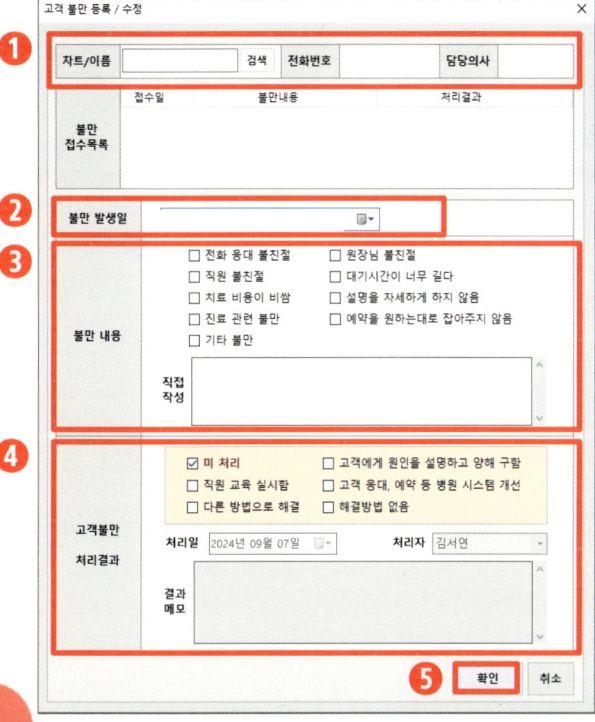

① 환자이름/차트번호를 입력하여 등록할 수 있습니다.

여러 명의 원장님이 함께 근무하는 병원이라면 담당 원장님 성함을 적어주세요.

② 컴플레인 발생일을 입력합니다.

③ 불만 내용은 체크박스 혹은 직접 입력합니다.

④ 불만처리결과를 반드시 입력하여 대처를 어떻게 했는지 작성하세요.

⑤ 확인 버튼을 통해 저장하시면 차트에 Hidden memo로 입력됩니다.

Point ☆

반복되는 불만을 확인하고 병원 시스템을 개선하기 위해 통계를 활용하면 우리 병원의 컴플레인 관리가 가능합니다.

6. 보류환자관리

☑ [예약] - [미내원 환자 클릭] - [왼쪽 보류칸으로 이동]

📢 환자가 약속 시간에 내원하지 않는 경우 보류환자로 등록하여 관리할 수 있습니다.
예약표에 예약 미이행 내용이 있어야 당일 미내원 환자에게 전체 문자전송이 가능합니다.

ℹ️ ① 예약창에서 미내원 환자의 예약사항을 클릭합니다.
② 좌측 보류 칸으로 드래그 하여 이동합니다.
③ 보류환자는 예약검색을 통해 찾을 수 있습니다.
④ 예약 검색의 보류를 클릭 합니다.
⑤ 예약환자 검색을 합니다.
⑥ 검색 목록은 엑셀 저장하여 관리합니다.

Point ⭐

예약 후 미내원 환자는 예약 시간이 지난 후 전화, 문자 등을 하여 내원할 수 있도록 안내합니다. 안내 후 내원하지 않는 환자 관리를 위해 보류 환자로 등록합니다.

☑ [경영/통계] – 진료비 통계 – [상담 동의율 통계]

❶ 진료 기간 ○ 월별 2025 년 03 월 ◉ 연도별 2025 ▾ 년 ○ 특정기간 2025-03-01 ▾ 부터 2025-03-03 ▾ 까지

❷ ▶ **2025년 상담자별 상담 통계**　　　　　　　　　　　　　　　　　　　　　엑셀저장

상담자명	계획 수	확정건수	확정비율	상담환자 수	확정환자수	확정환자비율	확정금액	평균할인률
이닥터	240	187	77.9%	156	135	86.5%	34,315만원	2.6%
직원1	14	11	78.6%	13	10	76.9%	2,151만원	4.6%
직원2	1	1	100.0%	1	1	100.0%	330만원	11.8%
한닥터	7	7	100.0%	6	6	100.0%	1,366만원	1.0%

상담 동의율 통계에서는 각 상담자 별 동의율 현황과 상담 현황을 확인할 수 있고
이 기능을 통해 상담 건수와 확정 건수, 비용 등을 확인하여 상담관리를 할 수 있습니다.

① 상담 동의율 통계를 확인하고자 하는 진료 기간을 입력합니다.
　월별 / 연도별 / 특정 기간 (예를 들면 1월 1일 ~ 3월 31일 3개월 치 확인)별로
　설정하여 상담 동의율을 확인할 수 있습니다.
② 각 상담자 별 상담건수(계획 수)/ 확정 건수(상담성공건수)/ 확정 비율(성공률)
　/상담환자 수/ 확정 환자 수/ 확정 환자 비율/ 확정 금액(상담성공금액)/ 할인율
　등을 확인할 수 있습니다.

Point ☆

상담 성공률(확정 비율)도 중요하지만 계획 수(상담 수) 별 확정금액과 평균 할인율도 중요합니다.
정확한 상담 동의율 얻기 위해 환자에게 간단하게 치료비를 안내 한 경우라도 치료비 계획서를
적는 것을 추천드립니다. 간단한 체어 사이드 상담, 풀 케이스 상담 모두 치료비 계획서를 적어야
상담 동의율 통계를 활용할 수 있습니다.

☑ [경영/통계] – 환자관련 통계 – [예약 이행]

❶ 진료 기간 ○ 월별 2025 ▾ 년 09 ▾ 월   ◉ 연도별 2025 ▾ 년

❷ ▶ **2025년 월별 예약 현황**   ※ 휠클릭=예약검색   엑셀저장

월	예약일수	일반 예약	정기검진	치석제거	신환 예약	예약 이행율(%)
1월	24	197	1	1	12	33.33
2월	26	269	3	8	47	26.57
3월	30	383	5	3	59	28.68
4월	30	369	5	4	49	36.29
5월	29	370	4	2	63	35.01
6월	27	280	6	7	35	28.47
7월	30	328	7	9	70	28.12
8월	30	224	5	1	42	34.33
9월	29	356	7	10	54	34.93

예약 이행률 통계는 환자의 노쇼, 취소, 변경 등의 약속 이행 상황을 확인하여 우리 병원의 예약관리 시스템이 얼마나 효율적으로 운영되는지 확인할 수 있는 기능입니다.

① 예약 이행율을 확인하고자 하는 진료 기간을 설정합니다.
일별로 확인이 필요할 때는 월별로 검색을 하고 월별로 확인이 필요할 때는 연도별 검색을 해야 원하는 기간별로 확인할 수 있습니다.
② 예약 현황에서는 예약 분류 별 예약 상황 (일반 예약, 정기검진, 치석제거 등) 및 평균 예약 이행율을 확인할 수 있습니다.

만약 우리 병원 예약 이행율이 낮다면 예약 시스템을 확인해야 합니다.
만약 정기검진 환자 취소로 인해 예약 이행율이 낮다면 정기검진 환자가 방문 전 연락하여 내원할 수 있도록 유도하는 등의 조치가 필요할 수 있습니다.

3. 구강위생용품 판매량 확인

☑ [경영/통계] - [수입내역보기/통계]

📢 구강위생용품 판매 후 수입 내역 보기를 통해 판매 상황을 확인할 수 있습니다.

경영/통계에서 확인 가능한 구강위생용품 판매량은 빠른 수입으로 수납 됐을 때 확인이 가능합니다.

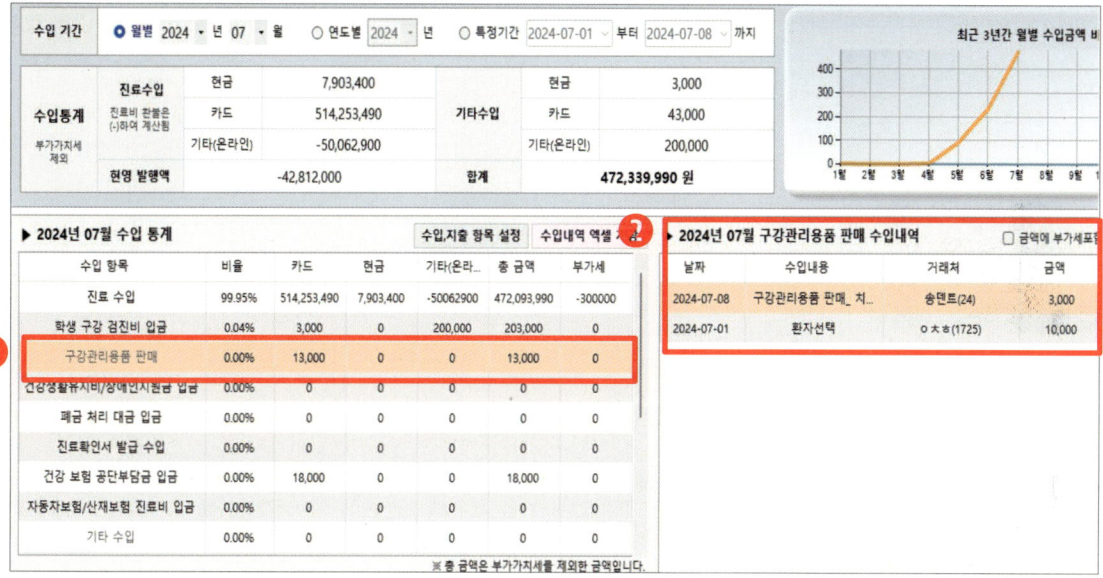

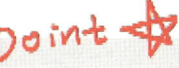

① 경영/통계에서 수입내역보기/통계 클릭 시 수입항목별 수입금액 을 확인할 수 있습니다.

② 구강관리용품 판매를 클릭 시 우측에 수입 내역이 자세히 표시됩니다.

Point ⭐

월별, 연도별로 수입항목을 구분하여 볼 수 있습니다.

진료수입, 진료 외 수입을 구분하여 확인하고 세부항목별로 통계를 확인하여 우리 병원에 맞는 수입 전략을 세울 수 있습니다.

4. 진료비 수납 내역

☑ [경영/통계] - [진료비 수납 내역]

경영 통계의 진료비 수납 내역에서는 급여, 비급여, 부가세 대상 진료를 구분해서
수납내역을 확인할 수 있습니다. 진료일, 수납일 기준으로도 환자 별 진료비 수납 내역을 확인할 수
있고 미수금, 선수금, 환불금, 상담 등의 환자의 수납 비용 등도 확인 가능합니다.

① 경영통계 버튼 클릭 후 좌측 상단의 진료/수납내역을 확인합니다.
② 검 색기간은 진료 일과 수납 일로 나누어 특정일/특정 기간/일별/ 주별/ 월별 등
원하는 기간으로 설정하여 수납 내역을 확인할 수 있습니다.
부가가치세 신고 기간에는 진료 구분의 부가세 대상 진료를 클릭하여 환자
리스트와 수납 비용을 확인할 수 있습니다.
③ 필요한 경우 해당 내용을 출력 또는 엑셀 저장을 하여 파일로 관리가 가능합니다.

부가세 신고 기간에 세무대리인에게 부가세 대상 진료를 한 환자의 리스트, 비용, 진료내용 등을
전달합니다. 이때 진료비 수납내역을 활용하면 보다 쉽게 원하는 정보를 추출하여 엑셀로 다운로드
할 수 있어 편리합니다.

5. 미수금/선수금 내역

☑ [경영/통계] - [진료비 수납 내역]

① 경영통계 버튼 클릭 후 좌측 상담의 진료/수납내역의 미수금/선수금 내역을 봅니다.

② 진료일자 혹은 환자 이름/차트 검색을 통해 미수금과 선수금을 조회할 수 있습니다.

③ 필요한 경우 해당 내용을 엑셀 저장을 하여 파일로 관리가 가능합니다.

Point ⭐

환자가 낸 금액은 반드시 수납창에 정확하게 입력하여 환자가 수납하였는데 미수금으로 기록된 내용과 환자가 실제 수납하지 않은 치료비를 확인합니다.

[미수(+)/선수(-)] [총미수(+)/선수(-)] 창을 누르면 금액대별로 큰 금액→작은 금액 또는 작은 금액→큰 금액 순으로 미수금과 선수금을 확인할 수 있습니다.

이 기능을 통해 진료비를 수납하지 않은 환자와 과하게 수납된 환자를 찾을 수 있습니다.

💡 급여 본인 부담금은 면제, 할인이 금지되어 있으므로 급여 진료 후 미수금이 발생되지 않도록 정기적으로 미수금 관리가 필요합니다.

① 수납이 필요한 미수금이 발생된 진료일을 클릭합니다.

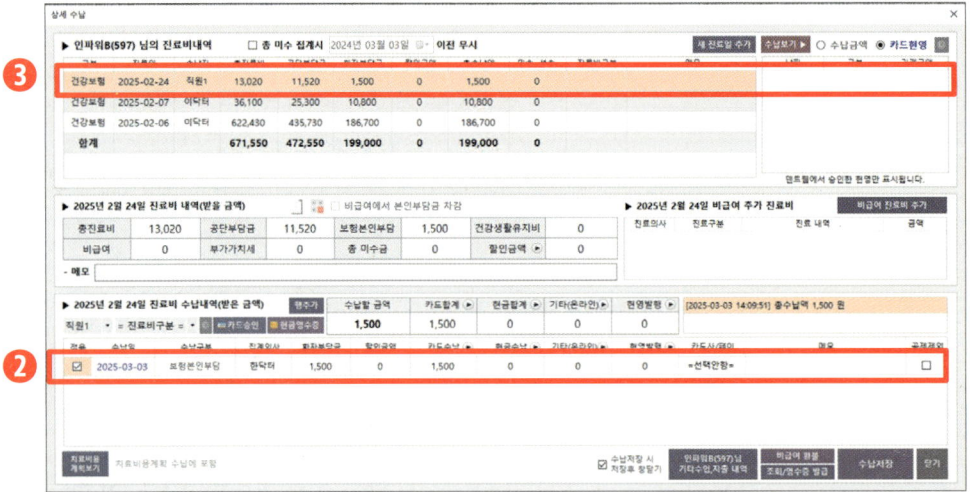

② 결제 비용 및 결제 수단을 입력 한 후 수납일을 입력합니다.

③ 저장을 누르면 미수금 처리 화면을 확인할 수 있습니다.

point ☆

미수금 수납 시 해당 진료일의 상세 수납창에서 수납을 하고, 수납 일을 수정합니다.

수납일에 행 추가 하여 수납할 경우 수납 창이 복잡해지므로 메모를 활용하는 방법을 추천드립니다.

6. 진료비 환불 내역

☑ [경영/통계] - [진료비 수납 내역]

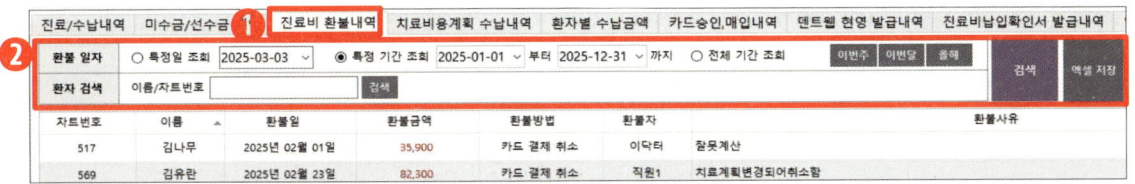

① 경영/통계의 좌측 상담의 진료/수납내역의 진료비 환불 내역을 확인합니다.
② 환불 일자 또는 환자 이름/차트 검색을 통해 미수금과 선수금을 조회할 수
　있습니다. 필요한 경우 해당 내용을 엑셀 저장을 하여 파일로 관리가 가능합니다.

Point ☆

이 기능은 환자들의 환불 사유를 통계화해 우리 병원의 경영에 도움을 줄 수 있습니다.
만약 상담 당일 결제 후 취소가 많았다면 상담 과정을 되돌아볼 수 있고, 진료 불만으로 환자가
환불을 요구한 경우가 많다면 진료 과정을 되짚어 봐야 할 수 있습니다.
환자가 직접적인 컴플레인을 하지 않더라도 고객 불만을 측정할 수 있는 기능이기도 하므로
주기적으로 확인하시기를 추천드립니다.

7. 치료 비용 계획 수납내역

☑ [경영/통계] - [진료비 수납 내역]

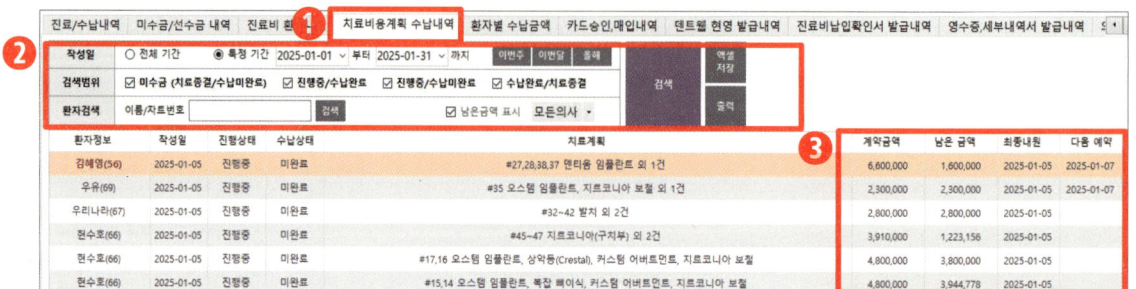

① 치료 비용 계획 수납 내역을 클릭합니다.

② 기간별, 미수금/치료 중/치료 종결/수납 완료 등 구분하여 검색이 가능합니다.

③ 상담금액과 수납한 금액, 남은 금액, 다음 예약을 확인합니다.

Point ☆

치료 비용 계획 수납 내역을 통해 상담 후 당월 수납이 얼마나 될지를 예측할 수 있습니다.

큰 케이스의 경우 분납을 활용하는 환자가 많으므로 상담금액과 수납 정도를 미리 확인하여 그 달의

매출을 확인하고 앞으로 분납을 어떻게 조정해야 할지를 계획할 수 있습니다.

당월 매출이 낮은 달은 계약 금액과 남은 금액을 확인하여 빠르게 수납할 수 있는 환자들은 적절한

수납 유도를 통해 당월 매출의 부족한 부분을 채울 수 있도록 합니다.

3. 수가별 통계 활용

☑ [경영/통계] - [진료비 통계] - [수가별 통계]

❶ ○월별 2025 ▾ 년 01 ▾ 월 ○연도별 2025 ▾ 년 ○특정기간 2025-01-01 ▾ 부터 2025-01-05 ▾ 까지 모든의사 ▾

❷ ▶ **2025년 01월 수가별 횟수, 진료 금액**   ※ 보험은 총진료비 / 휠클릭=환자검색 ☑ 금액 0 포함 엑셀저장

코드	수가명	환자수	진료횟수	입력횟수	진료금액	횟수(%)	금액(%)
N1A050	임플란트 1차 수술	4	5	6	2,800,000	1.4	38.2
UB111	치과임플란트[1치당]-진단및치료계획(1...	2	2	4	529,720	0.6	7.2
U4417	발치술[1치당]-완전매복치(치관이2/3이...	3	3	3	316,550	0.8	4.3
U0050	근관와동형성[1근관당]-발수한 경우	8	11	38	259,540	3.1	3.5
N0061001	NI-TI FILE	8	11	18	216,000	3.1	2.9
N7M500	전문가미백(Office Bleaching)	1	1	1	200,000	0.3	2.7
U0101	발수[1근관당]	8	11	38	196,840	3.1	2.7
U0119	근관성형[1근관1회당]	8	11	38	190,380	3.1	2.6

ⓘ

① 경영/통계의 진료비 통계 영역에서 수가 별 통계를 클릭합니다.
　 기간 설정을 통해 월별/기간별/연도별로 수가 별 통계를 확인할 수 있습니다.
② 설정한 기간 동안의 수가 별 횟수, 진료 금액을 확인할 수 있습니다.

Point ☆

수가 별 통계를 확인하는 이유는 병원의 주력 진료를 확인하고 적절하게 활용하기 위해서입니다.

코드	수가명	환자수	진료횟수	입력횟수	진료금액	횟수(%)	금액(%)

해당 열 클릭
시 코드와 수가 별 알파벳/자음 순으로 배열되거나, 환자 수가 많은 진료, 진료 횟수/입력횟수가
많은 진료, 진료 금액이 높은 진료, 해당 진료가 전체 진료에서 차지하는 매출 비율 등을 확인할 수
있습니다.
감으로 '우리 병원은 이런 진료를 많이 한다'라고 생각하기 보다 정확한 데이터를 통해
우리 병원의 주력 진료를 찾고 마케팅 등에 활용할 수 있도록 합니다.

1. 단축기 설정 방법

☑ [환경설정]–[기타설정] - [단축키 설정]

덴트웹 단축키 설정 방법입니다.

단축키를 설정하여 업무의 효율성을 높여 보세요.

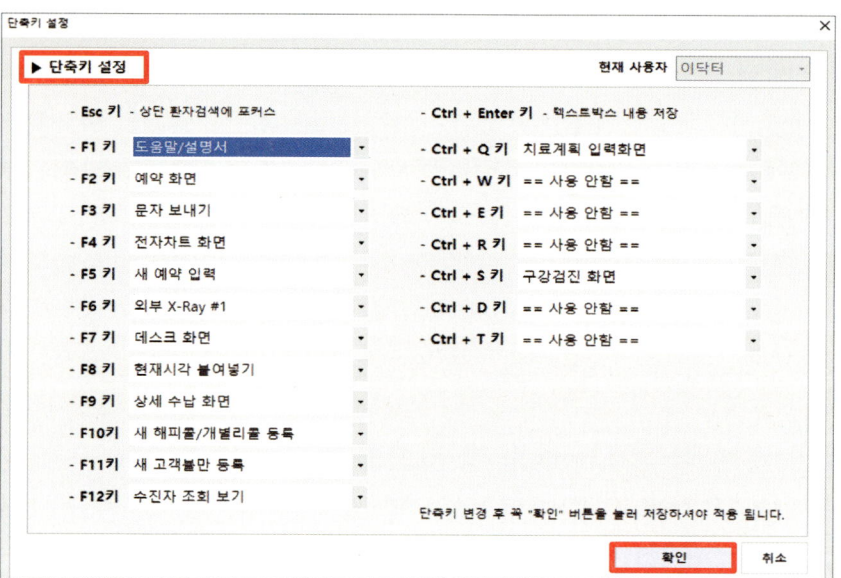

환경설정 화면을 클릭한 후 단축키 설정을 선택해 주세요.

단축키를 설정 후 확인을 누르면 단축키 설정이 완료됩니다.

1. 자주 쓰는 문구

☑ [환경설정]–[기타 관련 기타 설정] –[자주 쓰는 문구]

덴트웹 자주 쓰는 문구 설정 방법입니다.

자주 쓰는 문구를 설정하여 업무의 효율성을 높여 보세요.

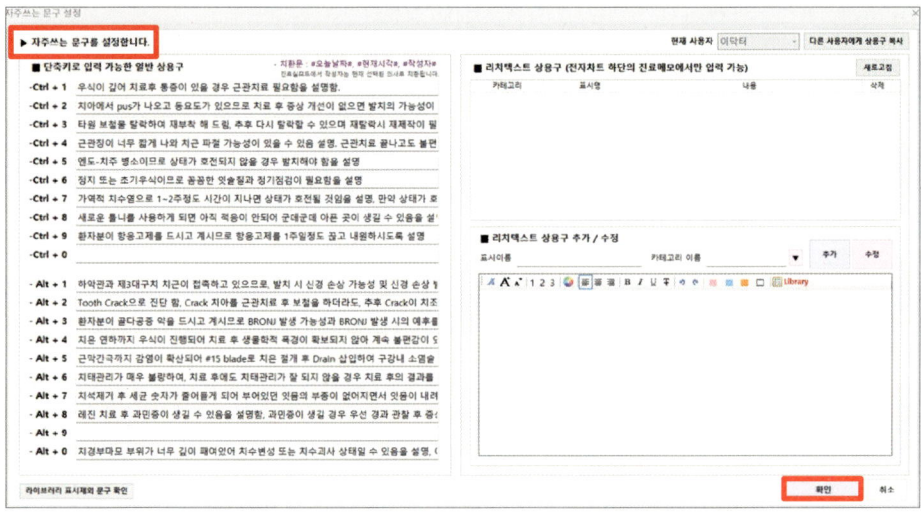

환경설정에서 기타 관련 기타 설정을 클릭해 주세요.

자주 쓰는 문구를 설정한 후 확인을 누르면 설정이 완료됩니다.

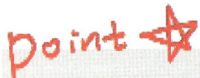

진료 입력 뿐만 아니라 P.I나 치료 계획을 입력할 때도 메모를 작성할 수 있는 곳에서는
모두 단축키를 이용해 내용을 입력할 수 있으며 상용구 버튼을 통해 내용을 확인할 수 있습니다.

리치 텍스트 상용구는 진료 입력 메모 칸에서만 사용 가능합니다.

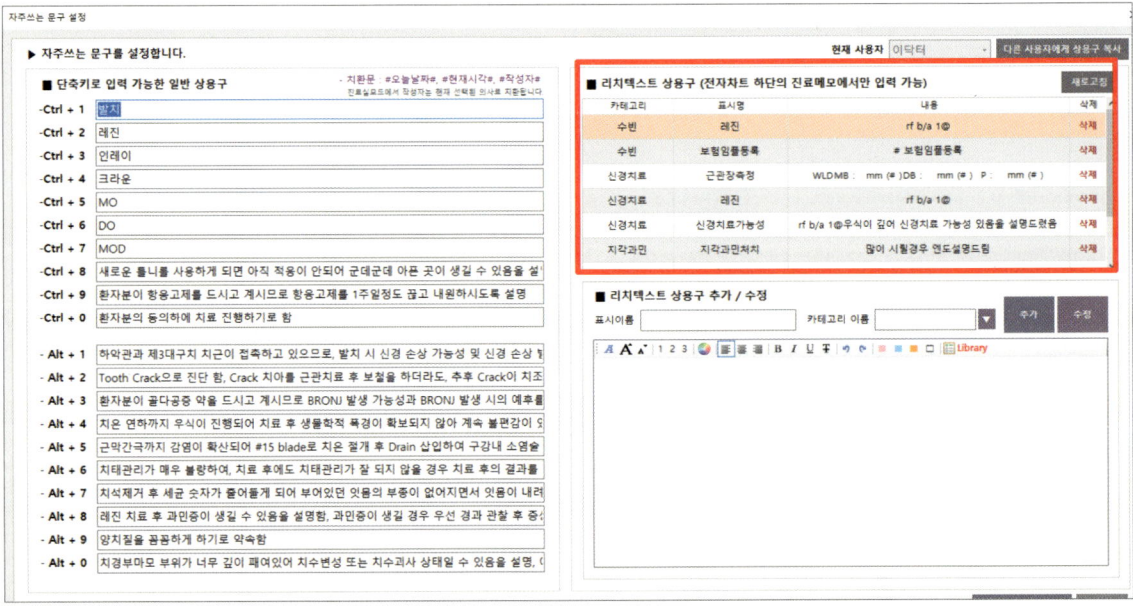

환자 포스트잇

✅ [데스크]-[포스트잇] - [포스트잇 설정]

환자 포스트잇 설정 방법입니다.

놓치지 말아야 할 중요한 사항은 포스트잇을 활용해 기록해 보세요.

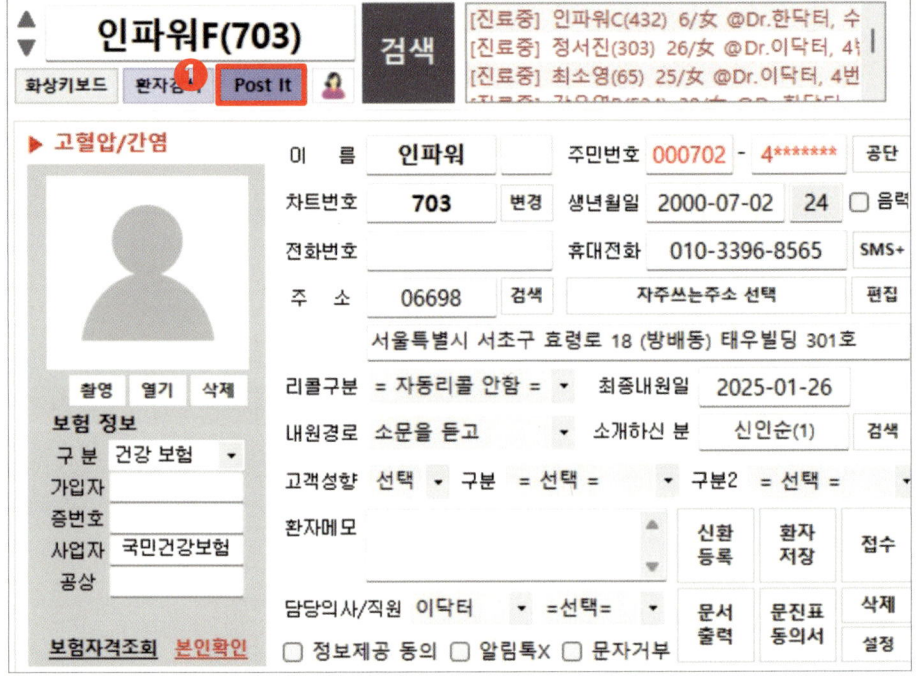

① 데스크 화면을 클릭한 후 Post it을 선택해 주세요.

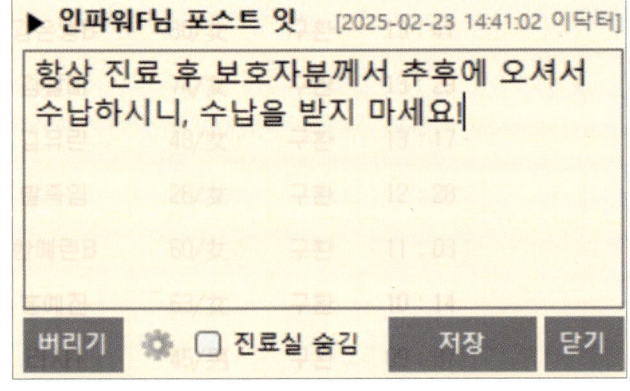

💡 민감한 내용이라면 진료실 모드에서 Post it 내용이 숨김 처리되도록 보이지 않도록 진료실 숨김을 체크해 주세요. 숨김 모드 시 일반 모드에서 의료진만 해당 내용을 확인할 수 있습니다.

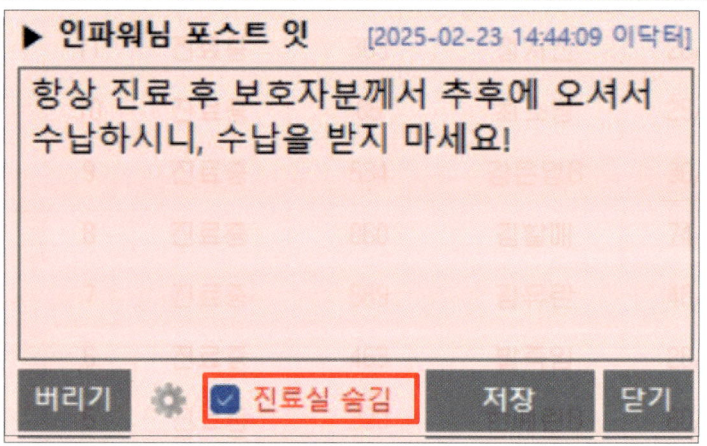

Point ⭐

Post it 설정에서 색상, 투명도 등 다양한 옵션을 변경할 수 있습니다.

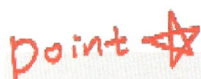

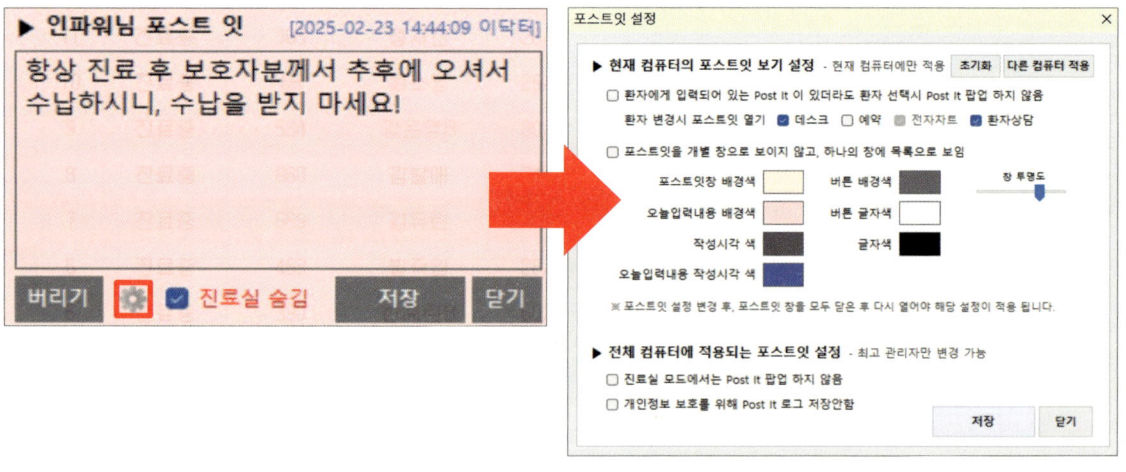

2. 개인 포스트잇

☑ [데스크]–[포스트잇] - [개인 포스트잇 설정]

📣

개인 포스트잇 설정 방법입니다.
놓치지 말아야 할 중요한 업무 사항은 포스트잇을 활용해 기록해 보세요.

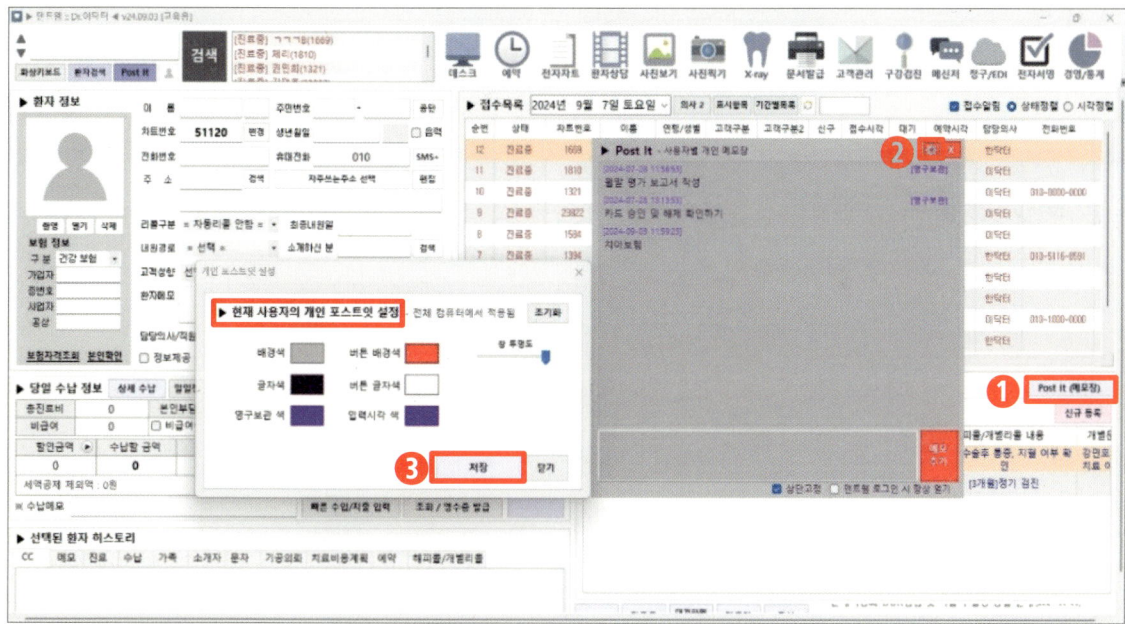

① 데스크 화면을 클릭한 후 Post it(메모장)을 선택해 주세요.
② 톱니바퀴 모양(설정)을 눌러 주세요.
③ 현재 사용자의 개인 포스트잇 설정을 설정한 후 저장을 눌러 주세요.

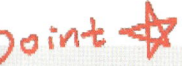

덴트웹을 로그인 한 사람의 개인 포스트잇을 사용할 수 있습니다.

1. 메신저 기능 이용하기

덴트웹이 켜져 있는 PC간에 메신저를 주고 받을 수 있습니다.
원장님과 데스크, 진료실과 데스크 간의 소통을 위해 사용할 수 있습니다.

① 메신저 아이콘을 클릭합니다.
② 메시지를 보내고자 하는 접속자를 선택하여 메시지를 보냅니다.

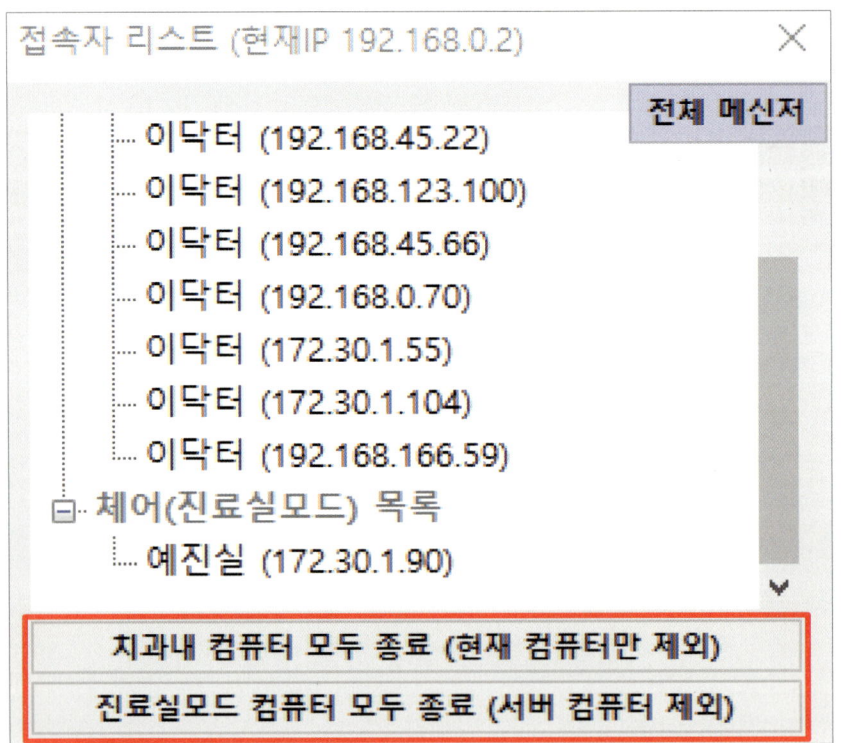

접속자 리스트 (현재IP 192.168.0.2) ✕

전체 메신저

├── 이닥터 (192.168.45.22)
├── 이닥터 (192.168.123.100)
├── 이닥터 (192.168.45.66)
├── 이닥터 (192.168.0.70)
├── 이닥터 (172.30.1.55)
├── 이닥터 (172.30.1.104)
├── 이닥터 (192.168.166.59)
⊟ 체어(진료실모드) 목록
  └── 예진실 (172.30.1.90)

치과내 컴퓨터 모두 종료 (현재 컴퓨터만 제외)
진료실모드 컴퓨터 모두 종료 (서버 컴퓨터 제외)

위의 메신저 기능을 이용하면 진료가 끝난 후 컴퓨터를 일일이 끄지 않아도 한번에 종료가
가능합니다. 단, 덴트웹이 켜져 있는 컴퓨터만 가능합니다.

. 원장님 콜 설정하기

진료 도중 원장님을 호출할 때 사용할 수 있고 호출할 사람을 선택하지 않으면
단순 타이머로도 사용 가능합니다.

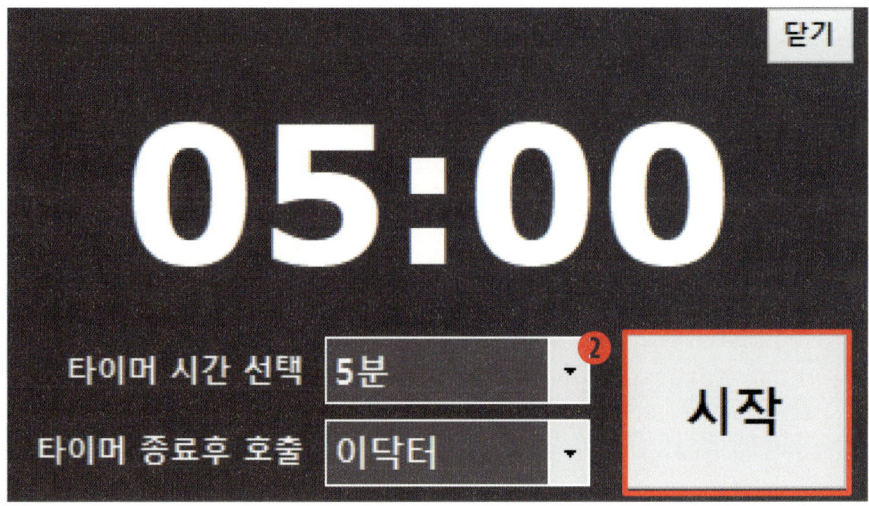

① 전자차트 작성 창 우측 하단에 시계 아이콘을 클릭합니다.
② 타이머 시간 선택 후 타이머 종료 후 호출할 원장님 선택 후 "시작"버튼을
　　눌러줍니다.

원내 게시판

1. 원내 게시판

☑ [환경설정]–[덴트웹 관리] - [원내 게시판] - [새 글쓰기]

원내 게시판 설정 방법입니다.
우리 치과의 공지사항은 원내 게시판을 활용해 보세요!

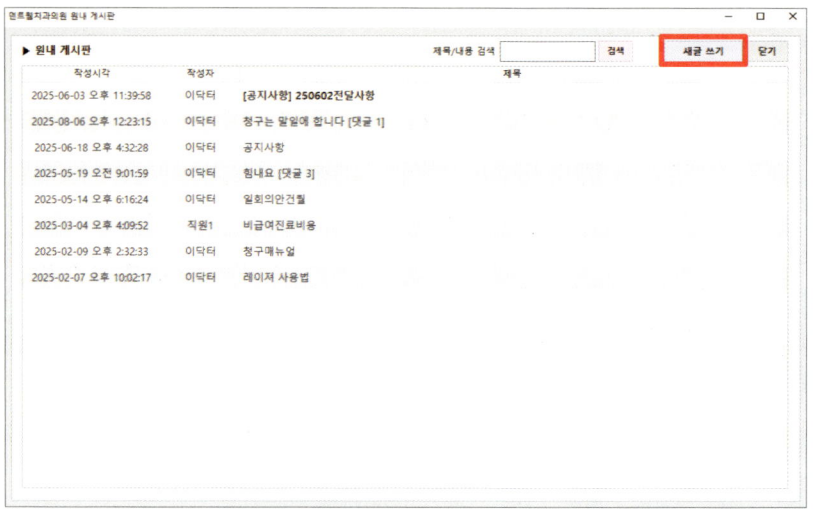

환경설정 화면을 클릭한 후 원내 게시판을 선택하세요.
그 다음 새 글쓰기를 클릭해 주세요.

1. 담당의사 일괄 변경

☑ [환경설정] - [수가 조회/일괄 변경/ 록 삭제] - [담당의사 일괄 변경]

담당 의사 일괄 변경 방법입니다.

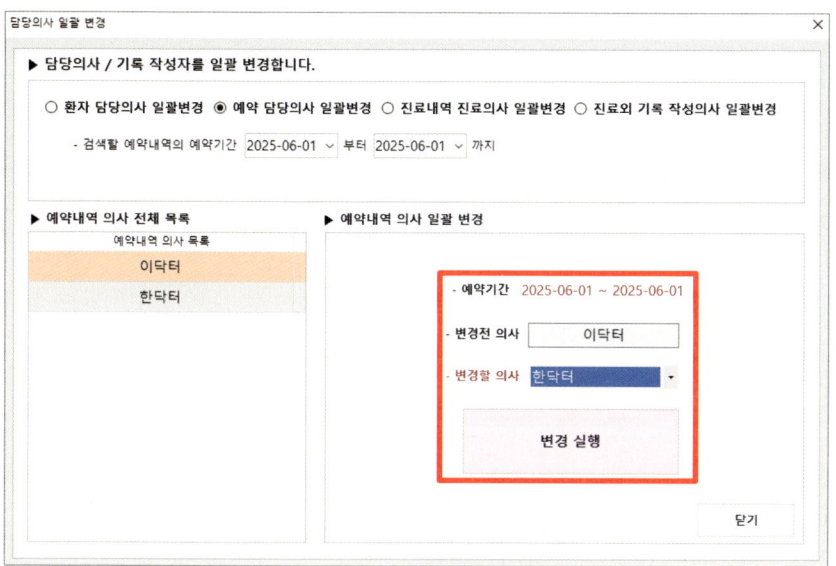

① 환경설정 화면을 클릭한 후 담당 의사 일괄 변경을 선택해 주세요.
② 변경할 의사를 선택한 후 변경 실행을 눌러 주세요.

1. 보존기간 경과 기록 삭제

☑ [환경설정] - [수가 조회/일괄 변경/기록 삭제] - [보존 경과기록 삭제]

보존기관이 경과된 차트 기록을 삭제하는 방법입니다.

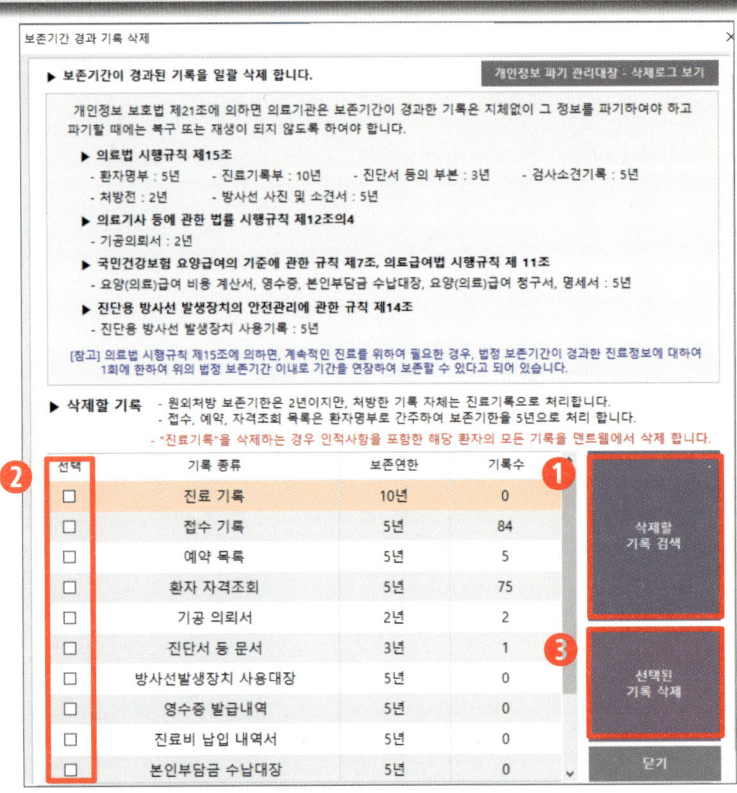

① 삭제할 기록을 검색해 주세요.

② 삭제할 기록을 선택해 주세요.

③ 선택된 기록 삭제를 클릭해 주세요.

1. 고유식별 번호 보유량

☑ [환경설정] - [고유식별번호 보유량]

고유식별 번호 보유량을 확인 하는 방법입니다.

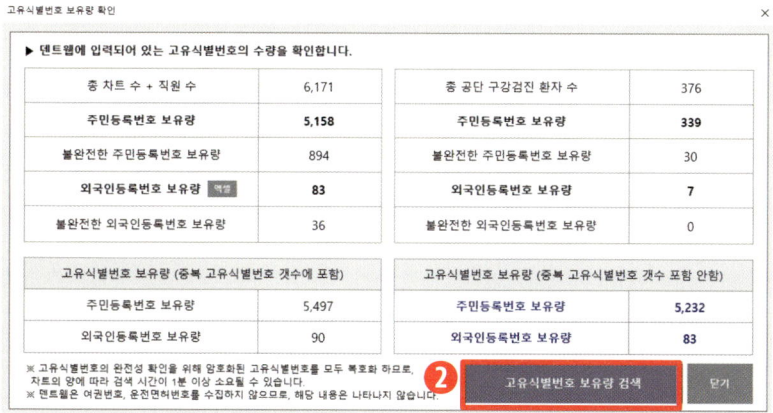

① 환경설정 화면을 클릭한 후 고유식별 번호 보유량을 선택해 주세요.

② 고유식별 번호 보유량을 검색하세요.

1. 화면보호 설정 방법

☑ [환경설정] - [기타 설정] - [화면보호 설정]

📢 화면보호 설정 방법입니다.

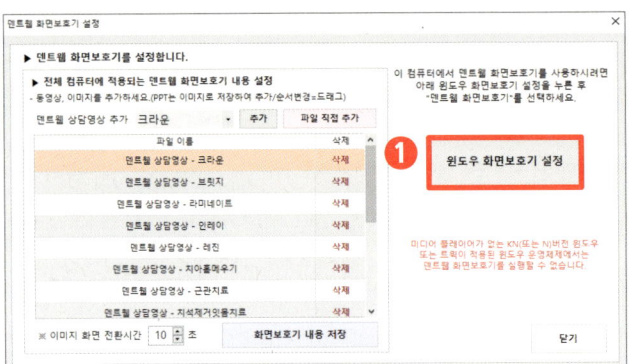
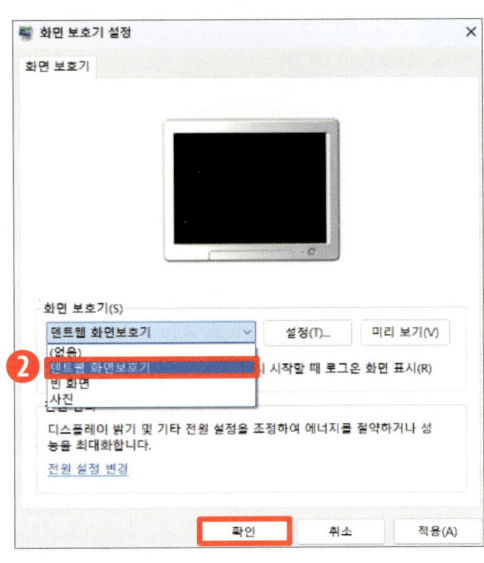

ℹ️ ① 윈도우 화면 보호기 설정을 클릭해 주세요.
② 화면 보호기를 덴트웹 화면 보호기로 변경해 주세요.

 우리 병원의 진료 철학이나 홍보 영상을 직접 추가하여 화면 보호 설정을 할 수 있어요.
화면 보호 설정으로 긴 체어 타임 동안 환자분께 볼거리를 제공해 주세요!

Ⅰ. 원격 지원 방법

☑ [환경설정] - [덴트웹 관리]

덴트웹 문제 발생 시 원격 지원을 통해 덴트웹에서 도움을 받을 수 있습니다.

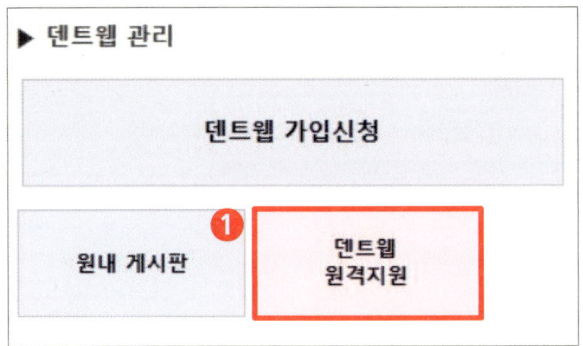

① 환경설정 화면을 클릭하여 덴트웹 고객센터에 전화해 상담원과 연결되면
  덴트웹 원격 지원을 클릭해 줍니다.

② 상담원의 안내에 따라 원격 접속 번호를 눌러 주세요.

덴트웹 홈페이지 Q&A 검색

1. 덴트웹 프로그램 내에서 Q&A검색 방법

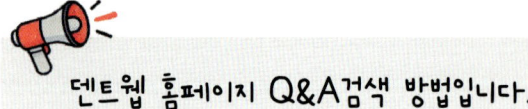

덴트웹 홈페이지 Q&A검색 방법입니다.

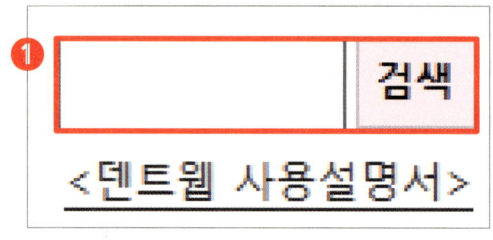

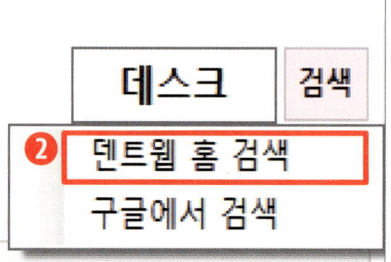

① 덴트웹 상단 오른쪽에 있는 검색창에 검색할 내용을 입력한 후 검색을 클릭해 주세요.

② 덴트웹 홈 검색을 선택하여 원하는 내용을 찾아보세요.

1. 국세청 의료비 세액공제 증빙자료 전송

☑ [청구/EDI] - [국세청 의료비 세액공제 증빙자료 전송]

의료비 세액공제 증명자료 제출은 직장인들의 연말정산 항목 중 의료비 세액공제 절차를
간소화하기 위해 병·의원에서 1년 동안 수납 받은 진료비 금액을 국세청에 전송하는 것입니다.
(국세청은 전송받은 납세자의 의료비 지출에 대해 근로소득세를 감면해 줍니다.)

① 증명자료 생성 방법

질병에 의한 의료비 지출인 경우에만 세액공제 대상이 됩니다.
비급여 교정 및 미백, 라미네이트 등의 미용 치료와 진단서 등 문서 발급
비용이나 칫솔 등 구강위생용품을 구입한 금액은 질병에 의한 의료비가
아니므로 제외하고 제출해야 합니다.
(국세청에 전송해야 하는 금액)
= (의료비 수납액) - (질병에 의한 의료비가 아닌 수납액)

국세청 의료비 세액공제 증빙자료 전송

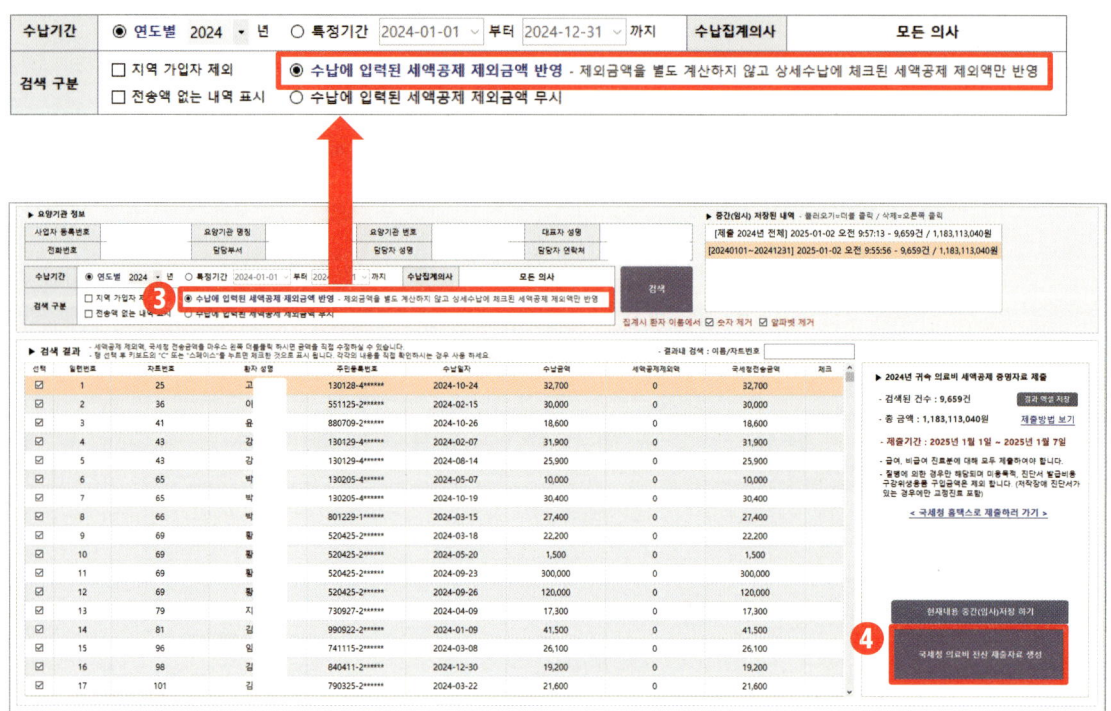

[수납에 입력된 세액공제 제외 금액 반영]
 ⇒ 상세 수납의 공제 제외 체크를 반영합니다.
① 상세 수납에서 공제 제외에 체크된 수납은 제외하고 수납액을 전송합니다.
② 이후 검색 과정에서 수납 구분이 '교정치료'인 수납은 무조건 제외할지 여부도
　결정할 수 있습니다.
③ 구강용품도 세액공제 제외 항목입니다.

[수납에 입력된 세액공제 제외 금액 무시]
 ⇒ 상세 수납의 공제제외 체크를 반영하지 않습니다.
상세 수납의 공제 제외 체크는 무시하고 무조건 수납 구분을 기준으로 국세청에
전송될 수납액을 결정합니다.

② 증빙자료 제출 방법 (홈택스에 전송하기)

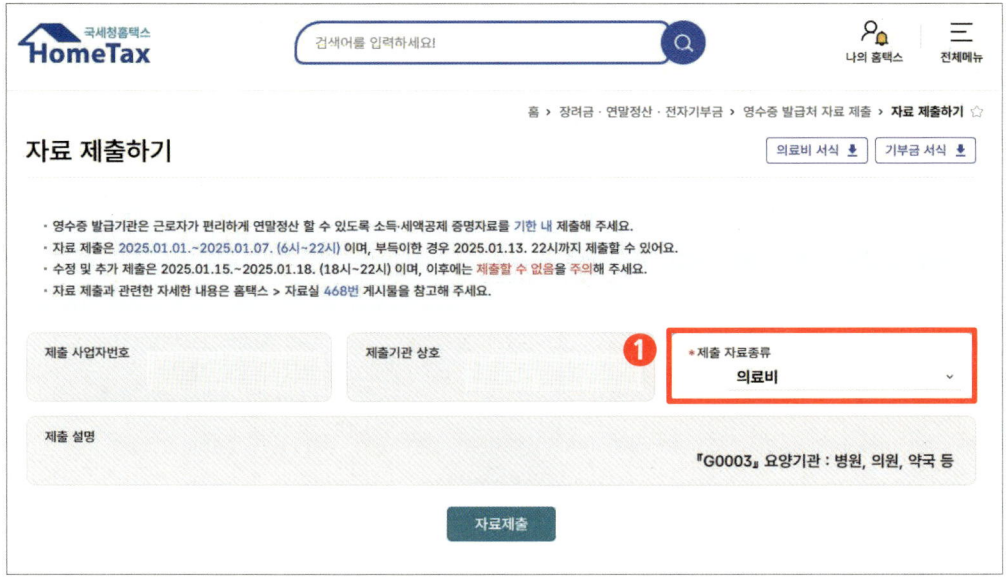

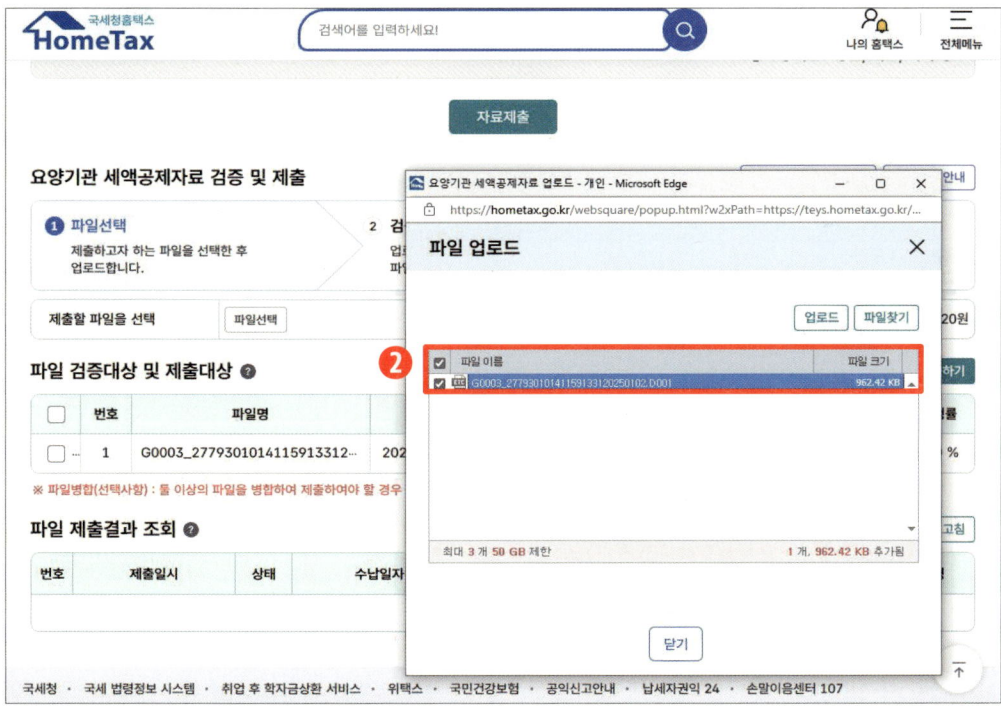

① 제출 자료 종류에서 '의료비'를 선택합니다.

② 덴트웹에서 저장 한 '국세청 의료비 전산 제출자료' 파일을 선택합니다.

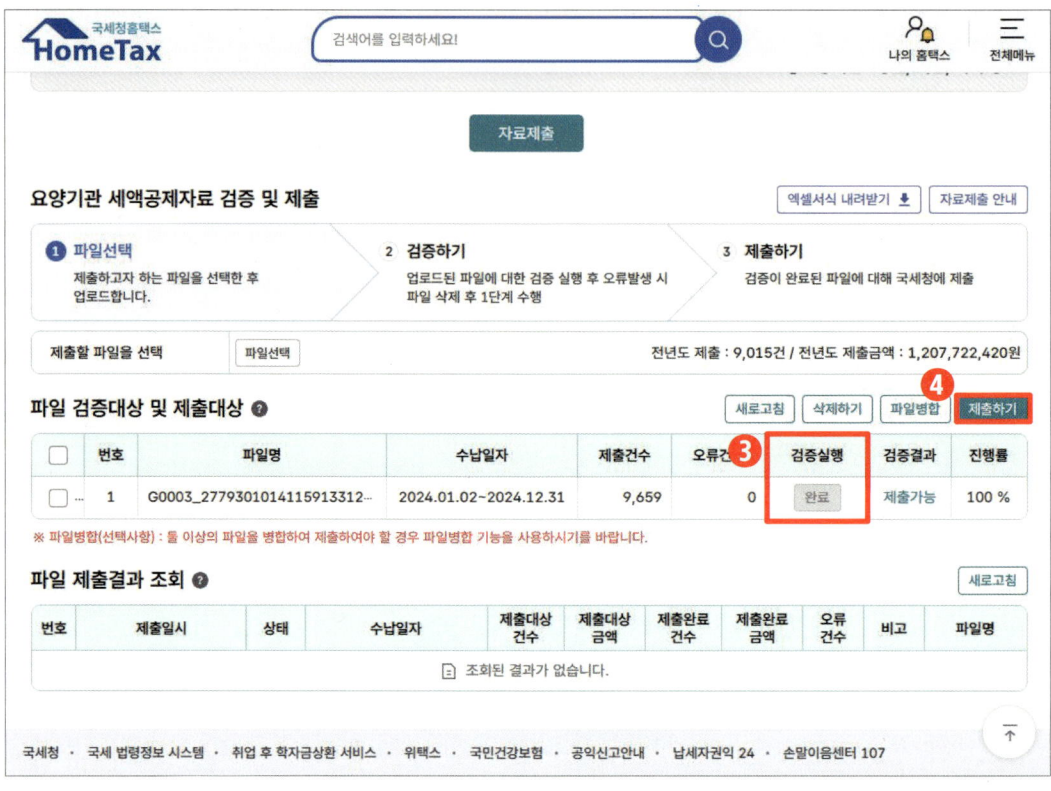

③ 검증하기를 클릭하여 검증을 실행합니다.

④ 제출하기를 클릭합니다. (내용 검증 단계로 주민등록번호가 없거나 중복인
   경우에 오류가 발생하며 오류 건 외의 자료는 정상 제출됩니다.)

1. 비급여 보고 제도 절차

☑ [청구/EDI] - [비급여 보고 제도]

병의원에서 시행한 일부 비급여 항목(행위, 재료, 약제, 문서 발급) 들에 대하여 단가, 시행한 횟수, 수진자의 생년·성별 정보, 상병 등을 공단에 보고하는 제도입니다.

의원급 : 매년 3월 비급여 진료 분 (연 1회)

병원급 : 매년 3월, 9월 비급여 진료 분 (연 2회)

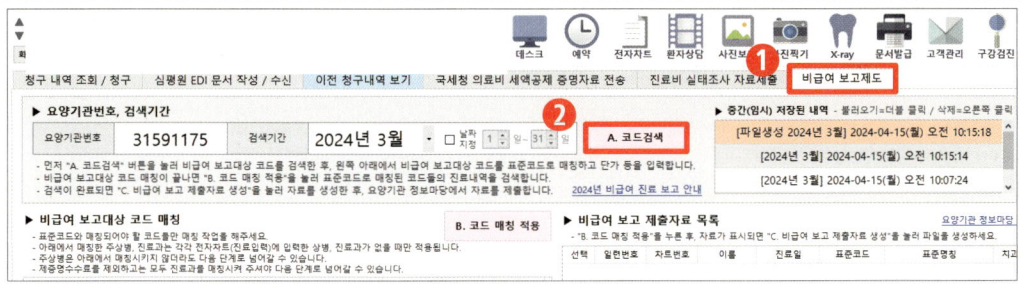

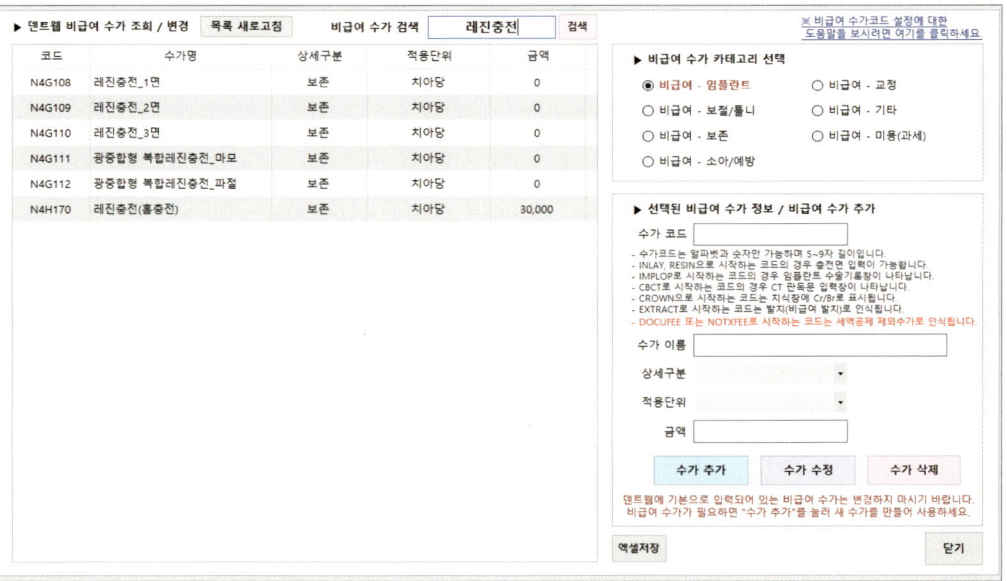

① 대상 월에 입력된 모든 비급여 코드 검색

② 검색 결과에서 보고 대상 매칭 후 단가 입력

③ 매칭된 코드들을 차트에서 추출 후 검토

④ 보고 파일 생성 및 제출

비급여 보고제도

비급여 보고 제도 활용 코드를 미리 만들어서 활용해 보세요!

■ [별표 1] 비급여 보고항목(제5조제1항 관련)

※ 치과 구분은 참고용으로 실제 의료기관에서 발생하는 항목과 차이가 있을 수 있음
※ 해당 파일 내 명시되지 않은 진료과를 운영하는 의료기관도 보고항목을 고지(운영)하는 경우 제출 대상임

비급여 보고자료는 치과에서 사용하는 명칭과 수가 코드를 사용하여 작성하는 것이 아닙니다. 치과에서 시행하는 비급여의 수가 코드 각각마다 이에 대응하는 공단의 표준 코드를 서로 매칭 시켜서 제출해야 합니다.

비급여 보고 제도에 포함되는 보고 내용에는 병의원에서 시행한 비급여 항목(행위, 재료, 약재, 문서 발급) 등에 대하여 단가, 시행한 횟수, 수진자의 생년&성별 정보, 상병명 등이 있습니다.

① 비급여 보고자료 추출

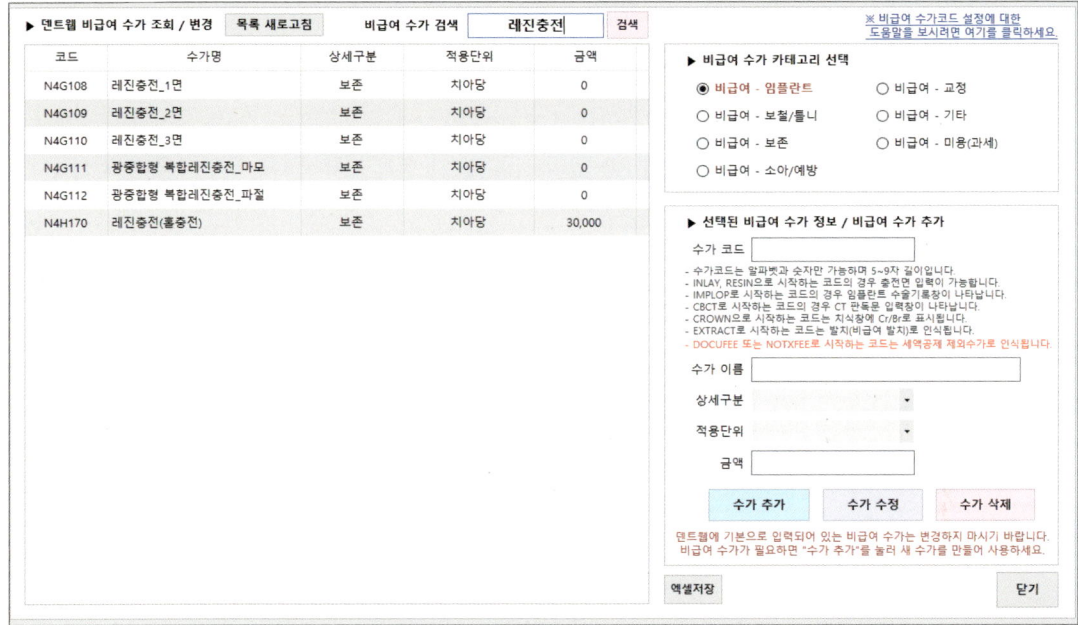

덴트웹에서 비급여 보고자료를 추출합니다.

[A.코드검색] 보고자료 제출 시 사용하는 코드와 수가명은 공단에서 제공한 표준 코드와 표준 명칭으로 변경 후 제출해야 합니다.

① 추출된 자료에서 보고 대상인 것을 찾아 표준 코드를 매칭 후 단가를 입력합니다.

② 이때 단가는 할인 금액, 이벤트 금액과 상관없이 비급여 수가 표의 금액을 입력합니다.

③ 수납액이 없더라도 작성을 해야 합니다.

② 진료기록부 기재 체크 사항

▶ 선택된 진료 묶음 버튼 정보

버튼이름	Zir	최상위그룹	보존/보철/임플
진료이름	Zirconia 프렙, 인상채	중그룹	크라운/브릿지
버튼속성	일반 항목	진료과	보철과

버튼 배경색 / 버튼 글자색 / 초기화
현재 중그룹 배경색 / 중그룹 글자색 / 초기화

☐ 버튼이 눌린경우 상병 선택창 보이기

자주쓰는 상병명
| K02.8 | 기타 치아우식 | ☑ 삭제 |
| K02.2 | 시멘트질의 우식 | ☐ 삭제 |

상병추가

자주쓰는 진료메모
Tooth Crack으로 진단 함, 보철을 하더라도,... ☐ 삭제
치온 연하까지 우식이 진행되어 치료 후 생... ☐ 삭제
치태관리가 매우 불량하여, 치료 후에도 치... ☐ 삭제

메모추가

자주쓰는 기타내역

※ 진료묶음버튼 편집 방법을 보시려면 이 곳을 클릭하세요.

▶ 세부 처치 항목 편집 - 편집 후 "현재 진료묶음버튼 저장"을 누르셔야 저장 됩니다.

구분	코드	처치 이름	금액	투약	횟수	일수
비급여	N2D200	크라운 - Zirconia		1	1	1
비급여	N2D660	레진 코어		1	1	1
비급여	N2C140	인상채득	0	1	1	1
비급여	N2C160	교합채득	0	1	1	1
비급여	N2C170	쉐이드 체크	0	1	1	1
비급여	N2C190	임시치아 접착	0	1	1	1

치과에서 사용하는 코드가 비급여 항목과 매칭이 된다면 그대로 사용합니다.

▶ 선택된 진료 묶음 버튼 정보

버튼이름	문서발급	최상위그룹	자주하는진료
진료이름	진단서 등 문서 발급 수	중그룹	문서/수납
버튼속성	일반 항목	진료과	선택안함

버튼 배경색 / 버튼 글자색 / 초기화
현재 중그룹 배경색 / 중그룹 글자색 / 초기화

☐ 버튼이 눌린경우 상병 선택창 보이기

자주쓰는 상병명
상병추가

자주쓰는 진료메모
메모추가

자주쓰는 기타내역

※ 진료묶음버튼 편집 방법을 보시려면 이 곳을 클릭하세요.

▶ 세부 처치 항목 편집 - 편집 후 "현재 진료묶음버튼 저장"을 누르셔야 저장 됩니다.

구분	코드	처치 이름	금액	투약	횟수	일수
비급여	N8T001	진단서 발급	20,000	1	1	1
비급여	N8T005	치료확인서(보험회사 제출용) ...	10,000	1	1	1
비급여	DOCUFEE01	진료확인서	3,000	1	1	1
비급여	DOCUFEE02	통원확인서	3,000	1	1	1
비급여	DOCUFEE03	수술확인서	3,000	1	1	1
비급여	DOCUFEE04	상해진단서-3주미만	100,000	1	1	1
비급여	DOCUFEE05	상해진단서-3주이상	150,000	1	1	1
비급여	DOCUFEE7	진료기록부 1-5매	1,000	1	1	1
비급여	DOCUFEE07	진료기록부 6매 이상	100	1	1	1
비급여	DOCUFEE08	진료기록 영상(카톡, USB, 프...	5,000	1	1	1
비급여	DOCUFEE10	세부내역서	0	1	1	1
비급여	DOCUFEE11	진료비영수증	0	1	1	1

ⓘ
① 문서 발급비 진료 묶음 버튼을 생성해 주세요.
② 코드는 세액공제 코드로 만들어 주세요.
③ DOCUFEE 또는 NOTXFEE로 시작하는 코드 또는 우리 병원만의 코드로 수가를 추가해 주세요. (예 : INPOWER01)
위의 두 가지 코드로 수가를 생성하면 세액공제 제외수가로 덴트웹에서 자동으로 인식합니다.

③ 코드 매칭

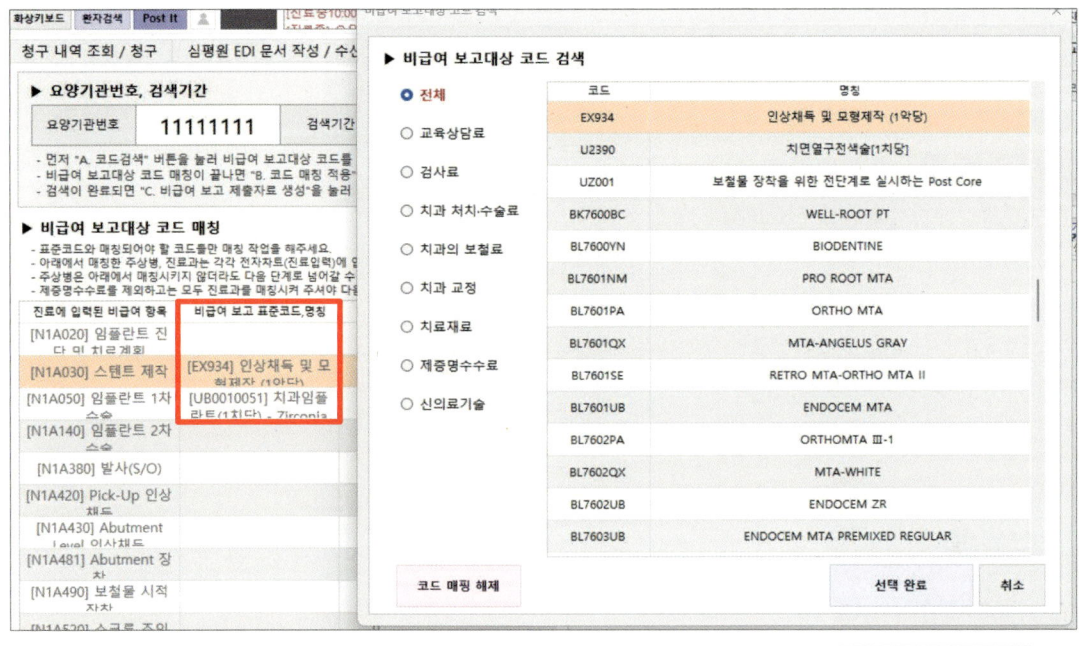

▶ 비급여 보고대상 코드 매칭

- 표준코드와 매칭되어야 할 코드들만 매칭 작업을 해주세요.
- 아래에서 매칭한 주상병, 진료과는 각각 전자차트(진료입력)에 입력한 상병, 진료과가 없을 때만 적용됩니다.
- 주상병은 아래에서 매칭시키지 않더라도 다음 단계로 넘어갈 수 있습니다.
- 제증명수수료를 제외하고는 모두 진료과를 매칭시켜 주셔야 다음 단계로 넘어갈 수 있습니다.

B. 코드 매칭 적용

진료에 입력된 비급여 항목	비급여 보고 표준코드,명칭	단가	주상병	진료과
[N5I010] 치석제거	[UW3021047] 치석제거 - 전악	50,000		-
[N4H25001] 미노클린		10,000		-
[N4H050] Emax Inlay / Onlay	[UZ0040013] 인레이 - 도재-세라믹	300,000		-
[N4G120] 충전물 연마		0		-
[N4G113] 레진 충전(Diastema)		200,000		-
[N4G112] 광중합형 복합레진충전_파절	[UZ0050002] 광중합형 복합레진 충전 - 파절 드	200,000	S02.53	보존과
[N4G111] 광중합형 복합레진충전_마모	[UZ0050001] 광중합형 복합레진 충전 - 마모	60,000	K03.10	보존과
[N4G109] 레진충전_2면	[U02400000] 광중합형 복합레진 충전 - 우식_2면	150,000	K02.1	보존과
[N4G108] 레진충전_1면	[U02390000] 광중합형 복합레진 충전 - 우식_1면	100,000	K02.1	보존과
[N4G107] 유치 레진 충전(구치 2				

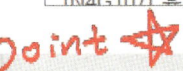

레진 충전의 경우 전치부, 구치부가 아닌 면수로 매칭해야 하기 때문에 기존코드를 사용하지

않고 수가 코드를 추가하는 것을 추천합니다.

진료에 입력된 비급여 항목 중 비급여 보고대상 코드와 일치하는 것을 매칭시켜주세요.

④ 비급여 보고 제출 자료 생성

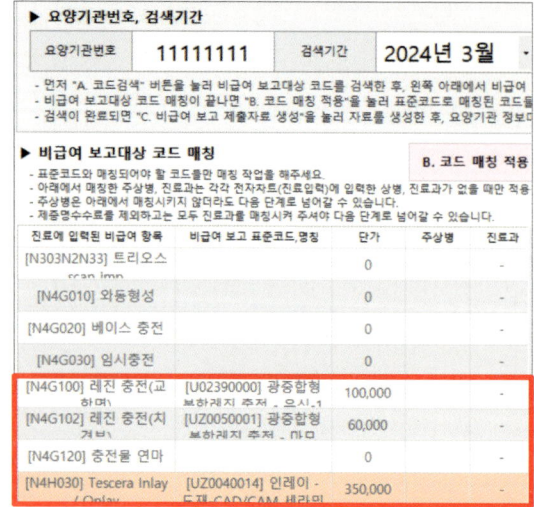

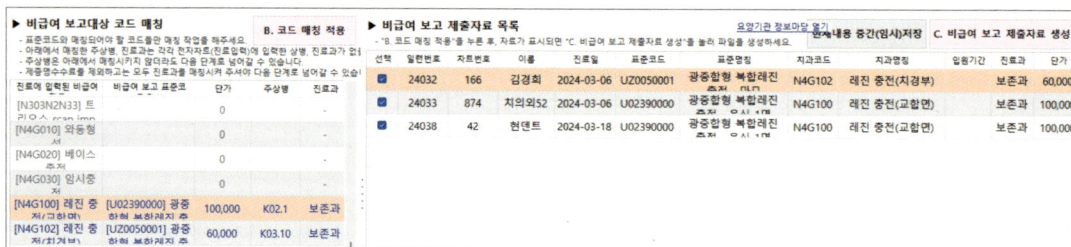

상병명과 진료과까지 매칭이 되면 비급여 항목이 파란색으로 변합니다.

코드 매칭이 잘 이루어지면 파란색으로 색이 변합니다.

코드 매칭이 완료되면 [B.코드 매칭 적용]버튼을 클릭합니다.

생성된 비급여 보고 자료를 검토한 뒤 [C.비급여 보고 제출자료 생성] 버튼을 눌러 내역을 저장합니다.

주상병 외 부상병을 같이 넣어주면 좋지만 주상병 외에 부상명으로 기입할 게 없는 경우 비워 두시면 됩니다.

비급여 보고 제도는 표준 코드와 매칭이 된 코드들만 3월(병원급은 9월도 해당) 차팅 기록에서 추출하며 차트에 입력되어 있는 수가 코드를 검색합니다. 차팅은 비급여코드로 입력되어 있어야만 검색이 되므로 유의해 주시길 바랍니다.

⑤ 비급여 보고자료 제출

▮ 제출파일 생성 완료

바탕화면의 "비급여보고 제출자료" 폴더에 비급여보고 제출파일(파일명 :
21519374_20240419.txt)을 저장하였습니다.

요양기관 정보마당(http://medicare.nhis.or.kr)에서 해당 파일을 제출하시기 바랍니
다.

확인

[C.비급여 보고 제출자료 생성] 버튼을 누르면 바탕화면에 보고 파일이 생성됩니다.
이 파일을 공단에 제출하며 덴트웹에서는 이 단계까지 진행하면 됩니다.

Point ☆

의원급은 3월, 병원급은 3월·9월 진료 분에 대하여 익월부터 제출이 가능합니다.
실제 보고자료는 4월(또는 10월)에 생성하면 되지만, 제출할 시기가 되어서 자료를 처음
생성하기보다는 3월(또는 9월) 중에도 치과에서 올바르게 입력 중인지 확인하기 위하여
[청구/EDI — 비급여보고제도]에서 수시로 자료를 추출해 보시기를 추천드립니다.
제출 시기가 되기 전이라도 추출 테스트는 해볼 수 있기 때문에 제출 전 자료를 추출해 비급여
보고자료 제출을 연습해 볼 수 있습니다.

진료비 실태자료 조사 제출

1. 진료비 실태 자료 조사 제출

☑ [청구/EDI] - [진료비 실태 조사 자료 제출]

📢 건강보험 공단에서 진료비 실태조사 대상 치과로 공문을 받은 치과만 자료를 생성하여 제출합니다.
진료비 실태조사 제출자료는 6월, 12월에 발생한 진료비만 검색하여 전송합니다.

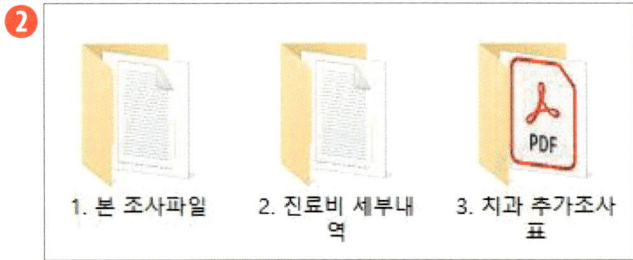

1. 본 조사파일
2. 진료비 세부내역
3. 치과 추가조사표

ℹ️ ① 진료비 실태조사 제출 자료를 생성합니다.
② 위와 같은 3개의 파일이 생성됨을 확인합니다.

▌제출파일 생성 완료

바탕화면의 "2023년 진료비 실태조사 제출자료" 폴더로 제출 파일(파일명 : 11591331.txt)을 저장하였습니다.

조사파일과 세부내역의 텍스트 파일은 진료비 실태조사 송수신 시스템에 업로드 하시고, "치과추가조사표.pdf" 파일은 출력하여 공단으로 팩스(033-749-9683) 전송 하세요.

지금 "치과추가조사표.pdf" 파일을 출력 할까요?

❸ | 예(Yes) | 아니오(N)

Ⅲ. 치과 병·의원 추가조사표

요양기관기호 ①	담당자 ②	연락처 ③			

항목구분	환자구분	치료목적(1)		미용목적(2)	
		건수	총 비용	건수	총 비용
선택항목 (마). 보철·교정료	틀니	1	2,000,000	0	0
	의료급여	0	0	0	0
	기타환자	0	0	0	0
	임플란트 건강보험	92	76,757,000	0	0
	의료급여	0	0	0	0
	기타환자	0	0	0	0
	그 외 기타 건강보험	174	77,431,030	4	180,000
	의료급여	0	0	0	0
	기타환자	0	0	0	0
기타항목 (바). 기타	충전치료 건강보험	103	15,666,500	0	0
	의료급여	0	0	0	0
	기타환자	0	0	0	0
	기타 건강보험	78	2,494,900	0	0
	의료급여	2	410,000	0	0
	기타환자	3	310,000	0	0

- 이 파일을 출력하여 팩스 033-749-9683 으로 전송하시기 바랍니다.

- 3 -

③ 바탕화면에 파일이 다운로드 되면 조사 파일과 세부내역의 텍스트 파일을 '진료비 실태조사 송수신 시스템'에 업로드합니다.

④ 치과 추가조사표 파일은 출력하여 공단으로 팩스를 전송합니다. (FAX : 033-749-9683)